Johannes Mumbauer

Wilhelm Emmanuel von Kettelers Schriften

Band I: Religiöse, kirchliche und kirchenpolitische Schriften

Verlag
der
Wissenschaften

Johannes Mumbauer

Wilhelm Emmanuel von Kettelers Schriften

Band I: Religiöse, kirchliche und kirchenpolitische Schriften

ISBN/EAN: 9783957004147

Auflage: 1

Erscheinungsjahr: 2015

Erscheinungsort: Norderstedt, Deutschland

Hergestellt in Europa, USA, Kanada, Australien, Japan
Verlag der Wissenschaften in Hansebooks GmbH, Norderstedt

Cover: Sandro Botticelli "Die Verleumdung des Apelles" (1495)

† Wilhelm Emmanuel

Wilhelm Emmanuel von Kettelers Schriften.

Band I:

Religiöse, kirchliche u. kirchenpolitische Schriften.

Ausgewählt und herausgegeben von

Johannes Mumbauer.

Verlag der Jos. Kösel'schen Buchhandlung
Kempten und München
1911.

Widmung.

In meinem Vaterhause, dem bescheidenen alten Giebelhause auf der Hochstraße zu Kreuznach, hing oben in der „guten Stube" seit meinen Knabenjahren hinter Glas und Rahmen eine große Lithographie, die fünf ernste Männerköpfe zeigte: oben August Reichensperger und Peter Reichensperger, unten Ludwig Windthorst und Hermann v. Mallinckrodt, und mitten zwischen diesen vieren ein Bischof mit gewaltigen Augen, Wilhelm Emmanuel von Ketteler; unter den Porträts las man: Die Vorkämpfer für Wahrheit, Freiheit und Recht. Mehr als einmal hat in jenen schweren, trüben Zeiten, wo der blinde Kulturkampf auch meine Heimatstadt der regelmäßigen Seelsorge fast ganz beraubt hatte, und wo die Eltern in Vertretung der Priester die Liebe und Treue zu der katholischen Kirche in die jugendlichen Herzen pflanzen mußten, mein Vater, der schlichte, tiefgläubige und die Schicksale seiner Kirche innig mitfühlende Mann, mich vor jenes Bild geführt und mir gesagt: Sieh, wenn die katholische Religion uns in Deutschland erhalten bleibt, und wenn du später ungestört deinem Glauben nachleben kannst, dann verdankst du das nicht zum wenigsten diesen Männern, besonders dem Bischof Ketteler! Ich weiß auch noch, welche Trauer in unserem Hause herrschte, als des Abends die Männer beieinander saßen, und es hieß: der Bischof von Mainz ist gestorben. Und was der Knabe vor jenem Bilde empfunden, und was er dem Vater klopfenden Herzens vor ihm gelobt, das konnte er nie vergessen: meine unerschütterliche Anhänglichkeit an die katholische Kirche ist untrennbar verbunden mit der Erinnerung an den Namen Ketteler. Ein kleiner Ausdruck der Dankbarkeit sei daher die Zusammenstellung der folgenden Auslese aus den Schriften des großen Mainzer Bischofs, die noch gerade recht zur Zentenarfeier seiner Geburt erscheint. Demjenigen aber, der mich zuerst mahnend auf jenen teuren Namen hingewiesen, sei dieses Büchlein gewidmet, dem Andenken meines nunmehr in Gott ruhenden Vaters

Joseph Mumbauer.

Der Herausgeber.

Inhalt.

	Seite
Zur Einführung	1
Religiöses	
1. Predigten	58
2. Hirtenbriefe	147
3. Die modernen Ideen im Lichte des Glaubens	227
Kirchliches	
1. Der Kampf gegen die Kirche	246
2. Für Kirche und Papst	262
3. Autorität und Freiheit	287
Kirchenpolitisches	
1. Religionsfreiheit, Freiheit der Kirche, Kirche und Staat.	
a) Religionsfreiheit	295
b) Freiheit der Kirche	306
c) Kirche und Staat. Einigung—Trennung	319
2. Kirche und Liberalismus	323
3. Kirchenpolitische Hirtenbriefe	342
4. Kirchenpolitische Strömungen und Kämpfe	390

Zur Einführung.

Ketteler war kein blendender Schriftsteller, ja in formaler Beziehung nicht einmal ein eigentlich bedeutender. Trotzdem hat er durch seine zahlreichen Schriften auf seine Zeitgenossen einen weittragenden Einfluß ausgeübt; und bis zur Gegenwart haben die meisten Erzeugnisse seiner unermüdlichen Feder, obwohl zum allergrößten Teile Gelegenheitsschriften, ihren Wert und ihre Wirkung bewahrt. Hinter allem, was dieser echte westfälische Edelmann, der aus so ganz besonderem Holze geschnitzte Bischof von Mainz, schrieb, stand eben ein ganzer Mann; und das ist das eine und unmittelbarste Moment, welches den zündenden Eindruck seiner Veröffentlichungen erklärt. Dazu kommt aber noch ein anderer, mehr sachlicher Umstand: ihm war es gegeben, alles das, was die Konfessionsgenossen seiner Tage im tiefsten bewegte, klar, scharf, packend, zeitgemäß, gemeinverständlich, unerschrocken und ohne jede Kompromißsucht auszusprechen. So ist er der katholische Kulturkampfschriftsteller κατ᾽ ἐξοχήν geworden — „Kulturkampf" im weitesten Sinne, als Inbegriff aller ungefähr mit den vierziger Jahren des vorigen Jahrhunderts einsetzenden und bis in die siebziger Jahre dauernden Bestrebungen, die katholische Kirche unter dem Drucke der modernen Kulturentwicklung oder mit Hilfe der Machtmittel des Staates unter das Joch des falschen Liberalismus zu beugen, bezw. ihrer

Gegentendenzen. Kein Wunder daher, daß er auf Freund und Feind einen großen literarischen Einfluß ausübte, dem nachzugehen auch heute noch von hohem Interesse ist, weil jene erwähnten geistigen Strömungen und äußeren Kämpfe bis zur Stunde ganz beträchtlich nachwirken, und wir aus Kettelers dem unmittelbaren Leben entsprungenen Worten den Widerhall aller jener Energien gewissermaßen konzentriert nachschwingen fühlen. Wenn nun so schon die Persönlichkeit des Autors wie die von ihm behandelten Gegenstände eine Bekanntschaft mit ihm auch den Menschen unserer Tage empfehlen, so rechtfertigt ein anderer Umstand noch ganz besonders die Neuherausgabe seiner hauptsächlichsten Schriften: Ketteler, dem Westfalen — ich möchte diese Eigenschaft hier kräftig betonen — eignete in so hohem Maße die Gabe der Intuition in die großen geschichtlichen Zusammenhänge und Entwicklungen, er war so sehr Prophet auf kirchen- und staatspolitischem wie insbesondere auf sozialem Gebiete in Dingen, die wir heute ganz auffallend erfüllt oder in greifbarem Werden begriffen sehen, daß mancher Leser, wenn nicht die Entstehung vor 40 oder 50 Jahren bestimmt nachgewiesen wäre, versucht sein möchte, zu glauben, die betreffenden Gedanken müßten in der Gegenwart niedergeschrieben worden sein. So sind denn, durch die Gerechtigkeit der Geschichte, welche den Lebenden so selten zuteil wird, ins wahre Licht gerückt, manche seiner Äußerungen und Ideen, welche zu seinen Lebzeiten dem Bischof nicht wenig Verkennung und Anfeindung eintrugen, für uns Heutige von aktuellem Werte. Ich denke, damit ist die Veranstaltung einer Auslese des Wichtigsten und Bleibendsten aus Wilhelm Emanuel Freiherrn von Kettelers Werken vollauf erklärt und gerechtfertigt.

Da Kettelers Schriftstellerei eine ungemein persönliche Note trägt, ja im Grunde nichts anderes als das getreue Echo seines Lebens und Lebensinhaltes ist, so kann ein kurzer biographischer Umriß nicht umgangen werden, für den in den Daten äußerste Beschränkung Regel sein soll, da es ja nur darauf ankommt, diejenigen Momente hervorzuheben, welche entweder als Veranlassung seiner Schriften bemerkenswert oder zu deren Verständnis notwendig sind. Wer sich ausführlich in Wilhelm Emanuel von Kettelers Leben vertiefen will, der sei auf das äußerst sorgfältige und bis jetzt klassische dreibändige Werk von Otto Pfülf S. J., Bischof von Ketteler (Mainz bei Franz Kirchheim, 1899) verwiesen, welches sich namentlich durch genaue und vollständige Tatsachenangabe auszeichnet, sich dagegen in der Milieu- und Charakterschilderung sowie der pragmatischen Darstellung eine im Interesse absoluter Objektivität vielleicht angebrachte, dem nicht fachmännischen Leser aber wohl allzu rigoros scheinende Beschränkung auferlegt. Ein populäres Lebensbild hat gerade vor Drucklegung dieser Zeilen der Mainzer Pfarrer Prälat Karl Forschner veröffentlicht unter dem Titel: Wilhelm Emanuel Freiherr von Ketteler, Bischof von Mainz. Sein Leben und Wirken. Zu seinem hundertjährigen Geburtstage dem katholischen Volke erzählt (Mainz bei Kirchheim & Co., 1911).

Wilhelm Emanuel von Ketteler, der Sproß eines alten westfälischen Adelsgeschlechtes, wurde am 25. Dezember 1811 zu Münster als Sohn des einstigen Landrates Friedrich Freiherrn von Ketteler-Harkotten und der Freiin Clementine von und zu Wenge-Beck geboren, verbrachte den größten Teil seiner Frühjugend auf dem väterlichen Stammsitze Harkotten unter geradezu idealen Familienverhältnissen, deren segensreiche Erinnerungen ihn durch sein ganzes Leben begleiteten. Von heftigem, jähzornigem, impulsivem, unlenksamem Charakter war der wilde Knabe, aus dessen tieferem Wesen doch stets das unvertilgbar Edele hervorleuchtete, das Sorgenkind der Familie. Nach privater Vorbereitung und kurzem Besuche der Lateinschule in Münster kam er 1824 in das Pensionat der Jesuiten zu Brig (im Wallis in der Schweiz), wo er bis 1828 blieb und im steten Kampfe mit seiner ungestümen Natur die notwendigsten Grundlagen der allgemeinen Bildung sich aneignete. Das Abiturientenexamen bestand er im Herbst 1829 zu Münster mit nicht allzu glänzendem Erfolg: Leibesübungen und Jagd waren ihm lieber als trockenes Studium, und obwohl mit scharfem, klarem Verstande und großem Weitblick begabt, war er seiner intellektuellen und gemütlichen Anlage nach keineswegs ein Genie, wie denn überhaupt Kettelers Frühzeit seine spätere bedeutende Entwicklung nicht ahnen ließ. Zum Studium der Rechts- und Staatswissenschaft bezog der Jüngling 1829 die Universität Göttingen und gab sich als Mitglied des Korps Guestfalia ganz dem herkömmlichen studentischen Treiben jener Zeit hin: die verstümmelte Nase, welche seiner Physiognomie ein so eigentümliches Gepräge verlieh, ist eine Erinnerung an ein damals ausgefochtenes, leichtsinniges Duell. Etwas gewissenhafter nahm Ketteler das Studium an den Universitäten Berlin, Heidelberg und München; aber vorzüglich der 1832 erfolgte Tod seines Vaters, der für ihn als jüngeren Sohn auch von wirtschaftlicher Bedeutung war, veranlaßte ihn zu ernster Einkehr in sich selbst und bezeichnet den Anfang jenes Insichgekehrtseins und jener peinlichen Selbstprüfung, welche in den nächsten Jahren so stark bei ihm hervortraten, und die ihn schließlich seinem hohen geistlichen Berufe zuführten. Zum Abschluß des juristischen Studiums kehrte er nach Berlin zurück und bestand im Mai 1833 zu Münster das Auskultatorexamen, wonach er dem dortigen Land- und Stadtgericht zur praktischen Ausbildung überwiesen wurde. In diese Zeit fällt auch die Ableistung seines einjährigen militärischen Dienstes beim 11. Husaren-Regiment seiner Heimatstadt; Landwehroffizier ist er bei seiner Abneigung gegen den soldatischen Drill nicht geworden. Nachdem Ketteler sich im Jahr 1835 dem Referendarexamen unterzogen, trat er in das Verwaltungsfach über und wurde Regierungs-Referendar in Münster. Aber obwohl dem jungen und beliebten Edelmann die ganze Welt offen zu stehen, eine gute Karriere und glänzende Zukunft ihm gesichert schien, fühlte er, bei dem eine immer deutlichere innere Umwandlung vorgegangen war, sich von seiner Beamtentätigkeit unbefriedigt. Er lebte sehr eingezogen und beschäftigte sich viel mit religiösen Fragen und Interessen; zweifellos begann damals schon der innere Kampf um den priesterlichen Beruf. In diese Zeit des Schwankens fiel nun 1837 das große Kölner Ereignis, die Gefangennahme des Erzbischofs Clemens August Freiherrn Droste zu Vischering, das, wie es das Signal für so viele andere folgenschwere Entschlüsse und Taten war, auch Wilhelm von Ketteler aus seiner bisherigen Bahn warf. Unter dem mit Blitzeshelle und -Schnelle sich geltendmachenden Eindruck der schicksalsschweren Katastrophe ward es ihm bald klar, daß er, wie er in seinem Briefe an seinen Bruder Wilderich schreibt, „einem Staate, der die Aufopferung seines Gewissens fordere, nicht dienen wolle"; und damit war seine Stellung zum spezifischen

Preußentum ein für allemal gegeben. Kurz entschlossen nahm er seinen Abschied aus dem Staatsdienste. Aber unklar lag nun die Zukunft vor ihm; es wurde ihm schwer, einen Entschluß über die Berufswahl zu fassen, obwohl es ihn stets zum Priestertum hinzog. Ein Aufenthalt in München und der Verkehr in dem berühmten Freundeskreis Görres, Jarcke, Brentano, Philipps usw. sowie eine Reise nach Tirol und Oberitalien bestärkten sein Interesse für das Kirchliche. Nach manchen inneren Kämpfen, die sich vielfach mit denen seines Bruders Richard, des Husarenoffiziers und späteren Kapuzinerpaters, begegneten, entschied er sich endlich, von dem Bischof Reisach von Eichstätt beraten, für den geistlichen Stand. Und nun gab es für ihn, der stets das, was er war, ganz war, und das, was er tat, ganz tat, kein Schwanken und Zweifeln mehr: seine ganze Lebensauffassung war von der Stunde der Entscheidung an in Ruhe und Klarheit eine übernatürliche; und so sehr er immer noch, ja fast bis an sein Ende mit seiner Naturanlage zu kämpfen hatte, was er wahrhaft heldenmütig tat, schaute er Welt und Leben nur noch im Lichte des Glaubens. Er blieb der westfälische Edelmann und wurde ganz und gar der Diener Gottes und der Kirche.

Da Ketteler sich zum Eintritt in das Collegium Germanicum zu Rom, den ihm Bischof Reisach angeraten hatte, nicht entschließen konnte, so nahm er gern die Einladung an, sich zunächst behufs Einfühlung in die neuen Verhältnisse in das Eichstätter Klerikalseminar zurückzuziehen; darauf machte er im Jesuitenkolleg zu Innsbruck gründliche Exerzitien[1]) und bezog dann zu-

---

1) Seine damaligen Aufzeichnungen, Kettelers ersten schriftstellerischen Versuch, hat später Domdekan Heinrich aus dem Bischofs Nachlaß unter dem Titel „Des seli-

gleich mit seinem Bruder Richard die Münchener Universität, wo er von 1841—1843 den regelmäßigen theologischen Studiengang durchmachte. Danach bereitete er sich mit der ihn auszeichnenden, keine Kompromisse mit sich selbst und der Welt kennenden Entschiedenheit im Seminar seiner Heimatsdiözese auf die Priesterweihe vor, welche er — dreiunddreißig-jährig, kurz nach dem Tode der geliebten Mutter — am 1. Juni 1844 im Dome zu Münster empfing.

Bereits im Herbste desselben Jahres erhielt der Neupriester seine erste Anstellung als Kaplan in Beckum. Mit seinem kirchlichen Amte nahm es der adelige Kaplan sehr genau. Insbesondere bereitete er seine Predigten sorgfältig vor; und es existieren vom Beginn seiner Seelsorgstätigkeit an mehr oder weniger ausführliche Aufzeichnungen seiner bezüglichen Gedanken, zum guten Teile zu fertigen Vorträgen ausgearbeitet. Diese Gewohnheit des schriftlichen Fixierens hat Ketteler stets beibehalten; und sein Sekretär Raich hat aus dem so vorliegenden Material zwei Bände Predigten herausgegeben, von denen ich einige der charakteristischsten herauszuheben mich bemüht habe. Der praktisch-soziale Sinn, der den späteren Bischof auszeichnete, zeigte sich schon zu Beckum in seiner besonderen Sorge für die geringen Leute, die Notleidenden und Kranken, welche ihm in Verbindung mit seiner Leutseligkeit eine lange über seine Kaplanszeit dauernde Popularität erwarb. Seine ideale Auffassung vom priesterlichen Leben bekundete sich darin, daß er mit seinen zwei Konfratres eine vita communis führte, die er überhaupt — etwa nach dem Vorbilde des

gen Bischofs von Mainz Wilh. Em. Frhrn. von Ketteler Erste Exerzitien" veröffentlicht; sie sind jedoch ohne Eigenart.

Bartholomäus Holzhauser — als Lebensform des Seelsorgsklerus für erstrebenswert hielt und später als Bischof wiederholt, aber vergeblich in der Mainzer Diözese einzuführen versuchte: wir haben hier ein typisches Beispiel für seine nach mancher Richtung etwas abstrakte und intransigente Geistesrichtung, die ihn keine opportunistischen oder historischen Rücksichten kennen ließ und sich auch in der prinzipiellen Schroffheit seiner Schriften manchmal geltend macht. Seinem Wunsche entsprechend (noch als Bischof schrieb er einmal einem Freunde: „Du weißt, ich bin ganz und gar ein Bauern-Pastor") erhielt er gegen Ende 1846 die Pfarrstelle zu Hopsten, einer recht verwahrlosten Gemeinde von 2000 Seelen. Ketteler aber verstand es, durch seinen selbstlosen Eifer sich nicht nur Vertrauen zu erwerben, sondern auch seine Herde wirtschaftlich und sittlich zu heben — trotz der kurzen Zeit seiner Pfarrtätigkeit, in welche noch die Ausübung eines Abgeordnetenmandates fiel. Er, der von sich glaubte, erklären zu dürfen: „Was der Apostel sagt: „Niemand, der Gott dienen will, mengt sich in weltliche Geschäfte" . . ., das glaube ich befolgen zu müssen, deshalb habe ich mich von allem, was mir in der Welt lieb und teuer war, und auch von allen politischen Parteiungen und Bestrebungen getrennt, um ausschließlich meinem Berufe leben zu können"; und der beteuerte: „Seit ich in den Priesterstand eingetreten, habe ich es mir zu einem heiligen Grundsatze für mein ganzes Leben gemacht, keiner politischen Partei mehr anzugehören, weil ich mich allen Menschen, jeder politischen Partei als Schuldner erkenne, denen ich als Diener des Herrn und Verkünder des göttlichen Wortes zum Heile der Seelen meine Kräfte und Dienste zu opfern habe. Bis zu dieser Stunde bin ich diesem Grundsatze treu geblieben und werde nimmer mehr davon abweichen" — der nämliche Mann, welcher so von sich sprechen konnte, wurde im Jahre 1848 als Vertreter der Kreise Tecklenburg, zu welchem Hopsten gehörte, und Warendorf, sowie der Stadt Rheine als Abgeordneter zur Frankfurter Nationalversammlung gewählt und mußte auf das Drängen seiner Freunde das Mandat annehmen. In seinem idealen, fast schwärmerischen Sehnen nach Freiheit der Kirche und des Volkes suchte er zuerst bei der Linken Anschluß, wandte sich aber bald, von dem Treiben jener Pseudofreiheitshelden enttäuscht, mehr dem „Katholischen Klub" zu, ohne jedoch auch dort ganz befriedigt zu sein. Bei den eigentlichen parlamentarischen Arbeiten trat Ketteler nicht besonders hervor; dagegen lenkte er die allgemeine Aufmerksamkeit auf sich durch seine berühmte freimütige Leichenrede am Grabe der bei Gelegenheit des Frankfurter Barrikadenkampfes vom 18. September ermordeten Deputierten, des Generals von Auerswald und des Fürsten Lichnowsky, die sich in dieser Sammlung vollständig abgedruckt findet, und von der Pfülf schreibt: „Diese Leichenrede gehört unter den Erzeugnissen christlicher Beredsamkeit zu den historisch denkwürdigen und zu den klassischen Mustern psychologischer Anordnung." Von da ab fing Ketteler an, eine Rolle im öffentlichen Leben Deutschlands zu spielen. Vor seine katholischen Konfessionsgenossen trat er alsbald auf der „ersten Versammlung der katholischen Vereine Deutschlands" zu Mainz mit seiner vielbemerkten Rede über „Die Freiheit der Kirche", bei der er es an Blicken auf die soziale Krisis nicht fehlen ließ, und die ihn zu einem anerkannten Wortführer der deutschen Katholiken erhob. Kaum für kurze Zeit nach seinem stillen Hopsten zurückgekehrt, mußte er wieder nach dem Westen eilen, nicht sowohl, um an dem ihm zuwider gewordenen

Frankfurter Parlament teilzunehmen, als um einer ehrenvollen Einladung zu folgen, die von Mainz an ihn ergangen war, wo er vom 19. November bis Weihnachten in einer Reihe von sechs, höchst eindrucksvollen Predigten „Die großen sozialen Fragen der Gegenwart" im Dome behandelte. Diese Predigten, welche ich unverkürzt wiedergeben zu sollen glaubte (s. 2. Bd.), bezeichnen in rein rhetorischer Hinsicht den Höhepunkt von Kettelers Beredsamkeit und geben gleichzeitig wohl am prägnantesten seine Grundanschauung über die Beziehung zwischen der Religion und allen sozialen Problemen zu erkennen. Die Zeit der stillen, ruhigen Seelsorgswirksamkeit ging nun für Ketteler ihrem Ende entgegen: größere Aufgaben warteten seiner, obwohl er sein Abgeordnetenmandat niedergelegt hatte. Es erging 1849 an ihn seitens der Regierung der Ruf zum Propst von St. Hedwig in Berlin, den er nach heftigem Widerstreben auf ausdrücklichen Wunsch des Breslauer Fürstbischofs Melchior von Diepenbrock annahm. Da mit der Berliner Propstei gleichzeitig die Delegatur über die katholischen Gemeinden in dem größten Teil der Mark Brandenburg und Pommerns, und damit auch die Vertretung des Fürstbischofs für die kirchliche Verwaltung des ganzen Delegaturbezirkes verbunden war, so fiel auf Kettelers Schultern eine gewaltige Arbeitslast, die ihn insbesondere mit den Nöten der Diaspora vertraut machte. Doch war Kettelers rastloser, nur von einer Riesenarbeitskraft zu bewältigender Tätigkeit in Berlin keine lange Dauer beschieden. Da die Besetzung des erledigten Mainzer Bischofsstuhles auf Schwierigkeiten stieß, so lenkte sich schließlich der Blick des Domkapitels sowohl als der römischen Kurie auf den rührigen Propst von St. Hedwig, der eine neue Würde gewiß nicht gesucht hat.

Auf die erste Andeutung, welch schwere Bürde man ihm zugedacht habe, antwortete er einfach: „Wenn der Befehl des Heiligen Vaters an mich kommt, so werde ich gehen, wohin er mich ruft". Und der Papst disponierte sehr souverän über ihn: schon am 20. Mai 1850 erfolgte die Präkonisation, und am 25. Juli wurde Ketteler durch den Freiburger Erzbischof v. Vicari im Dome zu Mainz zum Bischof konsekriert.

Die Diözese, welcher der neue, in den vollen Manesjahren seiner imposanten Erscheinung und Kraft stehende Oberhirte zu leiten übernommen hatte, befand sich nach innen und außen in einem beklagenswerten Zustande. Der Klerus war zum guten Teile seiner hehren Aufgabe nicht gewachsen, der religiöse Sinn des Volkes geschwächt; Leichtlebigkeit, Liberalismus, Unglaube und Staatskirchentum zehrten am Marke des kirchlichen Lebens; die zur Verfügung stehenden materiellen Mittel waren äußerst bescheiden und unzulänglich: kurz, der Katholizismus in Hessen war kaum mehr ein ins Gewicht fallender Faktor. Der klarblickende Erzbischof v. Geißel von Köln hat die Lage wohl am zutreffendsten geschildert, wenn er an seinen Weihbischof Dr. Baudri schrieb: „Der arme neue Bischof wird eine harte Arbeit bekommen. Es haben Augenzeugen seines Einzuges in Mainz uns Äußerungen von Bürgern und Proletariern erzählt, welche eine tiefe Verkommenheit des dortigen Volkes in religiöser Beziehung beweisen. Das alte katholische Mainz ist tief herunter. Gott helfe dem neuen Hirten, es wieder zu heben! Die Spaltung im Klerus ist weit und tief — es wird schwer halten, diese auszufüllen. Nur Kraft und Entschiedenheit wird es können; mit Liebesphrasen, welche die Diözese so lange hörte, ist das Übel nur ärger geworden, wie es jetzt zu Tage liegt."

Nun, an Kraft und Entschiedenheit mangelte es Ketteler nicht. Es bedurfte der ganzen ihn auszeichnenden Überzeugung einer übernatürlichen Mission, um an eine wirkliche Lösung der überall sich entgegendrängenden Probleme zu denken. Aber der von der ganzen Fülle seines Amtes durchdrungene Bischof wuchs zusehends an der Größe seiner Aufgaben zu fast übermenschlicher Größe empor; man kann sagen, daß er in den 27 Jahren seines Episkopates die Diözese Mainz innerlich und äußerlich von Grund auf erneuert hat. Und was diesem seinem Wirken die große allgemeine Bedeutung verleiht, ist der Umstand, daß die Bewegungen und Kämpfe, welche die deutschen Katholiken seiner Tage auf kirchlichem, politischem und allgemein kulturellem Gebiete zu bestehen hatten, alle mehr oder minder heftig in dem kleinen hessischen Bistum widerhallten, so daß der Bischof — zumal bei der ihm eigenen Neigung, alle Fragen von der grundsätzlichen Seite anzufassen — wenn er zu einer Angelegenheit seines engeren Wirkungskreises Stellung nahm, was gewöhnlich von einer größeren oder kleineren publizistischen Äußerung begleitet war, jedesmal im ganzen katholischen Deutschland nicht nur Verständnis, sondern sympathischen Anteil fand, und so via facti zum gewissermaßen als selbstverständlich betrachteten Verfechter der katholischen Interessen überhaupt wurde.

Es kann nicht die Absicht dieser lediglich in die Schriftenauslese einleitenden Zeilen sein, die ganze bischöfliche Hirtentätigkeit Kettelers im einzelnen zu schildern, die eine so durch und durch apostolische war, daß man sich unwillkürlich in die Zeiten eines Karl Borromäus zurückversetzt glaubt; nur diejenigen Punkte kann ich berühren, die in den Schriften des Bischofs besonders behandelt sind oder zu Preßäußerungen Veranlassung gegeben haben. Vor allem suchte der Bischof mit seinen Diözesanen in möglichst innige Verbindung zu kommen. Diesem Zwecke dienten zunächst seine zahlreichen, die Kettelersche Eigenart besonders gut widerspiegelnden Hirtenschreiben, die von Raich gesammelt vollzählig in einem stattlichen Bande vorliegen, und aus denen auch unsere Sammlung reichlich geschöpft hat. Selten wohl hat ein neuzeitlicher Bischof in seinen Pastoralschreiben so unmittelbar und frisch von der Leber, so offen, ungeschminkt und frei von jeglichen Opportunitätsrücksichten über alle möglichen aktuellen Verhältnisse und Fragen sich ausgesprochen wie Ketteler, der nie zu bewegen war, aus seinem Herzen eine Mördergrube zu machen, und der kein Verschleiern der Grundsätze und seiner Anschauungen kannte, was dann natürlich zu den verschiedensten Zusammenstößen und Verwicklungen führte. Schon gleich sein erster Hirtenbrief (s. S. 147) brachte ihn in einen Konflikt mit den Mainzer Deutschkatholiken. War diese impulsive, rücksichtslose, man möchte fast sagen draufgängerische Art auch nicht immer klug und vorsichtig zu nennen, so hat sie uns doch nicht nur rechte Persönlichkeits-, sondern gerade heute wertvolle Zeitdokumente in seinen bezüglichen Äußerungen hinterlassen. Danebenher liefen die zahlreichen und unermüdlichen Visitationsreisen in alle Teile der Diözese, bei denen er sich im Predigen und Katechesieren und im unmittelbaren Eindringen in alle Verhältnisse nicht genug tun konnte. Auch den Volksmissionen wandte er eine besondere Aufmerksamkeit zu und suchte durch Einführung von Bruderschaften, Ordensgenossenschaften und Gründung sonstiger kirchlicher Anstalten aller Art die religiöse Gesinnung des Volkes zu heben. Selbstverständlich galt seine vorzügliche Sorge der Heranbildung und dem priesterlich-vorbildlichen

Wandel des Klerus, den er besonders aus den Banden des Staatskirchentums zu befreien bestrebt war, und dem er stets durch eine heroisch zu nennende, herb-aszetische Lebensweise voranleuchtete, so daß er jedenfalls trotz seiner feingebildeten Liebenswürdigkeit für seine Untergebenen kein sehr bequemer Bischof war. Aus solcher Gesinnung heraus zog er schon im ersten Jahre seiner Amtsführung die jungen Theologen der Diözese von der Landesuniversität Gießen, wo er ihren kirchlichen Geist gefährdet glaubte, zurück und eröffnete im Mainzer Priesterseminar eine eigene theologische Lehranstalt, an welche er wirklich ausgezeichnete Lehrkräfte (Männer wie Riffel, Heinrich, Moufang, Haffner) zu berufen wußte.

Daß alle diese für Mainz als auffallende Neuerungen zu betrachtenden Maßregeln nicht ohne Widerspruch, auch von seiten des Klerus, blieben und ihm manche Schwierigkeit zuzogen, ist begreiflich, zumal bei des Bischofs Charakteranlage das Vorgehen unbeabsichtigterweise manchmal unnötig schroff war. Aber allmählich faßte er doch Fuß, die Fortschritte zeigten sich deutlich, und namentlich die geistige Erneuerung des Klerus war nicht zu verkennen, wenn auch die versuchte Einführung der Vita communis nicht gelang. Auch der Schulfrage, die wegen des vielfach herrschenden Simultansystems und der liberalen Gesinnung vieler Lehrer nicht wenige Schwierigkeiten bot, wandte er seine besondere Aufmerksamkeit zu, und er hatte auch die Genugtuung, zahlreiche brave katholische Lehrer auf seiner Seite zu sehen; unzählig sind die Gelegenheiten, bei denen er sich mündlich und schriftlich über die christliche Schule ausgesprochen hat. Obwohl die gesetzliche Lage der katholischen Kirche in Hessen keineswegs günstig war, wußte der Bischof, gestützt durch das Wohlwollen des Großherzogs und des Ministers Freiherrn v. Dalwigk, doch bis zum Ausbruch des offenen Kulturkampfes ein tatsächlich leidliches Verhältnis aufrecht zu erhalten, so daß wenigstens nach dieser Hinsicht das Epitheton „der streitbare Bischof von Mainz“ nicht gerechtfertigt scheint. Insbesondere gelang es ihm — wozu es freilich langwieriger Verhandlungen mit Rom bedurfte — am 23. August 1854 eine einen erträglichen modus vivendi garantierende Konvention mit der Regierung zu schließen, auf welche er jedoch nach dem Kriege von 1866, da die veränderten Verhältnisse ja doch keine Sicherheit für die Fortdauer der von ihr unterstellten Gesinnungen bot, auf Wunsch des Landesfürsten wieder verzichtete. Die mißliche Lage der Kirche in der ganzen oberrheinischen Kirchenprovinz, wo die Bischöfe fortwährend mit mehr oder minder latenten Instinkten des Staatskirchentums und der Regierungsbevormundung zu kämpfen hatten, war somit Ketteler durch die persönlichen Erfahrungen im eigenen Bistum genügend bekannt geworden; und man kann sich bei seiner Veranlagung ohne weiteres denken, daß er bei allen Bemühungen um Wahrung bezw. Zurückgewinnung der bischöflichen und sonstigen kirchlichen Rechte und Freiheiten in jenem ganzen Bezirke hervorragend beteiligt war: tatsächlich war er die Seele aller bezüglichen Schritte. Die vielbesprochenen und prinzipiell bedeutsamen bischöflichen Denkschriften von 1851 und 1853 sind zwar nicht, wie vielfach angenommen wird, von ihm verfaßt; aber daß sie den Stempel seines Geistes tragen, ist zweifellos. Insbesondere hat Ketteler auch wiederholt, sei es als Berater, sei es als Vermittler, in die unglücklichen kirchenpolitischen Verhältnisse Badens, wo er dem alten Erzbischof von Vicari eine treue Stütze war, eingegriffen und namentlich in dem berüchtigten badischen Kirchenkonflikt, leider ohne besonderen Erfolg, eine Rolle gespielt. Einer dabei unterlaufenden Kontroverse mit dem badischen Minister Lamey verdankt die bekannte Broschüre „Ist das Gesetz das öffentliche Gewissen?" ihre Entstehung.

Das Jahr 1859 bedeutet, wie es der gesamten katholischen Kirche nach der Niederlage des im italienischen Kriege gegen den doppelten Feind alleinstehenden Österreichs und dem damit sich vollendenden Siegeslaufe der Revolution in Italien den erneuten und verstärkten Ansturm aller feindlichen Mächte erweckte, auch für Ketteler das Ende einer verhältnismäßig ruhigen und stetigen Hirtenwirksamkeit. Es war, als wenn der ganze deutsche Pseudoliberalismus und Rationalismus den Hauptstoß seines nun offen entbrennenden systematischen Krieges gegen die Freiheit der Kirche und das wahrhaft katholisch-kirchliche Leben gegen die Person des adelig-unerschrockenen Bischofs von Mainz, der freilich in seiner unerbittlichen Kampfbereitschaft für alle kirchlichen Rechte und seiner theoretischen Intransigenz so recht ausgesprochen das konträr gegenteilige Prinzip verkörperte, zu richten sich verabredet habe. Bis zum Tode Kettelers ist in Deutschland keine Fehde auf kirchlichem und kirchenpolitischem Gebiete ausgefochten worden, in in die er nicht in irgend einer Weise verwickelt gewesen wäre; alle Phasen des „Kulturkampfes" lassen sich mehr oder minder an seinen Namen anknüpfen. Und je entschiedener er namentlich für den bedrängten Heiligen Stuhl und den Papst eintrat, um so heftiger wurden die vielfach mit persönlichen Verunglimpfungen verbundenen Angriffe nicht nur aus der eigenen Diözese, sondern aus den verschiedensten Teilen Deutschlands auf den Bischof, dem man, besonders nach seinem Hirtenbrief über die „Anfeindungen der Kirche" (1861), „Störung des konfessionellen Friedens“ und „hierarchische Herrschsucht“ vorwarf. Zu all dem kamen manche innere Sorgen um die Diözese, ein peinliches Ringen gegen Mißstimmungen im Klerus und Differenzen mit dem Domkapitel, die durch die Impulsivität des Bischofs verursacht waren, wobei sich aber auch wieder Kettelers unbesiegbare Noblesse im hellsten Lichte zeigte. Aber je mehr Schwierigkeiten sich erhoben, um so höher wuchsen des wunderbaren Mannes Kräfte: nie ist er einer Schwierigkeit feige oder bequem aus dem Wege gegangen, sondern stets ist er ihr mit offenem Visier entgegengetreten, mit scharfer, aber reiner, ehrlicher Waffe; und besonders die Kirchenfeinde lernten seine wuchtigen Hiebe fürchten. Schon damals kam für ihn die Bezeichnung „der streitbare Bischof“ auf; er selber hat sich später, kurz vor seinem Tode, so darüber geäußert: „Die „Norddeutsche Allgemeine Zeitung“ pflegt mir den Titel „der streitbare Bischof von Mainz“ beizulegen. Ich kann denselben nur in der Voraussetzung annehmen, daß sie aufgezwungene Notwehr für die heiligsten Güter des Menschen, für Glaube und Gewissen, für ein streitbares Wesen halten will. Weiter geht in der Tat mein streitbarer Sinn nicht, als daß ich für mich und meine Glaubensgenossen das Recht in Anspruch nehme, nach unserem katholischen Glauben zu leben.“

In all den Kämpfen entwickelte sich namentlich Kettelers schriftstellerische Fähigkeit und Betätigung: je mehr es zu streiten und zu arbeiten gab, um so mehr und um so besser schrieb er; und er hat, wie bereits angedeutet, wohl niemals ohne äußeren Anlaß, etwa nur zu wissenschaftlichen Zwecken, oder um des Schreibens willen zur Feder gegriffen — dafür war er zu rein praktisch veranlagt. Von kleineren literarischen Fehden aus Veranlassungen innerhalb der engeren Diözese wurde des Bischofs Feder so oft in Anspruch genommen, daß wir auf die Gegenstände der einzelnen, zum Teil auch heute noch mit Nutzen und Interesse zu lesenden Schriften nicht eingehen können: es handelt sich meist um die gebotene Zurückweisung von Angriffen auf kirchliche Personen und Einrichtungen, z. B. Verhöhnung der Franziskaner, Verdächtigung der Krankenschwestern, Anklagen und Hetze gegen die Jesuiten (bezüglich dieser ist namentlich die „offene Erklärung" von 1866 „Zur Charakteristik der Jesuiten und ihrer Gegner" bemerkenswert), den Schwindel mit einem angeblichen katholischen Glaubensbekenntnisse, um die Verteidigung der verdächtigten katholischen Moral, um die Frage: „Soll die Kirche allein rechtlos sein?" (1861), um Entlarvung der Freimaurerei und Auseinandersetzung mit ihren Wortführern (z. B. „Kann ein gläubiger Christ Freimaurer sein?" gegen Seydel 1865), um „Die wahren Grundlagen des religiösen Friedens. Eine Antwort auf die von Herrn Prälaten Dr. Zimmermann und der evangelischen Geistlichkeit Hessens erhobene Anschuldigung wegen „Verunglimpfung des evangelischen Glaubens" von 1868 usw.

Die erste größere Publikation Kettelers über ein allgemeineres und — wenigstens dem Titel nach — abstraktes Thema, die sich nicht als Gelegenheitsschrift im engeren Sinne darstellt, ist das 1862 erschienene und so viel Aufsehen im guten und schlimmen Sinne erregende Buch „Freiheit, Autorität und Kirche. Erörterungen über die großen Probleme der Gegenwart", das auch in der vorliegenden Auslese nach Gebühr berücksichtigt ist. Und doch war es insofern wieder eine echte Gelegenheitsschrift, als es dem Verfasser nicht um eine Theorie, sondern um einen unmittelbar praktischen Zweck zu tun war: in den Kämpfen des Tages, welche gerade damals der Kirche und ihren Idealen mehr als je den Untergang zu drohen schienen, für sich und die anderen Klarheit zu gewinnen „über unsere Lage; Klarheit über die Gefahren, die uns drohen; Klarheit über die Forderungen, die wir an den Zeitgeist stellen müssen; Klarheit über das, was in den Richtungen der Welt wahr oder unwahr, Recht oder Unrecht ist; Klarheit über die Hauptgesichtspunkte, welche die katholische Presse und alle zum öffentlichen Leben und Wirken berufenen Männer in der Gegenwart mit Nachdruck und Ausdauer geltend zu machen haben." Mit Recht schreibt Pfülf: „Für ihn selbst bedeutet dieses Buch ein Zusammenfassen dessen, was er seit seinem Eintritt in die große Öffentlichkeit 1848 durchdacht, durchlebt und durchkämpft hatte." Es war aber nicht nur der systematisch gereifte Abschluß einer persönlichen inneren Entwicklung, es war zugleich auch ein Programm: „um einmütig mit der ganzen geistigen Macht, die ohne Zweifel im katholischen Deutschland vorhanden ist, in das öffentliche Leben einzutreten, müssen wir vor allem wissen, was wir wollen." An die Gräfin Hahn-Hahn schrieb er kurz nach dem Erscheinen des Werkes: „Ich habe einige schwierige Fragen behandelt, wo man leicht irren kann; es scheint mir aber, daß sie besprochen und klar werden müssen. Die weitaus zum größten Teile dem Teufel dienende Presse ist jetzt in Deutschland die Hauptmacht, die das Reich Gottes bekämpft. Möchte Gott uns helfen, ihr eine Presse, die der Wahrheit dient, in derselben Ausdehnung entgegen zu stellen! Wir leben in einer vielfach neuen Welt, wo das Böse sich neue Bahnen bricht und wo auch das Gute sich deshalb neue Wege suchen muß, um das Böse zu bekämpfen. Gott helf! — und er wird endlich helfen, wenn wir nur nicht zu miserabel sind." Und in der Vorrede der Schrift selbst heißt es: „Ich habe daher geglaubt in dem großen Kampfe, der in der Gegenwart um die heiligsten Güter geführt wird, der Wahrheit nach dem Maße meiner Kräfte einen Dienst zu leisten, wenn ich die Schlagwörter der Zeit einer Prüfung unterzöge, um zu versuchen, ob es auf diesem Wege gelingen könne, manche vorhandene Unklarheit unter den Katholiken zu entfernen, und dadurch die Einigkeit in den Bestrebungen der Katholiken auf den Gebieten des öffentlichen Lebens zu fördern." In dieser Absicht wählt er sich als Devise die Worte des hl. Kolumban:

„Cognosce causam belli,
Fortem non nescias hostem
Et libertatem in medio arbitrii.
Si tollis hostem, tollis et pugnam;
Si tollis pugnam, tollis et coronam;
Si tollis libertatem, tollis dignitatem."

Das Buch, welches mit so manchen Unklarheiten der Zeit, namentlich aber mit den pseudofreiheitlichen Schlagwörtern des damaligen Liberalismus gründlich abrechnete, erregte verdientermaßen gewaltiges Aufsehen bei Feind und Freund. Auch manche Freunde, die sich an der freien, allem Konventionellen abgewandten Sprache und an gewissen ungewohnten Ansichten über neuzeitliche Verhältnisse stoßen mochten, waren nicht mit allem einverstanden; und besonders in Tirol erhob man sich gegen die Anschauungen Kettelers, die an sich ganz berechtigt sind, aber bei der dortigen aktuellen Lage Verwirrung hätten anrichten können, so daß der Verfasser sich veranlaßt fühlte, ein beruhigendes Wort zu sprechen, ohne indessen von seinem prinzipiellen Standpunkte zurückzuweichen. Von den Feinden erhoben sich vorzüglich die Freimaurer, und der Bischof sah sich auch da in eine längere Fehde verwickelt — wie es denn überhaupt sein Verhängnis zu sein schien, sich sozusagen durch fast jede seiner Schriften persönliche Unannehmlichkeiten zuzuziehen, was ja durch die prinzipielle „Rücksichtslosigkeit" seiner Schreibweise hinreichend erklärt wird.

Die soziale Frage fing zu jener Zeit an, in Deutschland mehr und dringender hervorzutreten und die Gemüter aller Volksfreunde zu beschäftigen; es konnte gar nicht ausbleiben, daß Ketteler, der ihr jahrelange Beobachtung und ernstes Studium gewidmet hatte, der sich sogar nicht scheute, mit Lassalle und Viktor Aimé Huber — wenigstens indirekt — in Briefwechsel über einschlägige Fragen sich einzulassen, zu ihr sich öffentlich äußerte. Er tat es vor allem in dem bekannten Werke „Die Arbeiterfrage und das Christentum" vom Frühling 1864, das im 3. Bande in seinen hauptsächlichsten Teilen wiedergegeben wird, und welches von so unverwüstlicher, unmittelbarer Kraft und Wirkung ist, daß noch 26 Jahre später, also 1890, eine Neuauflage erscheinen konnte, welche kein geringerer als Windthorst mit einer empfehlenden Einleitung begleitete, um „jene bahnbrechende Schrift der jüngeren Generation wieder vorzuführen". Der scharfsichtige Politiker steht nicht an, im Hinblick auf das Buch zu schreiben: „Es ist und bleibt unser Ruhm, daß ein katholischer Kirchenfürst es war, welcher zuerst den Mut hatte, zu einer Zeit, wo das Manchestertum die ganze öffentliche Meinung beherrschte, unter gerechter Würdigung der Wahrheit, welche in der Kritik eines Lassalle den bestehenden Zuständen und Anschauungen gegenüber sich fand, aber auch unter Klarstellung ihrer Irrtümer und Schwächen, die Fahne einer christlichen Sozialreform aufzupflanzen." Auch andere Katholiken haben schon vor Ketteler mit den sozialen Problemen sich befaßt; aber er ist unter den kirchlichen Autoritäten Deutschlands sicherlich der erste gewesen, der die rein theoretische Behandlung verlassen und die Sache entschlossen in ihrer konkreten modernen Gestalt mitten aus dem vielgestaltigen wirklichen Leben heraus angepackt hat. Und das vor allem war es, was der Schrift ihre weittragende, so nachhaltige Wirkung verlieh, und was Windthorst berechtigte, den bischöflichen Verfasser „den Lehrer und Vorkämpfer der katholisch-sozialen Bestrebungen" zu nennen. Wenn irgendwo, dann ist Ketteler gerade hier Prophet gewesen; und wenn er auch in manchen praktischen Vorschlägen, z. B. mit den von ihm so sanguinisch hoffnungsvoll betrachteten „Produktiv-Assoziationen", sich getäuscht hat, so hat er doch die allgemeine Entwicklung der sozialen Zustände und Probleme so intuitiv sicher vorausgeschaut, daß wir heute noch reichen Nutzen aus seinen Worten schöpfen können. Und so sehr, und zwar mit vollstem Rechte, er den engen Zusammenhang von Religion und Kirche mit jeder wahren und dauerhaften Sozialreform und sozialen Wohlfahrt betont, so wenig hat er es — und das ist das echt Moderne an ihm — an der prinzipiell klaren Einsicht in die Eigenart und Grenzen der einzelnen Gebiete fehlen lassen.

In damaliger Zeit beschäftigten den Bischof auch noch andere literarische Projekte, so z. B. der Plan des Ausbaues und der systematischen Hebung der katholischen Presse, deren Krone ein führendes Blatt großen Stiles für ganz Deutschland sein sollte. Die Sache gedieh nicht zur Ausführung; hervorzuheben dabei ist, daß Ketteler das Anerbieten, die Oberleitung eines in Verbindung damit gedachten „Vereins zur Unterstützung katholischer Wissenschaft, Literatur und Tagespresse" anzunehmen, entschieden ablehnte, wie er denn überhaupt nicht an die Möglichkeit der Schaffung einer katholischen Publizistik von oben herunter glaubte, sondern in dieser Beziehung ganz wie Dr. Heinrich dachte, der in einem von Ketteler gebilligten und durch diesen dem Nuntius de Luca von Wien vorgelegten Gutachten sich so aussprach: „Zur Hebung der Presse und Besserung der öffentlichen Meinung dürfte es notwendiger sein, von unten aufzubauen, das vorhandene irgend Gute zu erhalten und zu fördern, gute Unternehmungen zu unterstützen, vor allem aber literarische Kräfte zu entwickeln und allmählich im Publikum Boden und Ansehen zu gewinnen. Dazu sind die Kräfte zu sammeln und anzuregen. . Es wäre recht an der Zeit, daß die Katholiken durch freiwillige Beiträge sich in den Stand setzten, wenigstens etwas zu tun. Es wäre vielleicht ein außerordentlicher Segen damit verknüpft." Also vor allem die auf Selbständigkeit der katholischen Überzeugung beruhende innere Kraft! — Auch das noch immer sich fortsetzende Eingreifen des Mainzer Bischofs in die badischen Kirchennöte führte, wie bereits gelegentlich erwähnt, zu literarischen Konsequenzen. Daß Ketteler von katholischer Seite in damaliger Zeit sowohl für den Erzbischofsstuhl in Freiburg wie in Köln vorgeschlagen war, aber von den betreffenden Regierungen abgelehnt wurde, daß er von der preußischen Regierung für Posen ausersehen wurde, aber dafür selber ablehnte, mag zur Abrundung seines Lebens- und Charakterbildes gerade eben erwähnt werden.

Einen neuen Abschnitt im Leben der deutschen Nation wie in dem Kettelers bewirkte das Jahr 1866 mit dem „Bruderkriege" zwischen Preußen und Österreich und der völligen Neugestaltung der politischen Verhältnisse, die manchen, auch vielen Katholiken, die rechte Orientierung schwer machte. Vielleicht ebenso sehr, um sich selber mancherlei peinliche Stimmung und Unsicherheit von der Seele zu schreiben, als um seinen Glaubensgenossen ein Zurechtfinden zu erleichtern, verfaßte Ketteler die in jeder Beziehung kühne Schrift „Deutschland nach dem Kriege von 1866“, welche im Frühjahr 1867 erschien und, wie schon die in dieser Auslese zerstreut wiedergegebenen Auszüge zeigen dürften, nicht minder des Verfassers divinatorische Gabe auf politischem Gebiete kundtut, als ich es von dem Buche „Die Arbeiterfrage und das Christentum“ für das soziale Gebiet behauptet habe. Des Bischofs Absicht war natürlich keine direkt politische; an Freunde hat er sich selber so ausgesprochen: „Ich habe es (das Buch) zunächst nicht um des Beifalls irgend eines Menschen wegen geschrieben, sondern um meine Pflicht zu erfüllen und als Bischof, so viel ich konnte, die Wahrheit zu sagen . . das öffentliche Recht ist zu tief erschüttert“, und „Ich wollte als Diener der Wahrheit, so viel ich konnte, ohne jede andere Rücksicht von der Wahrheit Zeugnis geben. So ungewiß die Zukunft hinsichtlich der Ereignisse ist, die uns bevorstehen, so gewiß und unveränderlich sind die Fundamente der Wahrheit und der Gerechtigkeit, deren Anerkennung oder Verkennung über Glück oder Unglück der Völker entscheidet.“ Ihm war es in erster Linie darum zu tun, einen Leuchtturm der ewigen christlichen Wahrheiten für das gesamte öffentliche Leben der Völker aufzurichten in einer Zeit, wo in der Politik alle sittlichen Grundsätze zu wanken schienen. Und wahrlich, Ketteler hat da „ohne jede Rücksicht“ „die Wahrheit gesagt“ Freund und Feind, nach der Vergangenheit wie nach der Zukunft hin. Er wendet sich darum vor allem gegen die charakterlose Anbetung des Erfolgs und sucht nach den unwandelbaren Leitsternen der Sittlichkeit Recht und Unrecht zwischen Österreich und Preußen zu scheiden, wobei die historische Schuld des letzteren scharf herausgestellt wird; das hindert den bischöflichen Verfasser aber nicht, ebenso unerschrocken dem blinden Preußenhaß entgegenzutreten und die guten Seiten im preußischen Wesen anzuerkennen. Nach diesen grundsätzlichen Verwahrungen schaut er auf der Basis der nun einmal geschaffenen Verhältnisse in die Zukunft, um der Mutlosigkeit entgegenzutreten und die rechten Wege für die Geschicke des Vaterlandes zu erkennen. Entschlossen sah er ein, daß das politische Programm für Deutschland nur sein könne: „Die Mittelstaaten müssen sich mit den Nordstaaten unter Preußens Führung zu einem über ganz Deutschland mit Ausnahme Österreichs sich erstreckenden Bundesreiche vereinigen." Mochte auch damals manchen der Gedanke, das katholische Österreich aus Deutschland ausscheiden zu sehen, schwer, ja fast verletzend erscheinen, so hat doch die spätere Entwicklung der Voraussicht Kettelers, daß Österreich, „frei von äußeren Fragen, die es erdrückten und lähmten", mächtig erstarken werde, recht gegeben. Von welch staatsmännischer Einsicht zeugt der Satz: „Je mächtiger Österreich im Inneren ist, je gesünder und kräftiger die inneren Verhältnisse Österreichs sich umgestalten werden, desto mehr wird sich im übrigen Deutschland das Verlangen unwiderstehlich regen, mit Österreich in der innigsten Verbindung zu stehen." Wenn man bedenkt, daß Ketteler schon vor mehr als vierzig Jahren schrieb: „Und wohl hätte Preußen, dessen Ehrgeiz dann wahrscheinlich sein höchstes Ziel gefunden, bei den großen moralischen Schulden, die es Österreich gegenüber hat, allen Grund und das größte Interesse, dieses Bündnis so fest als möglich zu knüpfen und für Österreich so vorteilhaft als möglich zu machen," so muß man gerade angesichts der allerneuesten Ereignisse die wahrhaft prophetische Gabe des Mannes bewundern. Aber auch für die innere Politik suchte er die Richtlinien aufzuweisen; und daß ihm dabei die Lage der katholischen Kirche in dem neuen Staatengebilde vor allem am Herzen lag, ist ohne weiteres verständlich: herrliche Worte findet er da für die Rechte der Kirche und der Schule, eherne für den falschen Liberalismus (namentlich mit Bezug auf die Enzyklika vom 8. Dezember 1864 mit dem Syllabus, welch letzterer kaum je großzügiger interpretiert worden ist). Die preußischen Verfassungsbestimmungen über die Religionsgesellschaften betrachtete er „als eine wahre Magna charta des religiös gemischten Deutschland"; und mit welchem Recht er vor dem Antasten derselben, das „ein Sieg der schwarzen Farbe in Preußen wäre, ein Sieg, der wahrhaft Preußen nicht stärken würde," gewarnt hat, das haben die Kulturkampfserfahrungen der siebziger Jahre aufs deutlichste bewiesen. Daß er auch über das innerkirchliche Leben gegen die kirchlichen Faktoren selbst mit echt adeligem Freimute sich zu äußern wagte, ersehen wir aus manchen Passagen namentlich des 13. Kapitels. Mit einer wahrhaft staatsmännischen Betrachtung über die Monarchie und dem grandiosen Ausblick „Christ-Antichrist" schließt das seltsame Buch, auf welches ich hier so ausführlich eingegangen bin, nicht nur weil es für seine Zeit ein Ereignis war und heute noch dringend lesenswert ist, sondern auch weil es ein unentbehrliches Dokument für den Charakter und die Denkrichtung des bischöflichen Verfassers bildet. Daß kleine und enge Geister von hüben und drüben auch diesmal an dem Freimut und Wirklichkeitsmute des Verfassers sich stießen, versteht sich fast von selbst: Ketteler selber hat das Buch und dessen Grundsätze nie verleugnet, und die Entwicklung hat ihm auf der ganzen Linie recht gegeben. — Eine Art Ergänzung nach der rein kirchenpolitischen Seite bildet der berühmte Hirtenbrief vom Herbste des nämlichen Jahres 1867 „Über die gegenwärtige Lage des Hl. Vaters", der sich in seinen Hauptstellen ebenfalls in dieser Sammlung findet.

Die übrige Zeit bis zu den Vorwehen des Vatikanischen Konzils und zu dem Ausbruche des offenen Kulturkampfes war mit rastlosen Arbeiten, Mühen, Sorgen und Leiden für die eigene Diözese wie mit allerlei kleineren Kämpfen um alle möglichen Anliegen der allgemeinen Kirche angefüllt, die aber hier, weil sie bedeutendere Publikationen des Bischofs nicht gezeitigt haben, übergangen werden dürfen. Nur das sei noch erwähnt, daß Kettelers Interesse fortgesetzt den sozialen Problemen zugewandt blieb, und daß er in jener Zeit vornehmlich auf praktische Verwirklichung einer Sozialreform auf christlicher Grundlage bedacht war. Wenn nun auch die geplanten „Produktiv-Assoziationen" nicht zur Durchführung gelangten (vielleicht wohl überhaupt etwas Utopisches an sich hatten), so war doch der Bischof sozusagen an allem, was damals zur theoretischen und praktischen Förderung der sozialen Reformideen geschah und erwogen wurde, in irgend einer Weise beteiligt: er war unter den Katholiken der anerkannte Ratgeber auf sozialem Gebiet. Für die Fuldaer Bischofskonferenz vom September 1869 hat er z. B. die Referate über „Die Fürsorge der Kirche für Fabrikarbeiter, Gesellen, Lehrlinge und dienstlose weibliche Dienstboten" verfaßt, welche eine ganze Menge neu orientierender Gesichtspunkte boten. Sehr bekannt geworden ist namentlich die Rede, welche Ketteler gelegentlich der Firmungsreise im Dekanat Seligenstadt am 25. Juli 1869 auf der Liebfrauenheide bei Offenbach (also in der Nähe der Großstadt Frankfurt) vor etwa 10 000 Arbeitern „über das Verhältnis der gegenwärtigen Forderungen und Bestrebungen der Arbeiter zu Religion und Christentum" gehalten hat. Diese vielbemerkte Rede wurde alsbald unter dem Titel „Die Arbeiterbewegung und ihr Streben im Verhältnis zu Religion und Sittlichkeit" im Druck herausgegeben und hat viel zur Aufklärung über die christliche Auffassung der sozialen Frage beigetragen, so daß noch 1892 Decurtins von ihr schreiben konnte: „Die Rede ist eine der wichtigsten und bemerkenswertesten Kundgebungen, die von katholischer Seite bezüglich der sozialen Frage und ihrer Lösung ausgegangen sind." Der Hauptwert liegt in der Feststellung, daß die soziale Frage in ihrem tiefsten Grunde eine sittliche Frage ist, und daß daher „alle Bestrebungen der Arbeiter eitel und vergeblich sind, wenn nicht Religion und Sittlichkeit ihre Grundlage bilden" — was man auch heute noch durchaus unterschreiben muß, wenn damit auch eine unzulässige Vermengung von wirtschaftlichen und religiös-sittlichen Momenten durchaus nicht gedeckt werden kann. Vielleicht noch schärfer als in der bereits erwähnten Schrift „Die Arbeiterfrage und das Christentum" finden sich in der Rede Kettelers Grundanschauungen über das soziale Problem ausgesprochen; und deshalb gelangt sie in dieser Sammlung unverkürzt zum Abdruck. Wie unvergessen die Ansprache und ihr Eindruck sind, läßt sich u. a. daraus ermessen, daß noch im Jahre 1909 auf der Liebfrauenheide der 40jährige Gedenktag des Ereignisses unter großem Menschenzulauf aus den benachbarten Teilen Hessens, Bayerns und Preußens durch Gottesdienst und entsprechende Reden gefeiert wurde.

Das Vatikanische Konzil, an dessen Vorbereitungen sowohl wie Verhandlungen er sich mit dem gewohnten Feuereifer beteiligte, brachte dem Bischof Ketteler wohl die schwersten Stunden seines Lebens, zeigt aber gleichzeitig die Größe seines Charakters im hellsten Lichte. Er gehörte bekanntlich zu jenen Bischöfen, die sich trotz ihres persönlichen Glaubens an die dogmatische Wahrheit von der Opportunität der Erklärung der Unfehlbarkeit des Papstes zur Glaubenslehre nicht überzeugen konnten. Und da er gewohnt war, für das, was er als richtig erkannt hatte, stets unumwunden einzutreten, so ließ er es an Versuchen, die Dogmatisierung der Unfehlbarkeitslehre, zumal in der vorgeschlagenen Fassung, zu verhindern, nicht fehlen; und da seine lediglich von heißester Liebe zur Kirche eingegebenen Bemühungen, die sich bis zu dem bekannten Fußfall vor dem Papste steigerten, vergeblich blieben, so reiste er wie die meisten Bischöfe der Minorität am Vorabend der entscheidenden Abstimmung von Rom ab, einen rührenden Brief an den Hl. Vater zurücklassend — ein aufrechter, und doch wahrhaft katholischer, der Kirche und dem Papste kindlich treu ergebener Mann. Am folgenden Tage, den 18. Juli, wurde das Dogma feierlich erklärt. Ketteler zauderte selbstverständlich keinen Augenblick, sich der Entscheidung des Konzils zu unterwerfen. Man hat aus dem Verhalten des Bischofs zu dem Konzil seinen Charakter zu bemakeln gesucht — sehr mit Unrecht, denn opferbereite und opfervolle Gewissenhaftigkeit können einen Mann nur ehren; sein ursprünglicher Widerstand gegen das Dogma wie seine spätere Unterwerfung unter den Konzilsspruch waren aber gleichermaßen nur von Gewissensrücksichten diktiert. Daß seine Haltung in allen Stadien korrekt war, daß er insbesondere für seine Person niemals an der Unfehlbarkeit des Papstes gezweifelt hat, kann ehrlicherweise nicht bestritten werden und ist von Pfülf in seinem erwähnten Werke bis zur Evidenz dargetan worden; insbesondere ist zu betonen, daß er sich von allen unwürdigen Treibereien, wie sie leider auf dem Konzil nicht selten waren, ferngehalten hat; frei und offen ist er den Weg gegangen, den er glaubte gehen zu müssen, und daß er ihm nicht leicht geworden, das läßt sich denken. Wenn es noch eines Beweises der Loyalität bedurft hätte, so lägen sie in den verschiedenen Kundgebungen vor, die der Bischof nach der wehmütigen Heimkehr aus Rom über die Unfehlbarkeitsfrage an seine Diözesanen wie an das katholische Deutschland gerichtet hat. Insbesondere hat er sich über seine eigene Handlungsweise und ihre Motive in den beiden Schriften „Die Minorität auf dem Konzil. Antwort auf Lord Actons Sendschreiben an einen deutschen Bischof des vatikanischen Konzils" (1870) und „Das unfehlbare Lehramt des Papstes nach der Entscheidung des Vatikanischen Konzils" (1871) in aller wünschenswerten Offenheit ausgesprochen. In letzterer heißt es: „Meine Gründe, an der letzten öffentlichen Sitzung keinen Anteil zu nehmen, waren einfach diese. Es durfte in dieser Sitzung nur mit Placet oder Non-Placet gestimmt werden, ohne jegliche weitere Motivierung. Ich konnte bei dieser endgültigen Entscheidung unmöglich mit Non-Placet stimmen, weil ich dadurch den Schein auf mich geladen hätte, ein Gegner der Lehre von der Unveränderlichkeit der höchsten Lehrentscheidungen des Oberhauptes der

Kirche zu sein. Da ich dieser Lehre mit voller Entschiedenheit beistimmte, da ich überdies aus ganzer Seele die Überzeugung teile, welche Melchior Canus vor 300 Jahren ausgesprochen hat . ., so mußte ich, um nicht mein Gewissen zu verletzen, diesen Schein meiden. Ich glaubte aber auch nicht mit Placet stimmen zu sollen, weil ich erstens einen solchen Beschluß für inopportun hielt; weil ich zweitens zur Vermeidung von Mißverständnissen einige Zusätze wünschte, und weil ich drittens der Meinung war, daß die Lehre der Kirche in ihrer Vollständigkeit und nicht teilweise von dem Konzil der Welt verkündigt werden müsse. Ich hielt den Erlaß eines Dekretes bedenklich, welches nur einen Teil der Lehre von der katholischen Kirche behandelte und deshalb, wie ich fürchtete, in Ländern wie jene, welche ich zunächst im Auge hatte, leicht zu Mißdeutungen führen konnte. Daher glaubte ich auch am entsprechendsten zu handeln und am meisten meinem Gewissen zu genügen, indem ich mich der Abstimmung enthielt, fest entschlossen, der Entscheidung des Konzils mich unbedingt zu unterwerfen." Im Lichte des Glaubens an die göttliche Leitung der Kirche betrachtet aber haben sicherlich auch die Oppositionsbischöfe auf dem Konzil ihre providentielle Aufgabe gehabt, sei es auch nur, um ungesunde Übertreibungen zu verhüten und eine klarere und reifere Erkenntnis und Formulierung der geoffenbarten und überlieferten Wahrheit zu befördern.

Als Ketteler schweren Herzens von Rom heimkehrte, fand er den deutsch-französischen Krieg ausgebrochen, und neue Sorgen und Nöten warteten seiner; und an werktätiger Vaterlandsliebe ließ es der Bischof wahrlich nicht fehlen. Noch war der Feldzug nicht zu Ende, da erhoben sich schon deutlich die Vorzeichen des drohenden Unterdrückungskampfes gegen die katholische Kirche im neuen Deutschen Reich durch allerhand Hetzereien und Verleumdungen, denen Ketteler für seine Diözese mit aller Schärfe entgegentrat. Die unablässigen Preßausfälle gegen die „Römlinge“ und „Reichsfeinde“ sowie das wüste Parteitreiben gegen alles Katholische mahnten die deutschen Katholiken gebieterisch daran, daß in dem konstituierenden Reichstage, dessen Wahlen für den März 1871 anstanden, der heiße Kampf um ihre religiösen Rechte entbrennen würde, und daß sie sich deshalb zur Verteidigung ihrer heiligsten Interessen rüsten müßten. Ketteler war von dieser Notwendigkeit so durchdrungen, daß er kein Bedenken trug, unter dem 13. Februar 1871 „an die Priester und Gläubigen der Diözese“ ein eigenes Ausschreiben über die Wahlen zum Deutschen Reichstag zu erlassen, welches auch in dieser Auslese enthalten ist und das ihm manche Anfeindung einbrachte. Dem Bischof selbst wurde — ein Beweis, wie sehr er als Vorkämpfer der deutschen Katholiken galt — aus fünf verschiedenen Wahlkreisen ein Mandat angeboten, und er entschied sich für den für die Katholiken gefährdeten badischen Wahlbezirk Walldürn-Tauberbischofsheim, wo er auch siegte. Im Reichstag, wo er sich der neugebildeten Zentrumsfraktion[1]) anschloß, war ihm eine bedeutsamere Wirksamkeit nicht beschieden; der Kleinkram der parlamentarischen Technik und Taktik lag ihm auch nicht, seine Sache waren mehr großzügige

1) Über seine Beteiligung an der Gründung der Fraktion hat er sich selber später so geäußert: „Ich bin weder direkt noch indirekt, weder schriftlich noch mündlich bei der ursprünglichen Bildung und dem ursprünglichen Programm der Zentrumsfraktion zu Rate gezogen worden. Ich habe mich ihr lediglich später angeschlossen, da ich als Reichstagsmitglied nach Berlin kam.“

Prinzipienkämpfe, zu denen es die kulturkämpferische Majorität begreiflicherweise nicht kommen ließ; er hat übrigens auch nur an zwei Sessionen, im Frühling und im Winter 1871, an den Beratungen teilgenommen. Trotzdem hat er rednerisch verschiedene Male mit Geschick und achtunggebietend die kirchlichen Interessen vertreten, so bei der Adreßdebatte, bei der Verfassungsfrage, wo das Zentrum den Antrag gestellt hatte, den Artikel 15 der preußischen Verfassung, welcher die Freiheit und Selbständigkeit der anerkannten Religionsgesellschaften gewährleistete, in die deutsche Reichsverfassung aufzunehmen, bei der Diskussion über den Lutzschen „Kanzelparagraphen", gegenüber der Behauptung von der Staatsgefährlichkeit des Unfehlbarkeitsdogmas u. dergl. Zwischen die beiden Reichstagssessionen fiel die 21. Katholikenversammlung in Mainz, auf welcher er die viel bemerkte, auch als Sonderdruck erschienene Rede „Liberalismus, Sozialismus und Christentum" hielt. In der Wintertagung hatte Ketteler in Berlin zwei interessante Unterredungen mit Bismarck und eine Audienz bei Kaiser Wilhelm I., die aber resultatlos verliefen. Im März 1872 legte Ketteler sein Reichstagsmandat nieder, indem er gleichzeitig, gewissermaßen als Rechenschaftsbericht, die Schrift „Die Zentrumsfraktion auf dem ersten Deutschen Reichstag" veröffentlichte. In dieser — und das ist nicht nur ein document humain für den Schreiber, sondern auch ein eigenartiger politischer Fingerzeig — heißt es: „Wenn ich mein Mandat niederlege, so geschieht es deshalb, weil alle jene Voraussetzungen, welche allein mich in meiner Lage bestimmen konnten, ein Mandat für den Reichstag anzunehmen, inzwischen hinfällig geworden sind. Ich habe nie geglaubt, die Pflichten meines bischöflichen

Amtes mit einer parlamentarischen Tätigkeit anders als ausnahmsweise, wegen besonderer vorübergehender Gründe, vereinigen zu können. In gewöhnlichen Verhältnissen hat Gott mir ein anderes Gebiet angewiesen, um für das Wohl des christlichen Volkes zu arbeiten, welches seiner Natur nach sich nicht wohl lange mit den Pflichten eines Reichstagsmitgliedes vereinigen läßt. Ich glaubte mich aber in der Zeit der Reichstagswahlen in einer ähnlichen Lage wie im Jahre 1848 zu befinden, wo ich gleichfalls der außerordentlichen Verhältnisse wegen auf die dringenden Bitten meiner Wähler ein Mandat zur National-Versammlung in Frankfurt annahm. Wie es sich damals hauptsächlich darum handelte, eine neue Verfassung für Deutschland zu beraten, so glaubte ich, daß es auch die Hauptaufgabe des Reichstags sein werde, auf Grundlage der Verfassung des Norddeutschen Bundes und der später geschlossenen Verträge für das gesamte Deutsche Reich eine allgemeine Verfassung zu beraten... Das war für mich der Grund, die Wahl anzunehmen; dieser fiel aber dadurch gänzlich weg, daß eine Reichsverfassung im ganzen gar nicht zur Beratung kam und statt dessen die Verfassung des Norddeutschen Bundes einschließlich der betreffenden Verträge lediglich zur Annahme vorgelegt wurde. Es liegt auf der Hand, wie dadurch die Aufgabe des Reichstages eine ganz andere geworden ist, als ich voraussehen konnte. An den regelmäßigen fortlaufenden Arbeiten des Reichstages kann ich mich nicht beteiligen, während ich keinen Anstand genommen hätte, an den eigentlichen Verfassungsberatungen Anteil zu nehmen. Zu diesem allgemeinen Grunde kamen aber noch besondere Gründe, welche demselben ein erhöhtes Gewicht verliehen und mich hoffen ließen, daß meine Anwesenheit bei der

Neugestaltung aller Verhältnisse des Deutschen Reiches vielleicht nicht ohne allen Nutzen sein könnte. . . Alles ist anders gekommen. Der Liberalismus hat vollständig gesiegt. . . Da aber unter diesen Verhältnissen alle jene Gründe weggefallen sind, welche mich allein in meiner besonderen Lage bestimmen konnten, ein Mandat anzunehmen, so blieb mir nichts übrig, als mein Mandat niederzulegen."

Inzwischen war der offene Kulturkampf ausgebrochen, zuerst im Reich, dann in Preußen, um schließlich auch nach Hessen, und damit auf Kettelers Diözese überzugreifen. Der „streitbare Bischof von Mainz" hat, wie nicht anders zu denken, in allen Phasen des aufgenötigten Kampfes seinen Mann gestanden. Es wäre aber ganz verkehrt, ihn deswegen etwa zu den „unversöhnlichen" Intransigenten zu zählen. Sein Verhalten gegenüber staatlichen, ins kirchliche Leben eingreifenden Maßregeln war genau das gleiche, wie Bischof Eberhard von Trier es von sich erklärte: er wich so lange zurück, als es seine Grundsätze und sein Gewissen nur eben erlaubten; sobald er aber an die Mauer der katholischen Grundsätze und seines Gewissens kam, dann gab es einfach kein weiteres Zurückweichen mehr. Pfülf hat ausdrücklich festgestellt, daß bei den Bischofskonferenzen in Fulda gerade Ketteler mehrfach zu denjenigen Bischöfen gehörte, welche in der Mitwirkung zu den neuen Gesetzen nach irgend welcher Möglichkeit entgegenzukommen bereit waren. Wenn man in dieser Beziehung über Kettelers Gesinnung recht urteilen will, so darf man nicht an einem Briefe vorübergehen, den der Bischof unter dem 23. September 1875 an einen Baron v. L. in Wiesbaden gerichtet hat auf dessen Anfrage, „wie, ohne die jetzigen Kirchengesetze förmlich aufzuheben, der Frieden zwischen Staat und Kirche hergestellt werden könne". Kettelers Antwort auf diese Frage ist in der Tat, wie Pfülf mit Recht sagt, „voll Vorsicht und Mäßigung. Wenn man es liebte, ihn als ultramontanen Heißsporn und kampflustigen Streitprälaten darzustellen, so genügt dieser Brief allein zur Widerlegung". Das Schreiben ist daher auch in diese Sammlung aufgenommen worden, zumal da der spätere „Zugang zum Frieden" im großen und ganzen auf der von Ketteler fast prophetisch entworfenen Grundlage zustande gekommen ist. Wie wenig kriegerisch er in kirchenpolitischer und konfessioneller Beziehung gesinnt war, wie aufrichtig und innig er sich nach religiösem Frieden in der Nation sehnte, das tönt unverkennbar und unmittelbar aus den bewegten Worten, die er mitten in der Glühhitze des Kulturkampfes niederschrieb: „Möchten, das ist unser sehnlicher Wunsch, den uns treue Liebe zu unserem deutschen Vaterlande eingibt, möchten Katholiken und Protestanten — im Hinblick auf die immer wachsende Erbitterung der Gemüter in diesem unseligen Kulturkampf, im Hinblick darauf, daß er nicht nur die Religion tief beschädigt, sondern auch alle bürgerliche Freiheit zu vernichten droht; daß er der wahre Grund der Unsicherheit aller Verhältnisse nach innen und nach außen ist; daß er im Innern die ganze Erwerbstätigkeit, welche nur im sichern Frieden gedeiht, stört und dadurch den materiellen Wohlstand verletzt; daß er nach außen hin im Falle eines Krieges die Kraft Deutschlands wesentlich beeinträchtigt; daß er endlich der wahre Grund jener erdrückenden Lasten an Geld und Menschenkraft ist, welche nur deshalb dem Volke auferlegt werden, um Gefahren abzuwenden, die man selbst heraufbeschworen hat, die aber ein innerlich geeinigtes Deutschland nicht kennen würde — möchten im Hinblick auf alle diese schweren Übel Katholiken und Protestanten, wie einst unsere Voreltern, sich zum Frieden wieder die Hand reichen, und zwar auf der alten Grundlage des Westfälischen Friedens, bis Gott durch seine Gnade im Glauben uns wieder vereinigt." (Der Bruch des Religionsfriedens.)

Man müßte so ziemlich alle die altbekannten Etappen jener traurigen und trüben Zeit wieder aufzählen, wollte man die Beteiligung des Mainzer Bischofs an den Kulturkampfsereignissen im einzelnen schildern; aber wenn wir nur die wichtigsten, in jener Zeit der Feder Kettelers entflossenen bezüglichen Schriften erwähnen, so ziehen schon die Höhepunkte des ganzen Streites an uns vorüber. Besonders nahe ging dem Bischof die Vertreibung der Jesuiten: er hatte sie nach Mainz berufen, wo sie an St. Christoph segensreich wirkten, und mußte die eifrigen Seelsorger jetzt in die Verbannung ziehen sehen. Ihrer Ehre und ihrem Rechte gelten die Schriften: „Das Reichsgesetz vom 4. Juli 1872 betreffend den Orden der Gesellschaft Jesu und die Ausführungsmaßregeln dieses Gesetzes" (1872); das Ausschreiben an die Geistlichkeit vom 19. August 1872: Billigung und Belobung der Kundgebungen gegen das Jesuiten-Ausweisungs-Gesetz; Öffentliche Erklärung über die Ausweisung der Jesuiten, vom Bischof von der Domkanzel verlesen am 17. November 1872: „Kann ein Jesuit von seinem Obern zu einer Sünde verpflichtet werden?" (1874). Gegen die sog. „Maigesetze" richtet sich die Schrift „Die preußischen Gesetzentwürfe über die Stellung der Kirche zum Staat" (1873), die binnen kurzem 6 Auflagen erlebte, sowie die polemische Broschüre „Die Anschauungen des Kultusministers Herrn

Dr. Falk über die katholische Kirche nach dessen Rede vom 10. Dezember 1873" (1874). Mit der Schrift „Der Kulturkampf gegen die katholische Kirche und die neuen Kirchengesetzentwürfe für Hessen" (1874) nahm der Bischof zu der Kulturkampfsbewegung in der eigenen Diözese Stellung. Speziell mit der Schulfrage befassen sich „Die Trennung der Schule von der Kirche" (Fastenhirtenbrief vom 15. Februar 1873), teilweise in unserer Sammlung enthalten, und „Die Gefahren der neuen Schulgesetzgebung für die religiös-sittliche Erziehung der Kinder in den Volksschulen. Ein Wort der Belehrung und Ermahnung an die Eltern" (1876), sowie der Predigtzyklus „Die Pflichten der Eltern und des Elternhauses unter den modernen Schulverhältnissen" (1877), des Bischofs letzte Publikation. Die allgemeine Unvereinbarkeit der neuen Gesetzgebung mit den kirchlichen Prinzipien wegen des in ihr herrschenden Geistes behandelt die Schrift: „Warum können wir zur Ausführung der Kirchengesetze nicht mitwirken?" (1876). Die letzte seiner Kulturkampfsschriften war: „Die tatsächliche Einführung des bekenntnislosen Protestantismus in die katholische Kirche" (1877).

Aber nicht nur durch die Schrift, sondern auch durch sein zündendes Wort hat Bischof Ketteler seine Konfessionsgenossen in den schweren Tagen des Kulturkampfes gestärkt und ermutigt. Es sei z. B. erinnert an seine Ansprachen bei Gelegenheit der Wallfahrten des in Mainz 1872 gegründeten „Vereins der deutschen Katholiken" (gewöhnlich „Katholikenverein" genannt, an dessen Verhandlungen er übrigens niemals teilgenommen, wie er auch an der Gründung selber unbeteiligt war) nach Marienthal und auf den Rochusberg bei Bingen; die Predigt bei letzterem Anlaß ist in unsere Sammlung aufgenommen (S. 116 ff.). Einen mächtigen Widerhall erweckte auch seine gewaltige Rede in der ersten öffentlichen Sitzung der 23. Generalversammlung der Katholiken Deutschlands zu Freiburg i. Br. im Jahre 1875 über „Die wahre Freiheit und ihre Gefahren", die wie in Erz einherschreitend, sich zur dröhnenden Resonanz alles dessen machte, was in jenen bitteren Tagen das Herz der deutschen Katholiken durchwogte, zugleich aber auch für diese selbst die heilsamen Lehren aus dem Kulturkampfe zog.

Das Verderben aber, die unheilvolle Verwüstung der katholischen Kirche in Deutschland, nahm seinen Fortgang; und der Gram darüber nagte bei der ganzen psychologischen Veranlagung Kettelers an dem Marke des äußerlich noch ungebeugten Mannes. Einen kurzen freundlichen Lichtpunkt bildete das überaus glanzvoll verlaufene 25jährige Bischofsjubiläum vom 25. und 26. Juli 1875, eine unendlich ehrende Kundgebung des grenzenlosen Vertrauens und der aufrichtigen Liebe, welche der Mainzer Bischof im ganzen katholischen Deutschland genoß. Er selbst schrieb lakonisch an seine Schwester: „Das Fest ist hier so schön als möglich verlaufen. Jetzt sollen wohl die Kreuze um so sicherer nachfolgen." Sie wurden ihm gewiß nicht erspart: mitten unter lauter Kreuzen ist Ketteler seinem nun nahen Ende entgegengereift. Aber wenn auch wehmütig, da er ja selber den Sieg nicht erleben sollte, so schaute er doch keineswegs mit müder Resignation auf sein Wirken zurück: er glaubte an die Zukunft seiner Ideen, nicht nur der religiösen und kirchlichen — was sich bei seiner katholisch-gläubigen Überzeugung von selbst versteht, — sondern auch der politischen und sozialen. Und wenn er ein Vierteljahrhundert länger gelebt hätte, dann hätte er einen großen Teil dessen, was er erstrebt, erfüllt und manche Entwicklung, die er vorausgeschaut, verwirklicht gesehen. Man braucht nur die beiden letzten umfangreicheren Schriften allgemeineren Inhaltes (also abgesehen von Gelegenheitsschriften), die ihn beschäftigt haben, daraufhin durchzublättern, um dies bestätigt zu finden; und sie verdienen denn auch wegen ihres, man möchte sagen prophetischen Charakters und ihrer für Ketteler fast typischen Bedeutung als Abschluß der literarischen Tätigkeit des Bischofs eine besondere Beachtung. Nur die eine, welche die Richtlinien der neuzeitlichen deutschen Politik zieht, ist zum Abschluß gediehen; die andere über die soziale Frage ist leider Entwurf geblieben. Schon gegen Ende des deutsch-französischen Krieges und noch vor Zusammentritt des konstituierenden Deutschen Reichstages hatte Ketteler eine Schrift vollendet mit dem Titel „Die Katholiken im Deutschen Reiche. Entwurf zu einem politischen Programm". Aber erst zu Beginn des Jahres 1873 ließ er sie im Druck erscheinen. „Die Veröffentlichung, so sagt er im Vorwort, unterblieb damals, weil die große Aufregung der Gemüter jedem Einigungsversuche in jener Zeit ungünstig zu sein schien." Wir dürfen annehmen, daß diese literarische Arbeit auch mit Kettelers Zugehörigkeit zum ersten Reichstage zusammenhängt. Und wenn wir uns erinnern, daß er selber erklärt, er habe das Mandat nur angenommen, weil er glaubte, die grundlegenden Verfassungsfragen würden auf jenem Reichstage erörtert werden, und daß er das Mandat niederlege, weil er sich in jener Annahme getäuscht gesehen, so haben wir eine weitere Erklärung für die Hinausschiebung der Veröffentlichung. Denn die Schrift ist ihrem Wesen nach nichts anderes als die Darstellung der vom Standpunkte des gläubigen Katholiken und sozial empfindenden Patrioten allein berechtigten und dem wahren Wohle der Nation förderlichen Grundlagen einer Verfassung für das neue Deutsche Reich. Insofern ist sie also ein Gegenstück und eine Ergänzung zu der andern großen politischen Schrift „Deutschland nach dem Kriege von 1866". Hatte Ketteler in dieser die deutschen Katholiken gegenüber der veränderten politischen Situation und dem neuwerdenden Staatsgebilde im allgemeinen zu orientieren und zu einer entsprechenden Aktion zu ermuntern gesucht, so will er in der neuen Broschüre zeigen, wie er sich den Ausbau des neuen Reiches und den Anteil der Katholiken an seinem Werden und Leben wünscht und denkt. Dafür hielt er 1873 die Zeit gekommen, nachdem „manche Hindernisse einer Verständigung und Einigung unter den Katholiken in den verschiedenen deutschen Ländern seitdem durch die inzwischen eingetretenen Ereignisse (der Verfasser meint offenbar die politische Organisation in der Zentrumspartei) tatsächlich beseitigt" seien. Was ihn bestimmte, die Schrift gerade zu dem angegebenen Momente erscheinen zu lassen, war der gewissermaßen „apologetische" Gesichtspunkt, „daß sie zugleich als Stimmungszeichen aus ultramontanen Kreisen aus der Zeit der Gründung des Deutschen Reiches dienen" könne. Ketteler stellt dabei zwar in Abrede, „eine politische, ja selbst eine einflußreiche und leitende politische Tätigkeit" ausgeübt zu haben; doch müsse er es sich gefallen lassen, „mehr oder weniger als eine politische Persönlichkeit angesehen zu werden". „Unter diesen Umständen hat den vielen Verdächtigungen gegenüber die Veröffentlichung einer Schrift, worin ich die Gesinnung ausgesprochen, mit welcher ich dem ersten Reichstage und der Gründung des Deutschen Reiches entgegengegangen bin, wohl eine hinreichende Begründung. Der Charakter rückhaltloser Aufrichtigkeit wird ihr auch von den Gegnern wohl nicht abgesprochen werden können; dadurch aber kann sie für die Zukunft als eines der vielen Zeugnisse dafür dienen, mit welcher systematischen Unredlichkeit und Lügenhaftigkeit man uns eine reichsfeindliche Gesinnung angedichtet hat. Diese Rücksicht bei Herausgabe der Schrift wird mich auch wohl in den Augen jener entschuldigen, welchen es etwa auffällig erscheinen mag, daß ein Bischof unter den schweren Bedrängnissen der Kirche eine Schrift veröffentlicht, welche sich mit politischen Fragen und nicht ausschließlich mit der Verteidigung der Rechte der Kirche beschäftigt." Also mit anderen Worten, der Bischof will zeigen, daß man ein eifriger Katholik sein und doch an den nationalen Geschicken den interessiertesten und aufrichtigsten Anteil nehmen kann; und gerade dieses Leitmotiv macht das Buch heute so modern, wo die ehrliche und paritätische Beteiligung der Katholiken am Kultur- und Wirtschaftsleben der nationalen Gegenwart die brennendste Existenzfrage für den katholischen Volksteil bildet. Im übrigen spricht die in ihren wichtigsten Partien in dieser Auslese wiedergegebene Broschüre so für sich selbst, daß folgendes hervorzuheben genügt: außer der Betonung der Religion als der notwendigen Grundlage wahrer Staatswohlfahrt und der daraus folgenden Achtung der Rechte der christlichen Konfessionen leuchtet insbesondere der föderative, korporative und soziale Gedanke als Grundzug der politischen Auffassung Kettelers hervor. Vielleicht war die damalige Zeit für die weitschauenden Ideen des Verfassers noch nicht reif; und so kam es wohl, daß die Schrift nicht den Widerhall und die praktische Beachtung fand, die sie unbedingt verdient hätte — auch nicht bei den Konfessionsgenossen. Namentlich der Gedanke von dem reinpolitischen Charakter des Zentrums, das deswegen auch ein wirklich politisches Programm haben müsse, hatte noch viel zu wenig in weiten katholischen Kreisen Wurzel gefaßt. Aber schon 15 Jahre später, am 31. Juli 1888 durfte das Mainzer Journal feststellen: „Von dem Moment an, da die Katholiken sich wieder freier bewegen konnten, begann man auch mit der Verwirklichung dieses Programmes, und wenn das Büchlein bei seinem Erscheinen vielleicht antiquiert war, so ist es heute nicht mehr. Jetzt erst tritt es in volle Bedeutung, es kennzeichnet unsere Stellung für die Zukunft. Und wenn der Leser findet, daß eine Anzahl von Forderungen tatsächlich in den letzten Jahren durch die Initiative der Regierung erfüllt wurden, so ist das ein glänzendes Zeugnis für den weitsehenden Blick, für die patriotische Gesinnung des hohen Toten.“ Heute, nach weiteren 23 Jahren, liegt das noch viel evidenter zutage.

Bis zu seinem Tode beschäftigten Ketteler besonders intensiv die sozialen Probleme; und mit viel mehr Recht als den „streitbaren Bischof“ hätte man ihn, was ja auch geschehen ist, den „sozialen Bischof“ nennen können. Er verfolgte trotz seiner sonstigen kolossalen Arbeitslast die gesamte bezügliche Literatur aufs sorgfältigste; und noch auf seine letzte Romreise begleiteten ihn die neuesten sozialpolitischen Erscheinungen. In seinem Nachlaß fand sich eine ganze Reihe von einschlägigen Entwürfen, ausführlichen Skizzen und angefangenen Broschüren vor. Seine letzten literarischen Pläne galten einer Schrift über die Frage, deren Wichtigkeit damals außer Ketteler wohl auch nur die wenigsten ahnten: „Welche Stellung haben christliche Arbeiter der Arbeiterbewegung gegenüber einzunehmen? Wie weit sich daran zu beteiligen? Wie weit nicht?" Zum Titel wurde aber schließlich, wie die verschiedenen Redaktionen der Skizze zeigen, die konkretere Fassung gewählt: „Kann ein katholischer Arbeiter Mitglied der sozialistischen Arbeiterpartei sein?" Das von Pfülf in seinem großen Ketteler-Werke zum ersten Male mitgeteilte Fragment dieser Schrift zeigt eine so weitherzige, echt moderne Auffassung und ist für des Bischofs soziale Ideen in ihrer letzten Konsequenz so charakteristisch, daß wir es in dieser Sammlung in der an der angegebenen Stelle gebotenen Fassung (mit gütiger Erlaubnis des Kirchheimschen Verlages) wiedergeben (s. 3. Bd.). — Noch mit einer ganzen Reihe anderer literarischer Pläne (es liegen z. B. mehr oder minder weit gediehene Skizzen vor für Schriften mit folgenden Titeln: „Unsere Pflichten im öffentlichen Leben", „Wohin gehen wir?" [Folgen des Kulturkampfes], „Über die staatsgefährlichen Prinzipien der katholischen Kirche", „Die Gewissensfreiheit", „Das Hetzertum", „Die Trennung von Kirche und Staat", „Mißverständnisse zwischen gläubigen Katholiken und gläubigen Protestanten", „Unmittelbarkeit mit Christus. Kirche und Bibel"; außerdem, wie bereits erwähnt, eine Anzahl sozialer Sachen) trug sich Ketteler; an der Ausführung hinderte den Rastlosen, Unermüdlichen der Tod.

Des Bischofs Lebensbahn neigte ihrem Ende zu. Es war, als wenn ihn eine Unruhe und Unrast erfaßt hätte: das letzte Lebensjahr führte ihn auf eine Menge von Reisen, zu Verwandten und Bekannten, nach Salzburg zu einer Bischofskonferenz, nach Konstanz zum Jubiläum des hl. Konrad, bei welchem er einen Zyklus von Predigten hielt (einige derselben sind auch in dieser Sammlung enthalten), zu Firmungen, Visitationen usw. Die letzte Reise, auf die er ein durch Überanstrengung verursachtes schleichendes Fieber mitnahm, führte ihn anläßlich des 50jährigen Bischofsjubiläums des Papstes Pius IX. nach Rom, von wo er lebend nicht mehr nach Mainz zurückkehren sollte. Am 11. Mai 1877 traf Ketteler in der ewigen Stadt ein, wo er sich sehr angeregt und befriedigt fühlte — trotz den Erinnerungen an das Vaticanum, deren er sich in keiner Weise schämte: noch während des erwähnten Festes in Konstanz hatte er sich nach dem Zeugnis von B. Liesen in dessen Büchlein, Letzte Lebenswochen des hochseligen Bischofs von Mainz, S. 8, in dieser Beziehung geäußert: „Ich bin stolz darauf, daß ich freimütig alle Bedenken erhoben habe, und ich würde, wenn ich es nochmals zu tun hätte, wieder so tun." Am 13. Mai predigte er in Gegenwart vieler deutscher Pilger in der deutschen Nationalkirche der Anima (den Text der Predigt siehe S. 94 ff.) und sprach auch am 16. Mai mit gewohntem Feuer in der großen Pilgerversammlung im Palazzo Altemps; es waren die letzten öffentlichen Reden des Bischofs. Er hatte noch das Glück, von Pius IX. sehr liebevoll empfangen und von ihm geradezu ausgezeichnet zu werden. Nach einem kurzen Ausflug nach Montecassino verließ er am 3. Juni Rom, müde zwar und matt, aber ohne zu ahnen, daß er den Keim des Todes in sich trage, um über Meran und Innsbruck heimzukehren. Vorher aber wollte er noch einen alten Freund und Verwandten, den ehemaligen Husarenoffizier Freiherrn Clemens von Korff, der Priester geworden war und nun unter dem Namen P. Bruno als Novize im Kapuzinerkloster Burghausen in Bayern sich befand, besuchen. Auf dem Wege über Altötting kam Ketteler todkrank nach Burghausen, wo er sich bei den Kapuzinern sofort zu Bett legen mußte — es war das Ende seiner irdischen Pilgerreise. Nach dreiunddreißigtägigem Krankenlager, auf dem ihn seine imposante Ruhe und Majestät, jene herrliche christliche Gelassenheit, die er in langem Ringen mit sich selbst sich angeeignet, nie verließ, und wo ihn die Teilnahme der ganzen christlichen Welt umgab, ein echter Mann und ein echter Christ, hauchte er am 13. Juli 1877, im Sterben vom Frieden umfächelt, der ihm im Leben so wenig beschieden war, fast ohne Kampf und Not seine große Seele aus. Unermeßlich war die Trauer, man kann sagen von Freund wie Feind; vor allem aber fühlten die deutschen Katholiken, was sie an dem Bischof von Mainz verloren hatten. Es war, wie wenn der Feldherr, auf den alle ihr Vertrauen gesetzt, mitten im Kampfgewühl, noch ehe der Sieg errungen, gefallen wäre: so erhob sich die Totenklage der deutschen Katholiken um den im Toben des Kulturkampfes gefallenen Helden. In der Muttergotteskapelle des Mainzer Domes „harrt, wie es auf dem Grabmale heißt, der hochwürdigste Herr Wilhelm Emmanuel Freiherr von Ketteler, 27 Jahre Bischof der Kirche von Mainz, mächtig in Wort und Werk... der Auferstehung".

Die zu den intimsten Gegnern des Heimgegangenen zählende „Frankfurter Zeitung" hatte unmittelbar nach dem Tode geschrieben: „Der streitbare Bischof, der länger als ein Vierteljahrhundert auf dem Stuhle des Willigis saß, ist eine stille Leiche. Die Ecclesia militans steht an der Bahre eines ihrer Führer, dessen Verlust sie nicht leicht verschmerzen, für den sie sich lange vergeblich nach Ersatz umsehen wird. Sie haben Grund, Trauerflaggen aufzuhissen und Trauerlieder anzustimmen, sie, die ihn verloren haben, und wenn sie es nicht schon heute empfinden, nicht in der Furcht der letzten Tage um sein Leben empfunden haben, was sie in diesem Manne verlieren, so werden sie es bald inne werden, wenn der Fortgang des Kampfes diesen Streiter mit dem scharfen Blicke und dem energischen Willen vermissen läßt. Wenige Kirchenfürsten hat Deutschland gehabt, die sich gleich diesem Sproß eines westfälischen Adelsgeschlechtes in Wissen und praktischer Tätigkeit hervorgetan haben." In der Tat genügt eine flüchtige Bekanntschaft, um zu erkennen: Bischof Ketteler war eine Gestalt von ausgeprägtester Eigenart. Wie er körperlich eine gewaltige, hochragende Erscheinung war, so ragte er auch geistig über die meisten kirchlichen Persönlichkeiten seiner Zeit um Hauptes Länge hinaus: man muß unwillkürlich an gewisse großzügige Bischöfe des deutschen Mittelalters und dann auch wieder an Karl Borromäus zurückdenken, wenn man für Ketteler nach Vergleichen sucht. Nicht daß er rein intellektuell genommen ein Riese gewesen wäre; ein Mann der Gelehrsamkeit und der strengen Wissenschaft war er schon gar nicht, und selbst seine theologische Bildung war, wenn auch eine gediegene, so doch nur eine durchschnittliche. Und dennoch war in seinem ganzen Wesen etwas so Großes, Geniales, unwillkürlich zur Achtung und Bewunderung Zwingendes. Das bewirkte die kraftvolle, ungekünstelte, unmittelbare Geschlossenheit seiner Persönlichkeit: er war ein ganzer Mann. Wovon er überzeugt war, das wollte er, und was er wollte, das wollte er ganz. Bei ihm gab es keine Zweideutigkeit und keinen schwächlichen Kompromiß; Domdekan Heinrich von Mainz hat das Rechte getroffen, wenn er in der Leichenrede sagte: „Sein ganzes Wesen war Wahrhaftigkeit" — und wenn wir noch hinzufügen Energie, Selbstbeherrschung und Pflichtgefühl, dann haben wir den Charakter in seinen Wesenszügen umschrieben. Diese ganze prächtige und machtvolle Männlichkeit, deren Zierde zugleich eine wahrhaft kindlich-innige Frömmigkeit war, stellte Ketteler vorbehaltslos in den Dienst der katholischen Religion und seines hohen kirchlichen Amtes. Kein Wunder daher, daß er eine so tiefgreifende Wirksamkeit ausübte: solche Persönlichkeiten aus einem Guß sind gerade in der Neuzeit außerordentlich selten, und wo sie auftreten, da setzen sie sich auch durch. Bei Ketteler kam noch hinzu, daß seine ganze Art auf die unmittelbar praktische Tätigkeit hingerichtet war. So sehr er die katholische Wissenschaft zu schätzen wußte, so kam es ihm in erster Linie doch auf katholische Taten, auf katholisches Leben an. Und da er die Bedürfnisse der Zeit und die Not des Volkes kannte, so verstand er es wie kaum einer, die Errungenschaften alles wirklichen Fortschrittes in Wissenschaft und Technik den praktischen Zielen des praktischen Lebens dienstbar zu machen, kurz die Theorie in Fleisch und Blut umzusetzen — stets zur Förderung der katholischen Idee. Und wenn er auch, wie gesagt, kein Gelehrter war und keiner sein wollte — er hätte einer werden können —, wenn er auch auf den Ruhm eines originellen Denkers keinen Anspruch machen kann, so ist doch ebensowenig zu bezweifeln, daß er von hoher geistiger Begabung war: von durchdringendem Verstand, scharf-logischem Denken, vielseitigen Interessen, großer Belesenheit und nicht gewöhnlicher Sprachbeherrschung und Beredsamkeit, vereinigte er eine achtunggebietende Geistesbildung mit weltmännischen Formen und wahrer Herzenskultur. Wir wissen, daß des Bischofs Temperament von Natur aus heftig war; aber ebenso bezeugt ist, daß er durch stete strenge Selbstzucht schließlich den Sieg abgeklärter Herrschaft über sich selbst errungen hat. Überhaupt lag hinter der äußeren Gewaltigkeit und Heftigkeit seines Wesens eine unendliche Fülle von Güte, Gutmütigkeit und zärtlichster Teilnahme, kurz von Gemüt verborgen, was Verwandte, Freunde, Untergebene, Kirche und Vaterland, nicht zum wenigsten auch die Armen und Notleidenden oft in den rührendsten Formen zu erfahren Gelegenheit hatten. Er war ein Asket im wahren Sinne des Wortes, aber kein kalter, abgestumpfter, sondern trotz aller persönlichen Anspruchslosigkeit, härtester Abtötung und unerbittlichen Strenge gegen sich selbst ein Mann mit dem wärmsten, mit allem Menschlichen mitfühlenden Herzen. Im übrigen war er ein Mann des Glaubens und des inneren Lebens ungeheuchelter Frömmigkeit.

Dieses gerade, lautere, ungezierte Wesen spiegelt sich auch wieder in Kettelers Reden und Schriften. Wie bereits bemerkt, war Ketteler des Wortes ungemein mächtig, er besaß die Gabe einer natürlichen Beredsamkeit, die er durch Studium und sorgfältige Vorbereitung auf den Vortrag fleißig ausbildete. Aber er war kein eigentlicher Kunstredner und -Prediger; schlicht, einfach und ungemacht, jedes oratorischen Schmuckes bar flossen seine Worte dahin, alles Sensationelle nach Inhalt und Form verschmähend. Und doch war er ein Redner von mächtigster Wirkung, und namentlich als Prediger rief er den tiefsten Eindruck hervor. Hinter seinen Worten stand eben sichtlich seine ganze Persönlichkeit; und die Macht der sich offenbarenden unerschütterlichen Überzeugung packte unwillkürlich durch den inneren, suggestiven Rhythmus der in die schlichten Worte gekleideten lapidaren Gedanken. Darum waren auch nach dem Zeugnisse aller Hörer die gesprochenen Worte von viel hinreißenderer Gewalt und viel imponierenderem Eindrucke, als die gedruckt vorliegenden Niederschriften von Kettelers Reden und Predigten; es ist ja gar nicht zu leugnen und soll darum auch hier nicht verschwiegen werden, daß gerade von letzteren manche sich ziemlich trocken und unbedeutend lesen — man mußte sie aus des Bischofs Munde vernehmen, der ihnen sprühendes Leben verlieh. Ein Teilnehmer an dem Konrad-Jubiläum in Konstanz schildert uns Ketteler als Prediger folgendermaßen: „Da stand er auf der Kanzel, diese hohe imponierende Gestalt mit dem scharfgeschnittenen Gesichte, dem feurigen Auge, der donnernden Stimme, und redete wie einer, der Gewalt hat. Sein Wort war so einfach, so volkstümlich, so durchsichtig, daß auch das Kind ihn verstand, aber getragen von solchem Glauben, solch zarter Frömmigkeit und gesprochen mit solch himmlischer, übernatürlicher Kraft, daß es einen unauslöschlichen Eindruck auf jeden Zuhörer machte und, was mehr ist, die Herzen änderte. Mir war's immer, wenn ich Ketteler predigen hörte, als hätte ein Heiliger gesprochen." Den Parlamentarier und Volksversammlungsredner führt uns Beda Weber vor Augen, wo er anläßlich der erwähnten ersten Katholikenversammlung in Mainz und unter dem Eindrucke der berühmten Frankfurter Leichenrede ihn vorstellt: „. . . Freiherr von Ketteler aus Westfalen, armer Leute Pfarrer von Hopsten, eine hohe mächtige Gestalt, mit scharf geschnittenem Gesichte, auf dem sich furchtloser Tatendrang ausspricht, gepaart mit altwestfälischer Treue für Gott und Kirche, für Kaiser und Reich. An diesem entschiedenen Geiste ist die deutsche Nation in ihrer Gesamtheit, in ihrer Geschichte, in ihrer katholischen Gesinnung noch frisch und lebendig. Er trägt das große, mutige deutsche Volk mit dem unermeßlichen Frühling seiner Tugenden warm in seiner Seele, und aus dieser Einigung fließt der eigentümliche Stolz seiner Rede, die in den Errungenschaften der

Märztage das Mittel sieht, den Dom der deutschen Kirche auszubauen, früher und herrlicher als den Dom zu Köln. Daher schlug sein Wort mit regelloser Macht in die Zuhörer ein, die nur den Widerhall ihres eigenen Herzens vernahmen. Wenn ich an den Redner Ketteler denke, so denk' ich mir stets einen ganzen Mann; er kann manches Herz in Furcht versetzen, aber er hat ein Recht zu sein."

Ähnliches wie von dem Redner gilt von dem Schriftsteller Ketteler. Er war da vorzugsweise Publizist, d. h. wenn er zur Feder griff — und das geschah sehr oft, und meist aus ganz bestimmtem individuellen Anlaß — so hatte er wohl ausschließlich praktische Zwecke im Auge. Nicht nur Freunde und Bewunderer, sondern auch Gegner haben ihm attestiert, daß er „der geborene Journalist" gewesen, und daß an ihm ein „Redakteur comme il faut" verloren gegangen sei. Dementsprechend schätzte er auch die Presse sehr hoch; und tatsächlich stammt der vielzitierte, in der Autorschaft bisweilen bestrittene Ausspruch, daß der hl. Paulus, wenn er heute lebte, sicher eine Zeitung schreiben würde, von ihm (das Wort ist gefallen im Mai 1868 im Pfarrhause zu Sauer-Schwabenheim vor der Geistlichkeit des Dekanates Ober-Ingelheim bei Gelegenheit der bischöflichen Visitation und Firmung). Wenn aber auch die meisten Schriften Kettelers aus dem Augenblick für den Augenblick geboren sind, so mangelt ihnen doch nicht die bleibende Bedeutung: Ketteler war tatsächlich ein hervorragender Schriftsteller großen Zuges mit so rassiger Sonderart, daß er auch in rein literarischer Hinsicht, obwohl er durchaus nicht zu den eigentlichen Sprachkünstlern gehört, ja stilistisch kaum eine persönliche Note aufzuweisen hat, entschieden Beachtung verdient. Inhaltlich betrachtet, läßt sich nicht behaupten, daß

Ketteler in seinen Schriften — wenn man etwa von gewissen sozialen Darlegungen absieht — völlig neue Gedanken entwickelt oder die Wissenschaft und das politische wie religiöse Verständnis mit eigenen Entdeckungen und Offenbarungen bereichert habe; er war kein Pfadfinder für absolut neue Ideenkreise, wie er denn, was bereits gesagt wurde, überhaupt kein origineller Denker war. Aber er war ein Bahnbrecher und Verwerter allerersten Ranges; und die sind ebenso nötig und wichtig. Ihm eignete die Fähigkeit, mit fast unfehlbarer Sicherheit gewissermaßen instinktiv herauszufühlen, was in den Bedürfnissen und dem gesamten Empfinden der Zeit lag. Und dem wußte er dann mit klarem, kräftigem, edel-volkstümlichem Worte prompt Ausdruck zu verleihen. Daß er dafür stets den rechten, wirkungsvollen Zeitpunkt zu finden wußte, daß ein katholischer Bischof es war, der sich so frisch und offen äußerte, das steigerte noch die Resonanz seiner Publikationen. Dazu kam dann, daß jedermann sofort merkte und wußte, wie diese Schriften getragen waren von einer festumrissenen, ganzen, überzeugungstreuen Persönlichkeit, deren Herz in ihnen zittert; das gab ihnen trotz der verhältnismäßig einfachen Mittel, mit denen der Verfasser arbeitet, ihre unmittelbare Wirkung. Das eigentlich Bewundernswerte an der Kettelerschen Schriftstellerei ist der durchsichtig-klare Aufbau, die unerbittlich logische Durchführung des Grundgedankens, der stets aufs Prinzipielle und Allgemeine hinausgespielt wird, die absolute, durch keinerlei Verschwommenheit und Phrasennebel getrübte Sachlichkeit. An Einheitlichkeit und man möchte sagen organischer Entwicklung des Gedankengefüges, an unerbittlicher Übersichtlichkeit der Beweisführung und infolgedessen an Leichtlesbarkeit trotz oft schwierigster und abstraktester Behandlungsgegenstände ist Ketteler ein nicht allzu häufig erreichter Meister. Die verwickeltsten Fragen werden unter seiner Feder für jedermann verständlich, weil er es so glücklich verstand, sie auf ihren Wesenskern, auf das Grundsätzliche zurückzuführen: in diesem Sinne war er ein geschickter Popularisator in der edelsten Bedeutung des Wortes. Dazu half auch seine von aller Verstiegenheit und absonderlicher Maniriertheit sich fernhaltende Sprache: seine Ausdrucksweise ist immer natürlich, meist edel und gehoben, unter allen Umständen ungemacht und ungekünstelt. Ketteler, der aufs direkt Praktische gerichtete Publizist, hat gewiß nicht nach dem Ruhme gegeizt, die deutsche Sprachkunst durch einen neuen Stil zu bereichern, und er hat dies auch sicher nicht geleistet; und doch haben wohl alle seine Schriften wieder ihren besonderen Zug, den wir nirgendwo sonst finden und welcher sie heute noch zu einer genußreichen Lektüre macht: wenn die völlige Angemessenheit der Form zu dem Gedankeninhalt den großen Schriftsteller kennzeichnet, dann war Ketteler sicher ein großer Schriftsteller. Es darf dabei nicht verschwiegen werden, daß sich in seinen Schriften — auch wenn wir von der durch andere besorgten und heute allein mehr vorliegenden Niederschrift mancher seiner Predigten und Reden, deren Form ihm also nicht angerechnet werden kann, und von den nur in Skizzenform vorhandenen Arbeiten absehen — manche Flüchtigkeiten, sprachliche Härten und sogar Gemeinplätze, übrigens neben vielen geradezu glänzenden Stellen, finden. Das ist die unausbleibliche Folge seiner im allgemeinen journalistischen Arbeitsweise: die formelle Vollendung kümmerte ihn nicht, ihm kam es nur darauf an, seine Gedanken in die Welt hinauszusenden, und zwar möglichst schnell. Er schrieb seine Publikationen außerordentlich rasch hin, manchmal — wovon Pfülf ein typisches Beispiel anführt — eine ganze Broschüre an einem Vormittag, und dann kümmerte er sich um eine weitere Feile des Geschriebenen nicht mehr; wenn etwas in ihm drängte und trieb, dann war es, kaum überdacht, auch schon geschrieben und gedruckt. Wie hätte er auch anders bei seinen außerordentlich vielen und schweren sonstigen Arbeiten, namentlich des von ihm mit solchem Ernste verwalteten Bischofsamtes, eine derartig große Reihe von Druckschriften ergehen lassen können, wie sie im Anhange dieser Sammlung verzeichnet sind (s. 3. Bd.) und Ketteler als einen erstaunlich fruchtbaren Schriftsteller erscheinen lassen.

Schon dieser außerordentliche Umfang der Kettelerschen Schriftstellerei rechtfertigt die Veranstaltung einer Auslese aus seinen Schriften. Denn es ist wohl ausgeschlossen, daß heutzutage noch größere Kreise zu all den, teilweise schwer mehr erhältlichen Einzelausgaben greifen werden. Und doch wäre es aufs tiefste zu beklagen, wenn, was Kettelers Feder an wirklich Wertvollem und dauernd Bedeutendem uns geschenkt, allmählich in Vergessenheit geraten würde, und namentlich dem katholischen Volke nicht mehr zugänglich sein sollte. Es galt daher, eine entsprechende Auswahl zu treffen. Das war gar nicht so leicht; denn eine Gesamtausgabe der Kettelerschen Werke existiert nicht und dürfte auch schwerlich je erscheinen. Dagegen liegen einige Gruppensammlungen vor.

J. M. Raich, ehemaliger Sekretär des Bischofs und später Domdekan in Mainz, hat 1878 die Predigten (2 Bände), 1879 die Briefe und 1904 die Hirtenbriefe Kettelers im allgemeinen recht exakt herausgegeben. Daß die sozialen Schriften, für die doch stets Interesse vorhanden war, nicht in einer vollständigen Separatausgabe herausgekommen sind, muß eigentlich wundernehmen. Noch mehr die Tatsache, daß eine wenigstens teilweise Sammlung der sozialen Sachen zuerst in französischer Übersetzung veranstaltet wurde: 1892 von Decurtins in seinen Études sociales catholiques unter dem Titel Oeuvres choisies de Msgr. Ketteler (auch eine der besten Abhandlungen über Kettelers soziale Anschauungen ist französisch geschrieben: Ketteler et la question ouvrière avec une introduction historique sur le mouvement social catholique, par E. de Girard, Berne 1896. Neuerdings hat J. Mundwiler S. J. eine Schrift „Bischof v. Ketteler als Vorkämpfer der christlichen Sozialreform" im Verlage der Buchhandlung des Verbandes der süddeutschen katholischen Arbeitervereine in München erscheinen lassen). Erst 1908, das heißt nach Ablauf der dreißigjährigen Verlegerschutzfrist von des Verfassers Tode ab, ist auch eine deutsche Auswahl (bei Fredebeul & Koenen in Essen-Ruhr) erschienen als „Soziale Schriften des Freiherrn von Ketteler Bischofs von Mainz", die aber nur die Broschüre „Die Arbeiterfrage und das Christentum", dann unter dem Titel „Verfassung und Arbeiterfrage" einige Passagen aus der Schrift „Die Katholiken im Deutschen Reiche", sowie die Rede auf der Liebfrauenheide „Die Arbeiterbewegung und ihr Streben im Verhältnis zu Religion und Sittlichkeit" enthält. Die vorliegende Auslese sucht zum ersten Male durch Vorführung des Besten und Charakteristischsten aus den verschiedenen Schaffensgebieten ein Gesamtbild des Schriftstellers Ketteler zu geben. Für die Auswahl waren folgende Grundsätze maßgebend. Es wurde vor allem Wert darauf gelegt, möglichst gleichmäßig aus sämtlichen von Ketteler gepflegten literarischen Gattungen geeignete Proben herauszuheben; daraus ergab sich denn statt der chronologischen die von mir angenommene sachliche Anordnung in den sechs Abteilungen: I. Religiöses, II. Kirchliches, III. Kirchenpolitisches, IV. Staatspolitisches, V. Soziales und VI. Persönliches. Diese Einteilung ist zwar nicht sehr systematisch, aber sie entspricht ziemlich genau dem Inhalte der Kettelerschen Publikationen; insbesondere hatte ich gewichtige, und zwar nicht nur äußerlich praktische Gründe, das „Religiöse" von dem „Kirchlichen" und das „Kirchenpolitische" von dem „Staatspolitischen" zu trennen. Bei dieser Disposition war es dann leider nicht zu vermeiden, daß einige der größeren Schriften auseinandergerissen, und die eine Passage in dieser, die andere in jener Abteilung untergebracht wurde. Im allgemeinen wurde darauf gesehen, möglichst die einzelnen Sachen vollständig, und jedenfalls nur in sich abgeschlossene Stücke zu bringen. Trotzdem war es aus räumlichen Rücksichten nicht zu umgehen, daß einzelne ausgedehntere Schriften nur bruchstückweise aufgenommen wurden. Man wird indessen alles wesentlich Wichtige und für die Kettelersche Auffassung Charakteristische finden. Überhaupt hoffe und glaube ich, daß das gesamte hier gebotene Mosaik eine hinreichende Vorstellung von dem Schriftwerk Kettelers ermöglicht. Der Text geht stets auf die erste Auflage zurück, schon deshalb weil Ketteler selbst, so viel ich sehe, kaum je mehr eine verbessernde Hand an seine einmal hinausgelassenen Schriften gelegt hat. Nur eine Freiheit habe ich mir gestattet: überall ist die heute übliche Rechtschreibung, die von der ursprünglichen in einigen nicht erheblichen Stücken abweicht, angewandt worden, wofür man mir hoffentlich Pardon erteilen wird. Es handelt sich ja nicht um eine philologische Ausgabe, sondern um rein praktische, ich möchte sagen populäre Ziele; und dafür schien mir die Anpassung an die gegenwärtig gebräuchliche Schreibweise empfehlenswert, ja geboten.

* * *

Möge diese knappe Auslese mit dazu beitragen, daß das Andenken an Wilhelm Emanuel von Ketteler, der einer der größten Bischöfe und einer der herrlichsten Männer aus der jüngsten Vergangenheit unserer Nation gewesen, im deutschen Volke stets fortlebe!

Rom, im Januar 1911.

Johannes Mumbauer.

Religiöses.

Predigten.

Am heiligen Weihnachtsfeste.

Liebe Jesu zur Armut. I.

(Hopsten, 25. Dezember 1847.)

Und das Licht leuchtete in der Finsternis, und die Finsternis hat es nicht begriffen. Joh. 1, 5.

Der Lauf des Kirchenjahrs, Geliebte, führt uns heute zur Krippe, wo wir das Kindlein Jesu in dem ersten Werke seiner Liebe gegen uns betrachten sollen. Es ist schwer, bei einem solchen Werke der Allmacht und Liebe Gottes seine Gedanken und Gefühle auf einen einzelnen Gegenstand zu beschränken und ihn für eine Predigt auszuwählen; viel lieber möchte man an der Krippe niederknien, um dort das Jesuskindlein anzubeten und zu lieben. Doch, Geliebte, das ist nicht die Absicht der Kirche. Wir sollen nicht allein das Jesuskindlein in der Krippe anbeten und lieben, wir sollen auch große und erhabene Wahrheiten dort lernen und beherzigen. Das Jesuskindlein in der Krippe ist schon durch sein Beispiel ein Licht, das in der Finsternis leuchtet und uns die erhabensten Wahrheiten lehrt, und es lehrt uns diese Wahrheiten ebenso ernst und eindringlich, wie der Heiland es später nur je mit Worten tun konnte.

In dieser Absicht wollen wir denn nun heute und in der nächsten Zeit die Krippe besuchen. Wir wollen dort einige von den vielen Wahrheiten betrachten, die uns das Jesuskindlein lehrt. Die erste Lehre nun, Geliebte, die uns unser Heiland in der Krippe schon zuruft, ist jene: „Selig sind die Armen im Geiste[1]," und wir wollen deshalb heute betrachten, wie Jesus uns die Liebe zur Armut lehrt:

1. durch sein Beispiel; 2. durch sein Wort.

I.

Obwohl unser Heiland uns in allem gleich geworden ist, so dürfen wir dennoch nicht vergessen, daß auch wieder ein großer Unterschied zwischen ihm und uns besteht. In welchem Stande und unter welchen äußeren Verhältnissen wir geboren werden, hängt nicht von uns ab. Der eine von uns ist arm, der andere reich; der eine voller Entbehrungen, der andere in Überfluß; der eine in einem hohen Stande, der andere in einem niederen Stande geboren; aber keiner von uns hat sich die Verhältnisse, unter denen er geboren ist, selbst ausgewählt.

Anders ist es mit unserem Heilande. Er war Gott und Mensch. Als Gott konnte er über seine Menschheit bestimmen. Er, durch den alles gemacht ist, was gemacht ist, konnte seine Menschheit von der Geburt bis zum Tode mit einem Glanze bekleiden und umgeben, wie sie kein Mensch je erdacht und ersonnen hat. Er, der die Lilien des Feldes schöner gekleidet hat, als Salomon in all seiner Herrlichkeit war, konnte seine Menschheit schöner kleiden als alle Lilien und alle Blumen der Erde; er, der alle Edelsteine und alles Gold in den Adern der Erde erschaffen, konnte alle

1) Matth. 5, 3.

Reichtümer in die Hände seiner Menschheit legen; er, der allen Blumen und allen Gewürzen den Wohlgeruch gegeben, konnte seine Wiege schon mit allen Wohlgerüchen umgeben; er, der die Erde mit ihren Bergen und Felsen gegründet, konnte sich eine Wohnung bauen, vor der alle Menschenpaläste elende Erdhütten gewesen; er, der der Sonne ihren Glanz gegeben, konnte seine Menschheit mit allen Strahlen der Sonne und allem Licht der Sterne verklären; er, der die Sonne und den Mond und die Sterne in seiner Hand trägt, konnte seiner Menschheit alle Gewalt übergeben — und was tat er? O welch eine wunderbare Lehre! Mehr als die Schönheit der Blumen, mehr als den Wohlgeruch aller Gewürze, mehr als den Reichtum alles Goldes und aller Edelsteine, mehr als die Pracht herrlicher Wohnungen, mehr als den Glanz der Sonne liebte er die Armut. Er wollte geboren werden als Bräutigam der Armut und der Armen im Geiste. Statt eines Palastes wählte er den Stall; statt reicher Eltern eine arme Mutter, einen armen Pflegevater; statt prächtiger Kleider elende Windeln; statt eines königlichen Lagers eine Krippe; statt weicher Federn ein wenig Heu; statt angenehmer Wärme die Kälte der Winternacht. So, Geliebte, wollte der Erwartete der Völker, nach dem die Menschen seit Jahrtausenden geseufzt hatten, geboren werden. Arm kam er auf die Welt, arm blieb er sein ganzes Leben lang, arm starb er am Kreuze. Liebe zur Armut zeigt uns sein ganzes Leben.

II.

Was uns der Heiland so im Beispiele gezeigt hat, lehrte er aber auch später oft mit ausdrücklichen Worten, und dort wie hier ruft er uns zu, wie sehr er die Armut liebte und wie er verlangt, daß auch wir die Armut lieben sollen. Wie er sein Leben mit der Armut anfing, so war auch die erste Lehre, die er in jener erhabenen Bergpredigt den Menschen vortrug: „Selig sind die Armen im Geiste, denn ihrer ist das Himmelreich." Denn so wichtig hielt unser Heiland diese Lehre, daß er damit seine Predigt anfing, um uns zu zeigen, daß man ohne Armut im Geiste seine Lehre nicht einmal begreifen könne, daß sie gleichsam die Grundlage aller anderen Vollkommenheiten sei.

Dasselbe lehrte Jesus den Jüngling, der viele Güter besaß und ihn fragte, was er tun müsse, um das ewige Leben zu erlangen: „Willst du vollkommen sein, so gehe hin, verkaufe alles, was du hast und gib es den Armen, so wirst du einen Schatz im Himmel haben, und komme und folge mir nach[1])." Und als gleich darauf Petrus ihn fragte: „Siehe, wir haben alles verlassen und sind dir nachgefolgt, was wird uns wohl dafür werden?" da sprach Jesus zu ihm: „Wahrlich, sage ich euch, ihr, die ihr mir nachgefolgt seid, werdet bei der Wiedergeburt, wenn der Menschensohn auf dem Throne seiner Herrlichkeit sitzen wird, auch auf zwölf Thronen sitzen, um die zwölf Stämme Israels zu richten; und wer immer sein Haus, oder Brüder, oder Schwestern, oder Vater, oder Mutter, oder Weib, oder Kinder, oder Äcker um meines Namens willen verläßt, der wird Hundertfältiges dafür erhalten und das ewige Leben besitzen[2])." Weil Jesus so sehr die Armut liebte, hat er an vielen anderen Stellen den Reichtum verworfen. Deshalb sprach er: „Wehe euch, ihr Reichen, denn ihr habt euren Trost; wehe euch, die ihr gesättigt seid, denn ihr werdet hungern[3])." Ebenso an der vorigen Stelle: „Wahrlich ich sage euch,

1) Matth. 19, 21. — 2) Matth. 19, 27—29. — 3) Luk. 6, 24.

es ist schwer, daß ein Reicher ins Himmelreich eingeht; ja, ich sage euch noch einmal, es ist leichter, daß ein Kamel durch ein Nadelöhr gehe, als daß ein Reicher in das Himmelreich eingehe[1])."

Sehet, Geliebte, das ist die große, merkwürdige Lehre von der Liebe zur Armut, die uns unser Heiland mit dem Beispiel und mit den Worten gegeben hat; das ist die Lehre, die er aus der Krippe und nachher vom Berge verkündete: „Selig die Armen im Geiste!" Deshalb hat es zu allen Zeiten immer nur wenige gegeben, die Jesus wahrhaft gekannt haben, weil es immer nur wenige gegeben, die die Armut liebten. Wer aber Jesus lieben will, muß auch die Armut lieben. Amen.

Am Feste des heiligen Stephanus.

Liebe Jesu zur Armut. II.

(Hopsten, 26. Dezember 1847.)

> Jerusalem, Jerusalem, die du die Propheten mordest und steinigest die, welche zu dir gesandt worden. Matth. 23, 37.

So, Geliebte, wie das heutige Evangelium erzählt, ist es der Lehre der Wahrheit nicht allein damals, sondern überall ergangen, wo sie verkündigt wurde. Wer die Lehre Jesu Christi hört, muß immer irgend jemand steinigen und kreuzigen. Er fängt entweder an, sich selbst zu kreuzigen, oder er steinigt und kreuzigt die Lehre und den, der sie verkündigt, also Christus und seine Gesandten.

So geht es denn auch mit der Lehre von der

1) Matth. 19, 23.

Armut im Geiste, von der wir gestern bei der Krippe gesprochen. Wer diese Lehre hört, fängt an entweder sich selbst und seine verkehrte Neigung abzutöten, oder er sucht die Lehre selbst und den Lehrer zu verachten und zu kreuzigen.

Wir kehren heute nochmals zum armen Jesuskindlein zurück. Gestern sahen wir, wie sehr Jesus durch sein Beispiel und seine Worte die Armut im Geiste liebte und wie sehr er die Reichen im Geiste verabscheute. Da werden aber die meisten meiner Zuhörer gedacht haben: Reich, das bin ich nicht, das sind nur Menschen, die in herrlichen Palästen wohnen, also geht das mich nichts an; dagegen bin ich eigentlich wohl mehr oder weniger arm und gehöre also zu denen, von welchen Christus sagt: „Selig sind die Armen." Wer aber so die Armut im Geiste versteht, irrt sich sehr. Man kann ein Bettler sein und dennoch zu jenen gehören, von denen Christus sagte: „Wehe euch Reichen!" und man kann in einem Palaste wohnen und zu denen gehören, von denen Christus sagte: „Selig die Armen!" Wir wollen also heute untersuchen, worin jene Armut besteht, die Christus so sehr liebte.

Um dies zu können, müssen wir die Menschen in vier Klassen einteilen: 1. in äußerlich Reiche und geistig Reiche; 2. in äußerlich Arme und geistig Reiche; 3. in äußerlich Reiche und geistig Arme; 4. in äußerlich Arme und geistig Arme. Ave Maria.

I.

Äußerlich reich und geistig reich sind jene, die Überfluß haben an zeitlichen Dingen und zugleich mit ihren Herzen daran hängen und sie lieben; diese Menschen sind auch gewöhnlich die Geizigen. Niemand, sagt der heilige Franz von Sales, wird gestehen, daß er geizig sei, und auch die Geizigsten werden leugnen, daß sie es sind. Wenn du aber, so fährt der Heilige fort, lange, heftig und mit Unruhe nach den Gütern der Welt verlangst, so magst du sagen, was du willst, du bist dennoch wahrhaft geizig, so wie jener, der anhaltend, heftig und mit Unruhe zu trinken verlangt, zeigt, daß er das Fieber hat. Darum besteht also der geistige Reichtum nach dem heiligen Franz von Sales in dem anhaltenden, heftigen und unruhigen Verlangen nach zeitlichen Gütern.

Diese Menschen sind am weitesten von Christus entfernt, und von ihnen gilt so recht das Wort Christi: „Wehe euch, ihr Reichen!" oder wie der heilige Franz von Sales sagt: „Christus preist selig die Armen im Geiste; also sind umgekehrt: Unselig die Reichen im Geiste, denn ihrer ist die Qual der Hölle[1])."

II.

Noch unglücklicher von einer Seite sind die äußerlich Armen und geistig Reichen, also jene, denen es äußerlich am Notdürftigsten fehlt und die dennoch in ihrem Innern ebenso reich sind, wie die Reichen, die also auch anhaltend, heftig und mit Unruhe nach den Gütern verlangen, die sie nicht haben. Solche sind äußerlich arm und geistig reich und auch von ihnen gilt die Klage Jesu: „Wehe euch, ihr Reichen!" Ich sage, in einer Beziehung sind diese noch übeler daran, als die äußerlich Reichen; denn diese haben doch ihren Lohn hier auf Erden; jene haben aber nicht einmal dieses, sondern sie haben nur die ungeordnete Begierde. Möchten sie doch wenigstens aus der Not eine Tugend machen.

---

[1]) Philothea T. 3, K. 14.

III.

Drittens gibt es äußerlich Reiche und geistig Arme. Dies sind jene, die zwar Überfluß an zeitlichen Gütern besitzen, die aber diesen Überfluß gut anwenden und keine anhaltende, heftige und beunruhigende Anhänglichkeit zu diesen Gütern haben. Nicht von jedem verlangt Jesus, daß er seine Güter verkaufe und sie den Armen gebe; viele dürften es nicht einmal, da sie für andere zu sorgen haben. Diese können die Armut im Geiste üben und dann gilt für sie der Ausspruch: „Selig sind die Armen im Geiste!"

IV.

Endlich gibt es solche, die äußerlich arm und geistig arm sind, d. h. solche, die äußerlich nur das Notwendige zum Leben oder auch dies nicht einmal besitzen und auch innerlich keine heftige Begierde zu den zeitlichen Dingen in sich empfinden, die also mit ihrer äußeren Armut innerlich zufrieden sind. Einige von diesen sind durch ihre Geburt oder durch später eingetretene Verhältnisse arm, andere hingegen haben großes Vermögen und Güter besessen und sie den Armen ausgeteilt, um mit ihnen arm zu werden. O möchten doch die Armen erkennen, eine wie große Würde ihre Armut in sich schließt, wenn sie mit ihr zufrieden sind und um Christi willen gern arm sein und bleiben wollen. Die Welt hat keinen Trost für die Armen, und nichts ist daher unseliger, als ein gottloser Armer; denn Christus stößt ihn von sich, weil er gottlos ist, und die Welt, weil er arm ist. Aber nichts ist auf Erden verdienstlicher und erhabener, als ein gottesfürchtiger Armer. Er steht Christus am nächsten, denn er ist Christus im Äußeren und im Inneren ähnlich geworden, und seine Armut mit ihren vielen Entbehrungen ist ihm eine Quelle unzähliger Verdienste.

Das ist also die Armut, Geliebte, die Christus uns in der Krippe und in seinen Worten predigte und die er so liebt. Ihr Reichen, betrachtet euren armen Heiland in der Krippe, wie eindringlich ruft er euch die Worte zu: „Wehe euch, ihr Reichen!“ wehe euch, die ihr äußerlich und geistig reich seid; wehe euch, die ihr äußerlich zwar arm, aber geistig reich seid; wehe euch, denn euch kann das arme Jesuskindlein nicht als die Seinigen erkennen; wehe euch, denn eurer ist die ewige Verdammnis! Aber selig ihr Armen im Geiste, selig ihr, die ihr zwar äußerlich wohlhabend seid, aber geistig keine Liebe zu den Reichtümern habet; selig noch mehr, die ihr äußerlich und geistig arm seid, denn eurer ist das Himmelreich. Amen.

Am Feste der Beschneidung des Herrn.

Liebe Jesu zur Armut. III.

Skizze.

(Hopsten, 1. Januar 1848.)

> Und als acht Tage um waren und das Kind beschnitten werden sollte, ward sein Name Jesus genannt, wie ihn schon der Engel genannt hatte, ehe er im Mutterleibe empfangen war.
> Luk. 2, 21.

Mit welchem Rechte unserem neugeborenen Kindlein der Name Jesus beigelegt ist, haben wir schon neulich erkannt, wo wir betrachteten, daß er ein Jesus, d. h. Erlöser, Seligmacher für alle geworden, nicht bloß für die einen oder anderen, sondern für alle, für die Reichen wie für die Armen. Er hat selbst die Trennung der Menschen in Reiche und Arme hinweggenommen und sie alle zu Armen, zu geistig Armen gemacht, indem er die äußerlich Armen gelehrt hat, ihre Armut zu lieben, und indem er die äußerlich Reichen belehrt hat, geistig arm zu werden; und so ist er ein Erlöser für alle geworden, indem er alle geistig arm und dadurch wahrhaft zu Brüdern macht.

Wir sahen zuletzt, worin die geistige Armut und der geistige Reichtum besteht; wir sahen, geistig reich ist jener, der sein Herz in den Gütern der Welt hat und der die Güter der Welt in seinem Herzen hat, und geistig arm ist jener, der sein Herz nicht in den Gütern der Welt hat, und die Güter der Welt nicht im Herzen hat.

Soll aber die geistige Armut eine Wahrheit sein, so muß sie sich äußerlich im Leben zeigen. Auch bei dieser Bestimmung ist noch ein Selbstbetrug möglich, und es kommt daher zuletzt auf die Probe in unserem Leben an, ob die geistige Armut bei uns eine Wahrheit ist oder nicht. Ich will nun von zwei Kennzeichen der geistigen Armut heute reden, woran jeder es mit Händen greifen kann, ob er geistig arm ist oder nicht, und diese beiden Kennzeichen sind: 1. die Vermeidung alles Überflüssigen in unserem äußeren Leben, 2. die Liebe zu unseren äußerlich armen Mitbrüdern. Ave Maria.

I.

Das erste Zeichen der geistigen Armut, der Liebe zur Armut, ist die Vermeidung alles Überflüssigen in unserem äußeren Leben, in Essen und Trinken, in Kleidung und Wohnung. Wer sein Herz in den Gütern der Welt hat und die Güter der Welt in seinem Herzen, schämt sich gewöhnlich am allermeisten der Armut und sucht daher in seinem Äußeren alles zu vermeiden, was auf Armut hindeutet. Daher, Geliebte, in der jetzigen Zeit diese Eitelkeit in der Kleidung, diese Eitelkeit in dem ganzen äußeren Leben, daher diese Putzsucht, namentlich bei dem weiblichen Geschlechte. Die Kinder schämen sich der Eltern, die Eltern ihrer Voreltern; die Tochter schämt sich, sich zu kleiden, wie sich die Mutter trägt; der Sohn schämt sich, zu denken und zu sprechen, wie der Vater spricht; in dem Hause zu wohnen, die Arbeit vorzunehmen, die der Vater, die Mutter vorgenommen haben. In der Tat, Geliebte, dieser Wechsel der Moden, der Gebräuche, der alten Gewohnheiten, dieses Einführen aller Neuerungen in Kleidung und Lebensweise, dieses Haschen nach allem Glänzenden und Auffallenden, was ist es anders, als der Reichtum des Geistes, der sich dadurch kund gibt? In früherer Zeit, Geliebte, war es eine Schande, unzüchtig zu sein, da war es eine Schande, träg und faul zu sein, da war es eine Schande, dem Trunke ergeben zu sein, da war es eine Schande, seinen Eltern nicht zu helfen, die Armen verhungern zu lassen; jetzt ist das anders geworden. Der Unkeuschheit und Liederlichkeit schämt man sich jetzt vielfach nicht mehr, aber man schämt sich der Armut; die Eltern darben zu lassen, sie zu mißhandeln, schämt sich mancher nicht mehr, aber er schämt sich der Armut und seiner armen Eltern.

Geliebte, solche Menschen haben die Reichtümer im Herzen und das Herz in den Reichtümern.

Die Armen im Geiste suchen dagegen in allen äußeren Dingen, soviel sie nach ihrem Stande können, einfach und bescheiden zu sein. Sie meiden das Auffallende und Überflüssige, soviel sie können; sie setzen in die Tugend ihren Wert; ja, was noch mehr ist, sie wählen lieber das Niedrige als das Große, weil sie dadurch ihrem Heilande ähnlich werden.

II.

Nicht alle Menschen aber, die das Überflüssige in ihrem Äußeren vermeiden, haben deswegen die Armut in ihrem Geiste, vielmehr sind viele schon aus einer natürlichen Sparsamkeit, andere sogar aus Geiz geneigt, alles Überflüssige zu vermeiden. Es muß also noch ein zweites Kennzeichen hinzukommen, und das ist die Liebe zu den Armen, die in Almosen und Wohltun tätig ist. Nur wo diese beiden Kennzeichen vereinigt sind: nämlich die Vermeidung alles Überflüssigen im Äußeren, und die Bereitwilligkeit, das Überflüssige den Armen zu geben, nur da ist wahre Armut im Geiste. Die Mildtätigkeit gegen Arme ist das notwendige Zeichen eines Christen und eines Menschen, der arm im Geiste ist.

Schon dies sollte uns antreiben, das Überflüssige gerne den Armen zu geben. Aber wir haben noch viele andere Beweggründe, Almosen zu geben.

1. Das Almosengeben ist eine Pflicht und nicht bloß ein Rat, wofür es so viele Menschen ansehen. Gott hat überall in der Natur es so angeordnet, daß der Überfluß des einen dem anderen zugute kommt. So verteilt sich z. B. der Regen an alle, und ist ein Körper mit Feuchtigkeit angefüllt, so ist er genötigt, seinen Überfluß abzugeben. Sollte Gott, der gesorgt hat, daß keine Blume, kein Grashalm verschmachtet, für die Menschen nicht gesorgt haben? Allerdings, aber was in der Natur von selbst geschieht, das soll unter den Menschen durch Mithilfe der Menschen geschehen. Schon eine natürliche Pflicht ist also das Almosengeben; noch mehr aber Christenpflicht.

2. Almosen vermehren die zeitlichen Güter.

„Ehre den Herrn mit deiner Habe, so werden deine Scheunen mit Überfluß sich füllen und von Wein deine Keltern überfließen[1].“

3. „Das Gebet mit Fasten und Almosen ist besser, als Schätze von Gold anhäufen, denn das Almosen errettet vom Tode, und dasselbe ist's, das von Sünden reinigt und macht, daß man Barmherzigkeit und das ewige Leben finde[2].“

4. „Was ihr einem dieser meiner geringsten Brüder getan, das habt ihr mir getan[3].“

Am zweiten Sonntag in der Fasten.

Über das Leiden Jesu Christi im Garten Gethsemane.

(Mainz, 7. März 1852.)

> Abba, Vater, alles ist dir möglich; nimm diesen Kelch von mir; doch nicht, was ich will, sondern was du willst.
> Mark. 14, 36.

I.

„Wie durch den Ungehorsam des einen Menschen die vielen zu Sündern geworden sind“, schreibt der Apostel Paulus an die Römer, „so werden durch den Gehorsam des einen die vielen zu Gerechten gemacht[4].“ Diese Worte erklären uns, Geliebte, das Geheimnis im Garten Gethsemane, welches wir in dieser Stunde betrachten. Es ist daher wichtig, daß wir den Sinn dieser Worte recht zu verstehen suchen.

---

1) Sprichw. 3, 9. — 2) Tob. 12, 8. 9. — 3) Matth. 25, 40. — 4) Röm. 5, 19.

Die erste Pflicht, die alle Geschöpfe wesentlich und notwendig, ihrer Natur nach, gegen ihren Schöpfer haben, ist der Gehorsam. Diese Abhängigkeit des Geschöpfes vom Schöpfer im Gehorsam ist so wesentlich, so naturnotwendig, daß der heilige Augustin darin den eigentlichen Unterschied zwischen dem Reiche Gottes und dem Reiche der Welt setzt. Der Gehorsam, den Gott von uns Menschen fordert, ist die höchste, vollendetste Art des Gehorsams, nämlich Gehorsam aus freier Selbstbestimmung und Liebe, wie der des Kindes gegen den Vater.

Der Ungehorsam gegen Gott ist daher das erste Übel und die Quelle aller Übel, welche über die Menschen gekommen sind. Durch den Ungehorsam des einen sind die vielen zu Sündern geworden.

Solange dieser Ungehorsam fortdauerte, war eine Erlösung der Menschen unmöglich: denn Gott ist heilig, er kann die Empörung nicht lieben; Gott ist wahrhaft, er kann die Lüge nicht zudecken. Die Erlösung konnte auch nicht eine bloß äußerliche sein, eine bloße Tat Gottes; das Böse hatte seinen Sitz im Innern der Menschheit, im Willen, und das Übel muß dort geheilt werden, wo es steckt.

Nur der Gehorsam gegen Gott konnte diesen Fluch der Sünde wieder von den Menschen nehmen; deshalb ist der eingeborene Sohn Gottes selbst Mensch geworden, um durch seinen Gehorsam den Ungehorsam der Menschen wieder gut und uns, die Sünder, zu Gerechten zu machen.

Der Gehorsam ist es also, der Christus zum Erlöser der Menschen gemacht hat; der Gehorsam ist es, der das Opfer Jesu Christi zu einem Sühnopfer für die Sünden der Menschen gemacht hat; der Gehorsam ist es, wodurch allein auch wir uns der Verdienste des Opfers Christi teilhaftig machen können.

Der Gehorsam Jesu Christi ist ein innerer und ein äußerer, er erstreckt sich auf seinen Willen und auf sein Leben: auf seinen Willen, indem er nichts anderes wollte, als was sein himmlischer Vater wollte; auf sein Leben, indem er nichts tat, als was er als den Willen seines Vaters erkannt hatte. In diesem vollendeten Gehorsam, in dieser vollkommenen Übereinstimmung mit dem Willen seines Vaters besteht die Heiligkeit und Vollkommenheit seiner menschlichen Natur.

Das war der Gedanke, Geliebte, mit dem der Heiland nach der erhabenen Lehre des Apostels Paulus schon in die Welt eintrat. „Darum spricht er, sagt der Apostel, bei seinem Eintritt in die Welt: . . . Siehe, ich komme, Gott, zu vollbringen deinen Willen[1].“ Er kam, um Gottes Willen zu vollbringen, um die Sünde des Ungehorsams zu sühnen, um uns durch übergroße Liebe gleichsam zu zwingen, auch wieder gehorsam zu werden. Sein ganzes Leben war ein Opfer des Gehorsams, und das Feuer, das dieses Opfer verzehrte, war die gehorsame Liebe seines Herzens, seines Willens.

Jetzt sollte er das Opfer des Gehorsams durch das Opfer seines Lebens vollenden. Wie er aber bei seinem Eintritt in die Welt gesprochen hatte: „Siehe, ich komme zu vollbringen deinen Willen“: so sollte der Heiland, der Erlöser auch jetzt, vor seinem Leiden und Sterben noch einmal, und zwar unter dem furchtbarsten Kampfe und Widerstreben seiner menschlichen Natur, Gott ausdrücklich das Opfer seines Leidens darbringen.

---

1) Heb. 10, 5. 9.

II.

Betrachte nun, christliche Seele, was dein Heiland getan hat, um die Bosheit deines Willens zu sühnen; betrachte, wie er zuerst das Opfer seines Willens darbrachte, ehe er am Kreuze auch das Opfer seines Leibes dargebracht.

Nahe vor Jerusalem, jenseits des Baches Cedron, der an der ganzen östlichen Seite von Jerusalem vorbeifließt, am Fuße des Ölberges, lag der Meierhof Gethsemane, an den ein Garten stieß. Der Ort dieses Gartens ist noch jetzt durch einige große Ölbäume bezeichnet. Dieser Garten war schon oft durch die Gegenwart des Heilandes geheiligt. Er zog dort vorüber, wenn er nach Bethanien ging, wo die glücklichen Geschwister wohnten, bei denen der Heiland öfters einkehrte. Hier in der Nähe stand auch der Ölbaum, den er verflucht hatte, als Sinnbild des unfruchtbaren Judentums; dort hatte er vor einigen Tagen bei seinem Einzuge in Jerusalem über die Stadt und ihre Bewohner geweint[1]); dort hatte er den Tempel mit seinen Jüngern betrachtet, als er die Zerstörung Jerusalems und das jüngste Gericht vorhersagte[2]); dorthin endlich hatte er oft sich zurückgezogen, um für das Heil der Menschen zu beten. Den Jüngern und dem Judas war daher dieser Ort sehr wohl bekannt.

Jetzt wollte der Heiland zum letzten Male dort beten und weinen; aber es sollte das bitterste Gebet sein, das er noch verrichtet hatte, statt der Tränen sollten Blutstropfen von seinem heiligen Leibe rinnen. Er war zwar unter allen Menschenkindern der, den man, wie einst den Saul unter dem Volke Israel an der Höhe seiner Gestalt, so an der Bitterkeit seiner

1) Luk. 19, 41. — 2) Matth. 24, 1.

Leiden erkennen konnte, so daß Isaias ihn, wie mit einem Eigennamen, „den Mann der Schmerzen“ nannte. O, was will das heißen in einem Geschlechte, das sich in Tränen gebadet hat, seitdem der Fluch der Sünde auf ihm liegt! Er hatte zwar von Kindheit an alle Schwachheit erfahren, wie derselbe Isaias sagt; aber ein weit größeres Leiden wollte er jetzt ertragen. „Wir haben“, sagt der Apostel, „keinen Hohenpriester, der mit unseren Schwachheiten nicht Mitleiden haben könnte, sondern einen, der in allen Stücken, ähnlich wir wir, versucht worden, doch ohne Sünden war[1].“ Die Sünde und die böse Lust dürfen wir uns in der Menschheit des Sohnes Gottes nicht denken. Der Heiland fühlte keine Versuchung in seinem Fleische wie wir. Aber das ganze Leiden der Sünden wollte er tragen, selbst die äußerste Trostlosigkeit der Seele wollte er an sich erfahren, und in dieser äußersten Trostlosigkeit wollte er das Opfer seines Willens darbringen.

In der heiligen Nacht, in die wir uns jetzt im Geiste versetzen, hatte er soeben das „Denkmal aller Wundertaten Gottes“, das Denkmal der Liebe, eingesetzt. Er hatte seinen Jüngern seinen eigenen Leib zur Speise gegeben.

Er stand nun auf und voll von jener Liebe, in der er das Abendmahl eingesetzt hatte, sprach er seine erhabenen Abschiedsworte, an deren Schluß er seine Augen erhob und zuerst für seine Jünger betete und dann auch für uns: „Ich bitte nicht für sie allein, sondern auch für diejenigen, welche durch ihr Wort an mich glauben werden, damit sie alle eins seien, wie du, Vater, in mir bist und ich in dir

1) Hebr. 4, 15.

bin, damit auch sie in uns eins seien; damit die Welt glaube, daß du mich gesandt hast . Vater, ich will, daß, wo ich bin, auch die bei mir seien, die du mir gegeben hast; damit sie meine Herrlichkeit sehen[1]."

Nachdem er dies gesagt hatte[2]), ging er nach seiner Gewohnheit[3]) über den Bach Cedron hinaus nach dem Ölberg; die Jünger folgten ihm dahin nach. — Als Jesus mit ihnen den Meierhof, Gethsemane genannt, erreicht hatte, sprach er zu seinen Jüngern: „Setzet euch hier, während ich dorthin gehe und bete[4])." Dann nahm er den Petrus und die zwei Söhne des Zebedäus, Jakobus und Johannes, mit sich und entfernte sich noch eine Strecke Weges. Als er nun mit diesen Jüngern, die ihn einst in seiner Glorie auf Tabor gesehen hatten, allein war, überfiel ihn jene furchtbare Seelenangst, von der uns die Evangelisten mit wenigen Worten ein so erschütterndes Bild geben. Adam hatte seinen Willen von Gott abgewendet, indem er seinem Hochmut, seiner Habsucht, seiner Sinnlichkeit folgte, und daraus ist jene dreifache böse Lust entstanden, die seitdem die Welt beherrscht und auch auf uns übergegangen ist. Um diese Lust abzubüßen, wollte der Erlöser jetzt in vollendeter Trostlosigkeit mit freiem Willen das Kreuz, den Widerspruch gegen die Lust, als den Willen seines Vaters ergreifen. Alle Qualen des Menschen sind mit einigem Trost vermischt; der Heiland wollte aber seinen Schmerz ohne alle Erleichterung tragen. Obwohl er nicht sündigte, obwohl er keinen inneren Kampf als Folge der bösen Begierde erdulden konnte, so wollte er dennoch den Kampf als Strafe für uns tragen.

1) Joh. 17, 20ff. — 2) Joh. 18, 1. — 3) Luk. 22, 39. — 4) Matth. 26, 36.

Er fing nun an „sich zu betrüben und traurig zu sein"[1]), er fing an „zu zittern und sich zu entsetzen"[2]), und sein inneres Leiden war so groß, daß er den Jüngern sagte: „Meine Seele ist betrübt bis in den Tod. Bleibet hier und wachet mit mir[3])!" — Der Heiland entfernte sich nun abermals noch einen Steinwurf weit[4]), um diesen großen Seelenkampf, in dem er mehrere Stunden lang beharrte, allein in der Gegenwart seines himmlischen Vaters auszukämpfen. Nur einige Male unterbrach er denselben, um gleichsam bei seinen Jüngern Trost zu suchen. Aber auch dieser Trost ward ihm versagt. Sie schliefen, „denn ihre Augen waren beschwert"[5]). Nur einer schlief nicht, der Verräter. Die Jünger schliefen; über die Natur war die Ruhe und der Schlaf ausgegossen; es schliefen die Bewohner von Jerusalem; die Sünder schliefen — und der allein Gerechte, der vielgeliebte Sohn des Vaters, mit den Missetaten der Welt beladen, kämpfte um die Erlösung der Welt.

Gehe nun hin, christliche Seele, und betrachte dir deinen Heiland, wie er einsam dort im Garten das Opfer seines Willens darbringt und sich dem Willen seines himmlischen Vaters unterwirft. Alles Böse steckt im Willen, der Wille ist die Quelle des Guten und Bösen. Der verkehrte Wille ist der Grund des Reiches der Weltkinder, der gute Wille der Grund des Reiches Gottes. Im Willen muß Christus der Erlöser die Welt überwinden.

„Er fiel auf die Erde nieder," und zwar auf seine Knie und „auf sein Angesicht" und betete[6]). So

---

1) Matth. 26, 37. — 2) Mark. 14, 33. — 3) Matth. 26, 38. — 4) Luk. 22, 41. — 5) Matth. 26, 43. — 6) Mark. 14, 35; Matth. 26, 39. —

groß war aber sein Leiden, daß „sein Schweiß wie Tropfen Bluts ward, das auf die Erde rann"[1]). Die drei Ursachen dieses Schmerzes sind die Leiden, die ihm bevorstanden, die Sünden, die er trug, und endlich die vielen Sünder, an welchen selbst das Werk seiner Erlösung verloren gehen sollte.

Und was tat der Heiland in diesem Leiden? Er betete und sprach: „Abba, Vater, dir ist alles möglich, nimm diesen Kelch weg von mir; doch nicht, was ich will, sondern was du willst[2])!" Da erfüllte er in vollendetster Weise, was er uns selbst in seinem Leben gelehrt hatte: „Dein Wille geschehe, wie im Himmel also auch auf Erden." Er brachte dieses Opfer im schwersten Kampfe. Der ganze natürliche Mensch schauderte beim Anblick der entsetzlichen Leiden, die ihm bevorstanden. Er sprach es selbst aus, aber immer wieder setzte er hinzu: „Doch nicht, was ich will, sondern was du willst." „Ist es nicht möglich, daß dieser Kelch vorübergehe, ohne daß ich ihn trinke, so geschehe dein Wille[3])."

III.

Nachdem wir nun den Heiland betrachtet haben, Geliebte, müssen wir auch auf uns einen Blick werfen, denn der Kampf am Ölberge ist zugleich ein großes Vorbild für uns. Wir lernen dort, wie auch wir diesen doppelten Gehorsam üben müssen: den Gehorsam des Willens und den Gehorsam des Lebens, und wie wir uns so dem Willen Gottes vollständig unterwerfen sollen. Christus erlöst uns nicht in der Art, daß er nur äußerlich gleichsam unsere Wunden bedeckt, uns äußerlich seine Gerechtigkeit mitteilt, während

1) Luk. 22, 44. — 2) Mark. 14, 36. — 3) Matth. 26, 42.

innerlich unsere Ungerechtigkeit fortbesteht. Nein, er will innerlich uns gerecht und wohlgefällig vor Gott machen; wir sollen, wie er uns so oft ermahnt, sein Beispiel nachahmen; wir sollen auch dahin kommen, daß wir in Leid und Freud, in Gesundheit und Krankheit, unter allen Umständen uns dem Willen des Vaters unterwerfen.

Es gibt Pflichten, die unseren natürlichen Neigungen entsprechen; da ist es leicht, zu sagen: „Dein Wille geschehe!" weil der Wille Gottes mit unseren natürlichen Wünschen übereinstimmt.

Es gibt Zeiten, wo die Gnade uns mit innerer Freude am Gesetze Gottes erfüllt; da ist es wieder leicht zu sagen: „Dein Wille geschehe!"

Gott verlangt aber einen vollkommenen Gehorsam, einen Gehorsam selbst dann, wenn die sinnliche Natur mit aller Macht widerstrebt; wenn der Wille kein Wohlgefallen am Guten findet; wenn Gott sich gleichsam von unserer Seele zurückzieht; wenn unsere Seele ebenfalls anfängt, traurig und betrübt zu sein.

Merke aber wohl, daß dieser Widerspruch des sinnlichen Menschen keine Sünde ist. Du siehst es am Heilande, der gleichfalls betrübt war bis in den Tod.

Merke auch, daß du dann im Gebete beharren mußt, wie der Heiland, der immer wieder zum Gebete zurückkehrte und nicht aufhörte zu seinem himmlischen Vater zu flehen, bis er von dem Engel gestärkt wurde.

Unsere Entschlüsse, welche die Frucht dieser Betrachtung sein sollen, lasset uns an die Worte, die Jesus zu den Aposteln sprach, knüpfen: „Stehet auf und lasset uns gehen[1])!" Stehet auf vom Schlafe,

1) Matth. 26, 46.

von der Gleichgültigkeit; stehet auf von der Sünde und lasset uns gehen den Weg der Gerechtigkeit, den Jesus Christus uns vorangegangen, welcher „der Weg, die Wahrheit und das Leben" ist; lasset uns leben im Gehorsam gegen den heiligen Willen Gottes; lasset uns wandeln den Weg der Gebote Gottes, der uns allein zum Heile, zur Auferstehung, zur Vereinigung mit unserem göttlichen Erlöser, der uns allein zur Ruhe, zum Frieden für Zeit und Ewigkeit, der uns allein zur Seligkeit führt. Amen.

Am Karfreitage.

Die Schmach des Kreuzes offenbart die Gottheit Christi.

(Berlin, 29. März 1850.)

> Das Wort vom Kreuze ist zwar Torheit denen, die verloren gehen; denen aber, die selig werden, d. h. uns, ist es Kraft Gottes. 1. Kor. 1, 18.

So war es schon unter dem Kreuze selbst. Die einen spotteten und sprachen: „Anderen hat er geholfen, sich selbst kann er nicht helfen. Ist er König von Israel, so steige er nun herab vom Kreuze;" andere schlugen an ihre Brust und sprachen: „Wahrlich, dieser ist Gottes Sohn gewesen[1])."

So ist es durch alle Zeiten bis auf den heutigen Tag geblieben. Von den Spöttern unter dem Kreuze hat sich das Geschlecht der Spötter über den gekreuzigten Sohn Gottes bis zu uns herab verbreitet. Noch

1) Matth. 27, 42. 51.

jetzt stehen die einen vor dem Kreuze spottend und lachend, während die anderen davor niederknien und sprechen: „Wahrlich, dieser da ist Gottes Sohn.“ Vom Kreuze aus geht die große Trennung unter den Menschen vor sich, die sich in die Ewigkeit erstreckt: jener, die verloren gehen, und jener, die selig werden. Die da verloren gehen, das sind jene, denen das Wort vom Kreuze Torheit ist; die selig werden, jene, denen das Wort vom Kreuze Gottes Kraft ist. Oder, wie der Apostel sich selbst näher erklärt: „Die Juden fordern Zeichen und die Heiden suchen Weisheit; wir hingegen predigen Christus, den Gekreuzigten, der den Juden zwar ein Ärgernis, den Heiden eine Torheit ist, den Berufenen aber, sowohl aus den Juden wie aus den Heiden (predigen wir) Christus als Gottes Kraft und Gottes Weisheit[1]).“

Christliche Brüder, auch ich will in dieser heiligen Stunde Worte vom Kreuze zu euch sprechen; ich will Christus am Kreuze als den Sohn des lebendigen Gottes betrachten; ich will euch einladen, mit mir aus voller Seele zu bekennen: „Wahrlich, dieser ist Gottes Sohn.“ Prüfet euere Herzen und euere Nieren über diesen Glauben. Denen, die verloren gehen, werden meine Worte Torheit scheinen, aber es steht geschrieben: „Vernichten will ich die Weisheit der Weisen, die Klugheit der Klugen verwerfen[2]).“ Die aber selig werden, werden Gottes Kraft und Gottes Weisheit in ihnen erkennen.

1. Wahrlich, meine christlichen Brüder, dieser da am Kreuze ist Gottes Sohn! Die Juden selbst, die ihn verworfen und getötet haben, sind dadurch Zeugen seiner Gottheit geworden, da sie so alle Prophezei-

1) 1. Kor. 1, 22—24. — 2) 1. Kor. 1, 19.

ungen erfüllten. Ja, meine Brüder, eben das, was den Heiden, wie der Apostel sie nennt, in ihrer Weisheit an dem gekreuzigten Christus töricht erscheint, das, was sie an ihm verachten, seine Erniedrigung, seine Schwäche, das zeigt uns seine göttliche Kraft und Weisheit, das offenbart uns in dem Gekreuzigten den Sohn Gottes: denn seit vielen Jahrhunderten war das alles bis auf die kleinsten Umstände vorhergesagt worden.

Der heilige Chrysostomus entwickelt hier folgenden Gedanken: Die Erniedrigung des Sohnes Gottes bis zum Tode am Kreuze ist für die Kinder der Welt zu jeder Zeit das größte Hindernis, das sie vom Glauben abhält. Der Sohn Gottes am Kreuze ist ihnen Torheit und Ärgernis. Dennoch war diese Erniedrigung, dieser Gehorsam nötig, um die Menschen von ihrer Schuld und ihrem Ungehorsam zu erlösen. Um nun, bemerkt der Heilige weiter, eben die Erniedrigung des Sohnes Gottes selbst zu einem Beweise der Gottheit Jesu zu machen, ließ Gott durch einen Zeitraum von tausend Jahren das Leiden seines Sohnes durch die Propheten vorherverkünden, und so hat Gott der Vater ihn mit seinem Siegel bezeichnet. Eben dasselbe also, was den Juden ein Ärgernis und den Heiden in ihrer Menschenweisheit Torheit ist, das ist uns ein Siegel der Gottheit. Der Menschensohn ist für dreißig Silberlinge[1]) verkauft, an die Geißelsäule gebunden und zerschlagen[2]), seine Kleider sind ihm abgerissen und verteilt worden, man hat das Los über sie geworfen[3]), seine Hände und Füße sind durchbohrt[4]), man hat seinen Durst mit Galle

1) Zach. 11, 13. — 2) Ps. 128, 3. — 3) Ps. 21, 19. — 4) Ps. 21, 17.

gestillt, an ihm ist keine Gestalt und Schöne mehr, er ist der Verachtete, der Mindeste der Menschen, der Mann der Schmerzen, dessen Antlitz vor Schmach verhüllt ist[1]). Das ärgert die Juden, deshalb spotten über ihn die Heiden, und eben deshalb knien die Berufenen nieder, beten ihn an und bekennen: „Wahrlich, dieser ist der Sohn Gottes," denn das alles haben die Propheten von dem Messias verkündet, jede Schmach ist ein neues Siegel der Gottheit Jesu, und selbst das Ärgernis der Juden und der Spott der Heiden unter dem Kreuze und ihrer Gesellen in unseren Tagen ist uns ein Zeichen der Gottheit Jesu, denn sie spotten, um alle Prophezeiungen zu erfüllen. Der Spott über Christus darf nicht fehlen, wenn Christus Gottes Sohn sein soll. Denn es steht tausend Jahre vor dem Tode des Messias geschrieben: „Alle, die mich sehen, spotten mein, bewegen die Lippen, schütteln das Haupt (und sprechen): Er hat gehofft auf den Herrn, der rette ihn[2])." Wie einst die Verdammten in der Hölle Zeugnis geben müssen von der Macht und Herrlichkeit Gottes, so muß auch der Unglaube wider seinen Willen Zeugnis geben von der Gottheit Christi, da er hilft die Prophezeiungen zu erfüllen.

2. Doch gehen wir weiter in unserer Betrachtung.

Wahrlich, dieser da am Kreuze, der ist Gottes Sohn. Werfen wir einen Blick darauf, wie er dem Tode entgegengeht, was er am Kreuze leidet, und welche Liebe bei all den Leiden sein Herz erfüllt, und wir werden mit den Juden bekennen: Das hat noch kein Mensch getan; eine solche Liebe hat noch kein Mensch offenbart; wahrlich es ist Gottes Kraft, der die Liebe selbst ist, in ihm; wahrlich er ist Gottes Sohn!

---

1) Js. 53, 2, 3. — 2) Ps. 21, 8. 9.

Der Mensch stirbt, ohne die Stunde seines Todes zu wissen. Der Tod kommt über uns wie ein Dieb in der Nacht. So ist Christus nicht gestorben. „Darum liebt mich der Vater, spricht er, weil ich mein Leben hingebe, um es wieder zu nehmen. Niemand nimmt es von mir, sondern ich gebe es von mir selbst hin: ich habe Macht, es hinzugeben, und ich habe Macht, es wieder zu nehmen[1]." Sehet da den König des Lebens, der nicht aus Schwäche stirbt, sondern freiwillig sein Leben hingibt. Diese Macht, sein Leben zu behalten, es zu geben, wann und wie er wollte, und es wieder zu nehmen, ist eine Macht über alle menschliche Macht, und er hat bewiesen, daß er diese Macht hatte. Schon jahrelang vor seinem Leiden bereitete er die Jünger, die den Glauben an ihn als den Sohn Gottes auf Erden verbreiten sollten, darauf vor, damit sie an seinem Kreuzestode kein Ärgernis nehmen, sondern Gotteskraft darin erkennen sollten. „Seit dieser Zeit, erzählt Matthäus, fing Jesus an, seinen Jüngern zu zeigen, daß er nach Jerusalem gehen und von den Ältesten ... vieles leiden und getötet werden und am dritten Tage wieder auferstehen müsse[2]." Seit welcher Zeit war das? Seit jener, wo Petrus den Glauben bekannt hatte: „Du bist Christus, der Sohn des lebendigen Gottes[3]." Da fing er an, ihnen sein Leiden vorherzusagen, damit, wie er später bei einer anderen Gelegenheit, als er den Jüngern ihre eigenen Leiden vorhersagte, sich ausdrückte, „wenn die Stunde kommt, ihr euch daran erinnert"[4]) und euch nicht ärgert. Der Heiland fuhr nun fort, oft zu seinen Jüngern von seinem

1) Joh. 10, 17. 18. — 2) Matth. 16, 21. — 3) Matth. 16, 16. — 4) Joh. 16, 4.

Kreuzestode und seiner Auferstehung zu sprechen[1]), alles in derselben Absicht, daß sein Kreuz sie nicht ärgere, damit sie ihn als den Sohn Gottes selbst am Kreuze erkannten. Als nun die Zeit gekommen war, nahm er die Zwölfe zu sich und sprach: „Siehe, wir gehen hinauf nach Jerusalem, und es wird alles in Erfüllung gehen, was über den Menschensohn durch die Propheten geschrieben worden ist. Denn er wird den Heiden überliefert, mißhandelt, gegeißelt und angespien werden, und nachdem sie ihn werden gegeißelt haben, werden sie ihn töten, und am dritten Tage wird er wieder auferstehen[2]).“ Als endlich die Zeit ganz nahe war, teilte er auch dies seinen Jüngern mit: „Ihr wisset, daß nach zwei Tagen Ostern ist und der Menschensohn ausgeliefert wird, daß er gekreuzigt werde[3]).“ Selbst als er gebunden war, ging er noch freiwillig dem Tode entgegen. „Oder meinst du,“ redete er den Petrus an, „daß ich meinen Vater nicht bitten könnte? Er würde mir jetzt mehr als zwölf Legionen Engel zuschicken; wie würde dann aber die Schrift erfüllt werden[4])?“ So hat ihm wahrhaft niemand sein Leben genommen, sondern er hat es selbst hingegeben und im Kreuze seine Gotteskraft erwiesen. O möchte er, wie einst den Jüngern auf dem Wege nach Emmaus, uns selbst den Sinn der Schrift, die Bedeutung seines Leidens erklären, damit auch uns die Augen aufgehen, und wir mehr und mehr in ihm den Sohn erkennen.

3. So wie Christus ist noch kein Mensch in den Tod gegangen; aber weiter, mit solcher Liebe im Herzen hat noch kein Mensch den Tod erlitten; wahrlich, dieser da ist Gottes Sohn.

---

1) Matth. 17, 21; 20, 18. — 2) Luk. 18, 31—33. — 3) Matth. 26, 2. — 4) Matth. 26, 53.

Sehen wir zuerst auf seine äußeren Leiden, um die göttliche Kraft seines liebenden Herzens, die Größe seiner Seele besser erkennen zu können.

Betrachte, christliche Seele, das Lamm Gottes, wie es zur Schlachtbank geführt wird. Alle die Leiden, welche die Propheten von ihm verkündet, die er selbst sein ganzes Leben vorhergesehen, die er in dem Ölgarten seinem himmlischen Vater für das Heil der Menschen aufgeopfert hat, sie kommen jetzt unverkürzt über ihn. Dem grausamen Tode deines Heilandes geht eine grausame Nacht vorher. Als die von Gott bestimmte Stunde gekommen war, steht er vom Gebete im Ölgarten auf, es mochte um die Mitternachtsstunde sein, und geht der Rotte, von Judas geführt, entgegen. Er kannte den Judas — schon vor einem Jahre hat er seinen Verrat angedeutet — und dennoch, als Judas ihn umarmt und küßt, redet er ihn mit den wunderbar liebevollen Worten an: „Freund! wozu bist du gekommen[1])?" „Verrätst du den Menschensohn mit einem Kusse[2])?" Nun ergreift ihn die Schar, die wie zu einem Mörder mit Schwertern und Prügeln ausgezogen war, um ihn zu fangen, und schleppt ihn zu dem Hohenpriester Annas. Alle seine Jünger aber verließen ihn und flohen. Vor Annas gab ihm einer der Diener einen Backenstreich, der Heiland aber antwortete voll Sanftmut: „Habe ich unrecht geredet, so beweise es; habe ich recht geredet, warum schlägst du mich[3])?" Nun schleppten sie ihn gebunden zu Kaiphas, wo der ganze Rat versammelt war. Sie suchen falsches Zeugnis wider ihn; der Heiland aber schweigt still zu allen ihren Fragen. Als aber der Hohepriester ihn anredet: „Ich beschwöre

1) Matth. 26, 50. — 2) Luk. 22, 48. — 3) Joh. 18, 23.

dich bei dem lebendigen Gott, daß du uns sagest, ob du Christus, der Sohn Gottes, bist;" da antwortet er: „Du hast es gesagt. Ich aber sage euch: Von nun an werdet ihr den Menschensohn zur Rechten der Kraft Gottes sitzen und auf den Wolken des Himmels kommen sehen[1])." Da zerrissen sie ihr Kleid und riefen: Er ist des Todes schuldig. Nun fingen die Kriegsknechte an, ihn die Nacht hindurch zu verspotten und ihre rohe Wut an ihm auszulassen. Sie spien ihm in das Angesicht, verhüllten seine Augen, schlugen ihn mit Fäusten, gaben ihm Backenstreiche und sprachen höhnend und lachend: „Weissage uns, Christus, wer ist's, der dich geschlagen hat[2])?"

Am frühen Morgen stellten sie den so Mißhandelten abermals vor den hohen Rat und fragten ihn noch einmal: „Du bist also der Sohn Gottes?" Er aber sprach: „Ihr sagt es, und ich bin es[3])." Nun führten ihn seine blutdürstigen Feinde zu Pilatus, dann zu Herodes, dann wieder zu Pilatus zurück, um von der römischen Behörde die Bestätigung des Todesurteils zu erlangen. Welch ein Anblick, den Menschensohn so von Haus zu Haus durch die Straßen Jerusalems geschleppt zu sehen! Mehr und mehr wird er der Mann der Schmerzen und der Schmach, die Isaias vorher gesehen hatte. Dennoch bekannte er immer wieder seine göttliche Würde. Als Pilatus ihn fragte: „Bist du der König der Juden?" so antwortete er: „Du sagst es[4])" — und als er ihn abermals fragte: „Also bist du ein König?" so fuhr er fort: „Du sagst es, ich bin ein König. Ich bin dazu geboren und in die Welt gekommen, daß ich der Wahrheit Zeugnis

---

1) Matth. 26, 64. — 2) Matth. 26, 68; Luk. 22, 64. — 3) Luk. 22, 70. — 4) Mark. 15, 2.

gebe. Wer immer aus der Wahrheit ist, der höret meine Stimme[1])."

O, meine christlichen Brüder, möchten wir Christus auf diese Antwort nicht mit Pilatus fragen: „Was ist Wahrheit?" Vor ihm stand die ewige Wahrheit, das ewige Leben, der Sohn Gottes, der König der Welt; aber er erkannte ihn nicht in seiner Armut und Niedrigkeit, denn er war nicht aus der Wahrheit. Doch Christus antwortete nur dann, wenn er um seine Würde befragt wurde. Als Herodes ihn befragte, um seine Neugierde zu befriedigen, da verstummte er: „Er antwortete ihm nichts[2])." Christliche Seele, achte auf dieses Stillschweigen! So schweigt Christus in der jetzigen Zeit vor so vielen Seelen. Wer im Geiste der Wahrheit die Wahrheit sucht, der wird bald in dem gekreuzigten Menschensohn den Sohn Gottes erkennen; wer aber der Neugierde falscher Wissenschaft sich hingibt, vor dem wird Christus in Ewigkeit verstummen.

Nun folgt ein wirres Beschimpfen und Verhöhnen durcheinander. Herodes spottete seiner, läßt ihm ein Narrenkleid anziehen und schickt ihn zu Pilatus zurück. Die Schergen ergreifen ihn, binden ihn an eine Säule und geißeln ihn, daß das Blut in Strömen herabfließt, und als ob der Anblick des Blutes ihre Wut entflammt hätte, rufen sie wutschnaubend: „Kreuzige ihn, kreuzige ihn! Sein Blut komme über uns und unsere Kinder[3])!" Um Hohn auf Hohn zu häufen, legen sie ihm einen Purpurmantel um, flechten eine Krone von Dornen, setzen sie auf sein Haupt, geben ihm ein Rohr in die Hand, beugen das Knie vor ihm, verspotten ihn und sprechen: „Sei gegrüßt

1) Joh. 18, 37. — 2) Luk. 23, 9. — 3) Matth. 27, 25.

du König der Juden[1])!" Dann bespeien sie ihn wieder, nehmen das Rohr und schlagen damit auf sein Haupt. O wahrhaft, mein Erlöser, du bist der Verachtetste, der Mindeste der Menschen geworden!

Das Kreuz wird nun auf seine Schultern gelegt, und so sehen wir den Menschensohn aus dem Tore, das zur Richtstätte führt, hervorkommen, von seinen Henkern begleitet, mit dem Kreuze beladen, den Kalvarienberg hinauf, der Schädelstätte zuschreiten, wo die Verbrecher hingerichtet wurden. Wie das Lamm zur Schlachtbank geht, so folgt das Lamm Gottes, um die Menschen durch seinen Tod zu erlösen. Als die Weiber am Wege ihn sehen, weinen sie, so kläglich war seine Gestalt, und er, der dem Herodes und dem hohen Rate gegenüber geschwiegen, öffnete nun seinen Mund. Sie weinten — da war noch ein menschliches Herz; sie weinten, und deshalb redet er sie an voll Ernst und Liebe: „Ihr Töchter Jerusalems, weinet nicht über mich, sondern weinet über euch und euere Kinder; denn sehet, es werden Tage kommen, an welchen man sagen wird: Selig sind die Unfruchtbaren und die Leiber, die nicht geboren, und die Brüste, die nicht gesäugt haben! Dann werden sie den Bergen sagen: Fallet über uns, und zu den Hügeln: Bedecket uns! Denn wenn man das an dem grünen Holze tut, was wird mit dem dürren geschehen[2])?" So sage ich auch euch, weichliche Seelen, die ihr Christus mit einigen Gefühlserhebungen abfinden wollt. Christus ist Gottes Kraft und Gottes Weisheit, die Welt hat ihn gekreuziget. Hasse die Welt und folge Christus, oder du wirst auch einmal rufen: „Ihr Berge fallet über mich, ihr Hügel bedecket mich!"

---

1) Matth. 27, 29. — 2) Luk. 23, 28 ff.

Endlich sind sie mit dem Gotteslamm an dem Orte angelangt, der Golgatha, d. i. Schädelstätte, genannt wird. Dort werfen sie ihn auf den Kreuzesbalken, durchbohren mit Nägeln die Hände, mit denen er ihre Kinder getragen, um sie an sein Herz zu drücken, die er nur ausgestreckt, um Kranke zu heilen, oder im Gebete, um Vaters Erbarmen zu erflehen; die Füße, die er nur gebraucht, zu suchen, die mühselig und beladen waren, um sie zu erquicken; heften ihn so an das Holz, erheben das Kreuz und stampfen es nun fest in die Erde. So kreuzigten sie ihn und mit ihm zwei Straßenräuber, den einen zu seiner Rechten, den anderen zu seiner Linken. Siehe nun dort, meine christliche Seele, deinen Heiland am Kreuze hängen! Das ganze Gewicht seines verwundeten Leibes ruht in den Wunden der Nägel, drei Stunden lang hängt er so, und sein Leib hat keine andere Stütze als die Nägel, welche die Wunden mehr und mehr zerreißen. Nur einige treue Seelen stehen dort noch bei ihm: Maria, seine Mutter, deren Schwester Maria, des Cleophas Weib, und Maria Magdalena und Johannes. O, wie gern hätten sie seine Peinen ihm erleichtert, aber umsonst. Die übrigen aber und die Soldaten spotteten auch dort noch seiner und sprachen: „Ist er König von Israel, so steige er nun herab[1]).“ So, christliche Brüder, ist noch kein Mensch gestorben. Wahrlich, dieser da ist der Sohn Gottes!

4. Doch wir haben bisher nur auf das Leiden seines Leibes geblickt. Achten wir jetzt auf die Seele, auf das Herz. Wir haben schon gehört, er tat den Mund nur auf, um zu bekennen, daß er der Sohn Gottes, der König Israels sei. Jetzt am Kreuze aber bricht er sein Stillschweigen, noch einmal tut er seinen

1) Matth. 27, 42.

Mund auf. O, wie oft hatte er voll unendlicher Liebe die Menschen belehrt! welche Worte der Liebe hatte er gesprochen! und was haben ihm die Menschen dafür gegeben? Öffnet er jetzt vielleicht den Mund, um endlich über sie den Fluch auszusprechen, um zu rufen: „Mein Blut komme über euch und euere Kinder!" Hängt er da mit gerechtem Unwillen und Abscheu? O höret, meine christlichen Brüder, nehmt alles zusammen, was ihr je von Seelengröße gehört und gedacht habet, und vergleichet es mit dem Worte vom Kreuze. Er öffnet seinen Mund und spricht: „Vater, vergib ihnen, denn sie wissen nicht, was sie tun[1])." O, meine Brüder, von welcher göttlichen Liebe mußte das Herz Jesu erfüllt sein, um so vom Kreuze herab sprechen zu können! Mitten unter solchen Qualen denkt er nicht an sich, sondern an die Sünder, für die er litt, und zunächst an die, die selbst all diese Leiden ihm zugefügt hatten. Er entsetzt sich nicht über seine Leiden, sondern über die Leiden, denen die Sünder entgegengehen, und selbst am Kreuze mit seinen ausgestreckten Armen betet er: „Vater, vergib ihnen!" Auch du, o Sünder, hast, wie der Apostel Paulus sagt, Christus, so viel an dir lag, mitgekreuziget, auch für dich hat der Heiland am Kreuze gebetet: „Vater, vergib ihnen!" O, höre endlich auf zu sündigen, verfluche heute unter dem Kreuze die Sünde, zerreiße heute noch die Banden der Sünden und höre die Worte der Liebe deines Heilandes am Kreuze!

5. Immer wieder begegnen wir der Scheidung der Menschen in Berufene und Nichtberufene, dann in solche, die selig, und solche, die verdammt werden. Der eine Schächer spottete, wie die Juden, wie die

---

1) Luk. 23, 34.

Heiden, wie die Ungläubigen unserer Tage; der andere aber erkannte in Christus den Sohn Gottes und betete: „Herr, gedenke meiner, wenn du in dein Reich kommst!" Und siehe da, der Heiland öffnet zum zweiten Male seinen Mund; er, der vor Pilatus, vor Herodes, vor den Hohenpriestern geschwiegen, er hört auf das Gebet eines Sünders. Es ist ein Übeltäter, es ist ein Straßenräuber, der Auswurf der Menschheit, aber er hat eine Seele, eine unsterbliche Seele, und neben ihm hängt der gute Hirt der Seelen, der sein Leben hingibt für seine Schafe — wie hätte er das Gebet seines verirrten Schäfleins überhören können! Nein, so handelt nicht der Sohn Gottes. Voll Liebe, Gnade und Barmherzigkeit wendet er sich zu dem Schächer und spricht: „Wahrlich, sage ich dir, heute wirst du mit mir im Paradiese sein[1])." Geliebte Christen! Wer könnte das erdenken, wenn Christus es nicht gesprochen hätte, und wie hätte Christus es sprechen können, wenn er nicht der Sohn Gottes wäre. Das ist Gottes Kraft und Gottes Weisheit; wahrhaft, dieser da ist Gottes Sohn!

O, armer Sünder, eile doch zu ihm, mit dem reumütigen Schächer; zu ihm, der vor den Großen der Welt schweigt, die sich ihm in ihrem Stolze und ihrer Selbstgerechtigkeit nahen, und der selbst am Kreuze sich des Schächers erbarmte. Du hast ja von deinem Leben auf Erden nichts. Du bist arm, in Elend und Dürftigkeit, und deine Sünden machen dich doch wahrhaft nicht glücklich. Du bist hier elend und tausendmal elender die ganze Ewigkeit. O, so trenne dich nicht von der Liebe Jesu! Bekehre dich von deiner Sünde, kehre zurück zu dem guten Hirten, bete wieder, komme zur Kirche, und mit derselben Liebe wie den

1) Luk. 23, 43.

Schächer wird der Heiland dich wieder aufnehmen in sein Paradies. O Herz Jesu, das du so sehr nach dem Heile der Menschen und der Bekehrung der Sünder verlangst, erbarme dich unser! Auch wir haben mehr als einmal den Tod dieses Schächers verdient, aber wir flehen voll Reue und Vertrauen zu dir: Gedenke unser, o Herr, gedenke unser in deinem Reiche! O, wenn doch alle Menschen deine Liebe erfaßten und bei dir Erbarmung suchten, daß sie nicht in ihren Sünden dahinsterben!

6. Noch an ein Wort am Kreuze muß ich euch erinnern, damit ihr das göttliche Maß der Liebe Jesu am Kreuze erkennet. Sein Leiden war groß wie das Meer. Wir haben aber gesehen, wie seine Liebe zu den Sündern noch größer war; wie er seine Leiden vergaß, um für die Sünder zu beten, um die Sünder wieder in Gnaden anzunehmen. Jetzt sehen wir, wie auch seine Liebe zu seiner Mutter und seinem Jünger größer ist als sein Leiden, und wie er sich vergißt, um sie zu trösten. Unter dem Kreuze stand Maria und der Jünger, den er liebte; Maria mit jenem Schwerte im Herzen, das Simeon vorhergesehen, Maria im Martyrertum der Liebe, Maria, die uns allen zuruft: „Gebet acht und schauet, ob ein Schmerz so groß ist wie der meinige[1])!“ In dem Maße aber, wie Jesus seine Leiden vergaß, gedachte er der Leiden Mariens und sprach zu ihr: „Weib, siehe, dein Sohn!“ und zu dem Jünger: „Siehe deine Mutter!“ und von der Stunde an nahm sie der Jünger zu sich[2]).

Christliche Seele, wie der eine Schächer der Stellvertreter aller reumütigen Sünder ist, so ist Maria die

1) Klagel. 1, 12. — 2) Joh. 19, 26. 27.

Stellvertreterin aller betrübten Seelen. Wenn der Herr noch am Kreuze Mitleid hatte mit seiner Mutter, so wird er auch im Himmel deiner Leiden nicht vergessen, wenn du deine Zuflucht zu ihm nimmst.

Wenn aber Jesus seine Mutter so liebte, daß er am Kreuze noch ihrer gedachte und für sie sorgte, wie billig ist es dann, daß auch wir Maria aus ganzer Seele lieben und ehren. Der heilige Augustin und mit ihm viele andere Väter lehren ausdrücklich, daß Johannes hier die Stelle aller Gläubigen vertrat, und daß Jesus also Maria uns allen zur Mutter gegeben habe. Johannes aber nahm Maria von dem Tage an zu sich und liebte und ehrte sie als eine Mutter. Mache auch du es so, christliche Seele, wie der Jünger der Liebe, der heilige Johannes! Erkenne in Maria eine Mutter, die dir die Liebe des Heilandes noch vom Kreuze her angewiesen hat, ehre sie, liebe sie, suche ihre schönen Tugenden nachzuahmen und laß dich von Maria in der Liebe Jesu unterrichten. —

So voll göttlicher Liebe hing also Jesus am Kreuze. Auch am Kreuze gedachte der gute Hirt nur seiner Schafe. Die Worte vom Kreuze sind uns Gottes Kraft und Gottes Weisheit; wahrhaft, dieser da ist der Sohn Gottes! Amen.

Am sechsten Sonntag nach Ostern.

In den großen weltgeschichtlichen Tatsachen der Gegenwart bezeugt der heilige Geist vier Grundwahrheiten der göttlichen Offenbarung[1]).

(S. Maria dell' Anima in Rom, 13. Mai 1877.)

Wenn aber der Tröster kommen wird, den ich euch vom Vater senden werde, der Geist der Wahrheit, der vom Vater ausgeht, so wird derselbe Zeugnis von mir ablegen, und auch ihr werdet Zeugnis von mir ablegen, weil ihr vom Anfange an bei mir seid.
Joh. 15, 26. 27.

Der Vorsteher dieser Kirche hat mich gebeten, am heutigen Tage einige Worte an die lieben deutschen Pilger, welche ich in dieser deutschen Kirche zum Besuche vereinigt sehe, zu richten. Dieser Bitte habe ich mich nicht entziehen können. Freilich hätte ich gewünscht, daß ein anderer an meiner Stelle heute von dieser Kanzel über das Zeugnis redete, welches die Apostel und ihre Nachfolger von Jesus ablegen; ich hätte gewünscht, daß einer meiner deutschen Amtsbrüder, die, für Jesus Zeugnis zu geben, Strafen, Kerker, Verbannung und Leiden aller Art auf sich geladen haben, die geweiht sind durch das Martyrium,

---

1) Diese Predigt, die letzte, welche der Bischof gehalten, ist nach dessen Skizze und den Mitteilungen verschiedener Zuhörer aufgezeichnet und der Schrift „Letzte Lebenswochen des hochseligen Bischofs von Mainz, Wilhelm Emanuel Freiherrn von Ketteler" von Dr. Bernhard Liesen entnommen.

zu euch spräche; ein solcher wäre ein lebendiges Zeugnis gewesen, es hätten nicht bloß seine Worte, es hätten auch seine Taten und seine Person gesprochen[1]). —

Vor allem begrüße ich euch herzlich hier in Rom, liebe Pilger aus allen Ländern Deutschlands, die ihr von der Liebe und Anhänglichkeit an den Heiligen Stuhl und von dem Verlangen nach eigener Vollkommenheit angetrieben, die Gelegenheit des fünfzigjährigen Bischofsjubiläums unseres Heiligen Vaters ergriffen habet, um eine Wallfahrt zur ewigen Stadt und zu den Gräbern der Heiligen zu unternehmen. Gott segne und lohne euren guten Willen und eure Mühen. —

Wir befinden uns jetzt in der Zeit des Kirchenjahres, wo die Apostel in Jerusalem sich auf die Ankunft des verheißenen heiligen Geistes vorbereiteten. Von diesem Geiste sagt Christus, daß er der Geist der Wahrheit sei, daß er von ihm Zeugnis ablegen werde, und daß auch die Apostel, mit der Kraft desselben Geistes angetan, von ihm Zeugnis ablegen würden. Aber nicht bloß von den Aposteln, auch von uns wollte Christus ein Zeugnis, er verlangt es von allen, die durch das Wort der Apostel zum Glauben an ihn kommen. Möchte daher auch an uns allen die Verheißung Christi sich erfüllen, möchte er auch uns alle zu seinen wahrhaften Zeugen zählen können.

Der Geist der Wahrheit gibt aber auf verschiedene Art Zeugnis von Christus, und wir können insbesondere ein dreifaches Zeugnis desselben unterscheiden: ein *Zeugnis in unserem Innern*, ein *Zeug-*

---

1) Hier traten Tränen in die Augen des Redners, und es bedurfte einiger Augenblicke, bis er fortfahren konnte.

nis durch das *Lehramt der Kirche*, ein *Zeugnis durch seine Leitung in der Weltgeschichte*. Auf dieses letzte Zeugnis lenke ich heute eure Aufmerksamkeit, da es in unseren Tagen besonders lehrreich und tröstlich ist. In den großen weltgeschichtlichen Tatsachen der Gegenwart bezeugt der heilige Geist *vier* Grundwahrheiten der göttlichen Offenbarung und stellt sie so vor die Augen aller Menschen hin, daß wir sie mit unseren Händen greifen können, daß keiner diesem Zeugnis gegenüber mit seiner Leugnung ausreicht.

I.

Die erste Wahrheit ist die, daß *alles Menschen- und Volksglück aus dem lebendigen Gottesglauben entspringt*, daß ohne ihn, ohne Gott, nichts gedeiht. Die unseligste Verirrung der Zeit ist die, daß man sich dem Wahne hingibt, die Menschen ohne Religion und Christentum glücklich machen zu können. Alle Güter, welche die Menschen hochschätzen, alle Bedingungen, deren sie zu ihrem Wohle bedürfen, hängen von Gott ab.

Ohne Gott keine *Sittlichkeit*. Wo die wahre Erkenntnis Gottes, des heiligsten und vollkommensten Gutes fehlt, da geht im Kampfe mit der Sünde, mit der sündigen Selbstsucht und Sinnlichkeit, mit Augenlust, Fleischeslust und Hoffart des Lebens die Sittlichkeit zugrunde.

Ohne Gott kein *Gewissen*. Wer Gott nicht will, kann auch die Stimme Gottes in uns nicht wollen; nur darum folgen wir dem Gewissen, wo es antreibt und wo es abmahnt, weil wir überzeugt sind, daß sein Urteilsspruch im Namen Gottes ergeht und von Gott bestätigt wird.

Ohne Gott kein Recht. Die Anschauungen der Menschen und ihre Normen wechseln mit den Torheiten, Vorurteilen und Leidenschaften; nur da, wo der Glaube feststeht, daß Gott die Grundverhältnisse der Menschen und der menschlichen Gesellschaft geordnet, daß Gott jene Schranken aufgerichtet und sie zu überschreiten verboten, scheut man das Unrecht und hält Recht und Gerechtigkeit heilig. Der alte sprichwörtliche Rechtssinn unseres deutschen Volkes hatte seinen tiefen Grund in der Religion und dem lebendigen Gottesglauben unserer Vorfahren; seitdem die Gottentfremdung überhand genommen hat, ist auch das Recht und der Sinn für das Recht verkümmert worden.

Ohne Gott keine Freiheit. Denn nur die Wahrheit, nur die von der Wahrheit geleitete Vernunft macht frei. Im Unglauben, in der Sünde, im Dienste des bösen Geistes gibt es nur Unfreiheit, Zwang und Sklaverei. Wer Sünde tut, ist der Sünde Knecht[1]).

Ohne Gott keine Autorität. Das Verhältnis von Vorgesetzten und Untergebenen, von Obrigkeit und Untertanen, Eltern und Kindern hat keinen festen Mittelpunkt, keine unumstößliche Stütze, wofern der Glaube an Gott, an seine Oberherrschaft wankt. Nimm dieses Zentrum weg, und alles gerät ins Schwanken, untergrabe dieses Fundament, und es stürzt der Organismus aller Ordnungen über den Haufen. Keiner hat mehr einen Titel und ein Recht, vom anderen Gehorsam zu fordern. Ohne Gott kein Stellvertreter Gottes.

Ohne Gott kein Gesetz. Wo man nicht um Gottes willen der gesetzmäßigen Obrigkeit in ihren Anordnungen gehorcht, da kann, bei der Gewalt, welche

1) Joh. 8, 34.

die Verhältnisse und die Interessen auf die Menschen üben, keine Strafe schrecken, kein Zuchthaus abhalten, selbst nicht die Androhung des Todes Leben und Eigentum schützen.

Ohne Gott keine Nächstenliebe. Ist kein gemeinsamer Herr und Vater unser aller droben im Himmel, sind wir nicht alle Ebenbilder desselben Urbildes, Brüder und Miterben derselben Seligkeit, sind alle diese Wahrheiten eine Torheit und Täuschung: nun dann ist es auch mit aller Nächstenliebe vorbei, dann stehen wir uns nicht bloß fremd, sondern feindlich gegenüber. Die ganze wahre Humanität bezieht sich auf Gott, ist von Gott und stellt sein Ebenbild dar. Eine Humanität ohne Gott wird zur verteufelten Menschheit.

Ohne Gott herrscht der Egoismus. Da werden Habgier und Sinnlichkeit die Tyrannen, die alles knechten; an die Stelle Gottes setzt dann der Mensch sich selbst als Götzen hin, ihn betet er an, ihm dient er, ihm bringt er alles, wenn es der Götze verlangt, selbst das Leben seiner Mitmenschen als Opfer dar.

Ohne Gott ist der Kampf aller gegen alle die wahre Losung. Im Dienste der tyrannischen Leidenschaften werden bald die Mächtigen die Schwachen unterdrücken, bald die Schwachen sich gegen die Mächtigen erheben und, wenn sie siegen, wiederum denselben Tyrannen dienen. Da wird Kampf ohne Ende zwischen reich und arm fortbestehen, da ist der Friede auf Erden unter ihnen unmöglich.

Ohne Gott gibt es auch keinen Völkerfrieden, sondern nur Überlistung, Unterjochung und Ausrottung der Nationen untereinander, je nachdem der Vorteil, die Ländergier und der Ehrgeiz sie bestimmen. So innig und untrennbar hängt das Menschen- und

Völkerglück mit dem Gottesglauben, mit der Religion zusammen.

II.

Die zweite Wahrheit, welche der heilige Geist in den Tatsachen der Gegenwart uns handgreiflich bezeugt, ist die, daß es ohne Christus keine Gotteserkenntnis gibt. Allerdings unterliegt es keinem Zweifel, ist vielmehr geoffenbarte Glaubenswahrheit, hier auf dem vatikanischen Konzil feierlich ausgesprochen, daß auch die Vernunft das Dasein Gottes beweisen kann[1]). Nichts ist vernünftiger und für unser Denken notwendiger, als die Überzeugung vom Dasein Gottes, nichts jagt den Verstand und das arme Menschenherz so sehr im ewigen Kreislauf ohne Anfang und Ende, in einem betäubenden Wirbel, der uns zuletzt von Sinnen bringt, umher, als die Leugnung Gottes.

Trotzdem bleibt auf der anderen Seite das Wort Christi ewig wahr, daß, wer Böses tut, das Licht hasset und nicht zum Lichte kommt[2]). Der Tor, das heißt der Sünder, den die Sünde zum freiwilligen Toren gemacht hat, spricht in seinem Herzen: Es ist kein Gott[3]). Sein Herz, seine Leidenschaft spricht es, nicht sein Verstand. Nicht aus der Vernunft entspringt die Gottesleugnung, sondern aus der höchsten Unvernunft, aus der schlimmsten Torheit, aus dem

1) Das Vatikanum hat zunächst nur definiert, daß Gott durch das natürliche Licht der Vernunft „erkannt" werden könne; erst der durch das Motu proprio „Sacrorum Antistitum" vom 1. September 1910 vorgeschriebene Eid hat ausdrücklich die weitere Konsequenz gezogen, daß das Dasein Gottes durch die Vernunft auch „bewiesen" werden könne. D. H.

2) Joh. 3, 20. — 3) Ps. 13, 1.

Bösen. Wer Böses tut, hasset das helleuchtende ewige Licht der Gottheit. Weil die Sitten des alten kaiserlichen Roms so verdorben, weil das Laster alle Schichten des Volkes verpestet hatte, darum fiel es immer tiefer in die abgeschmackteste und unsittlichste Abgötterei, und alle Weisen und alle Philosophenschulen und alle Aufklärung halfen nichts dagegen.

Nun hat aber erst Christus durch seinen Tod dieses Sündenjoch von uns genommen, die Versöhnung vollzogen; er ist als Licht hingestellt, um die Finsternis zu verscheuchen, als wahres Licht, das da erleuchtet jeden Menschen, der in die Welt kommt[1]), und ihn zu Gott hinführt. „Den Vater kennt niemand als der Sohn, der im Schoße des Vaters ist, und wem der Sohn es offenbaren will[2]).“ Wo daher Christus, der Sohn Gottes, erkannt und geglaubt wird, wird auch Gott wahrhaft erkannt und geglaubt. Wo Christus, die sichtbare und persönliche Erscheinung der Gottheit geleugnet wird, da kann die Idee und der Glaube eines unsichtbaren ewigen Gottes nicht Festigkeit, nicht Unwiderstehlichkeit gewinnen. Christus ist der Weg, die Wahrheit und das Leben[3]), außer ihm ist Irrtum, Lüge und Tod. Durch ihn und in ihm allein vermag die Menschheit sich zum höchsten und gewaltigsten Gedanken, zu Gott dauernd zu erheben, ohne ihn ist sie blind und töricht. In Christo „wohnet die ganze Fülle der Gottheit leibhaftig[4]).“

III.

Die dritte Wahrheit, wofür uns das Zeugnis des heiligen Geistes in unserer Zeit so deutlich den Beweis bietet, heißt: ohne Kirche kein Christus.

1) Joh. 1, 9. — 2) Matth. 11, 27. — 3) Joh. 14, 6. — 4) Col. 2, 9.

Wer nur seine Augen aufmachen will, um sich umzusehen, wo der ganze lebendige Christusglaube, die Lehre, die Institutionen, die Kraft Christi, wie sie zu seinen Lebzeiten offenbar geworden, noch vorhanden sind, der muß bekennen, daß alles das sich nur findet und nur erhalten kann in der Kirche Christi. Willst du Christus, mußt du auch die Kirche Christi wollen; niemand kann Christus zu seinem Erlöser und Heiland haben, der Christi Kirche nicht zu seiner Mutter hat. Wie Christus der Gottessohn in Menschengestalt erschienen ist, so erscheint auch jetzt noch das Christentum in einer äußeren, aus Menschen bestehenden Verfassung, die sich unmittelbar an die Person Christi anschließt und in ihr ihren Ursprung hat. Wohin es mit dem Christusglauben ohne die Autorität der Kirche kommt, das zeigt gerade heute der Protestantismus. Mögen die gutgesinnten gläubigen Seelen in den Reihen der Protestanten auch jammern und wehklagen und sich entsetzen über das Übermaß der Verblendung und des Unglaubens, daß viele der Ihrigen die göttliche Person Christi zu einem reinen Idealmenschen oder zu einem gutmütigen Phantasten mit orientalisch-jüdischen Vorurteilen, oder selbst zu einem Mythus degradiert und verflüchtigt haben: ihren frommen Sinn ehrt das, ihre Konsequenz, den Grund dessen aufzufinden, beweist es nicht. Ist einmal das lebendige Organ Christi, die Kirche, und die von Gott gegebene Autorität und Verfassung der Kirche entfernt, so ist die Willkür jedes einzelnen, sein wissenschaftlicher Standpunkt, seine wechselnde Überzeugung von Christus und dem Christentum einzig Maß und Norm. Wo kein Christus, mit dem jeder Gläubige als mystisches Glied verbunden, wo kein Weinstock, aus dem der einzelne Rebzweig sein Leben nimmt, wo kein Tempel, in dessen Mauern jeglicher Christ als lebendiger Baustein eingefügt ist, wo keine Kirche: da ist überhaupt Christus nicht. Nicht durch unmittelbaren Verkehr mit Gott soll die ordentliche Belehrung und Heiligung der Christgläubigen erfolgen, sondern durch den Mund der Gesandten Gottes, der Apostel und ihrer Nachfolger, durch die Hand derer, welche „Diener Christi und Ausspender der Geheimnisse Gottes"[1]) sind. Darum sendet Christus sie noch alle Tage aus mit der Gewalt, die ihm selbst im Himmel und auf Erden gegeben ist; kraft dieser Gewalt machen sie die Völker zu ihren Schülern und den Geist untertan unter die Botmäßigkeit des von ihnen bezeugten Glaubens. Nur in der Kirche ist der lebendige Christus, außer der Kirche ist nur ein toter Gedanke von ihm, unterworfen, wie alles Menschliche, dem Wahne, dem Wechsel, der Zerstörung. Die Kirche allein ist das göttliche Werkzeug der glückseligen Einigung mit Christus.

IV.

Die vierte Wahrheit endlich, welche in der göttlichen Leitung der weltgeschichtlichen Tatsachen so klar zutage tritt, ist die, daß es ohne Petrus, ohne den Papst keine Kirche gibt. Durchwandere von Jahrhundert zu Jahrhundert Asien, Afrika und die verschiedenen Reiche Europas und der neuen Welt, forsche, so fleißig du kannst: eine lebensfähige Kirche, eine Gemeinde der Gläubigen, in der im Laufe der Jahrhunderte das Licht nicht erloschen, der Quell nicht versiegt, der Bau nicht zerbröckelt und zusammengebrochen wäre, wirst du nur antreffen, wo du den lebendigen Felsen Petri, wo du die katholische Kirche

1) 1. Kor. 4, 1.

antriffst. Wo Petrus, nur da ist die Kirche, wo die Kirche, nur da ist Christus. Eine große und herrliche Zeit haben die Kirchen Asiens und Afrikas in den Anfängen des Christentums und Jahrhunderte darüber hinaus aufzuweisen, es war die Zeit ihres lebendigen Verkehrs mit Rom; seitdem und je mehr sie das Zentrum, das in Rom liegt, flohen, desto mehr schwand ihre Lebenskraft und beschleunigte sich ihr Zerfall. Die Sekten und schismatischen Bestrebungen sind wie ein wogendes und tobendes Meer: eine Welle verschlingt die andere, inmitten aber steht unerschüttert und fest, heute wie vor achtzehnhundert Jahren Christi Kirche, auf Petrus, dem Felsen erbaut; wer sich von da loslöst, wird fortgerissen und zuletzt im Schlamme begraben.

Das sind Wahrheiten, welche wie Glieder einer Kette zusammenhängen und deshalb nicht auseinandergerissen werden können, weil Gott sie verbunden hat. Ohne Papst keine Kirche; ohne Kirche kein Christus; ohne Christus kein Gott; ohne Gott nichts als Unordnung und der allgemeine Ruin. Jetzt wollen die Menschen ihr Völker- und Staatenrecht, ihr bürgerliches und gesellschaftliches Wesen auf einem anderen Boden erbauen als auf Religion, als auf Christus und die Kirche. Deshalb schwanken und wanken ohne Unterlaß alle unsere politischen und gesellschaftlichen Zustände wie die Mauern einer Stadt, deren Boden vom Erdboden erschüttert wird; was heute aufgebaut wird, das ist morgen ein großer Trümmerhaufen. So wird und muß es bleiben, bis die Menschen wieder auf den Felsen bauen, der von Gott gesetzt ist. Das Zeugnis Gottes bleibt in Ewigkeit größer als das vergebliche Mühen der Menschen, es abzuleugnen.

Unsere Zeit hat sich gegen Gott, gegen Christus,

gegen seine heilige Kirche und gegen das Oberhaupt derselben, den Papst, erhoben. Die gegenwärtige Lage der katholischen Kirche, namentlich in unserem Vaterlande, erinnert uns an die Bedrängnisse des israelitischen Volkes in der babylonischen Gefangenschaft[1]). Wie die Israeliten damals nicht aufhörten zu weinen, so ist jetzt unser Herz mit Betrübnis und Schmerz erfüllt. Wir wollen aber fest vertrauen auf Gottes Hilfe und treu zur Kirche und ihrem Oberhaupte stehen. Der heilige Geist, welcher die Kirche leitet und lenkt und in allen Jahrhunderten der Geschichte Zeugnis von dieser göttlichen Leitung abgelegt hat, wird zur rechten Zeit uns befreien aus dieser Lage.

Es wird sich dann aufs neue zeigen, daß Gott seine Kirche nicht verläßt. Je größer die Bedrängnis war, desto größer wird die Freude derjenigen sein, welche das Ende dieser Bedrängnis erleben. Mit Jubel werden dann alle treuen Katholiken in jene Worte einstimmen, die im 125. Psalm dem Herzen eines aus der babylonischen Gefangenschaft zurückgekehrten Israeliten entströmten: „Als der Herr die Gefangenschaft Sions löste, waren wir gleich denen, die Trost haben. Da ward unser Mund voll Freude, und unsere Zunge voll Jubels; da sprach man unter den Heiden: Großes hat an ihnen der Herr getan: wir sind fröhlich geworden. Wende, o Herr, unsere Gefangenschaft wie einen Bach beim Südwinde. Die mit Tränen säen, werden mit Frohlocken ernten. Sie gehen und weinen und streuen ihren Samen; aber sie kommen mit Jubel und tragen ihre Garben heim."

Auch wir, liebe Pilger, gehen jetzt und weinen in der Gefangenschaft, in den Bedrängnissen, in dem

1) Gemeint ist der „Kulturkampf". D. H.

Jammer, worin unsere heilige Kirche schmachtet; wir säen in Tränen, indem wir die Trübsal mutig ertragen. Aber jede Träne wird ein Samenkorn, das hundertfältige Frucht bringt; jeder, der jetzt Tränen säet, wird mit Jubel die Garben des Segens und Heiles heimbringen. Amen.

Für den vierundzwanzigsten Sonntag nach Pfingsten.

Von der Vergeltung in der Ewigkeit[1]).

(Freiburg i. B., 7. April 1867.)

> Dann wird das Zeichen des Menschensohnes am Himmel erscheinen, und dann werden alle Geschlechter der Erde wehеklagen, und sie werden den Menschensohn kommen sehen in den Wolken des Himmels mit großer Kraft und Herrlichkeit.
> Matth. 24, 30.

Geliebteste! Ihr feiert morgen in euerer Erzdiözese ein so schönes, freudiges, seltenes Fest, den fünfunddreißigjährigen Konsekrationstag eures greisen, hochwürdigsten Herrn Erzbischofs[2]). Immer ist euer ehrwürdiger Herr Erzbischof ein guter Hirte all seiner Schäflein gewesen, hat euch geliebt, nach dem Vorbilde des ewig guten Hirten geleitet, hat für euch gewirkt, gekämpft, alles für seine Schäflein hingegeben. Gewiß ein schöner Tag; aber auch ein seltenes Fest! Wenigen Hirten ist es vergönnt, so lange Zeit über ihre Schäflein zu wachen, wie euerem Hochwürdigsten Herrn Erzbischof.

---

1) Von einem Zuhörer aufgezeichnet. — 2) von Vicari.

Darum werdet ihr euch bei der morgigen Festfeier, bei dem feierlichen Hochamte, welches ich an diesem Jubeltage in diesem herrlichen Dome zelebrieren werde, mit Freuden beteiligen; ihr werdet Gott aus ganzem Herzen danken, daß er euch einen so guten, frommen, getreuen Hirten gegeben und ihn euch so viele Jahre bis ins höchste Greisenalter erhalten hat; und ihr werdet Gott bitten, daß er ihn euch noch lange erhalten möge.

Zwar habe ich den nächsten Zweck meiner Reise in die Erzdiözese schon erreicht, bin meiner Pflicht schon nachgekommen, indem ich fünfundzwanzig Alumnen in St. Peter die heilige Diakonsweihe erteilt habe. Auch das war ein schöner Tag! So viele Arbeiter sendet der Herr in seinen Weinberg, so viele neue Hirten, Geliebteste, will er euch wieder geben, euch zu leiten, zum ewigen Leben zu führen. Ich konnte es mir aber bei meiner Durchreise nicht versagen, noch hier in Freiburg zu weilen, um das morgige Fest mit euch zu feiern. Da hat nun euer hochwürdigster Herr Erzbischof mich gebeten, euch wieder einige Worte der Ermahnung zu sagen, und ich will diesem Wunsche mit Freuden entsprechen.

Zahlreich sehe ich die Einwohner dieser Stadt um mich versammelt, meine Worte zu hören; ich sehe ebenso viele unsterbliche Seelen, um teuern Kaufpreis erlöst, vor mir. So will ich denn zu euch sprechen, nicht um euch zu unterhalten, sondern um euch an das zu erinnern, was Jesus, euer guter Hirte, für euch getan hat. Ich will euere Blicke wegwenden vom Irdischen, vom Vergänglichen und hinlenken auf die Ewigkeit, auf das unvergängliche Leben. Ich glaubte keinen anderen besseren Gegenstand finden zu können, als gerade diesen.

Das heiligste Herz Jesu wolle uns segnen zu

dieser Erwägung, und die jungfräuliche Mutter unter dem Kreuze möge für uns bitten, daß wir aus der Betrachtung des ewigen Lebens die Hinfälligkeit und Nichtigkeit des irdischen erkennen, damit doch das Blut ihres geliebten Sohnes am Kreuze nicht an uns verloren gehe.

Zuerst gehen wir nun auf die Frage über, ob es denn eine Ewigkeit, ein ewiges Leben, gebe. Ich glaube nicht, daß einer unter meinen Zuhörern den Glauben an ein ewiges Leben verloren habe. Aber wenn wir auch glauben, so ist es doch heilsam, ja notwendig, den Glauben zu befestigen, zu erneuern, damit wir nach dem Glauben leben, auf daß nicht unsere Werke uns verdammen am Tage des Gerichts.

Wir haben einen übernatürlichen und einen natürlichen Beweggrund, an die Ewigkeit zu glauben.

Der übernatürliche Beweggrund ist Jesus Christus selbst, die Wahrheit, die ewige Wahrheit, die es uns lehrt. In den verschiedensten Ausdrücken, bei mannigfaltigen Gelegenheiten kommt er immer wieder auf diese Lehre zurück: O Mensch, es gibt ein ewiges Leben, eine ewige Vergeltung, eine ewig selige oder ewig unglückselige Zukunft. Seine Schilderung des jüngsten Gerichtes endet er mit den Worten: „Dann wird das Zeichen des Menschensohnes am Himmel erscheinen, und dann werden alle Geschlechter der Erde weheklagen, und sie werden den Menschensohn kommen sehen in den Wolken des Himmels mit großer Kraft und Herrlichkeit[1].“ Und an einer anderen Stelle spricht er: „Verwundert euch nicht darüber; denn es kommt die Stunde, in der alle, welche in den Gräbern sind, die Stimme des Sohnes Gottes hören werden. Und es werden hervorgehen, die Gutes getan haben,

1) Matth. 24, 30.

zur Auferstehung des Lebens, die aber Böses getan haben, zur Auferstehung des Gerichtes[1])."

Das sollte uns schon genügen. Aber auch die Kirche lehrt, daß es ein ewiges Leben für uns gebe; jene Kirche, die Gott als Säule und Grundfeste der Wahrheit aufgestellt, und der er den heiligen Geist versprochen hat, damit sie uns einführe in alle Wahrheit, die uns zur Erreichung unseres letzten Zieles und Endes so notwendig ist. Und wenn wir hören, daß so viele Millionen Menschen seit Christi Geburt, so viele Millionen aus allen Ständen und Bildungsstufen vereinet sprechen: „Ich glaube an den heiligen Geist, eine heilige, katholische Kirche, Gemeinschaft der Heiligen, Nachlaß der Sünden, Auferstehung des Fleisches und ein ewiges Leben. Amen," wie kann der Mensch, der arme Mensch, der gläubigen Aussage dieser Menge, der tiefsten Überzeugung der Menschenbrust entgegentreten und sagen: es gibt keine Ewigkeit! Das wäre der größte, der verderblichste Frevel, der sich denken läßt. Schon in irdischen Angelegenheiten glaubt man der Aussage mehrerer Personen eher, als der einer einzelnen, und da sollte man dem einstimmigen Bekenntnisse der ganzen Kirche und Christenheit nicht glauben!

Aber auch die Stimme der Natur und der Vernunft legen Zeugnis ab. Alle Völker, die je existierten, haben an ein ewiges Leben geglaubt. Wie sollte das, was alle Völker der Erde, wenn auch dunkel, geglaubt, keinen tieferen Grund haben, nicht Wahrheit sein? Wenn wir hinblicken auf die Welt, auf die Schicksale der Menschen, so sehen wir Arme und Reiche, Kranke und Bedrängte aller Art und solche, die im Übermaße der Freuden und Vergnügungen schwelgen;

1) Joh. 5, 28. 29.

da sehen wir Könige und Fürsten, Hohe und Niedere — und doch sollen wir alle Kinder e i n e s Vaters im Himmel sein! Gottesfürchtige, fromme Seelen sehen wir in Not und Leiden ihre Tage verleben; dagegen gottlose Sünder umgeben von allen Genüssen, inmitten alles irdischen Besitzes — und doch sollen wir Kinder e i n e s Vaters sein! Bei diesem Anblick könnte fast der Glaube an eine höhere Vorsehung, die über uns waltet, an einen ewigen, gütigen, liebenden Vater erschüttert werden. Gibt doch ein irdischer Vater nicht einem Kinde im Überfluß, um das andere darben zu lassen. Ihr fraget daher, warum Gott es tuet. Ich antworte darauf: Weil es eine Ewigkeit, eine ewige Vergeltung gibt. Gott hat in das Herz des Menschen das Verlangen gelegt nach ewigem Glücke, nach Seligkeit; der Mensch dürstet darnach, glückselig zu sein — und dennoch fraget alle, fraget die, welche im Besitze aller irdischen Güter sind, und die, welche sie entbehren, ob sie glücklich seien. Sie werden euch mit Nein antworten; nein, wir sind nicht glücklich; die irdischen Freuden bieten uns einen vorübergehenden kurzen Genuß, sie vermögen aber nicht das Verlangen unserer Seele zu stillen. Wie kann aber Gott ein solches Streben in unsere Seele gelegt haben, ohne es jemals zu befriedigen, ein glühendes, gerechtes Verlangen, ohne es jemals zu erfüllen? Der Mensch hat das Bedürfnis, zu essen und zu trinken, und Gott hat ihm in der weiten Natur den Tisch gedeckt, um sich zu nähren — und er sollte die Sehnsucht, den Hunger, den Durst des Menschen nach Glück, nach Seligkeit, den er selbst in sein Innerstes gelegt hat, nicht befriedigen? Das wäre das Unvernünftigste, was ein vernünftiger Mensch zu denken vermag.

Überdies hat der Mensch ein zweites Bedürfnis

seiner Seele, das Verlangen nach Gerechtigkeit. Ist aber, Geliebteste, auf dieser Welt Gerechtigkeit? Ach, die Gerechtigkeit der Welt ist von der ewigen, göttlichen Gerechtigkeit weiter entfernt als die Sonne von der Erde. Da sehe ich die Tugend verfolgt, unterdrückt, während falsche, ehrlose Heuchler triumphieren. Trug und falscher Schein bedeckt die Erde — und dennoch kann der Mensch nicht umhin, immer und überall Gerechtigkeit zu verlangen. Schon die Kinder können das Unrecht selbst bei ihren Spielen nicht ertragen. Hier auf Erden kommt aber nur ein kleiner Teil der menschlichen Angelegenheiten zur richtigen Entscheidung. Dieser Teil ist so klein wie ein Strahl der Sonne gegen ihr volles, durchdringendes Licht. Und selbst in diesen Fällen wird oft nur nach dem äußeren Scheine geurteilt. Denn welcher Sterbliche kennt die Beweggründe, die Absicht bei allen menschlichen Handlungen? Und doch ist die Absicht das Entscheidende bei einer menschlichen Handlung. Wie selten wird auf dieser Welt das Urteil nach göttlichem Maßstabe, nach ewiger Gerechtigkeit gefällt! Und doch verlangt der Mensch, daß gerecht gerichtet werde. Sollte Gott dieses Verlangen niemals befriedigen? Das ist abermals das Unvernünftigste, was der Mensch behaupten könnte.

Ein weiterer stummer Zeuge für die Ewigkeit ist der Tod. Wie sollen wir uns sonst das Beben, die Angst des Geistes, die Trennungsschmerzen der Seele, dieses Zittern vor dem Tod erklären, wenn nicht von der Nähe der Ewigkeit? Was soll die Träne in dem Auge des Sterbenden, was sollen die Tränen derer, die um das Sterbebett stehen? Mit welchem Troste sollen wir den stummen Schmerz derer stillen, welche den Verlust ihres Vaters, ihres Gatten, ihres Kindes, ihres Freundes beweinen? Wenn die Welt dem Sterbenden sagt, es gibt keine Ewigkeit, und wenn seine verkehrten Grundsätze, wenn sein verkehrter Sinn es ihm sagen, was soll das Ahnen, was soll die Verzweiflung, die sich oft selbst in seinem Äußeren kundgibt? Wenn er seine Seele allem höhern Licht verschließt, dann geht er mit verbundenen Augen, aber immerhin mit Beben, Zittern und Angst der Ewigkeit entgegen. Wenn der Tod der natürliche Abschluß des menschlichen Lebens ist, warum sträubt sich die Natur? Die Schrecken des Todes rufen dir zu: Mensch, es gibt eine Ewigkeit; du wirst fortleben, entweder ewig selig oder ewig verdammt!

Wo sind die vielen Millionen Menschen hingegangen, die schon auf Erden gelebt? Hier wird der Mensch geboren, lebt einige kurze Jahre und verschwindet. Die Seinen beweinen ihn auf kurze Zeit, bald hört aber sein Gedächtnis auf, sein Name wird vergessen. Andere Menschen treten an seine Stelle und wandeln denselben Weg. Auch diese verlassen bald wieder die Erde. Wo sind diese Millionen von Menschen? Das Leben und Weben der Menschen wäre unbegreiflich, eine Torheit, wenn mit der irdischen Laufbahn alles ein Ende hätte. Aber es ist nicht so. Unseren Augen sind die Verstorbenen entschwunden, aber sie leben fort, sie sind eingegangen in den Ort, wo sie ewig wohnen.

Und wie nahe stehen wir der Ewigkeit! Wenn du vor einer Türe stehst, bist du nicht mehr weit vom Innern des Hauses. Wird die Türe geöffnet, so brauchst du nur einen Schritt zu tun, um in das Haus zu gelangen. Ebenso stehst du, o Mensch, vor dem Tor der Ewigkeit. Jeden Tag, jede Stunde kann es sich dir öffnen, und hinter dem Tore wartet deiner ewige Seligkeit oder ewige Verwerfung. Vom ersten Augenblicke, in dem der Mensch das Licht der Welt erblickt, rollen die Tage seines Lebens dahin. Es ist, als würde er auf einem steilen Felsen in einen Wagen gesetzt, der unaufhaltsam dem Abgrund entgegeneilt, und dieser Abgrund ist die Ewigkeit. Auch du sitzest in einem solchen Wagen auf abschüssiger Bahn, und hast du schon einige Jahre hier auf Erden zugebracht, dann ist der Wagen bereits eine weite Strecke hinabgerollt. Er rollt immerfort. Auch wenn du schläfst, rollt er unaufhaltsam dahin, und vom Beginn meiner Predigt bis dahin, wo ich geendet haben werde, ist er schon wieder weiter hinabgerollt, der Ewigkeit zu. O Christ, dieser Wagen ist die Zeit, die flüchtige Zeit. Jeden Augenblick, jede Viertelstunde kannst du unten angelangt sein, um in das ewige Leben einzutreten.

Vor meiner Abreise in Mainz wohnte ich einem großen Leichenbegängnisse bei. In einem großen Saale war der Sarg eines Mannes aufgestellt, der vor acht Tagen nach Mainz gezogen und dort sein Glück zu finden geglaubt. Er stand im besten Mannesalter und hatte eine der höchsten Stellen in Mainz erhalten. Jetzt lag er da als starre Leiche. Hätte ich ihm vor acht Tagen, da er seinen Besuch bei mir machte, gesagt: Mein Herr, in acht Tagen wird man Sie zu Grabe begleiten — was hätte er mir gesagt! — Aber er stand vor dem Tore, das Tor hat sich geöffnet, und er ist eingegangen in die Wohnung, wo er ewig wohnt. Wer hätte heute vor einem Jahre geglaubt, daß für so viele junge Männer, die im Kriege ihr Leben lassen mußten, das Tor der Ewigkeit sich so schnell öffnen würde; und wer weiß, für wie viele sich in diesem Jahre die Tore der Ewigkeit öffnen werden? Gehe hin auf den Gottesacker: dort liegen Jünglinge, die mit dir zur Schule gegangen, die jung, gesund waren wie du; dort liegen Männer, Frauen, Greise und Kinder aus euerer Mitte — wo sind sie hin? — Das Tor hat sich geöffnet, sie sind eingegangen in jene Wohnung, wo sie ewig wohnen. Und wie bald kann sich auch für dich das Tor öffnen wie für jenen Mann, von dem ich vorhin sprach!

Noch einen Gedanken möchte ich dieser Betrachtung beifügen, daß nämlich die Entscheidung für das ewige Leben, ob es ein glückliches oder unglückliches für dich werde, von dir abhängt. In deiner Hand trägst du die Würfel, welche über das Los in der Ewigkeit entscheiden. Nach deinen Werken wirst du gerichtet werden. Du bauest, zimmerst täglich, jede Viertelstunde an einem Hause, in dem du einst ewig wohnen wirst; du bauest dir ein Haus für die Ewigkeit, ein Haus der Glorie, der Herrlichkeit, oder ein Haus, einen Kerker für die Verdammnis. Du sitzest an einem Webstuhl, dir ein Kleid zu weben, das du ewig trägst; entweder webst du dir ein Kleid der Glorie, in dem du im Lichtglanz des Himmels erscheinst, oder du webst dir mit eigenen Händen ein Kleid der Verdammnis, in dem du ewig brennen, ewig seufzen wirst. Welch trauriger Anblick ist es, die Sträflinge in ihrer Gefängniskleidung dahinschreiten zu sehen! Habe acht, daß nicht auch du an einem solchen Kleide arbeitest, an dem Sträflingskleide der Verdammten! Du bist sonst so besorgt auf deine äußere Erscheinung, zierest und schmückest deinen Leib. Wie ist es möglich, daß du keine Furcht davor hast, in Ewigkeit das Kleid der Schmach der Verdammten tragen zu müssen?

Möge die Betrachtung der Ewigkeit in uns einen heiligen Eifer erwecken, so zu leben, wie wir wünschen auf dem Todesbette, gelebt zu haben. O eitles Weltkind, was nützt es dir, wenn du alles genießen würdest, wenn du auf dieser Welt alles gewännest, an deiner Seele aber Schaden littest? „Oder was kann der Mensch wohl geben, um seine Seele wieder einzutauschen; denn des Menschen Sohn wird in der Herrlichkeit seines Vaters mit seinen Engeln kommen und dann einem jeglichen vergelten nach seinen Werken[1])."

Die Welt vergeht mit ihrer Lust, aber es gibt eine Ewigkeit. Sünder, was nützt dir deine Eitelkeit, deine Hoffart, dein Geiz, dein Zorn, deine Unmäßigkeit, deine Feindschaft, deine Unkeuschheit, was nützen dir deine schlimmen Bekanntschaften, deine schlechten Kameraden? Welchen Vorteil wirst du aus deinen Sünden ziehen? Augenblicklichen Genuß und ewige Verdammnis! —

Es stand einmal ein Mann am Ufer des Meeres und sah, wie eine Welle die andere verdrängte, wie eine Flut der anderen folgte. Da kam ein anderer, erblickte ihn und fragte: Freund, warum schaust du so ernst, so sinnend in diese Flut? Jener antwortete, als erwache er aus einem langen Traume: Ich sehe hin auf diese Welle und denke an das Treiben der Menschen, die ihr Glück, ihr ewiges Glück auf eine flüchtige Welle, auf einen Tropfen Wasser setzen. Wie töricht wäre ich, wenn ich all meine Güter einem solchen Tröpflein Wasser übergeben würde, das zu meinen Füßen fließt! Ein Augenblick, und all meine Schätze wären dahin. So töricht ist aber das Treiben der Kinder der Welt! Handelst nicht auch du so, wenn du beim Genusse des Irdischen vergissest, daß es eine Ewigkeit für dich gebe, eine ewige Gerechtigkeit? Und was sagst du von jenem Manne im Evangelium, der nur darnach strebte, seine Reichtümer zu vermehren, aber nicht bedachte, daß der Tod ihn noch dieselbe

1) Matth. 16, 26. 27.

Nacht von seinen angehäuften Schätzen trennen werde? Nicht wahr, du sagst, er sei ein Tor gewesen. Ein Tor bist aber auch du, wenn du dein Herz an Dinge hängst, die der nächste Augenblick dir rauben kann, und dafür die ewigen Güter preisgibst. Was wirst du einst am Tage des Gerichtes als Kaufpreis geben für deine unsterbliche Seele, wenn Jesus kommt mit seinen Engeln? Wenn du alles gewonnen hättest auf dieser Welt, alle Reichtümer und Schätze, könntest du damit deine Seele einlösen? Jedem wird vergolten nach seinen Werken. „Was der Mensch säet, das wird er auch ernten. Wer in seinem Fleische säet, der wird vom Fleische auch Verderben ernten; wer aber im Geiste säet, der wird vom Geiste ewiges Leben ernten[1])." Säest du Segen aus, so wirst du ewigen Segen ernten. Folgst du aber den Trieben des Fleisches und säest du den Samen der Leidenschaften aus, bist du träg und lau, spottest du über Tugend und Religion und verachtest die Kirche, gibst du böses Beispiel, bist du pflichtvergessen gegen deine Kinder und Untergebenen, die du mit dir ins Verderben ziehest — säest du Fluch aus, so wirst du auch Fluch, ewigen Fluch ernten.

Jesus wird kommen, nicht mehr als gütiger, barmherziger, langmütiger Gott, sondern als strenger, ewiger, heiliger und gerechter Richter. Auf ihn fällt nicht die Schuld, wenn du verdammt wirst; er will dich ewig selig machen; er hat am Kreuze dich erlöset; er hat alles für dich getan, aber er wird dich verdammen, wenn du sein heiliges Blut von dir gestoßen. Es geht ein Ruf durch alle Lande: „Ach, wie schnell vergeht die Zeit!" Armer Sünder, bedenke

1) Gal. 6, 8.

es, wie die Zeit so schnell vergeht; sie eilt an dir vorüber wie ein Strom, in dem Welle auf Welle sich drängt. Wenn du in der Sünde stirbst, dann bist du ewig getrennt von Jesus, deinem Heilande! Es ist noch Zeit; Jesus will dich jetzt noch nicht richten nach deinen Werken, er läßt dir noch Zeit, dich zu bessern. Benütze die Zeit, lege eine reumütige Beichte ab, um dich mit Jesus auszusöhnen! Sprenge die Fesseln, die dich an die Hölle ketten, denn wenn nur eine Leidenschaft dein Herz beherrscht, kannst du Jesus nimmer lieben. O mögen wir so leben, so handeln, daß unsere Ewigkeit eine Ewigkeit bei Gott, eine unzertrennliche Vereinigung mit Jesus, eine glückselige Ewigkeit sei. Amen!

Ansprache an die versammelten Mitglieder des Katholikenvereins.

Über die Gefahren der Zeit.

(Rochusberg bei Bingen, 17. Juni 1874.)

> Dieses habe ich zu euch geredet, auf daß ihr Frieden in mir habet. In der Welt werdet ihr Bedrängnis haben, aber vertrauet, ich habe die Welt überwunden.
>
> Joh. 16, 33.

1. Die heutige Versammlung ist ein Bild im kleinen von der katholischen Kirche. Das ist ja das Wesen des Geistes Gottes in der Kirche, daß er aus vielen eins macht — ein Herz, eine Seele; während umgekehrt der Geist der Welt das, was eins sein soll, trennt, zerreißt. Darum ist auch die Welt so sehr zerrissen. Selbst für die Kinder der Welt ist es ein

großes Weh und ein tiefer Schmerz, daß der Geist der Welt das auseinanderreißt, wovon sie fühlen, daß es zusammengehört. Der Geist Gottes dagegen vereinigt, was getrennt und entfernt ist. Das beweist auch diese Wallfahrt. Die hochgeehrten Vorkämpfer der Katholiken sehe ich hier versammelt aus fern und nahe; ihr seid zahlreich versammelt, aber ihr fühlet alle, daß ihr über die wichtigsten Lebensfragen einig seid und als Kinder eines Geistes unter einer Fahne kämpfet. Ein Herz und eine Seele seid ihr. Sehet, ein Bild der katholischen Kirche im kleinen ist diese heutige Versammlung hier!

2. Es ist ein heiliger Ort, auf welchem unsere Füße stehen; ein ganz von katholischen Erinnerungen geweihter Berg. Hier wird der heilige Rochus seit Jahrhunderten von einem braven, katholischen Volke, das ringsumher wohnt, mit großer Andacht verehrt. Hier in der Nähe, dort wo Rhein und Nahe zusammenfließen, wohnte die heilige Hildegard, jene große Seherin, die der heilige Bernhard besuchte, um ihre Weissagungen zu prüfen. Hier lebte der heilige Rupert mit seiner heiligen Mutter, der seligen Berta und dem frommen Priester Wigbert. Hier fließt zu unseren Füßen der Rhein, dieser deutsche Strom mit seinen katholischen Domen und Kirchen ohne Zahl, an dessen beiden Ufern in der ganzen Ausdehnung ein treues, biederes, katholisches Volk wohnt. Dort (in Nieder-Ingelheim) stand die Wiege Karls des Großen, jenes herrlichen, frommen Kaisers; dort verlebte er seine Jugendzeit, er, welcher während seiner Regierung sein Schwert einzig nur der Verteidigung der Wahrheit und der Kirche geliehen.

3. Diese Kapelle erinnert uns zugleich durch die Reliquien des heiligen Rupert, der seligen Berta und

des seligen Wigbert an die Segnungen, welche Gott durch die christliche Familie spendet. Die Familie wird aber in dem Maße immer wichtiger, als die anderen Werkzeuge Gottes in ihrer Tätigkeit gehemmt sind, wie in der Gegenwart. Es können Zeiten kommen, wo die Familie fast alle Funktionen des Priestertums übernehmen muß. Möge der nämliche Geist, der Berta und Rupert geheiligt, auch euch, ihr Männer und Frauen, heiligen, daß ihr als christliche Männer und Frauen eure hochheiligen Pflichten gewissenhaft erfüllt.

4. Erlaubet mir, meine Lieben, daß ich euch einen lieblichen und unvergeßlichen Zug erzähle aus meinem priesterlichen Leben, der mir in diesen Tagen immer wieder einfällt und euch, Vätern und Müttern, einen lehrreichen Wink bieten wird.

Vor 24 Jahren war ich Pfarrer und Propst in Berlin. Zu meinem Delegaturbezirk gehörte auch Brandenburg und Pommern, also fast ganz protestantische Gebiete. Bei Stettin fanden sich aber schon seit langer Zeit ein paar katholische Gemeinden. Mit diesen Gemeinden und ihrer Entstehung hatte es folgende Bewandtnis. Friedrich II. wollte die Niederungen an der Oder entwässern und aus den Morästen und Sümpfen Land gewinnen. Dazu brauchte er Arbeiter. Er holte sich solche herbei, auch vom Rhein und aus der Pfalz. Diese Leute aber ließen sich nur unter zwei Bedingungen engagieren. Erstens verlangten sie, daß für ihre religiösen Bedürfnisse die nötige Sorge getragen werde. Zweitens mußte man ihnen nach der Urbarmachung der Distrikte Grund und Boden versprechen. Nun, jene Bedingung hat man ihnen hernach nicht erfüllt und diese nur in sehr beschränkter Weise. Als die Arbeit getan war, wurden die armen Leute in verschiedene pommersche, rein protestantische Städte verteilt. Diese mußten sie im Quartier behalten, bis sie geneigt waren, ihnen etwas Territorium zu geben. Lange wehrten sich diese Städte. Zuletzt entschlossen sie sich dazu. So bekam unter anderem ein Teil jener katholischen Arbeiter in der Nähe von Pasewalk eine sandige Strecke leichten Bodens, auf dem bis dahin nur Kiefern gewachsen waren. Hier bauten sie sich ihre Bretterhütten. Zum Glück hatten diese Leute aus ihrer rheinischen und pfälzischen Heimat ihre katholischen Lieder- und Gesangbücher und ihren Katechismus mitgenommen. So machten sie denn die schönste ihrer Bretterbuden zu ihrer Kirche. Hier versammelten sie sich Sonntag morgens. Es wurde gesungen und gebetet und mit dem Glöckchen geschellt. Das erste Schellen bedeutete den Augenblick, wo bei des Priesters Wort die heilige Wandlung geschieht; das zweite Schellen bedeutete den Moment der heiligen Kommunion. Im Geist feierte man die heilige Messe, und in geistiger Weise kommunizierte man. Fünfzig Jahre lang behalf man sich so, ohne einen Priester zu sehen. Und nicht ein Katholik fiel in diesen fünfzig Jahren von seinem Glauben ab.

Da geschah es, daß in Stettin eine katholische Gemeinde gegründet wurde. Und nun kam wenigstens einmal im Jahr auch ein Priester zu diesen guten Leuten. So ging es wieder fünfzig Jahre lang fort, und nicht ein Katholik fiel auch in dieser Zeit von seinem Glauben ab.

Endlich, drei Jahre bevor ich das erstemal diese Gemeinde besuchte, bekam dieselbe von dem Missions-Verein die Mittel, eine katholische Pfarrei zu gründen. Die Freude, welche die armen, guten Leute nun hatten, könnt ihr euch denken. Nach hundertjährigem Harren sollten sie den Herrn und Heiland nun wieder immer, leibhaftig, in ihrer Mitte haben.

Und doch traf sie sofort ein großer Schmerz, dem freilich eine große Freude folgte. Die Kirche wurde erbrochen, die heiligen Gefäße wurden gestohlen, vor allem die Monstranz mit dem Sanktissimum. Die Trauer, das Weh war grenzenlos. Nach allen Seiten hin wurden Boten entsandt. Die Gemeinde aber versammelte sich in der Kirche und betete einen Tag und eine Nacht unaufhörlich. Und siehe, da kam ein Bote zurück. Bei Pasewalk hatte man einen verdächtigen Menschen erwischt. In einem Sack fand man bei ihm eine ganze Masse gestohlener Dinge, besonders Glaswaren und wertvolle Gefäße. Man packte den Sack aus; da zeigte sich, in Stücke zerbrochen, der Kelch und die Monstranz, aber nicht das Allerheiligste. Endlich ganz auf dem Grunde des Sackes, welche Freude! entdeckte man, wohlverwahrt in doppeltem Glas, das Sanktissimum, unverletzt und ungebrochen.

5. Meine Lieben, ihr sehet es selbst, was ihr aus dieser Geschichte lernen könnt! Gott braucht, wenn es nötig ist, auch außergewöhnliche Mittel, seine Kirche zu erhalten. Im gewöhnlichen Verlauf der Dinge erhält Gott seine Kirche in ordentlicher Weise durch seine Bischöfe und seine Priester. Aber Bischöfe und Priester und Organismus tun es nicht; Jesus Christus tut alles. Der kann aber auch auf außerordentliche Weise seine Kirche erhalten, wenn es nötig ist. Das merkt euch, ihr Lieben, in diesen Zeiten. Denkt immer an diese pommersche Gemeinde, wie diese hundert Jahre lang sich durchgeschlagen hat! Und wenn euch auch einmal Angst und Furcht überfällt, was heute noch werden soll, so denkt an das Wort unseres lieben Heilandes Jesus Christus: Confidite, vertraut auf mich, euren

treuen Heiland, ego vici mundum, denn ich habe die Welt besiegt. „Dieses habe ich zu euch geredet, damit ihr in mir den Frieden habet.“ Höret wohl, Frieden sollt ihr haben in unserem lieben Heiland. Damit ist nicht bloß der persönliche Friede gemeint, sondern auch das Vertrauen auf seine Hilfe.

In mundo pressuram habebitis, „in der Welt habt ihr Bedrängnis.“ Die Welt nimmt euch eure Bischöfe und Priester, den Organismus unserer heiligen Kirche. Sie zerstört unsere kirchlichen Anstalten. Sie macht uns die Erziehung des Klerus unmöglich. Wir müssen Bedrängnis haben. Wundert euch darüber nicht, ihr Lieben! Christus ist und bleibt uns dennoch, also daß wir in ihm Frieden haben. Vermittelt er uns denselben nicht auf dem gewöhnlichen, ordentlichen Weg, nun so tut er es auf einem außerordentlichen.

Euch Eltern benutzt nun Christus zur Erhaltung seiner Kirche. Die Väter kann man nicht sperren, die Mütter können nicht exiliert werden; die Eltern brauchen kein staatliches Examen zu machen, und es bedarf zu ihrer Anstellung als Religionslehrer ihrer Kinder keiner Anzeige und staatlichen Bestätigung. Darum, ihr lieben christlichen Väter und Mütter, gedenkt eures hohen Amtes und fragt euch, ob ihr es nicht bisher oft habt fehlen lassen, und ob ihr es nicht selbst verschuldet habt, daß ihr eurer Priester und Lehrer beraubt werdet. Oder ist es nicht so, daß ihr bisher das Werk der Priester und Lehrer nur gar zu wenig unterstützt habt? Seht, nun werdet ihr es ohne sie besorgen müssen. Und ihr werdet es tun, so gut wie jene Gemeinde bei Pasewalk.

Die heilige Berta wird euch ein Vorbild sein. Ihr kennt deren Geschichte. Ihr Mann, Herzog Robolaus von Bingen, war ein Heide und fiel in einer

Schlacht gegen die Christen. Wie Elisabeth von Thüringen, kleidet sich Berta nun in rauhes Gewand, wird eine Versorgerin der Armen und lebt in Gebet und Treue der Erziehung ihres Söhnchens Rupert. Ihr Hauskaplan Wigbert unterstützt sie in ihrem Werk. Rupert entwickelt sich in lieblichster Weise. In jedem armen Kind sah er sein Brüderchen und sein Schwesterlein und ein Kind seiner Mutter. Der Verführung in der Jugend widerstand er. Zu seiner Stärkung macht er im fünfzehnten Jahre seines Lebens, begleitet von weisen Ratgebern, eine Wallfahrt nach Rom. Dort lernte er fromme Priester kennen und entschloß sich, dem Rat zu folgen, welchen Jesus dem reichen Jüngling gegeben. Um vollkommen zu werden, verschenkte er, was er hatte, an die Armen. So lebte er hier in Bingen, segenspendend und bemüht, immer vollkommener zu werden. In seinem zwanzigsten Jahre hatte seine Mutter einen Traum, als ob ihr eine ihrer Rippen ausgebrochen würde. Und was Berta ahnte, das geschah. Rupert starb zwanzig Jahre alt; zwanzig Jahre später folgte ihm seine heilige Mutter.

Christliche Eltern, tut es Berta nach. Der Mann ist das Haupt der Familie und Christi Stellvertreter. Wartet ihr eures Amtes, wenn die Obrigkeit aufhören wird, Gottes Sache zu führen und die christliche Schule zu pflegen!

6. Meine Lieben! Es war vor zwanzig Jahren, da wurde ich durch eine Schulzeitung in Münster aufmerksam gemacht auf ein Gutachten, welches die belgischen Freimaurerlogen abgegeben hatten zur Beantwortung der Frage, wie der christliche Glaube am gründlichsten beseitigt werden könnte. Ich habe schon einmal diese Sache in einer Broschüre behandelt. Die Gutachten der Loge kamen darauf hinaus: 1. Die Schule

muß von der Kirche getrennt werden; 2. die Kinder müssen mindestens bis zum sechzehnten Jahr in der Staatsschule festgehalten werden; 3. die Eltern müssen „den Kopf zurechtgesetzt bekommen", damit sie solches dulden.

Ihr werdet selbst die Parallele ziehen und euch mancherlei erklären können, was heute geschieht! Sollte also die große Untat vollendet und die Schule gänzlich entchristlicht werden: dann braucht die größte Vorsicht in der Erziehung und „laßt euch den Kopf nicht zurechtsetzen". Auch den Einfluß einer schlechten Schule könnt ihr Eltern zuschanden machen.

Ich besprach in diesen Tagen mich mit einer Zahl Geistlichen über die Schulfrage. Wisset ihr, was sie sagten? Wir selbst sind in schlechten Schulen gewesen, aber Vater und Mutter waren es, durch welche wir im Glauben fest geworden sind. Der Einfluß der Eltern ist größer als der der Schule.

Darum seid stark in der Hoffnung und im Glauben! Confidite in me, vertraut auf Jesum!

Vertraut nicht in principibus „auf Fürsten"; die können euch nichts helfen. Der heilige Geist hat es gesagt, sie müssen auch sterben. Macht also keine Berechnungen und keine Konstruktionen, von welcher Macht, von welchem Fürsten etwa der Anstoß zur Rettung ausgehen möchte. Confidite in me, sagt Jesus; auf Jesum allein also vertraut und hoffet. Fürchtet euch nicht vor der Macht der Lüge! Während die Welt den Mammon anbetet, ist es Pflicht, daß wir alle jene katholischen Männer nachahmen, die ihr Knie nie gebeugt vor Baal, und die würdig erfunden wurden, für ihre Überzeugung Opfer zu bringen. Handelt männlich und seid guten Mutes! In dieser Zeit bedarf die Kirche entschiedener Männer. Tue jeder seine

Pflicht, dann wird Gott uns stärken und uns zum Siege führen.

Aber Jesus will, daß in der nächsten Zeit die Väter und die Mütter seine Kirche erhalten. Darum, ihr Eltern, erzieht eure Kinder im katholischen Geist, in Gottesfurcht, in Opferfreudigkeit, in heiliger Pflichterfüllung, inmitten der täglichen Versuchungen der Welt. Erzieht sie ohne den derzeitigen schrecklichen Luxus, einfach in Essen, Kleidung und Gewohnheiten. Sorgt dafür, ihr vornehmen Eltern, daß eure Kinder Jesus eher lieben und mehr lieben, als Jagd, Pferde und Vergnügungen. Erzieht der Kirche Priester, erzieht dem Staat christliche Männer!

Vor allem betet. Ich will davon heute nicht ausführlich reden. Denn finge ich von diesem Thema an, so fände ich das Ende nicht. Aber betet ohne Unterlaß!

Endlich vigilate, state in fide, wachet über euer Herz, Gewissen und Leben, wachet über die Schulen. Steht fest im Glauben, lasset euch nicht versuchen von Mammon und Welt. Verleugnet euren Glauben und eure Überzeugung nicht. Ein katholischer Christ zu sein, war allezeit eine Ehre; aber eine so große, wie heute, noch nie. Stolz können wir sein auf unsern heiligen Glauben; aber auch voll Demut müssen wir sein ob der uns gewordenen Gnade. Viriliter agite, handelt männlich. Seid Männer und keine Feiglinge! Auch euch, ihr Frauen, euch gilt das Wort ebenfalls: seid voll männlichen Mutes. Habt ihr in der Welt auch Bedrängnis, so habet Vertrauen, denn euer Heiland Jesus Christus hat gesprochen: Ego vici mundum, ich, ich habe die Welt besiegt. Amen.

Das Kreuz Christi.

Ansprache bei Enthüllung des neuen Kreuzes auf dem Ostturme des Domes zu Mainz.

(Mainz, 26. Juli 1875.)

Ich benutze diesen Augenblick, wo so viele meiner geliebten Diözesanen hier versammelt sind, um noch einmal aus vollem Herzen meinen innigsten Dank für alle Liebe und Ehre auszusprechen, welche mir in diesen Tagen[1]) dargebracht wurden, oder vielmehr nicht mir, sondern Christus und der Kirche, deren Diener ich bin.

Wir sind im Begriff, das Kreuz auf dem neuen Turme des Domes zu enthüllen, damit dieses heilige Zeichen unserer Erlösung weithin leuchte über Stadt und Land.

Da darf ich es nicht unterlassen, diese bedeutungsvolle Handlung mit einigen Worten zu begleiten.

Das Kreuz ist das große Geheimnis des Christentums.

Das Wesen dieses Geheimnisses spricht der Apostel in den Worten aus: „Wir predigen Christus den Gekreuzigten, den Juden ein Ärgernis, den Heiden eine Torheit, den Berufenen aber aus den Juden und Heiden Gottes Kraft und Gottes Weisheit." Deshalb fährt er gleich darauf fort: „Ich will unter euch nichts wissen als allein Jesus Christus, und zwar den Gekreuzigten[2])."

Durch die Gotteskraft und Gottesweisheit des Kreuzes ist die Welt überwunden.

Es ist das Kreuz Christi, des einzigen Erlösers der Menschheit.

---

1) Des fünfundzwanzigjährigen Bischofsjubiläums Kettelers. D. H.

2) 1. Kor. 1, 23. 24; 2, 2.

Es ist das heilige Kreuz, das schon in der apostolischen Zeit der heilige Kreszenz in Mainz, der starken Festung der Römer, aufgepflanzt hat.

Es ist das heilige Kreuz, unter dessen Schutz und Schirm alle nachfolgenden Geschlechter ruhten; zu dem sie in Freud und Leid aufblickten; in dem sie Frieden und Trost und Stärke und jegliche Tugend und ewiges Leben fanden.

Es ist das heilige Kreuz das Zeichen der göttlichen Liebe, das Zeichen der Versöhnung, das Zeichen des Friedens.

Alles hier auf Erden wechselt, alles zerfällt, alles vergeht, alles täuscht und trügt.

Das Kreuz Christi aber vergeht nicht, es wechselt nicht, es täuscht nicht.

Es wird alle menschlichen Irrtümer, alle irdischen Kämpfe überdauern.

Seine Wahrheit, seine Kraft, sein Frieden bleibt in Ewigkeit.

In ihm, in ihm allein werden endlich alle Menschen, alle Völker die Versöhnung, den Frieden, die Einheit finden. Nur das Kreuz kann auch unserem deutschen Vaterlande die Eintracht wiedergeben.

Um den Triumph des Kreuzes über die Welt auszudrücken, stellen die Christen es auf die Hügel und auf die Berge. In derselben Weise stellen wir es heute hoch auf die Spitze des neuen Turmes. Dort soll es zum Zeichen sein, daß wir vom Kreuze Christi Segen und Schutz erwarten, daß es uns lenken und leiten soll.

Wenn die Irrtümer der Zeit uns betören wollen, dann wollen wir hinblicken auf das Kreuz, um durch die göttliche Weisheit des Kreuzes unseren Glauben zu beleben.

Wenn der Widerspruch, den das Christentum, die

Kirche findet, unser Vertrauen auf die Verheißungen Christi schwächen will, dann wollen wir hinblicken auf das Kreuz, um durch den Gedanken an die göttliche Kraft des Kreuzes unsere Hoffnung zu stärken.

Wenn der Streit und der Haß unter den Menschen uns mit der bangen Furcht erfüllt, daß die Liebe auf Erden immer mehr verschwinde, dann wollen wir hinblicken auf das Kreuz und bedenken, daß die göttliche Liebe am Kreuze die Welt mit ihrer Lüge und ihrem Hasse überwunden hat.

Wenn endlich das eigene Kreuz unseres Lebens uns erdrücken will, und der Tod sich uns oder den Unsrigen naht, dann wollen wir aufblicken zum Kreuze und bedenken, daß das Kreuz das Heilmittel geworden ist für alle Kreuze des Lebens, und daß der Tod am Kreuze den Tod überwunden und uns das ewige Leben gebracht hat.

So sei denn gegrüßt, heiliges Kreuz, spes unica — unsere einzige Hoffnung!

Derjenige, der an deinem Stamme gestorben, hat einst gesprochen: „Wenn ich erhöht sein werde von der Erde, will ich alle an mich ziehen[1].“ O, erfülle diese Worte an uns, an allen Bewohnern dieser Stadt und der ganzen Umgegend. Zieh' unsere Herzen stets an dich, auch die Herzen jener, welche die Gottesweisheit, die Gotteskraft und die Gottesliebe in dir noch nicht erkennen.

Sei gegrüßt, heiliges Kreuz, an dem der Heiland der Welt gehangen, sei uns im Leben und Sterben das Unterpfand der unendlichen Liebe und Erbarmung Gottes.

Und wenn du, heiliges Zeichen des Menschen-

1) Joh. 12, 32.

sohnes, einst beim Anbrechen des Weltgerichtes allen Menschen in den Wolken des Himmels erscheinen wirst, dann verleihe uns, daß wir als Freunde des Kreuzes erfunden werden, daß wir dich mit Jubel begrüßen können, daß wir durch dich zum ewigen Leben eingehen. Amen.

Neunhundertjähriges Jubiläum des heil. Konrad.

Wie bekennen und wie verleugnen wir Christus?

(Konstanz, 3. Dezember 1876.)

> Wer mich vor den Menschen bekennt, den will auch ich bekennen vor meinem Vater, der im Himmel ist; und wer mich vor den Menschen verleugnet, den werde auch ich verleugnen vor meinem Vater, der im Himmel ist. Matth. 10, 32, 33.

Vielgeliebte, in Christus dem Herrn hier Versammelte!

Wir sind jetzt am Schlusse dieser herrlichen Feier angekommen, und ich soll euch noch einige Schlußworte und einige Abschiedsworte sagen, die auch wohl zugleich die letzten Worte sein werden, die ich in meinem Leben an euch, liebe Bewohner dieser Gegend, richten werde. — Vor allem muß ich da meiner großen Freude Ausdruck geben. Die Geschichte erzählt uns, daß am 26. November des Jahres 1123 nach der Heiligsprechung des heiligen Konrad hier das erste herrliche Konradfest gefeiert worden ist. Sie berichtet, daß damals eine große Volksmenge herbeiströmte. Trotz der winterlichen Zeit war das Wetter so warm und schön, daß der Dom die Nacht hindurch vom Volke angefüllt blieb;

dasselbe lagerte sogar auf den Straßen von Konstanz, weil die Häuser die Menge der Teilnehmer nicht fassen konnten. Das war wohl ein großes, herrliches Fest! Ihr Nachkommen dieser eurer Voreltern habt aber auch das neunhundertjährige Gedächtnisfest des Todestages des heiligen Konrad würdig begangen. Es war ein schönes und heiliges Fest, das wir in diesen acht Tagen miteinander gefeiert haben; es war würdig der heiligen katholischen Kirche, würdig des Andenkens des heiligen Konrad, eines so großen und hochgeehrten Mannes; es war würdig eines gut katholischen Volkes, das in diesem heiligen Konrad einen Vater ehrt, dem es mit kindlicher Liebe ergeben ist.

Was soll ich nun heute noch zum Schlusse sagen? Da weiß ich euch nichts Besseres zuzurufen als die Worte Jesu Christi selbst: „Wer mich vor den Menschen bekennt, den will ich einst im Gerichte vor meinem himmlischen Vater bekennen; wer mich vor den Menschen verleugnet, den werde ich einst vor meinem Vater verleugnen, der im Himmel ist.“ Christus bekennen, Christus nie verleugnen, Christus bekennen vor aller Welt, Christus bekennen in Wort und Tat, Christus bekennen in heiliger Begeisterung und heiliger Freude alle Tage unseres Lebens, das ist der kurze Inbegriff aller Pflichten eines Christen. Das ist aber zu gleicher Zeit der Inbegriff aller Vorsätze, die wir am Schlusse dieses schönen Konradifestes fassen sollen. — Diesen Gedanken will ich also mit euch zum Schluß betrachten. — Möge das Herz Jesu dazu uns beistehen und meine armen Worte segnen; möge die hehre Himmelskönigin, deren Statue vor dem alten Dome steht, diese große Patronin der alten Konstanzer Diözese und der Stadt Konstanz, uns zu dieser Betrachtung bei ihrem Sohne mit ihrem großen Verehrer, dem heiligen Konrad, die Gnade erflehen, daß keiner aus uns heute nach Hause zurückgekehrt, ohne das Gelöbnis zu den Füßen des heiligen Konrad niedergelegt zu haben, Christus zu bekennen alle Tage des Lebens, mit jedem Blutstropfen, der in unseren Adern fließt, nie und nimmer von Christus uns zu trennen, nie aus feiger Furcht ihn je zu verleugnen.

1. Ich frage nun zunächst: Was heißt Christus vor den Menschen bekennen?

Christus vor den Menschen bekennen heißt erstens: bei jeder Gelegenheit, die sich bietet, wo wir eine vernünftige Veranlassung dazu finden, frei und offen aussprechen, daß wir Kinder der römisch-katholischen Kirche sind. Dieses Bekenntnis dürfen wir nie unterlassen, wo sich eine vernünftige Gelegenheit dazu bietet.

Christus vor den Menschen bekennen heißt zweitens: überall und bei jeder passenden Gelegenheit christliche, katholische Grundsätze, katholische Gesinnung, katholische Lebensanschauung aussprechen. Dazu habt ihr viele Gelegenheit. Ihr kommt ja im Leben mit den verschiedensten Menschen zusammen, und wie jetzt die Gesinnungen sind, hört ihr vielfach Lebensanschauungen und Grundsätze aussprechen, welche dem christlichen Glauben widersprechen. Bald ist es der bare Unglaube, der den Glauben an Gott, an die Unsterblichkeit der Seele, an Himmel und Hölle verspottet; bald sind es Reden, in denen die Lehren der heiligen katholischen Kirche und des Christentums verhöhnt werden; bald höret ihr Ansichten, die nicht direkt gegen euern Glauben sind, aber indirekt, als ob es kein größeres Glück gäbe, als hier auf Erden den Weltgenüssen zu frönen, als ob es das höchste sei, reich und angesehen vor den Menschen zu sein — rein irdische, weltliche Anschauungen. Da soll nun der katholische Christ nicht mitmachen, nicht sich so benehmen, als ob er auch dieselben Grundsätze teilte. Wenn du da Christus vor den Menschen bekennen willst, mußt du bei solchen Gelegenheiten deinen Glauben an Gott, an Christus, an die Unsterblichkeit der Seele, an Himmel und Hölle offen aussprechen, mußt freimütig bekennen, daß das Irdische im Grunde doch nur eitel und vergänglich ist, daß es vor allem darauf ankömmt, sein Seelenheil zu wirken für die Ewigkeit. Das heißt Christus vor den Menschen bekennen.

Christus vor den Menschen bekennen heißt drittens: die Interessen Jesu Christi nach der Stellung, die Gott jedem gegeben hat, in der Familie, in der Gesellschaft, im bürgerlichen und staatlichen Leben vertreten. Das geht nun vor allem euch an, ihr lieben Männer! In der Familie, da sollt ihr Christus vor den Menschen bekennen. Ihr seid das Haupt der Familie, das Haupt des Weibes, wie der Apostel Paulus sagt. Ihr seid Väter! — Ach, es rührt mich immer dieser Name! Ihr tragt denselben Namen, wie der liebe Gott im Himmel — Vater! das Kind kniet nieder und betet: „Vater unser, der du bist im Himmel" — und nachdem es Gott angebetet hat mit dem Namen „Vater", wendet es sich zu seinem leiblichen Vater und sagt: „Mein lieber, teurer Vater!" Welche Würde, ihr Männer, daß ihr denselben Namen tragt mit Gott im Himmel! Welche Würde, christliche Väter! Damit steht dann in Verbindung, daß ihr die Stellvertreter dieses Vaters im Himmel seid. Das lernen eure Kinder schon im vierten Gebot. Wenn man sie dort ermahnt: Kinder, erfüllet die Pflichten gegen eure Eltern! und wenn man sie dann fragt: Warum müßt ihr aber Vater und Mutter ehren, lieben und ihnen gehorchen? — da antworten sie: Erstens, weil die Eltern

Gottes Stellvertreter, und zweitens, nach Gott unsere größten Wohltäter sind. — Das ist eure erhabene Stellung in der Familie! Es liegt darin etwas Wunderbares! Auch die weltliche Obrigkeit ist Stellvertreterin Gottes; denn jeder, der über einen Mitbruder eine rechtmäßige Gewalt ausübt, ist gewissermaßen Gottes Stellvertreter. Insbesondere sind die Vorsteher der Kirche: der Papst in der ganzen Kirche, der Bischof in der Diözese, der Pfarrer in der Gemeinde Stellvertreter Gottes. Und siehe da, jede Familie ist gewissermaßen wieder eine kleine Diözese, eine kleine Pfarrei, ein kleiner Sprengel, in dem Gott sich einen Stellvertreter gesetzt hat, und dieser bist du selbst, christlicher Vater! So wollte Gott seine göttliche Vaterliebe ausdehnen bis in jedes Haus hinein. Dazu bist du geweiht! Wie der Priester durch die Priesterweihe Stellvertreter Gottes wird, so hat Gott dich, christlicher Mann, durch das Sakrament der Ehe geweiht und zu seinem Stellvertreter über deine lieben Kinder in deiner Familie bestellt. Da sollst du Christus bekennen, mein christlicher Vater, und deine Frau soll bei diesem heiligen Geschäft deine Gehilfin sein, wie das so schön in der Genesis gesagt ist. Das Weib die treue Gehilfin ihres Mannes für die ganze Aufgabe des Mannes; der Mann aber Stellvertreter Gottes, das ist die göttliche Ordnung in der christlichen Familie. — O möchtet ihr Christus bekennen, die Interessen Christi wahrnehmen in euern Familien, liebe Männer! Möchtet ihr euch immer bewußt sein: ich bin Stellvertreter Jesu Christi! Was heißt das aber? Ich antworte: Das, was Christus in deiner Familie sagen und tun würde, das sollst du, sein Stellvertreter, in der Familie sagen und tun. Du sollst an der Spitze der christlichen Hausordung stehen und als Vater, als Stellvertreter Christi, allen im Hause ein Vorbild sein, wie man Christus ehren und lieben solle; du sollst in deinem ganzen Betragen, in deinem Gebete am Morgen und Abend, in allen deinen Reden und Handlungen Christus vorstellen; du sollst dafür sorgen, daß deine Kinder Jesus kennen, Jesus lieben, Jesus dienen lernen. Das heißt Stellvertreter Christi sein. — So sollt ihr, liebe Männer, in euren Familien die Interessen Jesu Christi vertreten: dann bekennt ihr Christus in euren Familien.

Und so soll jeder Mann im bürgerlichen, im gesellschaftlichen Leben die Interessen Christi vertreten. Ihr habt in euren Gemeinden eure Stellung als Bürger, als Gemeinderäte usw. Da sollt ihr bei jeder Gelegenheit die Interessen Christi vertreten und ein christliches Wort aussprechen. Davon könnet ihr euch nie frei machen. Man kann nicht für sich im Schoße seiner Familie ein Christ sein und im öffentlichen Leben ein Heide; das geht nicht. Man muß ein einheitlicher Mann sein, sonst ist man kein Mann. Wo du immer bist und auftrittst, da mußt du auftreten als christlicher Mann und mußt deinen Einfluß geltend machen nach Christi Lehre, nach Christi Grundsätzen: dann wirst du auch der wahre Freund deiner Mitbürger und des Volkes sein; denn wenn Christi Interessen vertreten sind, dann steht es gut um das Wohl der Stadt, um das Wohl der Gemeinde, um das Wohl des Volkes.

Christus vor den Menschen bekennen heißt viertens: christlich leben. Man soll es an deinem ganzen Leben sehen, daß du ein Christ bist, daß du ein Katholik bist, daß du mit Herz und Seele Christus angehörest. Nirgends darfst du dich diesem Bekenntnisse entziehen. Wo immer man dich sieht, fordert Christus dich auf: „Wer mich vor den Menschen bekennt, den will ich auch vor meinem Vater bekennen.“ Wo du bist, in jeder Gesellschaft, mußt du dein Betragen nach Christi Lehre einrichten. Wenn man dich in deinem Hause sieht, muß jeder gleich erkennen: das ist ein christliches Haus, das ist eine christliche Familie, eine christliche Hausordnung. Und wenn du dich in Geschäften oder zur Erholung unter Menschen befindest, mußt du dich christlich benehmen und selbst deine Freude christlich genießen. An der Art, wie du redest unter deinen Genossen und Freunden, an der Art, wie du issest und trinkest — nach den Worten des Apostels: „Möget ihr essen oder trinken oder etwas anderes tun, so tut alles zur Ehre Gottes[1];“ an allem soll man erkennen, daß du kein gottloser Mensch bist, daß du ein Christ, daß du katholisch bist. Das heißt Christus vor den Menschen bekennen.

Und endlich fünftens heißt Christus vor den Menschen bekennen: die besonderen Pflichten des Christen treu erfüllen. Wenn du betest, wie es sich gebührt, dann bekennst du Christus vor den Menschen. Wenn du darauf hältst, daß in deinem Hause vor und nach dem Essen gebetet wird, dann sieht jeder, der bei dir zu Tisch ist, daß er sich in einer christlichen Familie befindet. Wenn du am Sonntag vor- und nachmittags zur Kirche gehst, bekennst du Christus vor den Menschen. Wenn du an Prozessionen andächtig teilnimmst, bekennst du Christus vor den Menschen. Wenn du das Fastengebot am Freitag hältst, auch wenn Gäste bei dir sind, dann bekennst du Christus vor den Menschen. Wenn du die heiligen Sakramente

1) 1. Kor. 10, 31.

der Buße und des Altars empfängst, bekennst du Christus vor den Menschen. Jede gewissenhafte Befolgung der Gebote und Vorschriften der Kirche ist daher zugleich ein Bekenntnis unseres Glaubens. — Das heißt Christus vor den Menschen bekennen.

2. Ich frage zweitens: Was heißt Christus vor den Menschen verleugnen? Das Gegenteil dieser fünf Punkte; ich brauche sie nur kurz anzudeuten, um dies zu erklären.

Wir verleugnen also Christus vor den Menschen, wenn wir aus Menschenfurcht oder falscher Scham bei gegebener Veranlassung nicht zu sagen wagen, daß wir katholische Christen sind, oder gar tun, als wären wir es nicht.

Wir verleugnen Christus vor den Menschen, wenn wir aus Menschenfurcht oder falscher Scham in Gesellschaft nicht wagen, christliche Lebensanschauungen auszusprechen, wenn wir uns schämen, bei unsittlichen, glaubenslosen Reden unsere Mißbilligung zu zeigen. Wir spotten nicht öffentlich über die Juden, über die Protestanten; das kommt bei uns Katholiken nicht vor — aber die Katholiken hören so oft Spott- und Hohnreden über ihren Glauben, und wenn es auch im Herzen ihnen wehe tut: aus Menschenfurcht, elender Feigheit lächeln sie dazu, als ob sie auch so meinten, als ob das auch ihre Gesinnung sei. Das heißt Christus vor den Menschen verleugnen aus Feigheit und Menschenfurcht.

Wir verleugnen Christus vor den Menschen, wenn wir aus Menschenfurcht und falscher Scham die Interessen Christi nicht vertreten im Hause, im öffentlichen Leben, in der bürgerlichen Gesellschaft; wenn wir zu feig sind, auch bei öffentlichen Angelegenheiten, wenn es sich vielleicht selbst um die Kirche, um die Schule, um die wichtigsten Interessen Christi handelt, ein christliches Wort zu sprechen. Da machst du vielleicht aus Feigheit mit, sprichst Grundsätze aus oder fügst dich solchen, durch die schnurstracks alle Interessen des göttlichen Herzens Jesu an seinen Kindern auf das schrecklichste und tiefste verletzt werden.

Wir verleugnen Christus vor den Menschen, wenn wir unchristlich leben; wenn wir so leben, als ob wir gar keine Katholiken wären. So leben jetzt manche Katholiken. Wenn man sie im täglichen Leben beobachtet, könnte man sagen: O, um so zu leben, wie du lebst, da hätten wir keinen Erlöser und kein Christentum, keine Taufe, keine Gnade, keine Sakramente nötig gehabt. Wenn dein ganzes Leben so ist, als lebtest du nach rein weltlichen Grundsätzen, da verleugnest du aus Menschenfurcht Christus vor den Menschen.

Wir verleugnen endlich Christus vor den Menschen, wenn wir die besondern Christenpflichten nicht mehr erfüllen. Ach, manche, namentlich oft Jünglinge, schämen sich, zu beten; schämen sich, das Kreuzzeichen zu machen; schämen sich, vor ihrem Heilande im Sakramente die Knie zu beugen; schämen sich, in der Kirche vor frechen Jünglingen oder gottlosen Männern, die spotten oder lachen, ihr Gebetbuch vorzunehmen und andächtig zu erscheinen; schämen sich, vor und nach dem Essen zu beten; schämen sich, den Rosenkranz zu beten, das Fastengebot zu halten, — verbergen es, sobald ein ungläubiger Mensch zu Tische kommt; schämen sich, mit der Prozession zu gehen, wo unser Herr und Heiland Jesus Christus in der Verborgenheit des Altarssakramentes sich nicht schämt, mit uns Sündern zu gehen; schämen sich, wenn der Priester mit dem Sakramente über die Straße geht, auf die Knie niederzusinken und Christus anzubeten! Während wir uns in Anbetung und Ehrfurcht vor der Majestät Gottes im allerheiligsten Sakramente mit der Stirne bis auf den Boden verbeugen sollten, gibt es Katholiken, die sich schämen, wenn ihr Heiland zum Kranken vorübergetragen wird, zu knien, oder erst herumsehen, ob nicht da oder dort ein schlechter, ungläubiger Mensch sie sieht und über sie lächelt oder spöttelt. So wird Christus vor den Menschen verleugnet!

3. Ich frage drittens: Was führt zur Verleugnung Christi vor den Menschen? Namentlich drei Gründe.

Erstens die Menschenfurcht. Petrus zeigt uns das an seinem Beispiel. Er war der erste, der Christus vor den Menschen verleugnete; er schämte sich und fürchtete sich, vor einer Magd seinen Herrn zu bekennen. Aber er hat Buße dafür getan; die Augen sind ihm trübe geworden; so hat er in seinem ganzen Leben darüber geweint, daß er einmal aus feiger Menschenfurcht Christus vor den Menschen verleugnet hatte. Nichts ist unwürdiger eines Christen als Menschenfurcht. Christus warnt so oft davor, so namentlich im zehnten Kapitel des heiligen Matthäus. Da verkündet er seinen Jüngern den Haß der Welt: „Ihr werdet von allen gehaßt werden um meines Namens willen.“ Dieser Haß soll sie aber nicht mit Menschenfurcht erfüllen. Sie sollen vielmehr auf ihn sehen und bedenken, daß er, ihr Meister, zuerst diesen Haß getragen hat, und daß folglich sie, seine Lehrlinge, nichts anderes zu erwarten haben. „Der Lehrling,“ spricht er, „ist nicht über den Meister, noch der Knecht über seinen Herrn.“ Daraus folgert er dann: „Darum fürchtet sie nicht,“ und fährt dann bald darauf fort: „Fürchtet euch nicht vor jenen, welche den Leib töten, aber die Seele nicht töten können: sondern fürchtet den der Macht hat, Leib und Seele in die Hölle zu stürzen[1])!" Den fürchtet! — Das soll unsere Lebensregel sein. Mancher Jüngling, wenn man ihm sagte: „Du bist feig!" würde das als die schwerste Beleidigung ansehen; denn nichts ist ja eines Mannes und Jünglings unwürdiger als die Feigheit. Und doch, welche Feigheit ist jetzt oft unter Männern und Jünglingen verbreitet! Wie viele sieht man, die sich schämen, sobald sie unter Kameraden sind, ihren Glauben zu bekennen. Wenn man sie allein hat, sind sie oft brave Jünglinge, die aufrichtig ihre Religion lieben; sobald sie aber bei andern sind, sind sie zu feig, sich als Christen zu bekennen. Damit können wir nicht im Gerichte bestehen! Das ist das Niedrigste im Herzen eines Christen, wenn er sich schämt vor Menschen und nicht vor Gott, wenn er sich fürchtet vor bösen Buben, vor schlechten Kameraden und nicht vor seinem Herrn und Heiland. Der Knecht ist nicht mehr als sein Herr, und der Schüler nicht mehr als sein Lehrer. Wenn nun unser Herr und Meister verspottet und verhöhnt ist, wie können wir dann Christen sein und uns doch vor Spott und Hohn fürchten? — Nein! Aus der Seele heraus mit der gemeinen Menschenfurcht! Sei stolz darauf, wenn du um Christi willen gewürdigt wirst, Schmach und Spott zu leiden! Ja, Menschenfurcht ist der erste Grund, der viele dahinbringt, Christus zu verleugnen.

Ein zweiter Grund sind Eigennutz, Habgier, irdische Interessen. Das ist sehr wichtig! Viele von euch leben in abhängigen Verhältnissen, voll Sorge und Kummer ums tägliche Brot. Wie leicht kann da das Menschenherz schwach werden und denken: Wenn ich

1) Matth. 10, 22, 24. 28.

mich immer als gläubigen katholischen Christen kundgebe, dann kann ich Schaden haben. Ich habe oft schon auf der Kanzel hierüber gesprochen und fürchte fast, daß ich oft zu hart geurteilt habe; denn wer niemals in diesen Abhängigkeits-Verhältnissen gelebt hat, mag sich kaum denken, wie schwer diese Versuchungen sind! Ich denke mir einen armen Handwerker oder Arbeiter; er hat unter den Vornehmen der Stadt oder Gemeinde Kunden und denkt: Ja, wenn ich so etwas mitmache wie die andern, behalte ich meine Kunden; wenn ich aber bei jeder Gelegenheit, z. B. bei den Wahlen, Farbe bekenne und als katholischer Christ auftrete, da verliere ich vielleicht meine Kunden und muß mit meinen Kindern Hunger leiden. Schwere Versuchung! Aber auch da dürfen wir nicht unterliegen! Lieber alles verlieren, als Christus verleugnen! — Der erste, der Christus aus Eigennutz verleugnet hat, war Judas. Diese armen Handwerker rechne ich nicht eigentlich zu diesen Judasseelen, aber so viele andere, die nach größerem Gewinn, höherer Besoldung, schnellerer Beförderung strebend, sich sagen: Wenn ich Christus immer bekenne, verliere ich diesen Vorteil, kann ich nicht so vorwärts kommen, wie ich möchte. Das sind die eigentlichen Judasseelen. „Was wollt ihr mir geben, und ich will ihn euch verkaufen[1]," sprach Judas. So machen es jetzt viele Katholiken: Was wollt ihr mir geben, und wenn ihr mir das gebet, was ich verlange, ego eum tradam, so will ich meinen Glauben, meine Überzeugung euch verkaufen, will ich mit euch machen, als ob ich auch zu den Aufgeklärten gehörte und kein schlichter, einfacher Katholik mehr wäre. Hütet

1) Matth. 26, 15.

euch, ihr lieben christlichen Männer, vor dieser Judasgesinnung, die jetzt so weit verbreitet ist!

Der *dritte* und letzte Grund, der uns dazu führen kann, Christus zu verleugnen, ist alles, was in unseren Herzen die göttliche Gnade vermindert. Der christliche Glaube ist, wie ich neulich sagte, Gnade Gottes unter Mitwirkung des Menschen, Gotteswerk und Menschenwerk zusammen. Vor allem ist er Gottes Werk, Licht von oben, vom „Vater des Lichtes," wie der heilige Jakobus sagt[1]). Alles, was dieses himmlische Licht in uns mindert, setzt uns der Gefahr aus, Christus zu verleugnen. Wenn du nicht mehr betest, namentlich am Morgen und Abend, empfängst du keine Gnade und bist in Gefahr, Christus zu verleugnen. Wenn du dich dem Sündenleben hingibst, verlierst du die Gnade und kommst dazu, Christus zu verleugnen. Wenn du viel umgehst mit schlechten Menschen, wenn du an Gesellschaften, Vereinen teilnimmst, in denen Christusfeinde und Feinde deiner Religion an der Spitze stehen, kommst du in Gefahr, deinen Heiland zu verleugnen. Es wird jetzt viel Mißbrauch mit Vereinen getrieben, welche an sich gut und berechtigt sind. Schließt euch guten Vereinen an, deren Tendenz auch ehrlich der angegebenen Bestimmung entspricht und an deren Spitze brave Männer stehen. Es brauchen nicht immer Katholiken zu sein, es können auch Protestanten sein, wenn sie tolerant sind und unseren Glauben ehren. Aber Männer an der Spitze dulden, die unseren Glauben verachten und den Verein mißbrauchen: dies führt euch in nächste Gefahr, euren Glauben zu verleugnen.

In dieselbe Gefahr bringen uns schlechte Bücher und Schauspiele, und die schlechtesten sind die unsitt-

1) Jak. 1, 17.

lichen. Es ist wahrhaft entsetzlich, wie jetzt die Unsittlichkeit verbreitet wird. So viele Schauspiele sind unsittlich, woran Gebildete sich ergötzen und dadurch zeigen, wie verdorben ihre Seele ist. Auch solche, die auf euren Ortschaften und Dörfern aufgeführt werden, sind oft nichts als Schilderungen der Unsittlichkeit, der Unreinigkeit. — Es werden euch auch oft von Kolporteuren schlechte und unsittliche Bücher zugetragen. Hütet euch davor! — Haltet auch keine religionsfeindlichen Blätter, in denen alle Tage unser katholischer Glaube, unser römisch-katholischer Glaube — es gibt nur einen katholischen Glauben — verspottet und verhöhnt wird. Haltet dagegen gute Blätter, die euch nützlich sind zur Unterhaltung und woraus ihr Gutes und Lehrreiches schöpfen könnt. Liebe Väter! Ein Vater, der unsittliche oder irreligiöse Blätter in seinem Hause duldet, der verleugnet Christus; der tut das gerade Gegenteil von dem, was seine Pflicht ist, nämlich seine Kinder zu Christus zu führen, wie schon der Kanzler Gerson, der auf dem hiesigen Konzile anwesend war, gesagt hat. Zu Jesus sollen wir die Kinder führen, das ist euere und unsere Pflicht. Dazu trägt aber bei, wenn sie durch gute Bücher und Blätter Christus immer besser kennen lernen. Unsittliche, schlechte, religionsfeindliche Blätter und Bücher entfernen dagegen die Kinder von Christus und führen sie ins Verderben.

4. Davon aber, ob wir Christus vor den Menschen bekennen oder verleugnen, hängt unser Gericht ab; denn Christus sagt: „Wer mich vor den Menschen verleugnet, den verleugne ich einst vor meinem Vater im Himmel; wer mich vor den Menschen bekennt, den bekenne ich einst vor meinem Vater im Himmel." Da haben wir Lohn und Strafe! Soll einst nach deinem Tode, in dem ernsten Augenblicke, wo das

Irdische so weit aus deinen Augen verschwindet, wo du vor deinem Herrn und Gott stehst; soll da Christus zu seinem Vater sprechen: Das ist mein Sohn; der ist mir treu gewesen. Himmlischer Vater! den nimm auf in den Himmel zur ewigen Freude; ich bekenne vor deinem Angesicht, daß diese Seele mir angehört, — da mußt du Christus vor den Menschen bekennen in der Art und Weise, wie wir es betrachtet haben. — Wenn du dagegen hier auf Erden dich geschämt hast, deinen Glauben vor den Religionsspöttern, Ungläubigen, Andersgläubigen offen zu bekennen; wenn du ihn zeitlichen Nutzens, gemeiner Vorteile wegen verleugnet hast und nun vor Gottes Thron stehen wirst, um dein Urteil für die Ewigkeit zu empfangen; da wird Christus dich an deine Verleugnung erinnern; da wird Christus dir sagen: Siehe da, bei dieser Gelegenheit hast du mich verleugnet! Siehe da, in der Gesellschaft hast du die unchristlichen Grundsätze ausgesprochen! Siehe da, in deinem Hause, in deiner Gemeinde hast du meine Lehre nicht offen bekannt; niemand konnte an deinem Leben sehen, daß du mein Kind, daß du ein gläubiger Katholik, daß du ein treuer Sohn der Kirche seist. In deinem Hausstand, wie sah es aus! da hörte man kein Gebet, weder morgens noch abends, weder vor noch nach dem Essen; wenn die Glocke läutete, tatest du, als ob du den Ton der Gebetglocke nicht mehr känntest; bei Prozessionen schämtest du dich mitzugehen, weil dieser oder jener armselige Mensch vielleicht über dich gelacht hätte; selbst bei der Kommunion bist du kaum noch erschienen; an Sonn- und Feiertagen oft nicht mehr in der Kirche gewesen, weil du dich geschämt hast, mich zu bekennen. Du hast mich tausend und tausendmal mit Mund und Tat verleugnet aus Menschenfurcht, aus Feigheit vor den Menschen; jetzt bekenne ich dich auch nicht vor meinem Vater. — Himmlischer Vater! Dieser Mensch gehört mir nicht an, gehört nicht zu meinen katholischen Christen, wenn auch sein Name im Taufbuche gestanden hat; er hat mich bei jeder Gelegenheit verleugnet; er hat nur Gewicht darauf gelegt, daß die Menschen mit ihm zufrieden waren, daß er die Anerkennung der Menschen fand: meiner hat er sich dagegen geschämt. Der ist nicht mein Sohn, nicht mein Kind, gehört nicht zu meiner auserwählten Schar. Verwirf ihn, himmlischer Vater! denn ich kenne ihn nicht.

Möchten wir uns also die ernste Wahrheit tief einprägen: „Wer mich vor den Menschen bekennen wird, den werde ich auch vor meinem himmlischen Vater bekennen." Willst du einen gnädigen Richter finden, so bekenne Christus frei und offen! Willst du dir eine sichere ewige Verdammnis zuziehen, so fahre fort, aus Feigheit Christus zu verleugnen, wie du es vielleicht bisher getan hast!

Und so schließe ich denn mit einem Gelöbnisse und einer Bitte.

Mit einem Gelöbnisse: Ich fordere euch alle, die ihr anwesend seid, auf, im Herzen vor den Reliquien des heiligen Konrad, dessen Kinder ihr seid, aus ganzer Seele das Versprechen niederzulegen: Heiliger Konrad! ich verspreche dir zum Schlusse dieser großen Feier, dir, der du so offen und freudig Christus bekannt hast, ich verspreche heute am neunhundertjährigen Gedächtnistage deines Todes, und bringe du, heiliger Konrad, dies Versprechen dar deinem Heilande, den du jetzt ewig schaust; ich verspreche vor Gott und allen himmlischen Scharen: Ehe möge mir die Zunge im Munde verdorren, wie die Juden beteten an den Gewässern Babylons, ehe möge mir die Zunge im

Gaumen verdorren, als daß ich jemals meinen Glauben verleugnen werde. Ich verspreche es dir, heiliger Konrad, bis zum letzten Atemzuge meines Lebens will ich ein rechter, römisch-katholischer Christ sein; ich will nie meinen Glauben verleugnen; ich will ihn immer vor den Menschen offen und freudig bekennen; ich will mir Mühe geben, immer mehr nach demselben zu leben; ich will als christlicher Vater und christliche Mutter eine echt christliche Hausordnung halten mit einer christlichen Tagesordnung. Ich verspreche dir, heiliger Konrad, meine Kinder als einen himmlischen Schatz, als ein Unterpfand, das mir Gott anvertraut hat, zu betrachten. Möchtet ihr alle dieses feierliche Gelöbnis treu halten, insbesondere auch ihr Eltern. Als die Königstochter das Kindlein Moses aus dem Schilfe nahm und es seiner Mutter übergab, sprach sie: „Nimm hin dies Kind und erziehe es für mich, und ich will dir dann einst deinen Lohn geben[1].“ Ähnlich macht es Gott mit jedem Kinde, das er euch geschenkt. Wenn ihr daher auch mancherlei Sorgen mit ihnen habet, so vergesset nie, daß es Gottes Kinder sind. Wie damals die Königstochter dem hebräischen Weibe das Kindlein gab, so hat Gott euch seine Kinder anvertraut und spricht zu euch: Vater, Mutter, siehe da das Kind, es ist mein Kind, ein Königskind, Gottes Kind, des größten Fürsten Kind! Ich übergebe es dir; nutri mihi! ziehe es für mich auf, ego dabo tibi mercedem tuam, und wenn du einst vor meinem Throne erscheinst, gebe ich dir den Lohn für deine treue Erziehung. Deshalb, Eltern, opfert heute eure Kindlein durch die Hände des heiligen Konrad eurem göttlichen Heilande auf und versprechet ihm, daß ihr die-

1) 2. Mos. 2, 9.

selben in dieser gefährlichen Zeit echt christlich erziehen wollt.

An dieses Gelöbnis knüpfe ich die Bitte und richte sie an den heiligen Konrad. Zu ihm flehe ich in euer aller Namen: O heiliger Konrad! Nehme gnädig an das Fest, das wir in diesen Tagen dir veranstaltet haben! O heiliger Konrad, der du auch vor dem Throne Gottes kniest, wo der goldene Rauchaltar steht, auf den die Engel unsere Gebete legen, lege auf denselben unsere Gelöbnisse, unsere Bitten und erlange uns die Gnade, sie treu zu halten! O heiliger Konrad, segne uns heute alle! Segne die treuen Priesterherzen, die zunächst dir dies schöne herrliche neunhundertjährige Gedächtnisfest im lebendigsten und heiligsten Glauben bereitet haben; lohne ihnen, was sie dadurch Gutes getan! O heiliger Konrad, segne die Stadt Konstanz und dulde nicht, daß ihre Bevölkerung jemals getrennt werde vom wahren katholischen Glauben, vom wahren römisch-katholischen Glauben! O heiliger Konrad, Vater dieses herrlichen Landes um den Bodensee herum, blicke heute am Schlusse dieses Festes auf alle die Gemeinden, deren Kinder und Bewohner hieher geeilt sind! Segne alle diese Gemeinden, die zu deiner Liebe und Verehrung sich hier eingefunden! Segne auch ihre lieben Angehörigen, die nicht mitkommen konnten! Segne deine alte Konstanzer Diözese, damit hier immer der wahre Glaube herrsche und das wahre christliche Leben blühe! O heiliger Konrad, segne vor allem die Eltern dieser Gemeinden, dieser Stadt, damit sie recht ihre Pflichten gegen die Kinder in der gefährlichen Zeit erfüllen! O heiliger Konrad, segne unsere Jünglinge, segne unsere Jungfrauen, damit sie nie vergessen, welches Glück es ist, ein katholischer Christ zu sein! Segne auch unsere lieben Schulkinder, damit unter den jetzigen Verhältnissen ihre zarten, lieben Seelen nicht losgetrennt werden von dem guten Hirten und Heilande Jesus Christus! Segne diese Kinder, segne die katholische Jugend! Heiliger Konrad, bete für die Lebendigen, bete für die Kranken, bete am Throne Gottes auch für unsere Sterbestunde, damit alle, die wir hier versammelt sind, einst selig und gut sterben möchten! Großer Seelenhirt, heiliger Konrad, bete für die Verirrten, für die armen Sünder und Ungläubigen, die da auf dem Wege sind, sich von Christus zu trennen und ewig verloren zu gehen! Großer heiliger Vater dieser Stadt und Diözese, heiliger Konrad, bete für uns alle, segne uns alle, damit so, wie wir jetzt hier zu deiner Ehre vereinigt waren, keiner von uns fehle, wenn wir alle nach kurzer Zeit vor Gottes Thron stehen, damit wir einst alle ewig vereint sind, ewig Gott loben, Jesus loben, den wir hier bekannt haben, Jesus lieben, den wir hier angebetet haben, Jesus besitzen und dadurch an jener Seligkeit ewig teilnehmen, die „kein Auge gesehen, kein Ohr gehört, — und hier auf Erden in keines Menschen Herz gedrungen ist“[1]). Amen.

1) Kor. 2, 9.

Hirtenbriefe.

Über das bischöfliche Hirtenamt.

Das erste Hirtenschreiben an die Geistlichkeit und die Gläubigen der Diözese. — (Beim Antritt des bischöflichen Amtes. Geschrieben in der Heimat, Schloß Harkotten i. Westf., wohin sich Ketteler zur Vorbereitung auf die Weihe für einige Tage zurückgezogen hatte. Als Unterschrift bedient sich Ketteler in diesem Schreiben, nach Besprechung mit den nächsten Angehörigen, zum erstenmal des Doppelnamens Wilhelm Emanuel. Datiert ist der Brief vom Tage der Konsekration zu Mainz, 25. Juli 1850.)

Die ersten Worte, die ich nach Antritt des heiligen Amtes an euch, Vielgeliebte in unserem Herrn Jesu Christo, richte, entnehme ich dem Munde des großen Völkerapostels Paulus: „Auch ich, da ich zu euch kam, Brüder, kam nicht in hoher Rede oder Weisheit, um euch das Zeugnis von Christo zu verkünden; denn ich hatte mir vorgenommen, nichts unter euch zu wissen, als allein Jesum Christum und diesen als den Gekreuzigten. Und ich war in Schwachheit, mit Furcht und mit vielem Zittern bei euch. Und meine Rede und meine Predigt bestand nicht in überredenden Worten menschlicher Weisheit, sondern in Erweisung des Geistes und der Kraft: damit euer Glaube nicht auf Weisheit der Menschen, sondern auf Gottes Kraft beruhe. Indes lehren wir doch Weisheit unter den Vollkommenen, aber nicht Weisheit dieser Welt, noch der Fürsten dieser Welt, die zu nichte werden: sondern wir lehren Gottes Weisheit, die geheimnisvolle, verborgene, welche Gott vor Beginn der Welt zu unserer Herrlichkeit bestimmt hat[1])."

Das sind die Gedanken, die auch meine Seele erfüllen, da ich zu euch komme. Von ihnen bewegt, richte ich die ersten Worte an euch, und bitte euch, mich und meine Worte in demselben Geiste des Apostels aufzunehmen. Insbesondere vermag ich jetzt nicht, mich überredender Worte menschlicher Weisheit zu bedienen, wo meine Seele ganz unter dem Eindrucke des Gedankens steht, daß ich zum Seelenhirten aller Gläubigen der Diözese bestellt bin; unter dem Eindrucke der Wahrheit, daß mich das heiligste Band, das unter Menschen geknüpft werden kann, jetzt an alle Bistumsangehörige bis hinab zum Unwissendsten und Kleinsten fesselt; daß mir der gute Hirt väterliche Liebe und Sorgfalt für alle seine Schafe, die er mit seinem Blute erkauft hat, als heilige Pflicht auferlegt hat. So soll denn auch mein erstes Wort ein Wort der Liebe an alle, die mich als Stellvertreter des guten Hirten anerkennen, und allen verständlich sein.

Ich bin berufen, geliebte Brüder in Christo, den alten, hochehrwürdigen Stuhl des heiligen Bonifatius einzunehmen, und diesem Rufe gehorsam, habe ich heute von demselben Besitz genommen. Der Herr, der einst auf den Wolken des Himmels kommen wird, zu richten über die Lebenden und die Toten, „vor dem kein Geschöpf verborgen ist, dem alles nackt und offenbar vor Augen liegt, dem wir alle Rechenschaft zu geben haben[2])," mag mich, in eurer Gegenwart, am großen Tage der Vergeltung richten, wenn er in meinen geheimsten Gedanken je das Verlangen nach einer so

1) 1. Kor. 2, 1—7. — 2) Heb. 4, 13.

hohen Würde in seiner Kirche gefunden hat. Möchte es Gott gefallen haben, mich in der Stelle eines Seelsorgers in meiner abgelegenen Pfarrei auf dem Lande zu belassen. An der Pflege dieser einfachen Seelen, bei denen es mir eine heilige Lust war, den Wert des Blutes Jesu unter der demütigen äußeren Erscheinung zu erkennen, hing ich mit der ganzen Glut meines Herzens, und wenn ich ihren Wert in den Augen Gottes nach Christi Lehre betrachtete, und ihn verglich mit allem, was die Welt besitzt, so hielt ich mich dort unter armen Landleuten, von denen viele Gott wahrhaft suchten und liebten, für reicher als den Salomon in aller seiner Pracht und Herrlichkeit. Keine Macht der Erde hätte mich von ihnen trennen können. Es trat mir aber in dem Befehle meiner geistlichen Obern eine höhere Gewalt, als die von dieser Erde, entgegen, und so habe ich im Gehorsam gegen Gott zuerst meine teuren Pfarrkinder auf dem Lande[1]) und dann auch jene Gemeinde[2]), wo ich nur zehn Monate gewirkt und für jedes kleine Bemühen ein Übermaß der Liebe und Dankbarkeit empfangen habe, verlassen, um das Oberhirtenamt an dieser erhabenen Stelle zu übernehmen.

Nur der Gehorsam also gegen den Befehl des Heiligen Vaters der Christenheit konnte mich bestimmen, die Bürde, die Engelsschultern zu schwer ist, auf mich zu nehmen; denn wie niemand sich „selbst diese Würde gibt, sondern nur wer von Gott dazu berufen ist wie Aaron"[3]), so glaubte ich auch nicht mehr widerstehen zu dürfen, als Gottes Stimme durch den Nachfolger des heiligen Petrus zu mir gelangte. Ich folgte

1) Hopsten in Westfalen (1846 bis 1849). — 2) Berlin (Okt. 1849—Juli 1850). — 3) Heb. 5, 4.

derselben Autorität, die auch den heiligen Bonifatius hierher gesandt hat. Es sind jetzt elf Jahrhunderte verflossen, als die Päpste Gregor II. und Gregor III. in der Machtvollkommenheit, die sie in ununterbrochener Reihenfolge von dem Felsen, auf den Christus seine Kirche begründet, von dem Apostelfürsten überkommen hatten, den heiligen Bonifatius aussandten, um den Befehl Christi, das Evangelium allen Völkern zu verkünden, von dieser Stelle aus zu erfüllen. Damals hatten erst siebenhundert Jahre die Gotteskraft des Wortes: „Du bist Petrus, und auf diesen Felsen will ich meine Kirche bauen, und die Pforten der Hölle sollen sie nicht überwältigen"[1]), erwiesen. Seitdem sind abermals elf Jahrhunderte hinzugetreten. Dreiunddreißig Geschlechter sind vorübergegangen, Riesenkämpfe sind gekämpft, Weltreiche sind entstanden und vergangen, nur der Fels, den Christus in Gotteskraft gegründet hat, besteht noch jetzt wie damals, und wie die Gregore den Bonifatius, so sendet mich deren Nachfolger Pius IX., um den Stuhl des heiligen Bonifatius einzunehmen.

Meine Sendung ruht also nicht auf einer menschlichen Einrichtung, sondern auf jener heiligen Ordnung, die der Sohn Gottes Jesus Christus in seiner Kirche gegründet hat. Diese Wahrheit drückt der heilige Kirchenrat von Trient mit den Worten aus: „Wenn jemand behauptet, daß die heilige Ordnung in der katholischen Kirche, die aus den Bischöfen, Priestern und Dienern besteht, nicht durch göttliche Einsetzung entstanden sei, der sei von der Kirche ausgeschlossen[2])!"

---

1) Matth. 16, 18. — 2) Con. Trident. Sess. 23. cap. 4. can. 6.

Die göttliche Einsetzung, die der heilige Kirchenrat von Trient hier als den Grund der Hierarchie der katholischen Kirche bezeichnet, fällt aber nicht mit der natürlichen Ordnung, die auch von Gott durch die Schöpfung abstammt, zusammen, sondern bezieht sich auf die übernatürliche Ordnung, die Christus, der Sohn Gottes selbst, unmittelbar auf Erden, zur Erlösung der Menschen gegründet hat. Dadurch unterscheidet sich die Autorität in der katholischen Kirche von jeder anderen von Gott abstammenden Gewalt. Auch die väterliche Gewalt stammt von Gott. Ebenso die weltliche Gewalt, wie der Apostel sagt: „Jedermann unterwerfe sich der obrigkeitlichen Gewalt: denn es gibt keine Gewalt, außer von Gott, und die, welche besteht, ist von Gott angeordnet. Wer demnach sich der obrigkeitlichen Gewalt widersetzt, der widersetzt sich der Anordnung Gottes, und die sich widersetzen, ziehen sich selbst die Verdammnis zu[1]).“ Beide gehören aber der natürlichen Ordnung und ihren Gesetzen an und stammen somit von Gott, als dem Urheber und Schöpfer aller Dinge. Außer diesen natürlichen Autoritäten hat Gott aber unmittelbar durch seinen Sohn Jesus Christus eine andere Autorität in seiner Kirche gegründet, die zu jenen dasselbe Verhältnis hat wie die Erlösung zur Schöpfung und deshalb bestimmt ist, die natürliche Ordnung in ihrem gesamten Leben, also auch mit ihren natürlichen Gewalten von dem Fluche und den Folgen der Sünde zu erlösen, und durch Wahrheit und Liebe zu heiligen.

Derselbe Gottessohn, „der im Anfange mit dem Vater Himmel und Erde aus dem Nichts erschaffen hat“[2]), „durch den alles gemacht ist, und ohne den

1) Röm. 13, 1 f. — 2) Gen. 1, 1.

nichts gemacht ist"[1]), ist „Mensch geworden und hat unter uns gewohnet"[2]), um sich als Gottmensch den Menschen zu offenbaren. Auf ihn hat der Vater alle Gewalt übertragen, so daß er sagen konnte: „Mir ist alle Gewalt gegeben im Himmel und auf Erden"[3]), und in dieser seiner unbeschränkten göttlichen Machtvollkommenheit hat er auf Erden die Kirche des lebendigen Gottes gestiftet, damit sie fortan „eine Säule und Grundfeste der Wahrheit sei"[4]). Ihr hat er versprochen, daß „er bei ihr sein wolle alle Tage bis an das Ende der Welt"[5]), daß „alle Gewalt der Hölle sie nicht überwältigen werde"[6]), daß „er ihr den heiligen Geist, den Geist der Wahrheit senden werde, damit er sie stets alles lehre und sie an alles erinnere, was er gesagt hatte"[7]). Ihr hat er den Auftrag gegeben, „alle Völker zu belehren"[8]), „zu binden und zu lösen"[9]), „den Sündern die Sünden zu vergeben"[10]), mit einem Worte, den Auftrag, den er selbst vom Vater erhalten hatte: „Wie mich der Vater gesandt hat, so sende ich euch"[11]).

Das also ist die göttliche Einsetzung, der die Hierarchie in der katholischen Kirche ihren Ursprung verdankt, das ist der Vollmachtsbrief, den der Sohn Gottes selbst auf Erden seinen Aposteln ausgestellt, und der durch die Händeauflegung auf die Bischöfe, „die in die Stellung der Apostel nachfolgen"[12]), übertragen wird, das der Vollmachtsbrief, mit dem auch ich in eurer Mitte erscheine, den ich in dem vollen

---

1) Joh. 1, 3. — 2) Joh. 1, 14. — 3) Matth. 28, 18. — 4) 1. Tim. 3, 15. — 5) Matth. 28, 30. — 6) Matth. 16, 18. — 7) Joh. 14, 16. 17. 26. — 8) Matth. 28, 20. — 9) Matth. 18, 18. — 10) Joh. 20, 23. — 11) Joh. 20, 21. — 12) Con. Trident. Sess. 23. cap. 4.

Bewußtsein trage, daß ich ihn nicht einer menschlichen, sondern einer göttlichen Anordnung verdanke.

Nicht minder aber, — und das bekenne ich sofort mit derselben Offenheit, Vielgeliebteste in Christo, — bin ich mir bewußt, daß ich selbst damit beginnen muß, mich der göttlichen Ordnung in seiner Kirche zu unterwerfen, bevor ich euch ermahne, sie in Demut anzuerkennen, und zwar in der doppelten Beziehung: erstens auf den Umfang meines Auftrages, zweitens auf die Ordnung meines eigenen Lebens.

Ich muß mich erstens selbst der Autorität der Kirche unterwerfen in bezug auf den Umfang meiner Vollmacht. Meine Vollmacht ist keine unbeschränkte. Unbeschränkt ist sie nur bezüglich der Gnaden, der Segnungen, die die Liebe Jesu uns zu verwalten übergeben hat. Im übrigen ist sie überall beschränkt. Ich bin gebunden durch die Lehre Jesu Christi selbst, gebunden durch die göttliche Ordnung, die er seiner Kirche gegeben hat, gebunden durch den heiligen Geist, der in der Kirche waltet, gebunden durch die Beschlüsse der allgemeinen Kirchenversammlungen, auf denen der heilige Geist durch die mit ihrem Oberhaupte versammelten Bischöfe gesprochen hat, gebunden durch die Satzungen der Nachfolger des heiligen Petrus, gebunden durch die übereinstimmende Lehre der heiligen Väter der Kirche, gebunden endlich durch das, was immer und an allen Orten in der Kirche gelehrt worden ist.

Ich muß mich zweitens selbst der Autorität der Kirche unterwerfen in bezug auf mein eigenes Leben. Bevor mir die Kirche heute das schwere Amt übertragen, hat sie mir die Fragen vorgelegt: „Willst du das, was die heilige Schrift dir sagt, die Herde, der du vorgesetzt wirst, in Wort und Beispiel lehren?

— Willst du die Überlieferungen der rechtgläubigen Väter und die entscheidenden Bestimmungen des Heiligen Apostolischen Stuhles mit Ehrfurcht annehmen, lehren und befolgen? — Willst du dem heiligen Apostel Petrus, dem von Gott die Gewalt zu binden und zu lösen gegeben ist, und dessen Stellvertreter, unserm Herrn Pius IX. sowie auch seinen Nachfolgern, den römischen Päpsten, nach Vorschrift der Kirchengesetze in allem Treue, Unterwürfigkeit und Gehorsam leisten? — Willst du dich selbst vor allem Bösen bewahren und nach Kräften mit Gottes Hilfe in allem Guten vorwärtsschreiten? — Willst du Mäßigkeit und Keuschheit mit Gottes Beistand üben und befördern? — Willst du, so weit dies uns Menschen möglich ist, dich immer mit dem Geschäfte des Heiles befassen und dich von weltlichen Beschäftigungen und schändlichem Gewinne fernhalten? — Willst du selbst in Demut und Geduld wandeln und auch andere dazu anleiten? — Willst du gegen Arme, Fremde und alle Hilfsbedürftigen um Jesu willen herablassend und mildtätig sein?" — und erst nachdem ich geantwortet habe: „Ja, ich will es", bin ich zum Hirten dieser Herde bestellt worden. Die Kirche aber hat die Pflichten, die sie dem Bischofe auferlegt, dem Worte des guten Hirten selbst entnommen, der sie zusammenfaßt, indem er sagt: „Ich bin der gute Hirt", und sofort beifügt: „Der gute Hirt gibt sein Leben für seine Schafe", und endlich: „Der Mietling flieht, eben weil er ein Mietling ist und ihm an den Schafen nichts liegt"[1]).

Das sind die Vorschriften, die für mein eignes Leben mir mitgegeben sind, als mir die Vollmacht übertragen wurde, diesen Teil der Herde Christi zu

1) Joh. 10, 11 ff.

weiden. O wahrhaftig, lästert nicht die Kirche Jesu Christi, sondern lästert mich, wenn ich mich als Mietling erweise, wenn ich in meinem Leben zeigte, daß mir an den Schafen Jesu Christi nichts liegt. Ich soll bereit sein, mein Leben für sie dahin zu geben, also gewiß auch alles, was mindern Wert als das Leben hat. Ich bekenne, daß ich von jetzt an mit allem, was ich bin und habe, nicht mir, sondern euch angehöre. Ich bekenne, daß ich verpflichtet bin, jeden Überfluß und jedes Wohlleben in meiner Einrichtung zu vermeiden, und alles, was ich aus dem Einkommen der bischöflichen Stelle erübrige, zu milden Zwecken zu verwenden. Ich bekenne, daß ich verpflichtet bin, meine Zeit und alle Kräfte meines Leibes und meiner Seele dem Dienste Gottes und eurer Seelen zu widmen. Ich habe Gott in seiner Kirche gelobt, diese Pflicht zu erfüllen, und ich bitte euch, für mich vor Gott zu beten, daß er in großer Erbarmung meinem schwachen Willen zu Hilfe eile. In dem Bewußtsein der unermeßlichen Pflichten, die mit der mir übertragenen Vollmacht verbunden sind, im Hinblicke auf meine Schwachheit, werde ich fortan bis zur Stunde des Gerichtes mit vieler Furcht und vielem Zittern unter euch wandeln, und meine einzige Hoffnung auf die Kraft Gottes setzen, der es versteht, auch im Schwachen stark zu sein.

Weiter bin ich mir bewußt, daß ich die von Gott überkommene Autorität im Geiste der Demut und der Liebe auszuüben verpflichtet bin. Die Worte des Heilandes an die Apostel: „Ihr wisset, daß die Fürsten der Völker über dieselben herrschen, und die Großen Gewalt über sie ausüben. Nicht so soll es unter euch sein; sondern wer immer unter euch groß werden will, der sei euer Diener, und wer unter euch der erste sein will, der sei euer Knecht, gleichwie des Menschen

Sohn nicht gekommen ist, sich bedienen zu lassen, sondern zu dienen und sein Leben zur Erlösung für viele hinzugeben[1]);" diese erhabenen Worte enthalten das Gesetz, nach welchem alle Autorität in der Kirche Jesu Christi ausgeübt werden soll. Der Heiland selbst, dem alle Gewalt gegeben ist im Himmel und auf Erden, hat dieses Gesetz zuerst bei Ausübung seiner Gewalt befolgt, und seinem eigenen Leben, seiner Seele, seinem liebevollen Herzen hat er es entnommen, und es in die Seele, in das Herz der Kirche, auf die er seine Gewalt übertrug, hineingelegt. Zwar muß die Liebe mit der Wahrheit in der Kirche wie in Christus selbst verbunden sein, und es ist wahrhaft nicht dem Geiste Christi, sondern dem Geiste der Lüge entnommen, wenn der Weltgeist jetzt die Kirche unter dem Vorwande der Liebe zwingen will, ihrer ewigen Wahrheit zu entsagen, und mit der Lüge einen Liebesbund zu schließen. Christus, der die Liebe selbst war, hat den Lügengeist in den Pharisäern mit den Worten angeredet: „Wehe euch, ihr Schriftgelehrte und Pharisäer, ihr Heuchler, die ihr übertünchten Gräbern gleicht! Ihr Schlangen, ihr Natterngezücht! Wie werdet ihr dem Gerichte der Hölle entrinnen[2])!" Sein großer Apostel aber, der wahrhaft die Liebe Jesu kannte, und selbst bereit war, aus Liebe zu seinen Mitbrüdern den Fluch auf sich zu nehmen, glaubt dieser Liebe nicht entgegen zu handeln, wenn er spricht: „Aber wenn auch wir oder ein Engel vom Himmel euch ein anderes Evangelium verkündigten, als wir euch verkündigt haben, der sei verflucht. Wie wir zuvor gesagt haben, so sage ich jetzt abermals: Wenn jemand euch ein anderes Evangelium verkündigte, der sei ver-

1) Matth. 20, 25—28. — 2) Matth. 23, 27. 33.

flucht[1])!" Ja, meine teuren Brüder, wenn so die Sache des Menschen gestellt wäre, daß er nur durch Verleugnung der Wahrheit zur Liebe gelangen könnte, so würde ich der Liebe entsagen, um die Wahrheit zu behalten. So ist es aber nicht. Gott allein ist die eine Quelle der Liebe und der Wahrheit. Ich bin daher euer Schuldner in der Wahrheit und in der Liebe, euer Schuldner im Kampfe gegen Unwahrheit und Lüge.

Nicht minder bin ich mir bewußt und bekenne es, daß ich außer Gottes Hilfe kein anderes Mittel habe, meine von Gott erhaltene Autorität geltend zu machen, als euren Geist, euren eigenen Verstand, euren eigenen Willen. Die Macht der wahren Religion, also der katholischen Kirche, ruht nicht in äußeren Hilfsmitteln, sondern in der Gnade Gottes und in der Natur jedes einzelnen Menschen selbst. Gott hat den Menschen erschaffen, er hat ihn für sich erschaffen, und deshalb findet der Mensch keine Ruhe, bis er ruht in Gott. Nichts ist unverständiger, als das Vorgeben des Lügengeistes unserer Tage, daß die Autorität in der Kirche der wahren Freiheit des Menschen entgegen sei. Die Kirche übt keinen andern Zwang, als den, den die Wahrheit über die Lüge, das Licht über die Finsternis, das Gute über das Böse, die Schönheit über das Häßliche ausübt. Wie der Gedanke des Menschen die Gesetze des Denkens anerkennen muß, wenn er sich selbst nicht zerstören will, so muß der Geist, das Gewissen des Menschen, erleuchtet, erwärmt, angetrieben von der Gnade Gottes, die Wahrheit, die Offenbarung Gottes in der Kirche anerkennen, wenn er sich erbauen und nicht zerstören, wenn er sein tiefes Bedürfnis nach Wahrheit, nach Seligkeit, nach Frieden stillen will. Ihr

1) Gal. 1, 8 f.

Zwang ist durchaus ein geistiger Zwang, ein Zwang, der allein zur wahren Freiheit führet. Wir erkennen vollkommen die Wahrheit der Worte des Apostels: „Brüder, ihr seid zur Freiheit berufen[1])!" Wir wissen aber auch, daß der Apostel sofort die Worte beigefügt: „Nur daß ihr die Freiheit nicht zum Anlaß für das Fleisch gebrauchet, sondern dienet einander durch die Liebe des Geistes"[2]); wir wissen, daß nur dort Freiheit ist, wo der Geist Gottes ist: „Denn der Herr ist Geist, wo aber der Geist des Herrn ist, da ist Freiheit"[3]); wir wissen, daß wir die Freiheit nur durch Anerkennung des Gesetzes Gottes erlangen: „Wer aber das vollkommene Gesetz der Freiheit durchschaut und dabei beharrt, und kein vergeßlicher Zuhörer, sondern Vollbringer des Werkes ist, der wird durch sein Werk selig werden"[4]). Wir wissen, daß jede andere Freiheit, die nicht diese Freiheit der Kinder Gottes ist, zur Knechtschaft führt, und von jenen gepredigt wird, die selbst Knechte der Lüge sind, wie der Apostel sagt: „Sie verheißen ihnen Freiheit, da sie doch selbst Knechte des Verderbens sind; denn von wem jemand überwältigt wird, dessen Knecht ist er"[5]). Wir wissen endlich, daß es Wahrheit ist, was die Wahrheit selbst gesagt hat, daß nur „die Wahrheit uns frei macht"[6]), daß wir nur durch den Sohn Gottes nach seinem Evangelium und in seiner Kirche frei werden können: „Wenn euch der Sohn frei macht, so werdet ihr wahrhaft frei sein"[7]).

Das also, Vielgeliebte, ist der Ursprung der Vollmacht, die mir ausgestellt ist, mit der ich unter euch erscheine. Sie stammt von Gott durch seinen Sohn Jesus

1) Gal. 5, 13. — 2) A. a. O. — 3) 2. Kor. 3, 17. — 4) Jak. 1, 25. — 5) 2. Petr. 2, 19. — 6) Joh. 8, 32. — 7) Joh. 8, 36.

Christus, sie ist nicht aus dem Willen des Menschen, sondern aus Gott geboren. Das aber gibt mir Zuversicht in meiner Stellung zu euch; denn wer bin ich sonst, daß ich es wagen sollte, von euch Unterwerfung und Gehorsam zu fordern? Wir stammen ja alle aus demselben Nichts, sind alle durch den Willen Gottes in das Dasein gerufen, haben alle Gott zu unserem gemeinschaftlichen Vater, tragen alle in uns das Ebenbild Gottes, gehen alle denselben Leiden, Trübsalen und Armseligkeiten entgegen, kehren alle nackt und bloß zum Grabe zurück. Abgesehen von einer besonderen Bestimmung, von einer Übertragung eines Amtes seitens Gottes steht der Geist des einen Menschen dem Geiste des andern vollkommen gleichberechtigt gegenüber. Der Mensch kann seiner Natur nach keinen Herrn anerkennen als Gott allein und den er gesandt hat; denn nur ihm gehört die Erde und was sie erfüllt, der Erdkreis und alle, die darauf wohnen[1]), und „niemand kann zweien Herren dienen"[2]). Nur er, die ewige Wahrheit und Güte und Schönheit, der den Geist des Menschen aus dem Nichts erschaffen, der ihm den Verstand gegeben hat, um ihn, die ewige Wahrheit zu erkennen, den Willen, um ihn, die ewige Güte zu lieben, das Leben, um ihm, der ewigen Schönheit ähnlich zu werden, nur er hat das Recht, über das Erkennen, den Willen und das Leben des Menschen eine Autorität unmittelbar oder mittelbar durch seine Stellvertreter auszuüben.

Nicht ich überhebe mich daher über euch, wenn ich als Seelenhirt eure Leitung übernehme, sondern ich gehorche eurem und meinem Herrn, der mich zu seinem unwürdigen Stellvertreter bestimmt hat. Stets wird

1) Ps. 23, 1; 1. Kor. 10, 26. — 2) Matth. 6, 24. —

mir die Wahrheit vor Augen schweben, daß ich nur ein armes, schwaches Gefäß eines kostbaren Schatzes bin; daß eure Liebe, eure Ehrfurcht nicht meiner Person, sondern dem göttlichen Siegel gilt, das auf meine Stirne gedrückt ist, daß über uns allen der Herr Himmels und der Erde steht, dem allein alle Ehre, aller Gehorsam, aller Preis, alle Liebe gebührt; daß ich von ihm gesandt bin, nicht um zu herrschen, sondern um euch mit seinen ewigen Wahrheiten und Gnadenschätzen zu bedienen, wie auch des Menschen Sohn nicht gekommen ist, um sich bedienen zu lassen, sondern zu dienen und sein Leben für die Erlösung vieler hinzugeben.

Wenn aber das mir übertragene Hirtenamt von Gott ist, so folgt daraus für mich die Pflicht, es nach Gottes Anordnung und nicht nach dem Willen der Menschen zu verwalten. „O Timotheus", rief deshalb der Apostel aus, „bewahre die dir anvertraute Hinterlage, hüte dich vor unheiligen Wortneuerungen und den Streitreden der fälschlich so genannten Wissenschaft, zu welcher einige sich bekannt haben und vom Glauben abgefallen sind[1])!" Wir leben in einer Zeit geistiger Verwirrung, wie sie kaum in der Welt dagewesen ist, und man ist geneigt, die Worte der Apostel: „der Geist aber sagt deutlich, daß in den letzten Zeiten einige vom Glauben abfallen und irreführenden Geistern und Teufelslehrern Gehör geben werden"[2]). „Vor allem wisset, daß in den letzten Tagen verführerische Spötter kommen werden, welche nach ihren eigenen Lüsten wandeln und sagen: Wo ist die Verheißung oder seine Wiederkunft? Denn seitdem die Väter entschlafen

1) 1. Tim. 6, 20 f. — 2) 1. Tim. 4, 1.

sind, bleibt alles so, wie es vom Anfang der Schöpfung war"[1]), — insbesondere auf diese Zeit anzuwenden.

Da ist es nun meine Pflicht, die heilige, mir anvertraute Hinterlage gegen die irreführenden Geister, gegen die Teufelslehrer und Spötter zu verteidigen, wie es der hl. Bonifatius getan, wie es seine Nachfolger getan bis auf den heutigen Tag, damit auch ich als treuer Haushalter befunden werde am Tage der Rechenschaft und den ganzen Inhalt der mir anvertrauten Gottesgabe, der heiligen, der beseligenden katholischen Wahrheit meinem Nachfolger unverkürzt und ungeschmälert überantworte. Das fordert Gott, das fordert ihr alle von mir, die ihr wollt, daß eure Kinder und Kindeskinder in demselben Glauben, in derselben Hoffnung, in derselben Liebe zur Taufe und endlich wieder zum Grabe getragen werden, in dem eure Eltern und Voreltern so viele Jahrhunderte hindurch gelebt haben und gestorben sind. Sie alle, diese lange Reihe von Geschlechtern, diese treuen Söhne der Kirche, eure Voreltern würden allzumal im Gerichte sich gegen mich erheben, und den Fluch Gottes auf mich herabbeschwören, wenn ich schuld wäre, daß ihre Nachkommen an den heiligsten Gütern Schaden gelitten. Davor sei Gott!

Es ist erstens meine Pflicht, die Hinterlage heiliger Glaubenswahrheiten zu bewahren, die Jesus seiner Kirche anvertraut und in ihr durch das unfehlbare Lehramt erhalten hat. Der Bischof der katholischen Kirche begeht einen Verrat an seinem Auftrage, wenn er eigene Lieblingsansichten dem Volke als Gottes Wort vorträgt; er begeht einen Verrat, wenn er sich durch Tagesmeinungen bestimmen läßt, von der vollen

1) 2. Petr. 3, 3 f.

und reinen Wahrheit der katholischen Lehre abzuweichen. Es ist zweitens meine Pflicht, die Hinterlage heiliger Gnadenmittel zu schützen, die Christus als Heilsmittel der Seelen seiner Kirche übergeben hat, insbesondere dafür zu sorgen, daß die heil. Sakramente in der Art und Weise und unter den Bedingungen gespendet werden, wie die Kirche auf Geheiß Christi es angeordnet hat. Auch hier stehen dem Bischofe und dem Priester große Hindernisse entgegen. Die Spendung der Sakramente, insbesondere der Buße und der Ehe ist an Bedingungen geknüpft, die der sündhaften Natur des Menschen schweren Kampf verursachen. Wir dürfen daher den Haß der Leidenschaften nicht fürchten, wenn wir die Hinterlage treu bewahren wollen. Es ist drittens meine Pflicht, die Hinterlage heiliger Ordnungen aufrecht zu erhalten, die Christus für die Leitung seiner Kirche festgestellt hat. Weil die Hierarchie der Kirche göttlicher Einsetzung ist, muß ich selbst mich ihr unterwerfen und verlangen, daß jeder Katholik sie anerkenne und sich ihr unterwerfe, muß ich jeden Eingriff in dieselbe zurückweisen. Bei der Bewahrung und Hütung dieser Hinterlage heiliger Wahrheiten, heiliger Heilsmittel, heiliger Ordnungen muß ich mit dem Apostel sagen: „Ist es mir denn um der Menschen Gunst oder um Gottes Beifall zu tun? Oder suche ich den Menschen zu gefallen? Wenn ich noch Menschen gefallen wollte, wäre ich Christi Diener nicht[1]."

So, Geliebte in Christo, ist die Autorität beschaffen, die mir übertragen ist. Ihrem Ursprung nach ist sie von Gott; ihrer Geltung nach legt sie mir selbst die schwersten Pflichten auf, unterwirft mein ganzes Leben eurem Dienste; ihrem Umfange nach ist sie beschränkt

1) Gal. 1, 10.

durch die heilige Ordnung der Kirche, ihren Mitteln nach ist sie angewiesen auf den Beistand Gottes und die innere Kraft der Wahrheit, ihrem Inhalt nach ist sie ausgestattet mit einem äußerlichen Schatze heiliger Heilswahrheiten und Heilsmittel.

Endlich aber ihrem Ziele nach ist sie bestimmt, die Menschen zu beseligen, sie zu Kindern Gottes zu machen, sie der ewigen Seligkeit entgegen zu führen. Wir behaupten nicht, in der Religion die Mittel zu besitzen, um hier alle Tränen zu trocknen, alle körperlichen Leiden zu heilen, Krankheit und Armut zu bannen. Wir wissen vielmehr, daß die Welt für uns ein Ort der Verbannung, ein Tal der Tränen, ein mühsamer Weg zu einer besseren Heimat ist. Wir gehen nicht darauf aus, euch am hellen Tage die Augen zu verbinden, und euch mit jener Schlange zu sagen, daß ihr selbst Götter seid. Wir wissen vielmehr, daß wir hilflose Geschöpfe sind, dem Leibe nach dem Staube entnommen, und bald wieder Staub werdend, der Seele nach aus dem Nichts erschaffen. Das Ziel unseres Auftrages ist nicht die Verkündigung jener Torheiten und Lügen, sondern die Verkündung der Wahrheit, die in jener Lüge entstellt ist. Nicht wir sind es, die uns erschaffen haben, weder ganz noch zum Teile, noch sind wir ein Teil des Geistes, der die Welt erfüllt und regiert. Gott allein ist der Herr, der uns aus dem Nichts erschaffen hat. Im Widerspruch wider ihn sind wir nichts als Widerspruch gegen alle Wahrheit, alle Schönheit und Liebe, nichts als Lüge, Bosheit und Haß.

Wir sind nicht Gott, wir sind aber Gottes Ebenbilder durch Christus, „Kinder Gottes und als Kinder auch Erben, nämlich Erben Gottes und Miterben Christi[1].“ Wir sind bestimmt, „bei Gott zu sein und

1) Röm. 8, 17.

die Herrlichkeit Gottes ewig zu schauen"[1]); bestimmt, „mit Gott durch Christus wunderbar vereinigt zu leben"[2]). Was der Mensch in dieser Vereinigung sein wird, wer kann das aussprechen? Wir wissen, daß er ewig ein Geschöpf bleibt; zu welcher Höhe sich aber sein Erkennen in dem Schauen der ewigen Wahrheit, sein Lieben in der Vereinigung mit der ewigen Liebe, sein Genießen in dem Genusse der ewigen Seligkeit erheben wird, das wissen wir nicht; denn das hat noch kein Auge gesehen, kein Ohr gehört, das ist noch in keines Menschen Herz gedrungen.

Zu dieser Seligkeit sollen wir den Menschen erheben, das ist das Ziel des den Dienern der Kirche gegebenen Auftrages, das Ziel der uns übertragenen Autorität. Der Tand der Welt, die Macht der Sinne soll uns das Auge nicht blenden. Kein Kleid darf so beschmutzt, keine Hütte so niedrig, kein Körper so entstellt sein, daß wir unter dieser Hülle das Ebenbild Gottes und seine Bestimmung nicht mehr erkännten. Ja wahrhaftig, wir sollen dem Ehre geben, dem Ehre gebührt, und wir werden auch die äußere Ehre niemanden versagen. Vor allem aber wollen wir mit den Augen des Glaubens dem Ebenbilde Gottes in jedem armen Kinde, in jedem verlassenen Menschen die Ehre geben, die ihm gebührt, und mit allen Kräften dahin streben, ihn dem Staube der Sünde zu entreißen und zu den Fürsten des Volkes Gottes zu erheben.

So ist der Auftrag beschaffen, den mir Gott gegeben hat, das ist das schöne, erhabene Ziel dieses Auftrages. O möchte es mir mit Gottes Gnade gelingen, ihn zu erfüllen, möchte ich euch ein guter Hirt nach dem Vorbilde des guten Hirten werden, o möchtet

1) Joh. 17, 24. — 2) Joh. 6, 37.

ihr alle mir mit gutem, liebevollem Herzen entgegenkommen! Wahrhaftig, ich suche unter euch nichts für mich. Was ich besitze, wenn ich sterbe, das soll euch und euren Armen ganz und gar gehören, und bis dahin verlange ich nichts als Arbeit und Mühe in eurem Dienste. Ich suche nur euch und eure Seelen der Liebe Jesu zu gewinnen, und durch die Liebe Jesu für Zeit und Ewigkeit zu beglücken. Vereinigt euch mit mir, daß wir ein Reich heiliger Liebe hier zustande bringen: Je schwächer meine Kräfte sind, desto stärker muß eure Hilfe sein.

Helfet dazu, ihr, teuere geliebte Eltern, ihr, christliche Väter, christliche Mütter! Auch ihr seid Stellvertreter Gottes in der natürlichen Ordnung euren Kindern gegenüber, ihr seid Stellvertreter Gottes in der übernatürlichen durch Christus gestifteten Ordnung, Stellvertreter der Kirche, denn ihr seid geweiht und geheiligt zu eurem Amte durch das heilige Sakrament der Ehe. Es kann euch, geliebte Eltern, nicht verborgen sein, welche Verwüstung die Gottlosigkeit der Zeit in dem Familienleben angerichtet hat. Sehet auf die Kinder, die zuchtlos und gottlos aufgewachsen sind, sehet auf die vielen Kinder, die ihren Vater verachten, und ihre Mutter, die sie geboren und an der Brust getragen hat, in Not und Elend dahin darben lassen. Das kann doch nicht zum Heile der Menschen dienen. Was ist köstlicher, was ist beseligender als ein christliches Familienleben! Ihr Eltern habt insbesondere die Aufgabe, diese herrliche Pflanze der Kirche zu pflegen. Erfüllt diese Pflicht, es hängt euer Los für die Ewigkeit davon ab; erfüllet sie, ihr werdet dadurch eure eignen Wohltäter und die größten Wohltäter eurer Kinder; erfüllet sie nach dem Vorbilde und unter dem Schutze der allerseligsten Jungfrau Maria, die von jeher die beste Mutter und Fürbitterin aller Gläubigen gewesen ist.

Und nun wende ich mich an euch, ehrwürdige Mitbrüder und Mitarbeiter im Weinberge des Herrn, die ihr mit mir bestellt seid, die Herde des Herrn zu weiden, die Erlösung Jesu Christi zu verbreiten, das Reich der Liebe zu begründen und zu befestigen. Ich stehe vor euch in tiefer Beschämung im Hinblick auf mein Unvermögen und meine Ohnmacht. Wenn ihr mich fragt: Wer bist du, daß du an der Stelle des hl. Bonifatius die Kinder Israels führen willst, so kann ich nur antworten: „Der da ist, hat mich gesandt"[1]), und wenn ich zu Gott mit dem Propheten Jeremias rede: „Ah, ah, ah! Herr und Gott! siehe, ich kann nicht reden, denn ich bin ein Kind!" so antwortet er mir durch seine Kirche: „Du sollst überall hingehen, wohin ich dich sende, und alles reden, was ich dir gebieten werde[2])." So kann denn euer und mein Trost nur der sein, „daß der Herr, der mich gesandt hat, auch mit mir sein werde, um mich zu erlösen, daß er seine Hand über mich ausstrecken und meinen Mund berühren, daß er seine Worte in meinen Mund legen werde"[3]).

Gemeinsam sollen wir den Kampf führen des Lichtes gegen die Finsternis, der Tugend gegen das Laster, der Liebe gegen den Haß; den Kampf leiten der Kinder Gottes gegen die Kinder der Welt und des Satans.

Wir sind „aus den Menschen genommen und für die Menschen bestellt in ihren Angelegenheiten bei Gott, um Gaben und Opfer für die Sünden darzubringen"[4]); deshalb werden wir täglich zusammen am Altare stehen als Stellvertreter des einen und desselben Hohenprie-

---

1) 2. Mos. 3, 10. 14. — 2) Jer. 1, 6 f. — 3) Jer. 1, 8 f. — 4) Heb. 5, 1.

sters; täglich eine und dieselbe Opfergabe, das unbefleckte Lamm Gottes, für unser und der ganzen Welt Heil, insbesondere für das Heil der uns anvertrauten teuren, durch Christi Blut erlösten Seelen darbringen; täglich am Altare die Worte sprechen: der Friede des Herrn sei mit euch allen; täglich allen in Christo den Kuß des Friedens geben, um dann täglich den, der gekommen ist, „um der Welt den Frieden zu geben, den die Welt nicht geben kann"[1]), in unser Herz aufzunehmen. So ist Christus selbst alltäglich das eine Band der Liebe und des Friedens, das uns untereinander in Liebe und Frieden verbindet, um durch uns dann Liebe und Frieden zu verbreiten. Ohne Zweifel erkennt ihr es tiefer, wie ich es zu erkennen vermag, daß die würdige Darbringung dieses Opfers weitaus der heiligste Teil unserer Amtspflichten ist, und nicht um euch zu ermuntern, sondern um eure Gedanken auszusprechen und mich mit ihnen zu vereinigen, flehe ich, daß wir miteinander wetteifern im heiligen Eifer bei dem Opfer Jesu Christi und in dem Bestreben, die andächtige Anhörung des heiligen Opfers mehr und mehr zu befördern. Christus ist der Anfang und das Ende, Christus der einzige Mittler zwischen Gott und den Menschen, Christus das Feuer, das aus dem Schoße der ewigen Liebe, der heiligen Dreieinigkeit herabgestiegen ist, um dieses Feuer überall zu entzünden und brennen zu machen. O, das Ziel der ganzen Erlösung ist ja Herstellung des Friedens, des Friedens zwischen Gott und den Menschen und dadurch der Menschen untereinander.

O, so laßt uns, ehrwürdige Brüder, selbst das Bild des Friedens und der Liebe der Gemeinde vor Augen stellen, laßt uns zuerst handeln und dann lehren,

1) Joh. 14, 27.

laßt uns selbst das Herz erwärmen an dem Feuer vom Himmel, das wir beim Meßopfer in uns aufnehmen, um dann dasselbe Feuer der Liebe, den Geist des Friedens über alle Gemeinden, über alle Familien, über alle Wohnungen, über alle Seelen der uns anvertrauten Herde Jesu Christi zu verbreiten. In Ewigkeit können wir den Frieden Christi nicht verbreiten, wenn wir ihn nicht unter uns haben, in Ewigkeit werden wir ihn nicht unter uns haben, wenn wir nicht bemüht sind, mit Christus durch den Stand der Gnade in Frieden zu leben.

Das sind die kurzen Worte des ersten Grußes, den ich an euch richte, ehrwürdige Brüder. Die höchste und erhabenste Aufgabe, die Gott dem Menschen anvertraut, hat er uns gestellt; möge er uns Kraft und Gnade geben, sie zu erfüllen. Nicht wo anders her dürfen wir die Heilung der Übel der Zeit erwarten, wir selbst sind dazu angeordnet. Christus hat die Welt überwunden, und wenn wir mit und durch ihn vereinigt kämpfen, so werden wir auch mit und durch ihn das Reich der Lüge und des Hasses überwinden und das Reich der Wahrheit und Liebe verbreiten.

Die Gnade unsers Herrn Jesu Christi sei mit euch allen. Amen.

Gegeben zu Mainz am Feste des hl. Apostels Jakobus 1850.

Zur Säkularfeier des hl. Erzbischofes und Martyrers Bonifatius.

An die Geistlichkeit und die Gläubigen des Kirchensprengels. 1855. Mainz. —

Ihr erwartet ohne Zweifel, Vielgeliebte in Christo dem Herrn, daß mein erstes Wort nach meiner Rückkehr von dem Grabe der Apostelfürsten von der gnadenvollen Mutter des Herrn handeln werde. Ich war ja dort bei jener erhabenen Feier anwesend, welche die Ehre der Mutter Gottes und ihre Reinheit von jeder Makel, selbst von jener der Erbsünde, zum Gegenstand hatte. Seitdem verlangt ihr mit einer heiligen Ungeduld nach dem Tage, wo wir in unserer Diözese in den Lobgesang einstimmen werden, der am 8. Dezember v. J. nach der Erklärung über die unbefleckte Empfängnis der Jungfrau Maria zuerst in Rom in St. Peter ertönte und sich dann von dort von einer Diözese zur andern über die ganze Kirche verbreitete. Ich teile dieses Verlangen aus ganzem Herzen. Da aber eine andere Feier, die uns bevorsteht, mich abhält, ihm zu entsprechen, so will ich dennoch nicht unterlassen, bei dieser Gelegenheit euch jetzt schon kundzugeben, daß ich den 8. Dezember d. J. und die vorhergehenden Tage, also den Jahrestag der Feier in Rom, zu diesem Feste bestimmt habe. Meine Anordnung in dieser Beziehung werde ich später bekanntmachen.

Dagegen ist es nunmehr meine Pflicht, ein anderes großes Kirchenfest zu verkünden. Am 5. Juni 755 hat der heilige Bonifatius, der Apostel der Deutschen, den Martyrertod erlitten. Wir begehen daher in diesem Jahre den elfhundertjährigen Gedächtnistag seines glorreichen Todes, und die Mainzer Diözese, welche das große Vorrecht hat, den heiligen Bonifatius in der langen Reihe ihrer Bischöfe zu zählen, ja welche hauptsächlich ihm die ausgezeichnete Stellung verdankt, welche sie mehr als ein volles Jahrtausend hindurch in der katholischen Kirche einnahm, ist berufen, diesen Tag der Verehrung des Heiligen zu weihen, der für sie und für ganz Deutschland ein so auserlesenes Werkzeug der Gnade Gottes war.

Um aber die hohe Bedeutung der Feier zu erkennen, wollen wir einen Blick auf das Werk werfen, welches der heilige Bonifatius vollbracht hat, und auf die Mittel, die er dazu angewendet.

Der heilige Bonifatius begann, abgesehen von einer kurzen Missionsreise nach Friesland, sein apostolisches Wirken in Thüringen und Hessen, unter welchen Namen man damals, außer den Gegenden, welche noch jetzt also genannt werden, einen großen Teil der in dem Innern von Deutschland gelegenen Länder verstand. Er eilte jedoch zuvor nach Rom, um zu seinem Vorhaben die Genehmigung und den Segen des Nachfolgers des heiligen Petrus einzuholen. Mit der vollsten Zustimmung und einem Schreiben des Heiligen Vaters versehen, trat er nun seine Mission in Deutschland an. Er fand in Thüringen schon einige Spuren des Christentums und selbst einzelne Priester. Im ganzen herrschte aber in jenen Ländern noch das Heidentum, und der Same der christlichen Lehre, welchen heilige Männer dort früher verbreitet hatten, war durch heidnische Gebräuche und Aberglauben entartet. Gott segnete aber das Wirken des heiligen Bonifatius in so wunderbarer Weise, daß zwanzig Jahre später fast ganz Thüringen und Hessen dem Christentume gewonnen und mit Kirchen und Klöstern zur Pflege des neugepflanzten Christentums reichlich versehen waren.

Wenn der heilige Bonifatius mit dieser Arbeit sein Leben beschlossen hätte, so würden wir ihn schon mit Recht den ehrwürdigsten Missionären der Kirche und den größten Wohltätern unseres Vaterlandes zuzählen. Gott hat ihn aber erwählt, um durch ihn noch vielen anderen deutschen Völkern seine Gnaden zu spenden. Wie in dem Reiche Gottes auf Erden das Senfkörnlein zu einem Baume wird, der die Welt überschattet, so führte Gott auch den heiligen Bonifatius von Stufe zu Stufe zu einem immer umfassenderen Wirken. Er zeigte ihm aber seinen Beruf nicht unmittelbar durch eine innere Offenbarung, sondern durch das sichtbare Oberhaupt der Kirche, den Papst. Als nämlich der heilige Bonifatius zum zweitenmal nach Rom kam, um über sein bisheriges Wirken Rechenschaft abzulegen und dem Heiligen Vater über die Lage der Kirche in jenen Ländern und ihre Bedürfnisse Bericht zu erstatten, erkannte derselbe immer mehr die großen Eigenschaften des heiligen Mannes und seinen erhabenen Beruf, auch den übrigen deutschen Völkern ein Apostel zu werden. Der heilige Papst Gregor II. unterwarf ihn daher zuvor einer strengen Prüfung über seinen Glauben und seine Lehre und weihte ihn dann am 30. November 723 in St. Peter zum Bischof. Um aber sein Wirken nicht zu beschränken, so gab er ihm anfangs keinen bestimmten bischöflichen Sitz, sondern ernannte ihn im allgemeinen zum Bischof der Deutschen. Einige Jahre später, im Jahre 731, ernannte ihn der heilige Papst Gregor III., der Nachfolger Papst Gregors II., zum Erzbischof und übersandte ihm das Pallium. Zugleich erhielt er den Auftrag, überall Bischöfe zu weihen und einzusetzen, wo das Bedürfnis der Kirche es erfordere. Der heilige Bonifatius konnte nun nicht mehr zweifelhaft sein, daß er von Gott berufen sei, allen deutschen Volksstämmen seine Hirtensorge zuzuwenden. Er hatte sich selbst diese Ehre nicht gegeben, sondern er war dazu, wie es der Apostel Paulus als das Zeichen des wahren Berufes erklärt, von Gott, wie Aaron, berufen[1]). Mit um so größerer Kraft ergriff er aber nun auch diese neue Arbeit.

Der heilige Bonifatius sorgte zuerst für das bayerische Volk. Auf seinen früheren Reisen hatte er die Bedürfnisse der Kirche dieses Landes kennen gelernt, wo zwar christliche Fürsten herrschten und einige Gegenden auch zum Christentume bekehrt waren, wo aber zugleich auch das Heidentum noch durch tiefe Wurzeln in dem Lande und in den Herzen seiner Bewohner haftete. Namentlich fehlte aber dem Lande eine feste kirchliche Ordnung, die imstande gewesen wäre, die Keime des Christentums zu erhalten und zu verbreiten. Unterstützt von dem Herzog Odilo teilte er das Land in vier Bistümer und ernannte für dieselben vier Bischöfe. Diese Bistümer sind: Salzburg, Freisingen, Regensburg und Passau, welche heute noch bestehen und von dem Segen Zeugnis geben, den Gott den Werken des heiligen Bonifatius spendete.

Aber auch in Thüringen und Hessen wollte er nun als Erzbischof befestigen und ordnen, was er früher als Missionär gepflanzt und auch als Bischof schon längere Zeit selbst geleitet hatte. Wir erkennen in diesem fortschreitenden Werke des heiligen Mannes den großen Gedanken, alle deutschen Volksstämme von Bayern bis zu den Sachsen durch eine umfassende kirchliche Ordnung zu verbinden. Auch hier gründete er vier Bistümer, Erfurt, Buraburg, Würzburg und

---

1) Heb. 4, 5.

Eichstätt. Unter den Bischöfen, die er ihnen gab, und durch deren Wahl er seinem Werke noch einen erhöhten Wert verlieh, verehren wir zwei Heilige, den heiligen Burchard, ersten Bischof von Würzburg, den heiligen Willibald, ersten Bischof von Eichstätt. Auch diese letztgenannten beiden Bistümer bestehen jetzt elfhundert Jahre und sind lebendige Zeugen von dem Wirken des heiligen Bonifatius auf deutschem Boden.

Als er so in diesen großen weiten Ländern das Christentum teils selbst gegründet, teils die Arbeiten heiliger Vorgänger befestiget oder hergestellt und sie alle durch eine umfassende Diözesaneinteilung unter fromme Oberhirten gestellt hatte, berief ihn Gott abermals zu einer noch größeren Wirksamkeit.

Karl Martel war eben gestorben, und die beiden Brüder Karlmann und Pipin beherrschten als Majordome das große unter sie geteilte Frankenreich. Schon in den ersten Jahrhunderten hatte sich in diesen Ländern das Christentum so weit ausgedehnt, als die Macht der Römer reichte. Es bestanden dort Bistümer, die, wie das Bistum Mainz, nach alten Überlieferungen ihren Ursprung von Apostelschülern ableiteten. Auch die Könige der Franken waren schon seit zweihundert Jahren zum Christentume bekehrt, und die fränkischen Volksstämme waren darin großenteils ihrem Beispiel gefolgt. Dennoch war der Zustand der Kirche ein höchst trauriger. Die früheren Wanderungen der Völker hatten das Christentum dort, wo sich die Franken niederließen, vielfach zerstört. Die Franken hatten dann später selbst zwar das Christentum angenommen; es war aber noch nicht bis zu ihrem Innern durchgedrungen und hatte namentlich ihren wilden kriegerischen Sinn noch nicht veredelt und geheiligt. Dieser fand vielmehr an den ununterbrochenen Kriegen immer neue Nahrung. In den ersten Zeiten nach der Bekehrung der Franken fanden sich auch wenige unter ihnen, die sich dem Priesterstande widmeten, und dieser ergänzte sich fast ganz aus der römischen Bevölkerung des Landes.

Als nun aber in dem Jahrhundert vor dem heiligen Bonifatius die Franken anfingen, sich, ohne alle tiefere Einsicht in das Wesen des christlichen Priestertums und ihrer Gesinnung nach mehr Krieger als Priester, in großer Zahl zu den bischöflichen Stellen zu drängen, da konnte es nicht ausbleiben, daß die Verwilderung und Roheit sich im ganzen Frankenreiche über Klerus und Volk verbreitete. Da berief Gott den heiligen Bonifatius, um mit starker Hand den Strom des Verderbens, der in diesem mutigen deutschen Volksstamme alle edelen Keime des Christentums zu vertilgen drohte, aufzuhalten und die Gnade der Erkenntnis und Liebe Christi in ihre Herzen hineinzulenken. Wie er in Thüringen und Hessen das Heidentum überwunden hatte, so erhielt er jetzt die noch schwerere Aufgabe, ein verwildertes christliches Volk zur christlichen Gesinnung zurückzuführen. Er sollte die Bekehrung des Frankenvolkes vollenden und den Bischöfen, Priestern und Laien, die mehr wilde Krieger als Christen waren, den christlichen Geist mitteilen.

Zuerst war es Karlmann, welcher den heiligen Bonifatius aufforderte, in seinem Reichsanteil die kirchliche Ordnung wiederherzustellen. Der heilige Bonifatius legte diese Angelegenheit wieder dem Papste zur Entscheidung vor und erhielt nun von ihm den Auftrag, als päpstlicher Legat Synoden zu berufen und auf ihnen die Reform in Klerus und Volk durchzuführen. Diese neue unermeßliche Aufgabe ergriff der heilige Bonifatius, obwohl nun über 60 Jahre alt, mit derselben Kraft, mit der er früher als Missionär in Thüringen und Hessen gewirkt hatte. Wie er dort, in undurchdringlichen Wäldern herumwandernd, das arme Volk aufsuchte und ihm das Wort Gottes verkündete, so versammelte er jetzt von einem Ort zum andern Synoden, um auf ihnen den Bischöfen und Priestern das Wort Gottes vorzuhalten und mit ihnen die Abstellung aller Übelstände im Priester- und Laienstande zu beraten. Im Jahre 742 hielt er das erste deutsche Konzil, wo alle Bischöfe aus dem Reichsanteile Karlmanns versammelt waren. Als dann auch Pipin in derselben Absicht sich an den heiligen Bonifatius gewendet hatte, versammelte er auf dem Konzil zu Soissons die Bischöfe aus den Gebieten Pipins und Karlmanns zu einer gallisch-germanischen Synode. Absetzung unwürdiger Priester und Bischöfe, Wiederherstellung der Kirchenzucht, Besserung des Priesterstandes, Ausrottung heidnischer Gebräuche im Volke waren die Gegenstände, welche er zur Verhandlung brachte. Welchen Einfluß der heilige Bonifatius von dieser Höhe des kirchlichen Wirkens auf die Entwicklung des kirchlichen Lebens für die ganze folgende Zeit, für die ganze christlich-germanische Weltordnung, die von da an beginnt, geübt hat, kann unmöglich auch nur annähernd bestimmt werden. Die Kreise seines Wirkens auf diesen großen Synoden sind so ausgedehnt, daß sie sich nicht nach ihrem ganzen Umfange verfolgen lassen. Wir können selbst die Zahl der von ihm abgehaltenen Synoden nicht genau bestimmen und wissen nur, daß er zur Belehrung und Besserung des Volkes viele Synoden einberufen hat.

Seinem Werke fehlte nun noch der Schlußstein, wenn es fest zusammenhalten und nachhaltig wirken sollte. Diesen erhielt es durch die Berufung des heil. Bonifatius auf den erzbischöflichen Stuhl von Mainz. Bei dieser Gelegenheit bestätigte oder erneuerte nämlich der Papst nicht nur die alten Metropolitanrechte dieser Kirche, sondern er räumte dem Sitze des heil. Bonifatius auch einen Vorrang vor allen anderen Kirchen Deutschlands ein, indem er demselben die Städte Tongern, Köln, Worms, Speier, Utrecht und alle andern deutschen Völker unterordnete, welche er zum Christentume bekehrt hatte. So war der heil. Bonifatius von dem ärmsten priesterlichen Wirken als Missionar in Thüringen und Hessen zum päpstlichen Legaten für Germanien und Gallien, zum Erzbischof von Mainz und Primas von Deutschland emporgestiegen. Alle diese deutschen Völker, welche beim Beginne seines Wirkens noch größtenteils im Heidentume schmachteten, und wo die einzelnen christlichen Elemente ohne Zusammenhang, dem Untergang oder der Entartung ausgesetzt waren, befanden sich nun innerlich durch den einen Glauben und äußerlich durch eine festgegliederte Kirchenverfassung unter dem heil. Bonifatius untereinander und durch ihn zugleich mit dem Oberhaupte der ganzen Kirche, dem Papste, innig verbunden. Dadurch aber, daß die persönliche Stellung des heil. Bonifatius durch die Erhebung des Bistums Mainz zur Primatialkirche bleibend auf diesen Stuhl übertragen war, war auch für die Fortdauer dieser Einheit gesorgt, und die deutschen Volksstämme waren nunmehr vorbereitet, die erhabene Aufgabe zu erfüllen, welche Gott ihnen in der Weltgeschichte angewiesen hatte.

Durch dieses Werk der Einigung der deutschen Völker in einem Glauben und einer Kirche ist der heil. Bonifatius aber nicht nur unser geistiger Vater, sondern er ist auch zugleich der wahre Begründer der Größe des deutschen Volkes als einer einigen mächtigen Nation. Er hat nicht nur zahlreiche Volksstämme dem Christentume gewonnen, er hat auch in diese Völker die geistigen Fundamente ihrer bürgerlichen Einigung, ihrer christlichen Staatsordnung, ihrer Größe in der Weltgeschichte gelegt. Ohne jene geistigen Bande, zusammengehalten durch die Kirchenverfassung, wäre aus so verschiedenen Volksstämmen nie ein deutsches Volk hervorgegangen. Wir hätten vielleicht nicht einmal eine Sprache gefunden, die uns allen verständlich ist wie das Hochdeutsche, und die Verschiedenheit der Dialekte hätte sich zu ähnlichen Gegensätzen entwickelt, wie sie in der holländischen und englischen Sprache vorliegen, so daß wir uns nicht mehr ohne besonderes Sprachstudium hätten verstehen können. Ohne jene mächtige geistige Anregung, welche der heil. Bonifatius seiner ganzen Zeit gab, und seinen persönlichen Einfluß auf Karlmann und Pipin (Karl der Große war etwa 14 Jahre alt, als der heil. Bonifatius starb) hätten auch die Karolinger sich wohl nicht zu der Idee einer christlichen Staats- und Welt-Ordnung erhoben, und Karl der Große wäre nur geworden, was Karl Martel gewesen war.

Als daher später diese geistige Grundlage wieder gestört und das geistige Band zerrissen wurde, durch welches der heil. Bonifatius die deutschen Völker verbunden hatte, da war es auch aus mit der deutschen Einheit und der Größe des deutschen Volkes. Wie das Judenvolk seinen Beruf auf Erden verloren hat, als es den Messias kreuzigte, so hat das deutsche Volk seinen hohen Beruf für das Reich Gottes verloren, als es die Einheit im Glauben zerriß, welche der heil. Bonifatius gegründet hatte. Seitdem hat Deutschland fast nur mehr dazu beigetragen, das Reich Christi auf Erden zu zerstören und eine heidnische Weltanschauung hervorzurufen. Seitdem ist mit dem alten Glauben auch die alte Treue mehr und mehr geschwunden, und alle Schlösser und Riegel, alle Zuchthäuser und Zwangsanstalten, alle Kontrollen und Polizeien vermögen uns nicht das Gewissen zu ersetzen. Seitdem gehen die deutschen Herzen und die deutschen Gedanken immer weiter auseinander, und wir sind vielleicht eben jetzt mitten in einer Entwicklung begriffen, die das Verschwinden des deutschen Volkes als eines einigen Volkes vorbereitet und eine Mauer unter uns aufführt, die ebenso fest ist als jene, die uns schon von anderen deutschen Volksstämmen trennt.

Seitdem leiden aber auch die Zweige, welche an dem alten Stamme geblieben sind; denn wenn an einem großen Baume ein mächtiger Zweig abbricht, so fängt der ganze Baum an zu trauern, und es währt lange, bis er seine frühere Kraft wieder erhält, und bis ein neuer Zweig den alten ersetzt. Das ist eben die Verblendung. Man wirft der katholischen Kirche so viele Sünden ihrer Glieder, so viele traurige Erscheinungen auch in katholischen Ländern vor, ohne zu bedenken, daß sie großenteils Folgen jener unseligen Trennung sind. Je edler das Glied ist, desto tiefer erschüttert es den Körper, wenn es anfängt, seinen Dienst zu versagen. Je höher der Beruf des deutschen Volkes für die Entwicklung der christlichen Weltordnung war, desto gründlicher und dauernder mußte die ganze Weltordnung erschüttert werden, als jenes Glied seinen Dienst versagte; desto länger wird es dauern, bis ein neuer Zweig den abgefallenen Ast ersetzen und den Beruf erfüllen kann, den das deutsche Volk von sich gewiesen hat.

Der heil. Bonifatius hatte nun das Werk vollendet, welches ihm Gott aufgetragen hatte. Als Erzbischof von Mainz wendete er noch einige Jahre an, um es nach allen Seiten hin sicherzustellen und zu befestigen, damit es nach seinem Tode von seinen Nachfolgern fortgesetzt werden könne. Er fühlte nun das Ende seiner Tage herannahen. Gott hatte ihm aber noch eine andere Krone vorbehalten, um auf diesem heiligen Haupte alle Segnungen zu vereinen. Mit Erlaubnis des Heiligen Vaters übertrug er auf seinen geliebten Schüler Lullus das Erzbistum Mainz. Er nahm dann in rührender Weise von ihm und seiner Diözese Abschied, verkündete ihnen seinen nahen Tod vorher und befahl, das Totentuch, in welches einst sein Leichnam eingewickelt werden sollte, seinen Büchern beizulegen. Dann ging er nach Friesland, um auch dort das heilige Feuer der Liebe Jesu zu verbreiten, welches so mächtig in seinem Herzen brannte. Er war im folgenden Jahre bis nach Dockum vorgedrungen, als er gewürdigt wurde, die Märtyrerkrone zu erlangen. Als er eben im Begriffe stand, den Neugetauften die hl. Firmung zu erteilen, einige Tage nach dem Pfingstfeste, am 5. Juni 755, da überfielen ihn dort die Heiden und ermordeten ihn und seine Begleiter. Aber auch hier wurde das Blut des Heiligen und seiner Gefährten ein fruchtbarer Same des Christentums, und wie er Hessen einst mit seinem Worte bekehrt hatte, so vollendete er die Bekehrung Frieslands mit der Vergießung seines Blutes. Kurze Zeit später war das ganze Land dem Christentume gewonnen. So endete der heil. Bonifatius, der, wie ein großer Geschichtsforscher so wahr sagt, als ein fünfundsiebenzigjähriger Greis den Tod findend, von seinem vierten Jahre an, also in der Tat ein langes Leben von siebzig Jahren hindurch, nur eine Liebe gehabt hatte, nur ein Streben — die Liebe zu Christus und das Streben, das Reich Christi zum Siege zu führen.

Werfen wir nun noch, Vielgeliebte, einen flüchtigen Blick auf das Mittel, welches der heil. Bonifatius anwandte, um eine solche Fülle des göttlichen Segens und Gedeihens auf alle seine Unternehmungen herabzuziehen. Wir können daraus die große Lehre entnehmen, wie auch wir handeln müssen, wenn Gott unsere Bestrebungen segnen soll.

Dieses Mittel war die Reinheit seiner Absicht und sein Gehorsam gegen Gott und Gottes Führung. Er folgte in seinem ganzen Leben der Stimme Gottes, die er in der Kirche erkannte. Sein Werk war dadurch nicht mehr sein Werk, sondern Gottes Werk durch ihn. Die großen Gedanken, die er aufgriff, an deren Ausführung er sein Leben setzte, die ihn so lange dann überlebten und fortwirkten, waren nicht seine Erfindung, sondern Gottes Gedanken. Nicht er, sondern Gott hatte den Ratschluß gefaßt, die deutschen Stämme zum Christentume zu bekehren, sie zu einem großen Volke zu vereinen, sie später zum Hüter seiner Kirche zu bestellen. Der heil. Bonifatius nahm aber den Willen Gottes, wie er ihn mehr und mehr erkannte, mit vollkommenem Gehorsame und großem Gottvertrauen in sich auf, und so ist er würdig geworden, daß Gott durch ihn so Großes getan hat. Auch er kann mit Maria sprechen: „Fecit mihi magna, qui potens est. Großes hat an mir getan, der da mächtig ist". Gotteswerk hat er vollbracht, nicht Menschenwerk, und deshalb sehen wir heute noch die Frucht seines Wirkens, und sein Ruhm bleibt in Ewigkeit. Solche Männer werden die wahren Wohltäter des Menschengeschlechtes im Großen und im Kleinen, im öffentlichen und im häuslichen Leben, die da wahrhaft nicht sich und ihre Gedanken und ihre Ehre suchen, sondern Gottes heiligen Willen zu erfüllen streben!

Gottes Willen und Ratschluß erkannte aber der heil. Bonifatius nicht nur durch die Stimme des Gewissens, bei welcher leicht Selbsttäuschungen mitunterlaufen, oder nur durch das Licht der Vernunft, welche so oft irrt, oder durch ein geschriebenes Wort Gottes, über dessen Sinn der irrende menschliche Geist zu entscheiden hat, sondern durch die lebendige Stimme Gottes in seiner einen, sichtbaren, katholischen Kirche unter dem sichtbaren Oberhaupt, dem Papste. Der heil. Bonifatius hatte, wie ich vorher mit jenem Schriftsteller gesagt habe, nur eine Liebe, die Liebe zu Christus, nur ein Streben, das Streben, das Reich Christi zum Siege zu führen. Er kannte aber auch nur einen Weg, um diese Liebe zu erlangen, dieses Streben zu erreichen, den Weg, welchen uns Christus in seiner Kirche gezeigt hat. Von dem schmalen Wege, der zum ewigen Leben führt, weichen nicht nur jene ab, die sich von der Welt- und Selbstliebe statt von der Liebe Gottes leiten lassen, sondern auch jene, welche die Liebe Christi und den Sieg seines Reiches im Geiste des Hochmutes auf einem anderen Wege erstreben als dem des Gehorsams gegen die Kirche, die Christus gegründet hat. In diesem Gehorsam sah der heilige Bonifatius den Gehorsam gegen Gott selbst und gegen Christus, der die Kirche gestiftet hat; in ihm fand er den sicheren Prüfstein zur Erkenntnis des Willens Gottes. Daher seine vielen Reisen nach Rom und seine vielen Schreiben und Sendungen an den Papst mitten unter den schwersten Arbeiten, um dort Rat und Entscheidung zu holen. Daher aber auch sein übernatürlicher Mut und die übernatürliche Klarheit seines Blickes, wenn er auf diesem Wege einmal von dem Willen Gottes überzeugt war.

In dem reichen Schatze der Kirche fand der heil. Bonifatius auch alle Hilfsmittel zu seinem mächtigen geistigen Wirken. Dort fand er die Wahrheit, um die geistige Finsternis der heidnischen Völker zu erleuchten, und zwar nicht etwa bloß in einem versiegelten göttlichen Buche mit vieldeutigem Sinne; sondern er fand dort den lebendigen, fortlebenden Sinn, den Geist des Wortes selbst, in dem heil. Geiste, der durch das Lehramt der Kirche redet. Dort fand er nicht nur ein äußeres Zeichen der Wahrheit, den Buchstaben, sondern den Geist der Wahrheit. Dort fand er, um den Seelen das Leben wiederzugeben, jenen siebenfachen Strom der Gnade und des Lebens, der in dem Fels entspringt, welcher Christus ist[1]). Dort fand er jene heiligen Vereine und Anstalten, die, auf die evangelischen Tugenden der Keuschheit, der Armut und des Gehorsams gegründet, das Leben schwacher, sterblicher Menschen mit übernatürlicher Kraft erfüllen, jene Klöster, die so Großes in der Kirche gewirkt haben. Er verpflanzte sie jetzt von seiner Heimat her, wo er selbst von zartester Jugend an in ihnen seine Bildung empfangen hatte, auf deutschen Boden. Zugleich zog er von dort eine Schar heiliger Männer und Frauen herbei, die diese Pflanzstätten heiliger Wissenschaft und Tugend unter seiner Leitung gründeten. So entstand unter vielen anderen namentlich auch das berühmte Kloster an der Fulda, welches von da an so reichen Segen über die Kirche in Deutschland verbreitet hat. Dort fand er endlich jenen göttlichen, festen Bau, der auf dem Fundamente der Apostel und dem Eckstein Jesu Christi gegründet ist und sich durch die Sendung und Nachfolge von den Aposteln durch alle Jahrhunderte erweitert. In diesen Bau fügte er alle neuen Teile ein, die er der Kirche gewann, so daß sie lebendige Glieder am Leibe Christi, lebendige Steine am Reiche Gottes wurden.

In dieser Weise und mit solchen Mitteln hat der heilige Bonifatius seine Arbeit vollendet. Der Ge-

1) 1. Kor. 10, 4.

horsam gegen die Kirche führte ihn stets sicher zur Erkenntnis des göttlichen Willens. Auf diesen Felsen gründete er sein Werk, nicht auf den Sand wechselnder Menschenmeinung. Wir können uns daher nicht über den Segen wundern, der allen seinen Unternehmungen zuteil ward. Gott beschützt ja sein eigenes Werk in der Arbeit der Menschen, die seinen Willen erfüllen. Es ist ein Gott, sagt der heilige Franz von Sales, und deshalb liebt Gott alles, was zur Einigung führt, und verabscheut die Trennung. Wie sehr mußte Gott also den heiligen Bonifatius lieben und segnen, unter dessen Hand sich alles, auch das Widerstrebendste, vereinigte, der selbst in der innigsten Gemeinschaft mit Christus und dem sichtbaren Mittelpunkte der Kirche alles, was er mit seinem Wirken erreichte, zur Einheit des Glaubens und der Liebe in der einen Kirche verband. Dadurch unterscheidet sich recht eigentlich das Wirken der Gesandten Gottes von dem Wirken der falschen Propheten, daß jene, was getrennt ist, verbinden, diese, was verbunden ist, auseinander reißen. „Wer nicht mit mir ist, ist wider mich; wer nicht mit mir sammelt, der zerstreut[1]).“ Ein solcher Gesandte, den Gott dem deutschen Volke schickte, der da verband, was getrennt war in diesem Volke, und mit Christus sammelte, was zerstreut war, der das Wort Gottes nicht zur Zerstörung, sondern zum Aufbau, nicht zum Bruderhasse, sondern zur Bruderliebe benutzte, war der heilige Bonifatius, dessen Fest wir begehen wollen. O möchte seine Arbeit nicht zerstört worden sein!

Die beiden zur Feier insbesondere berufenen Städte sind Fulda und Mainz, — Fulda, wo die Gebeine des Heiligen nach seiner eigenen Bestimmung ruhen; —

1) Luk. 11, 23.

Mainz, wo der heilige Bonifatius seinem Werke der Einigung der deutschen Völker in der Kirche Christi Halt und Festigkeit gab, wo der Vorrang, den er selbst als Primas der Kirche in Deutschland besessen, noch so lange als Zeugnis seines Wirkens fortbestand, wo endlich, wenn auch unter ganz anderen Verhältnissen, noch der bischöfliche Sitz fortlebt, den er einst eingenommen....

Ich lade euch also zu dieser Feier hiermit ein: Wir wollen das Andenken feiern an alle Segnungen, welche Gott durch das Christentum, durch die Erkenntnis und Liebe seines eingebornen Sohnes seit elfhundert Jahren über unser deutsches Vaterland, über uns und unsere Eltern ausgegossen hat. Wir wollen das Andenken feiern an den heiligen Bonifatius, der das Werkzeug der Erbarmungen Gottes und der größte Wohltäter des deutschen Volkes geworden ist. Wir wollen das Andenken feiern an jene Zeit, wo Deutschland noch einig im Glauben, ein einiges mächtiges Volk zur Ehre Gottes auf Erden war. Wir wollen Gott anflehen, daß er auf die Fürbitte der unbefleckten Königin des Himmels und des hl. Bonifatius den Glauben in uns vermehre, die Kirche in Deutschland beschütze und uns zur Einheit des Glaubens zurückführe. Wir wollen endlich unsere Herzen nach der Lehre und dem Beispiele des hl. Bonifatius zu Gott bekehren, damit wir hoffen können, von ihm erhört zu werden. Größere Gedanken und Güter können nicht Gegenstand eines Festes sein; — einen größeren Heiligen und Wohltäter hat kein Volk, einen größeren Bischof keine Diözese zu verehren. O welch ein Fest würde das sein, wenn wir selbst noch würdige Söhne des heiligen Bonifatius wären, und wenn die Bewohner aller deutschen Länder, deren Wohltäter er einst gewesen, wenn Hessen und Thüringer, Bayern und Franken, Friesen und Sachsen, für die er gebetet, sich mit uns an demselben beteiligen könnten! Das freilich kann nicht mehr geschehen, — solche Feste gibt es nicht mehr für unser zerrissenes Vaterland, — wir sind mit unserer Geschichte zerfallen, — für viele fängt sie erst mit der Zeit vor dreihundert Jahren an, mit der Zeit der Zerrissenheit, und die Zeit der Einigkeit kennen sie nicht; — anderen wird die Zeit erst groß mit dem Tage, wo sie selbst geboren sind. Das ist der Schmerz, der sich in unsere Freude mischt. Dennoch werden wir das Fest des heiligen Bonifatius nicht allein begehen. Die Bischöfe aus Deutschland, welche im vorigen Jahre am Grabe der Apostelfürsten, da, wo einst der heilige Bonifatius zum Bischofe der Deutschen geweiht worden ist, versammelt waren, haben dort den Entschluß gefaßt, sich mit Gottes Hilfe zur Feier des Bonifatiustages in Mainz zu vereinigen, und sie haben die übrigen Bischöfe von Deutschland eingeladen, das Fest durch ihre Gegenwart zu verherrlichen. So haben wir also die frohe Hoffnung, daß ein nicht kleiner Teil der hochwürdigsten Oberhirten unseres Vaterlandes und mit ihnen gewiß auch viele Gläubigen sich zu diesem Feste mit uns vereinigen werden.

Geliebte Diözesanen! Bewohner der Stadt und des Bistums Mainz! Ihr steht vor allen andern im deutschen Vaterlande noch in einem besonders innigen Verhältnisse zu dem heiligen Bonifatius. Als Erzbischof von Mainz hat er den bischöflichen Ring dieser Kirche — das Sinnbild der innigen Verbindung zwischen dem Bischofe und dem ihm anvertrauten Teile der Braut Christi — getragen, und durch die ununterbrochene Reihenfolge der Bischöfe dieses bischöflichen Stuhles reicht dieses heilige Band von dem heiligen Bonifatius bis zu jedem unter euch herab. Am Throne Gottes hat er seine Kinder gewiß nicht vergessen, und wie er einst auf Erden von glühendem Seeleneifer für unsere Vorfahren erfüllt war so verlangt er auch jetzt, wo er die ewige Liebe von Angesicht zu Angesicht schaut, nach dem Heile unserer unsterblichen Seelen. O möchtet auch ihr nie vergessen haben, daß ihr Kinder und Erben eines solchen Vater seid! Die Erbschaft, die er uns hinterlassen hat, ist de heilige, katholische Glaube, die Frömmigkeit und Tugend, die aus dem Glauben entspringt. Wie manch unter uns haben diese Erbschaft mit dem verlorenen Sohne verschwendet, luxuriose vivendo, durch ein ausschweifendes Leben[1]). Das Feuer, welches der heilig Bonifatius entzündet hat, ist in den Herzen vieler erloschen, — der Boden, den er einst in seinem Schweiß bebaut, ist vielfach mit Unkraut bewachsen. Möcht daher, Vielgeliebte, dieses Fest für alle ein Tag de Erneuerung sein, in dem Glauben und in dem Geiste den einst der heil. Bonifatius hier verbreitet hat. „Gedenke", kann ich mit Moses euch zurufen, „der alten Tage, betrachte alle Geschlechter: frage deinen Vater, e wird dir's verkünden, deine Ahnen, sie werden dir's sagen[2])." Wenn die Kanaaniter den Baal anbeteten so war das ein großes Verbrechen; wenn aber di Juden, die von Abraham abstammten, dem Baal folgten so war ihr Verbrechen um so größer, je größere Wohltaten sie empfangen hatten. Wenn die Bewohner anderer Länder, die keine Geschichte und keine Erinnerung haben, vor dem Baal unserer Tage, der frechen Gottlosigkeit und Unsittlichkeit, das Knie beugen, so sind si weniger schuldig; — wenn aber wir, deren Geschicht an die Anfänge des Christentums reicht, deren christlich Erinnerungen so groß sind, die von solchen Vätern abstammen, wenn wir, dies alles vergessend, unsere Ge

1) Luk. 15, 13. — 2) Deut. 32, 7.

danken, Anschauungen und Bestrebungen aus den unlauteren Quellen, aus den schmutzigen Quellen schöpfen, aus welchen dieser Zeitgeist entspringt, welch eine Sünde begehen wir dann! Ja, Vielgeliebte, gedenket der alten Tage, betrachtet die alten christlichen Geschlechter, fraget euern Vater, den heil. Bonifatius, er wird es euch verkünden, eure Ahnen, die vielen heiligen Lehrer, sie werden es euch sagen.

Kommet also in jenen Tagen hierher zu unserem bischöflichen Sitze. Vereiniget euch mit uns und den übrigen hier anwesenden Oberhirten im Gebete und in der Verehrung des heil. Bonifatius. Kommet aber nicht zu diesem Feste wie Kinder der Welt, sondern wie Kinder des heil. Bonifatius. „Wenn ihr Kinder Abrahams seid, so tuet auch Abrahams Werke[1]." „Bringet würdige Früchte der Buße, und waget nicht zu sagen: Wir haben Abraham zum Vater. Denn ich sage euch, Gott kann dem Abraham aus Steinen Kinder erwecken[2])." In diesen Worten sagt uns der Heiland, wie wir das Andenken unserer geistigen Väter ehren sollen. Wir sollen ihre Werke tun. Wir sollen würdige Früchte der Buße tragen. Der würdige Empfang der hochheil. Sakramente zur Gewinnung des Ablasses bietet euch dazu die beste Gelegenheit. Fern aber sei es von uns, daß Gott um unserer Sünden willen dem heil. Bonifatius andere Kinder erwecke und uns verwerfe.

Möge also der liebe Gott gnädig auf dieses Fest herabsehen und uns die Gnade erteilen, es würdig zu seinem Lobe und zur Ehre seines großen Dieners, des heil. Bonifatius, zu begehen. Du aber, o heiliger Bonifatius, bitte für diese deine Kinder und für unser ganzes deutsches Vaterland.

1) Joh. 8, 39. — 2) Luk. 3, 8.

Die Gnade unseres Herrn Jesu Christi sei mit euch allen.

Über die Pflichten des Christen in gegenwärtiger Kriegszeit.

An die Geistlichkeit und die Gläubigen des Kirchensprengels. Vom 9. Juli 1866. Mainz.

Schwere Tage sind über unser armes Vaterland hereingebrochen; noch schwerere stehen uns wohl bevor. Die alten Wunden, an denen Deutschland einstens verblutete, sind aufs neue aufgerissen. Wieder stehen Deutsche gegen Deutsche im Kampfe, verbunden mit fremden Völkern, um deutsche Völker zu bekriegen, um eine deutsche Macht zugrunde zu richten. Das ist unser altes unseliges Verderben, das seit Jahrhunderten auf uns lastet und das mächtigste Volk der Erde nicht nur kraft- und hilflos macht, sondern es auch immer wieder in Erniedrigung und Elend stürzt. Es gehört ja fast zum europäischen Völkerrechte, daß fremde Mächte über uns beraten, verfügen, als ob wir ein unmündiges Volk wären. Seit den glorreichen Befreiungskriegen von 1813—1815 schienen diese alten Wunden nach namenloser Schmach endlich geheilt; das Blut, das damals gemeinsam geflossen war, hatte endlich alle deutschen Völker so innig verbunden, daß man die Wiederkehr der alten Zwietracht für unmöglich hielt; seit fünfzig Jahren schienen diese alten Wunden so vernarbt, daß der Gedanke, es könne jemand wagen, sie wieder aufzureißen, verschwunden war; und jetzt klaffen sie wieder weit auseinander, und Gott allein weiß, welche Saat der Zwietracht, des Bruderhasses und des Verrates an Deutschland daraus in Zukunft hervorgehen wird.

Alle die Hände, die seit lange im Verborgenen dieses nationale Unglück vorbereitet haben, haben an Deutschland eine furchtbare Untat vollbracht. Kein Übel im Innern Deutschlands war so groß, daß es den Bruderkrieg und das Bündnis mit dem Auslande zur Führung desselben rechtfertigen konnte. Jetzt ist wieder die alte Bahn des Verderbens eröffnet. Das Recht ist tief erschüttert; jede deutsche Macht, die aus diesem schrecklichen Kampfe ihr Dasein rettet, muß der andern wieder im tiefsten Mißtrauen gegenüberstehen und in ihr einen Feind erkennen, der nur auf den rechten Zeitpunkt lauert, um ihr zu schaden, und dann vor keinem Mittel zurückschreckt. Geheime Bündnisse mit dem Auslande, um sich vor diesem versteckten Feinde zu schützen, mit aller Erniedrigung und Schmach, welche sie uns gebracht haben, werden wieder die Zukunft der deutschen Geschichte vergiften. Selbst der Heldenmut, mit dem die beiden großen deutschen Heere gekämpft haben, ist ein Gegenstand der Trauer. Mit Wehmut denken wir daran, was mit einer solchen Macht hätte geschehen können, wenn sie den Kampf für das Recht und Deutschlands Ehre vereint aufgenommen hätte; mit Wehmut und Schmerz denken wir daran, welcher innere Haß sich dagegen aus so vielem vergossenen Blut entwickeln kann. Mag es auch gelingen, im Bunde mit Frankreich und Italien jetzt Österreich zu demütigen, das offenbar auf einen solchen Kampf nicht hinreichend vorbereitet war, wie bald können sich diese Beziehungen unter den Völkern wieder ändern, wie bald andere Bündnisse gestalten, und der Kampfplatz wird dann Deutschland sein und das Ziel, Rache zu nehmen an dem deutschen Brudervolke. Der Deutschland liebt, kann nur mit Tränen in den Augen auf die Zukunft hinblicken, die unserm

Vaterlande aus den Taten bevorstehen, die in den letzten Tagen vollbracht wurden.

Allen diesen großen Kümmernissen und Drangsalen gegenüber ist es aber unsere Pflicht, uns nicht bloß von dem Schmerze hinreißen zu lassen, der nur zu natürlich ist, sondern ihnen mit jener Gesinnung entgegenzutreten, mit denen zu allen Zeiten die Christen große und schwere Prüfungen ertragen haben. Es sind insbesondere vier Christenpflichten, die wir jetzt zu erfüllen haben, und auf die ich euch, geliebte Diözesanen, kurz hinweisen will.

Wir müssen vor allem diese Ereignisse *mit den Augen des Glaubens* ansehen und nicht allein von ihrer irdischen Seite; wir müssen nicht nur in ihnen die Taten der Menschen, sondern *die Zulassung und das Walten Gottes* betrachten. In schweren Leiden zeigt sich uns insbesondere in vollem Maße das Glück und der Trost des Glaubens. Wie Christus den Tod überwunden hat, so hat er auch in gewissem Sinne schon in diesem irdischen Leben das Leiden von uns hinweggenommen. Denn wie groß auch die Leiden sein mögen, die über uns kommen, so hat er uns doch im Glauben einen himmlischen Trost geboten, der jedes Leiden überwindet. In diesem Glauben erkennen wir, daß über allen Kämpfen der Menschen die Vorsehung Gottes wacht. Mögen auch die Menschen Böses tun und Böses sinnen, sich bekämpfen und beschädigen: wir wissen, daß über ihnen ein liebevoller Vater aller Menschen herrscht, der in jedem Augenblick dem Bösen Einhalt gebieten kann, der das Böse zum Guten zu lenken weiß, der uns nur straft, um uns zu bessern, der durch die Strafen die Bösen zur Bekehrung führen, die Guten prüfen will, der mit einem Worte aus dem Kreuze allen Segen spendet und durch das Kreuz die Welt erlöst. Auf ihn wollen wir um so vertrauensvoller, um so kindlicher, um so fester hinblicken, je trauriger die Dinge sind, die wir in der Welt erblicken. Diese schmerzensvollen Weltereignisse sollen uns zu Christus hinführen, der immer und überall und in allen Verhältnissen unsere einzige Hilfe, unser einziger Trost und unser einziger Erlöser ist. Wer ihn erkennt und liebt, dem gereicht alles wahrhaft zum besten.

Unsere zweite Pflicht ist dann helfen: helfen, soweit wir können; helfen mit allen Mitteln, die uns zur Verfügung stehen; helfen, je nachdem die Not wächst; helfen nach der Verschiedenheit der Verhältnisse, wie sie in diesen Zeiten eintreten können. Schon jetzt bluten Tausende von Wunden, deren Schmerzen wir zu lindern vermögen. Feinde haben wir ja als Christen nicht, Feinde haben wir um soviel weniger in diesem furchtbaren Bruderkampf, wo sich lauter Völker gegenüberstehen, die wir mit gleicher Liebe als Söhne desselben Vaterlandes umfassen. Ich ermahne euch daher, Geliebte, in dieser Zeit mit besonderem Nachdruck zu allen Werken der christlichen Nächstenliebe gegen alle, die in diesem Kampfe leiden. Es haben sich überall zu diesem Zwecke Vereine gebildet; wo noch keine bestehen, da müssen sie gebildet werden. Unterstützet sie mit eueren besten Kräften!

Unsere dritte Pflicht, die wir als Christen zu erfüllen haben, besteht darin, daß wir auch von unserer Seite geduldig den Teil der Leiden ertragen, der infolge dieses Bruderkrieges auf jeden von uns fällt. Viele von euch haben Söhne oder Brüder und Anverwandte im Felde und sehen mit Besorgnis auf sie hin. Wenn der Kampf weiter geht, so wird auch in manches Haus der Schmerz um Verwundete und Tote einkehren, wie er jetzt schon in vielen Familien in den andern deutschen Ländern eingekehrt ist. Endlich haben viele von Euch durch die Stockung der Geschäfte häuslichen Kummer und Sorgen aller Art. Traget, Geliebte, diese Leiden mit Gottvertrauen und mit Ergebung im Geiste des Glaubens. Alle diese Schmerzen sind zugleich für den Christen ein Mittel, dem gekreuzigten Heiland ähnlich zu werden und ihm auf dem Kreuzwege nachzufolgen, auf dem wir zur Vereinigung mit ihm in der ewigen Herrlichkeit gelangen sollen.

Endlich bleibt uns noch eine letzte Christenpflicht in dieser Zeit zu erfüllen. Wir müssen uns innerlich zu Gott bekehren und beten. Das ist insbesondere der Wille Gottes bei den Trübsalen, die er uns schickt; dadurch können wir diese kummervolle Zeit uns allen nützlich für unser Seelenheil machen; dadurch können wir unsern leidenden Brüdern zu Hilfe eilen; dadurch können wir mitwirken, die Dauer der Not abzukürzen. Durch unsere Sünden haben wir alle an den Strafen, die Gott entweder unmittelbar sendet, oder die er zuläßt, mitgewirkt. Gott hat in den letzten Jahren den Menschen reichen irdischen Segen gespendet. Die Menschen haben ihn vielfach nicht benutzt, um ihm dafür zu danken, sondern Gottvergessenheit, Hochmut, Vergnügungssucht und Sünde waren so oft der Dank, den die Menschen ihm dafür gebracht haben. Wir wollen daher diese Zeit als eine uns von Gott auferlegte Bußzeit betrachten, uns reumütig zu Gott hinwenden und in diesem Geiste der Buße anhaltend beten. Wir wollen auch beten für alle unsere leidenden und verwundeten Brüder, wie nicht minder für die Seelen der abgeschiedenen Soldaten. Betet für ihren Leib, betet für ihre Seele! Betet für sie, daß Gott die Leiden, die sie in treuer Pflichterfüllung zu tragen haben, ihnen zum Heile ihrer Seele anrechne. Durch das Gebet können wir unsichtbarerweise täglich an das Schmerzenslager der Verwundeten und Kranken hintreten und ihnen geistigen Trost und eine geistige Stärkung bringen. Möchte keiner von euch dieses tägliche und anhaltende Gebet unterlassen. . . .

Die Kirche betet in ihren Tagzeiten an den gewöhnlichen Wochentagen täglich um den Frieden. Sie ruft da zu Gott: „Herr gib uns den Frieden in unsern Tagen, denn es ist kein anderer, der für uns kämpft, als du Herr unser Gott". In dieser Gesinnung, Vielgeliebte, wollen wir in dieser ernsten, trüben Zeit vereint und vertrauensvoll beten. Friede und Eintracht kommt von Gott; Streit, Haß und Bruderkampf kommt von den Menschen und ihren Leidenschaften. Der Gott des Friedens wird unser Gebet erhören, und so lange auch die äußern Kämpfe dauern, wird er selbst mitten unter ihnen denen den Frieden der Seele geben, die ihn in Gott, in Christus und in seinem Dienste suchen. Der Friede unseres Heilandes Jesus Christus komme über uns und bleibe bei uns allen in Ewigkeit. Amen.

Über die christliche Arbeit.

An die Geistlichkeit und die Gläubigen seines Kirchensprengels. Vom 1. Februar 1877. Mainz.

Im vorigen Jahre haben wir die Wahrheit betrachtet, daß der Wohlstand im Volke vor allem von Sittlichkeit und Tugend abhängt. Sittlichkeit und Tugend hängen aber wiederum von der Religion ab, und deshalb sind Volkswohlstand und Religion innig mit einander verbunden.

Dieser Wahrheit stehen hauptsächlich zwei Irrtümer entgegen.

Die einen, die Feinde der Religion, sagen, daß die Religion sich nur um den Himmel bekümmere, nicht aber um das irdische Wohlergehen der Menschen; daß sie diese vielmehr gleichgültig gegen dasselbe mache. Die anderen gehen zwar nicht so weit; aber auch sie verkennen mehr oder weniger den Wert der Religion für den Wohlstand im Volke, indem sie die Mittel, dem vielfachen Elend auf Erden abzuhelfen, hauptsächlich oder gar ausschließlich in äußeren Dingen suchen. Daher kommt es auch, daß manche, die durch eigene Schuld in Not und Elend geraten sind, den wahren Grund davon nicht erkennen, sondern ihre Mitmenschen oder äußere Verhältnisse dafür verantwortlich machen, und anstatt sich selbst anzuklagen, ihr Herz mit Haß und Bitterkeit gegen andere erfüllen.

Das eine ist so falsch wie das andere. Alle Wahrheiten, die die Religion lehrt, fördern zugleich auch das irdische Glück und den Wohlstand im Volke. Freilich betrügt die Religion die Menschen nicht mit Vorspiegelungen und Versprechungen einer irdischen Glückseligkeit, die es nirgends gibt, oder mit dem Wahne, den die tägliche Erfahrung widerlegt, daß irdische Genüsse wahrhaft glücklich machen können. Sie macht aber die Fürsorge für das zeitliche Fortkommen den Menschen zur Pflicht und bietet dazu die wirksamsten Mittel, ohne welche alle anderen nichts oder wenig helfen. Ein wahrhaft nach den Grundsätzen des Christentums lebendes Volk wird auch verhältnismäßig ein wohlhabendes Volk sein; ein Volk dagegen, das sich von Religion und Christentum abwendet, wird immer ähnliche Erscheinungen hervorrufen wie das alte Heidentum: Verarmung der Masse des Volkes und unermeßlicher Reichtum, grenzenlose Schwelgerei einzelner.

Diesen Zusammenhang zwischen Religion und Volkswohlstand haben wir nun im vorigen Jahre betrachtet. Namentlich habe ich ihn an den Tugenden der Mäßigkeit, Sparsamkeit, Keuschheit und vernünftiger Standeswahl nachgewiesen. Ich habe gezeigt, daß ohne dieselben weder eine gute Gesetzgebung, noch die zweckmäßigsten volkswirtschaftlichen Einrichtungen, noch der Staat überhaupt die Verarmung der Massen des Volkes abwenden kann; daß dagegen, wo jene Tugenden blühen, auch unter sonst ungünstigen Verhältnissen ein gewisser Wohlstand sich verbreiten wird. So bewährt sich die Wahrheit des alten Spruches: An Gottes Segen ist alles gelegen.

Ich habe aber eine Tugend noch nicht näher besprochen, welche ganz besonders diese Wahrheit uns vor Augen stellt, nämlich die Tugend der christlichen Arbeit. Ihrer Wichtigkeit wegen habe ich ihre Betrachtung verschoben, um sie nunmehr ausführlich zu behandeln.

Mit der Arbeit geht es wie mit anderen wertvollen Dingen, deren Bedeutung wir leicht übersehen, weil sie alltäglich sind. Was ist alltäglicher als das Licht? und doch ist es eines der wohltätigsten Werke Gottes und offenbart uns nicht nur die Geschöpfe dieser Welt, sondern erhebt selbst unsere Gedanken zu der Quelle des ewigen Lichtes und der Wahrheit. Was ist alltäglicher als das Brot? und doch ist es nicht nur die notwendige Bedingung des irdischen Lebens, sondern das wahrhafte Sinnbild jener Seelenspeise, die der Welt das ewige Leben gibt. So hat auch die Arbeit ein überaus großes und zugleich geheimnisvolles Wesen an sich und steht mit den wichtigsten kirchlichen Angelegenheiten in innigster Verbindung.

Diese wahre Bedeutung der Arbeit erkennen wir aber vollkommen nur aus der göttlichen Offenbarung. Wir wollen daher zuerst betrachten, was uns das Wort Gottes von der Arbeit sagt, und daraus dann die weiteren Folgerungen ziehen.

I. Das göttliche Gesetz der Arbeit.

Was uns die Heilige Schrift auf ihren ersten Blättern erzählt, verbreitet sogleich das hellste Licht auf die ganze Geschichte des menschlichen Empfindens. Dort finden wir gleich im Anfange den eigentlichen und wahren Grund aller späteren Entwicklungen; dort die Lösung aller Rätsel, die sich durch die Geschichte der Menschheit ziehen; dort die Erklärung des Widerspruches zwischen der Erhabenheit und der Niedrigkeit der menschlichen Natur, zwischen ihrer Sehnsucht nach Leben und Glückseligkeit, und der Wirklichkeit des Todes und des Unglückes; zwischen soviel Gutem und soviel Bösem, soviel Liebe und soviel Haß, soviel Gerechtigkeit und soviel Ungerechtigkeit, soviel Opfersinn und soviel Selbstsucht, soviel Wahrheit und soviel Lüge auf Erden; dort endlich auch die unwandelbaren Grundsätze, von deren Anerkennung oder Verwerfung das Glück oder Unglück des einzelnen Menschen wie ganzer Völker abhängt. Zu diesen Grundwahrheiten, welche die ganze Geschichte des Menschengeschlechtes aufhellen, gehört die Schöpfung der Welt, die Gottähnlichkeit des Menschen, die Einsetzung der Ehe, der Sündenfall und dessen Strafe: der Tod, die Erlösung und deren letztes Ziel: Leben und Glückseligkeit. Zu diesen Grundwahrheiten gehört aber auch das Gesetz der mühevollen Arbeit.

Der Wortlaut dieses Gesetzes ist euch, geliebte Diözesanen, bekannt. Nachdem die Stammeltern gesündigt hatten, sprach Gott zu Adam: „Weil du Gehör gegeben der Stimme deines Weibes und von dem Baume gegessen hast, von dem ich dir geboten habe, nicht zu essen, so sei die Erde verflucht ob deiner Tat; in Mühen wirst du essen von ihr alle Tage deines Lebens. Dornen und Disteln wird sie dir tragen. Im Schweiße deines Angesichtes sollst du dein Brot essen, bis du zur Erde wiederkehrst, von der du genommen bist[1])."

Dieses Gesetz der Arbeit ist das erste, welches Gott dem Menschen nach dem Sündenfalle gegeben hat. Schon daraus erkennen wir seine große Wichtigkeit. So-weit wie sich die Sünde über das Menschengeschlecht er-streckt, soll auch dieses Gesetz seine Geltung haben. Es ist das göttliche Grundgesetz für den Genuß der irdischen Güter. Von seiner Beobachtung oder Übertretung hängt daher das fernere Schicksal der Menschen wesentlich ab. Suchen wir zunächst die einzelnen Bestimmungen dieses Gesetzes näher kennen zu lernen.

1. Es ist erstens ein Gesetz für alle Menschen. Adam erscheint hier als der Stammvater und Stell-vertreter des ganzen Menschengeschlechtes. Die Arbeit ist also auch eine Pflicht für alle Menschen. Kein Stand, keine Menschenklasse ist ausgenommen. Wer sich der Arbeit entzieht, verletzt die göttliche Ordnung und das erste Gesetz, welches Gott der sündigen Mensch-heit gegeben hat.

2. Dieses Gesetz ist zweitens unmittelbar und direkt dem Manne gegeben. So lange die Erde, welche Gott erschaffen hat, um die Menschen zu er-nähren, infolge der Sünde Dornen und Disteln trägt und nur durch schwere Arbeit den Menschen Nahrung und Unterhalt bietet, ist diese Arbeit an erster Stelle eine Pflicht des Mannes. An dieser Arbeit soll zwar

1) 1. Mos. 3, 17. 18. 19.

auch das Weib Anteil nehmen. Sie ist ja nach dem Worte Gottes „die Gehilfin des Mannes" und soll als solche dem Manne „untertänig sein". Ihr ist aber als erste und Hauptpflicht die Sorge für die Kinder angewiesen und in notwendiger Verbindung damit die Sorge für den Hausstand. Das ist die von Gott gewollte Ordnung in der Verteilung der Arbeit. Jede Störung derselben hat, weil sie gegen Gottes Willen ist, die verderblichsten Folgen.

3. Das göttliche Gesetz der Arbeit verlangt drittens eine mühevolle Arbeit. Auch im glückseligen Zustande des Paradieses wäre der Mensch keineswegs müßig gewesen; er sollte ja nach der Heiligen Schrift das Paradies bebauen; aber seine Tätigkeit wäre nur mit Freude, nicht mit Mühseligkeit und peinlicher Anstrengung verbunden gewesen. Daß erst infolge der Sünde die Tätigkeit des Menschen zu einer mühevollen Arbeit geworden, spricht das Wort Gottes ausdrücklich und mit großem Nachdruck aus: „In Mühen sollst du von der Erde essen alle Tage deines Lebens." Denselben Gedanken wiederholt dann Gott seiner Wichtigkeit wegen noch einmal: „Im Schweiße deines Angesichtes sollst du dein Brot essen, bis du zur Erde wiederkehrst." Der Schweiß drückt wieder eine Arbeit aus, die mit großer Anstrengung und Selbstüberwindung verbunden ist. Diese Arbeit in Mühe und Schweiß soll aber dauern „alle Tage des Lebens, bis der Mensch zur Erde wiederkehrt".

4. Diese uns von Gott auferlegte mühevolle Arbeit ist viertens eine Strafe für die Sünde. Dieser Grund ergibt sich von selbst aus dem Zusammenhange, und Gott spricht ihn außerdem ausdrücklich aus: „Weil du auf die Stimme deines Weibes gehört und von dem Baume gegessen hast, von dem ich dir geboten, nicht zu

essen, so sollst du dein Brot im Schweiße deines Angesichtes essen.“ Ganz aus demselben Grunde, weil es gesündigt hat, soll das Weib viele Schmerzen mit den Kindern auszustehen haben und dem Manne untertänig sein. Wir müssen daher nie vergessen, daß die mühevolle Arbeit eine Sündenstrafe ist. Wer sich diesen Schmerzen der Arbeit, der mit ihr verbundenen Mühe, dieser Strafe Gottes auf Erden entziehen will, handelt gegen Gottes Gebot; er wird dadurch der Strafe nicht entgehen, ihr vielmehr schon hier im Leben und gewiß in der Ewigkeit anheimfallen.

5. Diese Arbeit in Mühe, Schweiß und Schmerzen, wie Gottes Gesetz sie uns auferlegt hat, ist endlich fünftens die rechtmäßige Bedingung des Essens. Auch diese Bestimmung Gottes ist in dem Gesetze selbst ausdrücklich enthalten: „In Mühen wirst du essen.“ Wer keine Mühe anwenden will, hat also nicht das Recht zu essen. „Im Schweiße deines Angesichtes sollst du dein Brot essen.“ Wer also den Schweiß der Arbeit scheut, der verdient auch nicht das tägliche Brot zu essen. Ganz ähnlich schreibt der heilige Paulus: „Wer nicht arbeiten will, soll auch nicht essen;“ und fährt fort: „Wir haben nämlich gehört, daß einige unter euch unruhig leben, nicht arbeiten, sondern unnütze Dinge treiben. Solche aber beschwören wir im Herrn Jesu Christo, daß sie in der Stille arbeiten und ihr eigenes Brot essen[1].“ An einer anderen Stelle sagt er: „Wir bitten euch aber, Brüder . bestrebet euch ein stilles Leben zu führen, euer eigen Geschäft zu treiben und zu arbeiten mit euren Händen, so wie wir es euch vorgeschrieben haben[2].“ Wir sollen uns also nicht unruhig herumtreiben und uns mit Dingen beschäftigen, die uns

1) 2. Thess. 3, 10—12. — 2) 1. Thess. 4, 10. 11. —

nichts angehen; sondern vielmehr unsere eigenen Geschäfte mit Sorgfalt betreiben und so unser Brot verdienen und genießen.

II. Weitere Erklärung des göttlichen Gesetzes der Arbeit.

Das sind also die fünf Bestimmungen, welche Gott selbst in dieses Gesetz gelegt hat.

Ehe wir nun zu der Übertretung desselben und deren Folgen übergehen, müssen wir noch einige Worte zur näheren Erklärung beifügen.

1. Gott spricht in demselben zunächst von der körperlichen Arbeit. Es versteht sich aber von selbst, daß darin auch die geistige Arbeit eingeschlossen ist. Selbst die körperliche Arbeit läßt sich ja nicht von der geistigen trennen, und wir können der Erde keine Früchte abgewinnen ohne vielfaches Nachdenken. Überdies ist aber der Mensch seiner Gottähnlichkeit und seiner höhern Bestimmung nach zur geistigen Arbeit hauptsächlich berufen. Daher spricht auch der heilige Paulus von der Arbeit „in Wort und Lehre, die doppelte Ehre" und Lohn empfangen soll[1]). Jede treue Pflichterfüllung in den vielen verschiedenen Berufsarten, die Gott den Menschen angewiesen hat, ist daher eine gottgefällige, der Menschheit notwendige und nützliche Arbeit.

2. Die Arbeit, welche Gott uns auferlegt hat, ist ferner zwar eine Strafe; das ist aber keineswegs ihre einzige Bedeutung. In demselben Augenblicke, als Gott nach dem Sündenfalle die Strafe über die Stammeltern aussprach, verband er mit ihr die segnenden Wirkungen der künftigen Erlösung. Gott will nicht den Tod des Sünders, sondern daß er sich bekehre und lebe. Aus-

1) 1. Tim. 5, 17.

der Strafe soll Segen, aus dem Tode wieder Leben hervorgehen. Das gilt auch von der Arbeit. Das Beschwerliche der Arbeit ist zwar geblieben, durch den Erlöser soll aber das, was nur Strafe war, ein Mittel zu unserer Heiligung und zum Segen für die Menschheit werden. Das ist die doppelte Natur der Arbeit im Lichte des Glaubens. Durch die Mühe der Arbeit soll die Begierlichkeit besiegt und die Sünde gebüßt werden; Friede, Freude und Ruhe soll der Lohn sein für die Mühe und Anstrengung, welche die rechte Arbeit kostet. Wir können daher die Segnungen, welche die rechte Arbeit sowohl dem einzelnen Menschen wie dem ganzen Menschengeschlechte bringt, nie hoch genug anschlagen. Sie ist eine überreiche Quelle des Lebens geworden. Ein christlich arbeitendes Volk ist ein glückliches Volk, und ein Mensch, der christlich arbeitet, ein glücklicher Mensch. Ohne Arbeit gibt es weder Glück noch innere Zufriedenheit.

3. Weil aber die Arbeit, welche Gott uns auferlegt hat, eine Arbeit in Schweiß, Mühen und Schmerzen ist, so müssen wir Arbeit und Arbeit wohl unterscheiden. Nur d i e Arbeit ist wahrhaft gottgefällig, mit der treue Pflichterfüllung und mehr oder weniger Mühe und Anstrengung verbunden ist. Nur durch diese Art der Arbeit wird das Gebot Gottes erfüllt. Nur durch sie empfangen wir den überreichen Segen, den Gott mit der Arbeit verbunden hat. Diese Wahrheit wird so oft verkannt. Nicht jede Tätigkeit ist daher christliche Arbeit, sondern nur jene, die Selbstverleugnung und Opfer kostet, die daher das Zeichen des Kreuzes an sich trägt.

4. Auch die Bedeutung des Essens müssen wir nicht bloß im buchstäblichen Sinne nehmen.

Gott hat die mühevolle Arbeit zur Bedingung des Essens gemacht. Wer nicht arbeitet, soll nicht essen.

Das Essen steht aber hier an der Stelle des Genusses aller Güter der Erde. Jeder soll also an den Gütern, die Gott uns zur Erhaltung des Lebens, zur Befriedigung unserer Bedürfnisse gegeben hat, nur Anteil haben, wenn er arbeitet.

Daran knüpft sich noch ein Gedanke. Wer nicht arbeitet, soll nicht essen, verdient also nicht zu leben. Das bezieht sich nicht nur auf das leibliche Leben, sondern noch weit mehr auf das geistige, auf das sittliche Leben. Die eigene, persönliche, mühevolle Arbeit ist für jeden Menschen die unersetzliche Bedingung des geistigen und sittlichen Lebens. Diese Wahrheit muß auch die Grundlage zur richtigen Erziehung des Menschen bilden. Wir können dem trägen, faulen Menschen, der, weil er die Mühe der Arbeit scheut, dem Hungertode nahe ist, Brot geben, damit er nicht verhungert; wir können aber den sittlich trägen Menschen, der nicht an sich selbst arbeiten will, der die Mühe dieser sittlichen Arbeit scheut, durch keine Hilfe unsererseits vor dem geistigen Tod bewahren. Das ist ein unabänderliches Gesetz Gottes. Ohne eigne geistige sittliche Arbeit verkümmern alle guten Keime, die Gott in den Menschen gelegt hat, und schwinden dahin, bis sie endlich dem Tode anheimfallen. Daher ist auch keine Erziehung möglich ohne Mithilfe des Kindes selbst, ohne eigene innere mühevolle Arbeit und Anstrengung. Wo das Kind durch Unverstand der Eltern dazu nicht angehalten wird, wo es vielmehr schon in seiner Jugend lernt, nichts mehr zu fliehen, als jede geistige und körperliche Arbeit, da wird es, wenn ihm auch alle anderen Hilfsmittel der Ausbildung im reichsten Maße geboten werden, doch dem geistigen und sittlichen Verderben entgegengehen.

III. Übertretung dieses Gesetzes und ihre Folgen.

Nachdem wir das göttliche Gesetz der Arbeit nun betrachtet haben, gehen wir zu der Übertretung desselben und deren Folgen über. Dadurch lernen wir auch viele Verhältnisse der Gegenwart, die wahren Heilmittel mancher Übelstände und die innige Verbindung zwischen Wohlstand, Sittlichkeit und Religion immer mehr erkennen.

Gegen kein Gebot haben sich nämlich die Menschen mehr empört, als gegen das: „Du sollst im Schweiße deines Angesichtes dein Brot verdienen." Die mühevolle Arbeit steht im geraden Widerspruch mit der arbeitsscheuen Genußsucht der von Gott abgefallenen Menschennatur. Diese ist unersättlich und will die Welt und ihre Güter nicht durch schwere Arbeit, sondern auf leichterem Wege genießen. Nach diesem Ziele strebt sie ohne Unterlaß und ist unerschöpflich im Aufsuchen der Mittel, um die Last der Arbeit abzuwälzen. Bei allen heidnischen Völkern sehen wir daher, wie die machthabenden Klassen Besitz und Genuß alles dessen, was die Welt bietet, an sich reißen, die mühevolle Arbeit aber auf die Schultern ihrer unterdrückten Mitmenschen legen. Darin bestand das Wesen der Sklaverei: schwelgerischer Genuß der Güter der Welt auf der einen Seite ohne die Last der Arbeit; schwere Arbeit auf der anderen Seite ohne Anspruch auf deren Genuß. So ganz war das Heidentum von dem göttlichen Gesetze der Arbeit abgewichen. Anders war es im Judentum, wo die göttliche Offenbarung solche Verirrungen unmöglich machte; anders ist es im Christentum, wo die Offenbarung ihr volles Licht verbreitet. Da erkannte man wieder die Pflicht und den Wert der mühevollen Arbeit. Weil aber die

Kirche ihre göttlichen Lehren immer nur unter schweren Kämpfen und unter dem heftigsten Widerspruch der verdorbenen menschlichen Natur geltend machen kann, so hat auch in den christlichen Jahrhunderten jene träge Genußsucht nie aufgehört, die Wege aufzusuchen, um das Kreuz der Arbeit abzuschütteln und die Güter, die Gott dem Menschen nur unter der Bedingung mühevoller Arbeit gegeben hat, mit Umgehung dieses Gesetzes an sich zu reißen. Diese Richtung tritt aber, seitdem der Einfluß der Kirche und des Christentums vielfach verdrängt ist, in unseren Tagen mit neuer Kraft und mit Mitteln auf, welche dem alten Heidentum unbekannt waren. Das Bestreben, die Welt und ihre Güter möglichst schnell und mit leichter Mühe zu gewinnen und zu genießen, ist ja das Hauptbestreben unserer Zeit. Daraus erkennen wir auch, daß diese Zeitrichtung im tiefsten Grunde eine Auflehnung gegen das ursprüngliche Gesetz der Arbeit ist.

Dabei ist es ganz einerlei, ob der Mensch reich oder arm ist. Der eine wie der andere, wenn er sich vom Christentum abwendet, hat kein heißeres Verlangen, als so schnell wie möglich reich zu werden, und zwar auf dem Wege, der ihm keine oder möglichst wenige Mühe verursacht. Sobald er die Macht dazu besitzt, wird er tun, was der alte heidnische Sklavenbesitzer tat: er wird die in der Mühe der Arbeit liegende Sündenstrafe auf die Schultern seiner schwächeren Mitmenschen abladen und sich selbst bis zur Übersättigung dem Genusse hingeben. Dieses Bestreben ist nicht ein Fehler, welcher sich nur bei den Reichen findet, den Armen aber fehlt, als ob diese eine andere Natur wie jene hätten, sondern eine Folge der sündhaften Menschennatur, die sich gegen Gottes Gesetz empört. Wo immer deshalb Religion und Christentum schwinden, werden sich die Menschen mehr und mehr in zwei Klassen scheiden, von denen die eine die Güter der Welt in müheloser Trägheit besitzt und genießt, die andere besitzlose Klasse für die erstere die Mühe der Arbeit zu tragen hat. Das wird, wie jede Entwickelung gegen Gottes heiliges Gesetz, oft zu schweren sozialen Kämpfen und Erschütterungen führen; sobald aber die Ruhe einigermaßen zurückgekehrt, wird überall, wo seichte Aufklärung an die Stelle des Christentums tritt, sich dieselbe tiefe Spaltung zwischen arm und reich wieder zeigen. Die Welt, welche Christus und die Erlösung nicht kennt, kommt über mühelosen Weltgenuß der einen und Unterdrückung der anderen durch schwere Arbeitslast nie hinaus. Alle Wahngebilde neuer Systeme werden daran nichts ändern. Der Arbeiter, welcher heute zur Macht gelangt, wird morgen, wenn er keine Religion hat, sich dem Genusse hingeben, und die schwere Arbeit seinen früheren Mitarbeitern aufbürden.

Diese Wahrheiten müssen wir vor Augen haben, um die verschiedenen Arten der Übertretung des göttlichen Gesetzes der Arbeit, welche wir jetzt behandeln wollen, unterscheiden zu können. Dabei ist noch zu bemerken, daß man jenes Gesetz in einer gröberen und in einer feineren versteckteren Form übertreten kann, und daß die Übertretung um so gefährlicher ist, je mehr sie sich in unseren Augen zu verbergen sucht.

1. Wir versündigen uns erstens gegen das Gesetz der Arbeit, wenn wir *garnicht arbeiten wollen*.

Dem Müßiggänger sagt die Heilige Schrift: „O Fauler, gehe zur Ameise und betrachte ihre Wege und lerne Weisheit. Sie, die keinen Führer hat und keinen Lehrer und keinen Gebieter, bereitet im Sommer Speise für sich und sammelt in der Ernte, was sie verzehren will. Wie lange, Fauler, wirst du schlafen, wann aufstehen von deinem Schlafe? Ja kommen wird über dich die Not wie ein Wegelagerer, und die Armut wie ein bewaffneter Mann[1])."

Daß Müßiggang den Wohlstand zerstört, Arbeitsamkeit aber ihn begründet, bedarf keines Nachweises; das lehrt uns die tägliche Erfahrung.

Die Quelle des Müßigganges ist die Trägheit, welche die Kirche zu den sieben Hauptsünden rechnet, aus denen wie aus ebensovielen Quellen viele andere Sünden entspringen. Daher sagt auch das Sprichwort: „Müßiggang ist aller Laster Anfang." Trägheit und Müßiggang bleiben nie allein; sie führen zur Vernachlässigung unserer Pflichten, namentlich der Sorge für die Zukunft, für das spätere Fortkommen, für das Hauswesen, für die Kinder; sie führen zum Leichtsinn, zur Genußsucht, zur Unmäßigkeit, zur Unsittlichkeit, zur Unehrlichkeit, zum Lügen, zum Betrug und Diebstahl. Trägheit und Müßiggang sind wie faules stehendes Wasser, in dem sich allerlei Ungeziefer einnistet. Wie in einem Leichname Fäulnis und Würmer entstehen, so im Trägen Versuchungen und Sünden aller Art.

Diese roheste Form der Übertretung des Gebotes der Arbeit ist aber nicht die gefährlichste, weil der offene Müßiggang etwas so Häßliches ist, daß nur ganz verkommene Menschen sich ihm ohne Scheu hingeben. Viel gefährlicher sind die versteckten Übertretungen dieses Gebotes, und auch diese haben verschiedene Stufen, von denen die eine verderblicher ist wie die andere. Zu diesen gehen wir jetzt über.

2. Wir versündigen uns zweitens gegen dieses Gebot, wenn wir zwar arbeiten, aber nicht so, wie Gott es will; wenn wir nämlich die Mühe, den Schweiß der rechten Arbeit scheuen.

---

1) Sprich. 6, 6—11.

Dieser Sünde machen wir uns schuldig, wenn wir zwar allerlei Geschäfte treiben und uns um vielerlei kümmern, aber unseren Beruf, unsere eigentlichen Standespflichten vernachlässigen, weil sie Anstrengungen, geistige oder körperliche, kosten, die uns lästig sind.

Dieser Sünde machen wir uns ferner schuldig, wenn wir zwar uns wohl einigermaßen mit der Erfüllung unserer Standespflichten beschäftigen, aber unter diesen jene mit Vorliebe auswählen und ihnen die meiste Zeit widmen, welche uns angenehm sind, jene aber, die uns lästig fallen, versäumen, obwohl gerade sie vielleicht die allerwichtigsten sind.

Vielgeschäftigkeit ist daher noch nicht christliche Arbeitsamkeit. Man kann vieles betreiben, ohne im christlichen Sinne arbeitsam zu sein. Jene Menschen, von denen der heilige Apostel Paulus redet, die „unruhig leben" und „unnütze Dinge treiben", hielten sich ohne Zweifel für sehr arbeitsam, und doch sagt der Apostel von ihnen, daß sie nicht arbeiten wollten, d. h. also nicht so, wie Gott es von ihnen verlangt. Jene Weiber, von denen derselbe Apostel sagt: „Sie gehen müßig in den Häusern herum, und nicht nur müßig, sondern auch geschwätzig und vorwitzig, und reden, was sich nicht ziemt[1])," waren auch tätig, geschäftig, und doch nennt der Apostel ihre Tätigkeit Müßiggang.

Diese Geschäftigkeit ohne christliche Arbeitsamkeit ist daher auch nur zu oft ein Deckmantel, womit der Mensch seine Trägheit sich und anderen verbirgt. Manche würden sich vor sich selbst schämen, einzugestehen, daß sie Müßiggänger seien. Vielleicht sind sie sogar strenge Richter über den Müßiggang anderer. Sie bemerken aber nicht, daß ihre Tätigkeit nicht christ-

---

1) 1. Tim. 5, 13.

liche Arbeit ist; daß sie selbst ihre Pflichten vernachlässigen, sobald sie Kreuz und Mühe kosten; ja daß selbst ihre Tätigkeit vielleicht im tieferen Grunde nur Genußsucht ist.

Daher geht auch dieser bloßen Geschäftigkeit der innere Lohn der wahren Arbeitsamkeit ab. Gottgefällige Arbeit in Mühe und Schweiß empfängt sofort einen Lohn in einer inneren Befriedigung, in einer nachhaltigen, geistigen Freude. Tätigkeit ohne christliche Arbeitsamkeit gewährt sie nicht. Diese Vielgeschäftigkeit ist oft nur ein Zeitvertreib, wie dieses sinnvolle Wort es ausdrückt, für jene, denen die Zeit, das kostbarste, was der Mensch besitzt, eben deshalb zur Last wird, weil sie die Last der Arbeit nicht tragen wollen. Sie vertreibt aber die Zeit nur so lange als die Beschäftigung dauert; kaum ist diese vorüber, so bleibt nicht Friede und Freude in der Seele zurück, wie bei der gottgefälligen Arbeit, sondern Überdruß und Ekel. So unterscheiden sich bloße Geschäftigkeit und christliche Arbeitsamkeit auch in ihren Wirkungen.

3. Wir versündigen uns drittens gegen dieses Gebot, wenn wir zwar die Mühe der Arbeit nicht ganz scheuen, *aber durch unredliche Arbeit Güter der Welt erwerben wollen*, die wir durch redliche Arbeit entweder gar nicht, oder nicht so leicht und schnell erlangen können.

Unredlichkeiten im Gelderwerb hängen mit der Mißachtung des göttlichen Gesetzes der Arbeit enge zusammen.

Hierüber sagt der heilige Paulus so tief und wahr: „Ein großer Gewinn ist die Gottesfurcht mit Genügsamkeit. Denn wir haben nichts in diese Welt hineingebracht und können ohne Zweifel auch nichts mit hinausbringen. Wenn wir aber Nahrung und Kleidung haben, so laßt uns damit zufrieden sein. Denn die, welche reich werden wollen, fallen in Versuchung und in die Schlingen des Teufels und in viele unnütze und schädliche Begierden, welche die Menschen in Untergang und Verderben stürzen. Denn die Wurzel aller Übel ist die Habsucht. Einige, die sich ihr ergeben haben, sind vom Glauben abgefallen und haben sich in vieles Wehe verstrickt. Du aber, o Mann Gottes, fliehe dieses; strebe nach Gerechtigkeit, Frömmigkeit, Glaube, Liebe, Geduld, Sanftmut. Kämpfe den guten Kampf des Glaubens und ergreife das ewige Leben, wozu du berufen bist[1]).

Das ist in wenigen Zügen der Verlauf der Weltgeschichte. Gottesfurcht führt zur Genügsamkeit. Wer Gott fürchtet, arbeitet und begnügt sich mit dem Gewinn, den ihm die redliche, mühevolle Arbeit einbringt. Wer dagegen reich werden will, stürzt sich in Versuchungen aller Art und verfällt zuletzt in den Unglauben. Die Habsucht in ihrer notwendigen Verbindung mit der Gottlosigkeit ist wahrhaft „eine Quelle aller Übel". Wir sehen ja diese Übel vor unseren Augen in furchtbarer Ausdehnung. Gerade bei jenen Menschen, welche Gewinnsucht und Irreligiosität unter dem heuchlerischen Scheine der Bildung miteinander verbinden, hat ja die Unredlichkeit in den Geschäften, ein mit Lug und Trug verbundener Geschäftsbetrieb eine Ausdehnung gewonnen, wie die christliche Welt sie noch nicht gekannt hat. Nichts, selbst die notwendigsten Lebensmittel, sind vor diesem betrügerischen Geiste, der nach schneller Bereicherung strebt, nicht mehr sicher.

Wie sehr man aber in der katholischen Kirche unredliche Geschäfte von jeher als einen frevelhaften Versuch, das göttliche Gesetz der Arbeit zu umgehen, ange-

1) Tim. 6, 6—12.

sehen hat, darüber will ich aus früherer Zeit zwei Aussprüche anführen. Damals war selbst jedes Zinsnehmen verboten. Das hatte seinen Grund teils in wirtschaftlichen Verhältnissen, welche jetzt nicht mehr bestehen, teils aber auch darin, daß mit dem Zinsnehmen so oft unredliche, wucherische Geschäfte verbunden waren. Solche Geschäfte wurden nun aus vielen Gründen für verwerflich und unsittlich gehalten; namentlich aber auch deshalb, weil man darin das Bestreben fand, die Mühe der Arbeit zu umgehen und die Güter dieser Welt auf mühelosem Wege gegen Gottes Anordnung zu gewinnen.

In diesem Sinne stellt ein berühmter volkswirtschaftlicher Schriftsteller des Mittelalters, Heinrich von Langenstein aus Hessen, Professor an den Universitäten von Paris und Wien († 1397) an die Spitze seiner volkswirtschaftlichen Abhandlung „von den Verträgen" das Wort der Heiligen Schrift: „Im Schweiße deines Angesichtes sollst du dein Brot essen" und weist wiederholt darauf hin, wie verkehrt es ist, wenn es Menschen gibt, die leben und die Güter der Erde genießen wollen, ohne zu arbeiten. „Von den Nachkommen Adams, sagt er an einer Stelle der genannten Schrift, versuchten viele auf allerlei listige Weise jenes Strafjoch der Arbeit von sich abzuwälzen und in Müßiggang ohne Arbeit dennoch Überfluß zu haben an den nützlichen und notwendigen Dingen, die einen durch Diebstahl, andere durch Raub, andere durch Plünderung, andere durch Wucher und wucherische Verträge, andere durch Betrug und die übrigen zahllosen Arten des listigen und ungerechten Erwerbes, durch welche sehr viele Nachkommen Adams versucht haben und noch versuchen, in Müßiggang Überfluß an Reichtum zu haben. Aber indem jene Menschen das von Gott ihnen gerechtermaßen auferlegte Joch der Arbeit von sich zu schütteln trachten, ziehen sie auf sich herab eine sehr schwere Last der Sünden, durch welche sie, nachdem sie hienieden in Wohlergehen ihre Tage dahingebracht, plötzlich in die Hölle hinabgezogen werden. So handeln jedoch die vernünftigen Nachkommen Adams nicht; sondern unter Seufzern erwägend, daß ihnen für die Sünde des Stammvaters durch Gottes gerechten Richterspruch die Last der Arbeit zur Erlangung des zum Leben Notwendigen auferlegt ist, nehmen sie dasselbe geduldig auf sich in der Hoffnung, dadurch Verzeihung ihrer Sünden zu erlangen und durch ehrliche Arbeit die Güter sowohl des gegenwärtigen als des zukünftigen Lebens zu erwerben"[1]. Sehr einfach und klar sagt der berühmte Kanzler der Universität Paris, Johannes Gerson († 1429) in seiner Schrift „von den Verträgen": „Der Mensch wird zur Arbeit geboren wie der Vogel zum Fluge[2]. Es ist darum gegen die Natur des Menschen, wenn er ohne Arbeit leben will, wie das beim Wucher und Zinsnehmen geschieht; denn Adam war auch im Stande der Unschuld in das Paradies gesetzt, damit er es bebaue und bewahre, und nach dem Sündenfalle ist zu ihm gesprochen worden: im Schweiße deines Angesichtes sollst du dein Brot essen[3]."

Ganz dasselbe gilt nun von den zahllosen betrügerischen Geschäften in unserer Zeit, welche zusammen den Wohlstand des Volkes in immer weiterer Ausdehnung untergraben. Ihre wahre Bedeutung erkennen wir nur dann, wenn wir sie als eine Empörung gegen das Gesetz der Arbeit, als einen auf zahllosen Wegen ge-

---

1) Henric. de Hassia Tractat. de Contractib. Inter Opera Joann. Gerson. tom IV. Coloniae 1484. Fol. 185. — 2) Job 5, 7. — 3) Joann. Gerson de Contractib. Opp. tom. III. Antverp. 1706, pag. 172.

machten Versuch betrachten, ohne schwere Arbeit schnell reich zu werden, die Arbeit aber auf die Schultern des arbeitenden Volkes zu wälzen. In dieser Empörung gegen Gott liegt das eigentliche Wesen der Entwicklung, die wir jetzt als Frucht der christusfeindlichen Grundsätze eines falschen Liberalismus und einer falschen Aufklärung vor Augen haben und welche notwendig zu ähnlichen Verhältnissen führen, wie sie in der alten Welt zwischen arm und reich bestanden. Mit der Leugnung der Sünde will man auch ihre Strafe abschütteln. Ein kleiner Kreis von Menschen will die Welt allein besitzen und genießen; er spottet und höhnt dabei über Christus und seine Kirche.

4. Wir müssen noch eine Übertretung des göttlichen Gesetzes der Arbeit hervorheben. Wir sündigen nämlich viertens gegen dieses Gesetz, wenn wir die Verteilung der Arbeit, welche Gott selbst vorgenommen hat, außer acht lassen.

Bei der Erklärung des göttlichen Gesetzes der Arbeit haben wir bereits gesehen, daß Gott die Verteilung der Arbeit nicht ganz der Willkür der Menschen überlassen, sondern gewisse Grundgesetze dafür gegeben hat, welche wir befolgen müssen. Sie liegen schon in dem natürlichen Berufe des Mannes und des Weibes; sie haben aber in der Strafe, welche Gott über die Stammeltern nach der Sünde ausgesprochen hat, eine neue Bestätigung erhalten. Dem Manne hat er den Befehl gegeben, die Erde im Schweiße seiner Arbeit zu bebauen und die Erzeugnisse derselben für den Menschen nutzbar zu machen. Aber auch das Weib erhielt seinen Anteil an der Strafe der Sünde. Wie der Mann das Brot gewinnen soll, so soll das Weib die Sorge für die Kinder übernehmen; und wie der Mann seine Arbeit in Mühe und Schweiß verrichten soll, so soll das Weib viele „Beschwerden", viele „Schmerzen"[1]) mit den Kindern auszustehen haben. Durch diese Beschwerden und Schmerzen soll sie dann selig werden, wie der Apostel sagt, „wenn sie dabei im Glauben und in Liebe und Heiligung und Sittsamkeit verharrt"[2]). Das ist der Anteil des Weibes in der von Gott vorgenommenen Verteilung der Arbeiten und der Mühseligkeiten des irdischen Lebens. Davon, daß diese göttliche Anordnung treu erfüllt wird, hängt das Glück und Wohlergehen der Menschen wesentlich ab. Das Weib soll vor allen anderen Geschäften den Kindern eine gute Mutter, dem Manne eine gute Hausfrau sein und alle Segnungen über den Hausstand verbreiten, die von der Tätigkeit des Weibes abhängen. Nur insoweit dieser Beruf es gestattet, soll sie dem Manne auch in allem andern eine treue Gehilfin sein.

Wie schwer wird aber gegen diese göttliche Verteilung der Arbeit, von der so wesentlich das Glück der Menschen abhängt, in unseren Tagen gesündigt! Wie ganz unnatürlich gestalten sich vor unseren Augen die bezüglichen Verhältnisse!

Gegen diese göttliche Ordnung sündigen alle, welche schon die Jungfrau dem häuslichen Leben entziehen und ihr Arbeiten aufbürden, welche sie für ihren wahren Beruf im späteren Leben fast ganz untauglich machen.

Dagegen sündigen ferner alle, welche die mütterliche Sorge den Kindern und dem Hausstande rauben und die Arbeit, welche Gott der Mutter übertragen, hat, für sich und ihren Eigennutz in Anspruch nehmen. Diese modernen industriellen Verhältnisse, wodurch die natürliche Ordnung umgekehrt und der unaussprechlich wichtige und notwendige Beruf des Weibes und der Mutter im Gelderwerb aufgeht, sind ein wahrer

---

1) 1. Mos. 3. 16. — 2) 1. Tim. 2, 15.

Greuel vor Gott und bringen unermeßliches Elend über die Menschen. Frauen, welche daher die Arbeit, die Gott ihnen übertragen, verabsäumen, um Geld zu verdienen, begehen gleichfalls großes Unrecht[1]).

Gegen dieses Gebot sündigen ferner auch jene genußsüchtigen und weichlichen Frauen, welche den wahren Beruf der Frau verkennen und ihr Leben mit selbstgemachten, ihrer Eitelkeit und Bequemlichkeit entsprechenden Beschäftigungen ausfüllen.

Dagegen sündigen endlich auch noch jene Frauen, welche die Leiden ihres Berufes nicht tragen wollen und, um ihnen zu entgehen, sich und ihren Mann in schwere Verirrungen stürzen.

IV. Die falschen Folgerungen, welche in unserer Zeit aus dem göttlichen Gesetz der Arbeit gezogen werden.

Wir müssen jetzt noch einen Irrtum in bezug auf das göttliche Gesetz der Arbeit besprechen, welcher gegenwärtig weit verbreitet ist und große Gefahren in sich schließt.

Alle Güter, welche uns die Natur entweder unmittelbar bietet, oder welche wir erst durch Fleiß und Arbeit aus ihr gewinnen, kommen von Gott und sind zur Befriedigung unserer Bedürfnisse bestimmt. Gott will aber, wie wir sahen, daß alle Menschen im Schweiße arbeiten und dadurch ihren rechtmäßigen Anteil an dem Genusse der Güter dieser Welt erwerben. Diese Wahrheit, welche in dem Worte Gottes einen so klaren

1) Ketteler kann dabei nur diejenigen Frauen im Auge haben, welche die Industriearbeit der häuslichen Tätigkeit, zu welcher ihnen die Möglichkeit geboten wäre, vorziehen, nicht aber diejenigen, welche durch wirtschaftliche Not in die Fabrik getrieben werden. D. H.

Ausdruck gefunden hat, wird nun in der Gegenwart vielfach entstellt, und es werden daraus die unrichtigsten und verderblichsten Folgen gezogen.

Um diese Verwirrung euch anschaulich zu machen, erinnere ich an Ereignisse, welche uns noch ziemlich nahe liegen. In wenigen Jahren ist das erste Jahrhundert seit der französischen Revolution abgelaufen. Sie entflammte bei ihrem Beginn die Menschen mit den Worten: Freiheit, Gleichheit und Brüderlichkeit. Diese Worte drücken an sich erhabene Ideen aus, die tief in der Brust des Menschen ihren Widerhall finden. Sie haben zugleich im Christentum ihre höchste Verklärung gefunden, und wo immer die Lehre Jesu gepredigt worden, da wurden sie verkündet. Die Lehre Jesu fällt aber teils auf guten Boden, wo sie hundertfältige Frucht trägt, teils auf harten, steinigen Boden, oder unter Unkraut, wo sie bald erstickt wird. So ist es auch jenen Worten ergangen. Sie haben im Christentum die herrlichsten Früchte getragen; sie sind aber auch nur zu oft überhört worden. Dies war namentlich in der Zeit vor der französischen Revolution der Fall, und in dem öffentlichen Leben der damaligen Zeit war von der christlichen Freiheit, Gleichheit und Brüderlichkeit oft wenig mehr zu sehen. Nicht dadurch fehlten also die Männer der französischen Revolution, daß sie diese Worte hochhielten, welche von allen christlichen Kanzeln verkündet wurden, sondern dadurch, daß sie dieselben mit verkehrten Mitteln, nämlich mit äußerer Gewalt verwirklichen wollten. Der äußere Zwang, von der rechtmäßigen Gewalt geübt, hat innerhalb gewisser Grenzen seine Berechtigung; die höheren Aufgaben der Menschen können aber nicht durch Gewalt erzwungen werden; diese will Gott durch die menschliche Freiheit verwirklichen. Wird hier Gewalt gebraucht, so tritt Verirrung und bald das gerade Gegenteil von dem ein, was erstrebt wird. So ist es damals der Freiheit, Gleichheit und Brüderlichkeit ergangen. Nie sind diese hohen Güter der Menschheit mehr mit Füßen getreten worden als zur Zeit der französischen Revolution. Das Christentum, die Religion ist dagegen die von Gott bestellte Pflegerin dieser Ideen. Durch sie, nicht durch Staatsgewalt und Zwang, nicht durch Feuer und Eisen sollen sie auf Erden verwirklicht werden.

Dasselbe gilt nun bezüglich des göttlichen Gesetzes der Arbeit.

Der Mensch soll arbeiten; er soll in Mühen und Schmerzen arbeiten; wer nicht arbeitet, soll nicht essen; wer die Güter der Welt besitzt, soll sich als Verwalter Gottes ansehen und davon reichlich, nach dem Gesetze der Liebe, seinen Mitbrüdern mitteilen; dem Arbeiter gebührt sein Anteil an den Früchten der Arbeit; — das sind Wahrheiten, welche die Kirche stets gelehrt hat.

Die Verirrungen der Gegenwart haben nicht darin ihren Grund, daß sie dieses Gesetz und den Wert der Arbeit geltend machen. In dem allen liegt vielmehr die höchste Berechtigung. Das entspricht dem Worte Gottes vom ersten Blatt der Heiligen Schrift an bis zum letzten.

Die Verirrung liegt dagegen in den Mitteln, welche angewendet werden sollen, um eine gerechte Verteilung der Güter dieser Welt zu erlangen. Wie die französische Revolution die Ideen der christlichen Liebe durch Staatsgewalt und Blut auf Erden verwirklichen wollte, so wollen die jetzigen Neuerer die Wirkungen und Früchte der christlichen Liebe, die rechte von Gott gewollte Verteilung der Güter dieser Welt auch durch Gewalt, durch neue Staatseinrichtungen und durch Staatszwang, durch Blut und Eisen verwirklichen. Das ist das Unberechtigte und Gefährliche in diesen Bestrebungen. Sie würden ganz genau dieselben Folgen haben, wie die französische Revolution sie bezüglich jener Ideen gehabt hat. Wie damals, würde ein solcher Versuch zunächst die Menschen in unermeßliche Kämpfe und unermeßliches soziales Elend stürzen; und wenn diese Zeit des tiefsten Elendes und der furchtbarsten Erschütterungen vorüber wäre, so würden wieder von neuem, soweit der Unglaube herrscht, die Machthabenden die Genüsse der Welt an sich reißen und die Arbeit dem Volke aufbürden. Alle großen Ideen lassen sich auf Erden nun einmal nur durch die Religion, durch Christus und das Christentum verwirklichen, und genau nur in dem Umfange, wie die Menschen vor Christus ihr Knie beugen und wahre Christen sind. Sie gedeihen nicht auf dem Boden des Zwanges, sondern nur auf dem der Freiheit, gehegt und gepflegt von den göttlichen Lehren und Gnaden des Christentums.

Dagegen können diese Verirrungen von Gott als furchtbare Zuchtrute benutzt werden. So geschah es oft, — sehr oft; so geschah es zur Zeit der französischen Revolution; so kann es auch in unseren Zeiten geschehen. Seitdem der allgemeine Kampf gegen das Christentum und namentlich gegen die katholische Kirche begonnen hat, gestalten sich ja unsere Zustände bezüglich der Verteilung der irdischen Güter und der Bedingungen ihres Genusses immer mehr zur vollendetsten Unnatur, zum vollendetsten Gegenteil von dem, was Gott will und in dem Gesetze der Arbeit befohlen hat. Alle Schranken unersättlicher Habsucht und unersättlicher Genußsucht werden täglich mehr niedergerissen; jene christlichen Grundsätze dagegen, welche uns unsere Pflichten lehren, den Geist der Liebe befördern, Selbstverleugnung und Wohltätigkeit pflegen, werden immer mehr verdrängt. Die große christliche Wahrheit: daß der Mensch nur ein

Verwalter der Güter Gottes ist und sie deshalb nicht zur Befriedigung seiner Leidenschaften, seines Stolzes und seiner Sinnlichkeit, sondern nur nach dem Willen Gottes verwenden darf, wird von der falschen Aufklärung verlacht. Unter der Herrschaft dieses Geistes gehen wir einer furchtbaren Scheidung der Menschen in Reiche und Arme, wie im Heidentum, entgegen. Da kann es wohl geschehen, daß Gott diesen unnatürlichen, jegliche göttliche Ordnung verleugnenden Zuständen gegenüber jene Verirrungen zuläßt, um uns zu züchtigen, und diese Züchtigungen können vielleicht noch fürchterlicher werden als zur Zeit der französischen Revolution.

V. Die christliche Arbeit.

Nachdem wir nun die Bedeutung des göttlichen Gesetzes der Arbeit im Lichte des Glaubens betrachtet und gesehen haben, wie wichtig es für das Schicksal des Menschen auf Erden ist, so wollen wir zum Schlusse noch den Begriff der christlichen Arbeit erwägen.

Christlich leben heißt leben, wie Christus gelebt hat; daher heißt christlich arbeiten: arbeiten, wie Christus gearbeitet hat.

Es ist ein anbetungswürdiger Ratschluß der göttlichen Vorsehung, daß der Sohn Gottes als Mensch der Pflegesohn eines armen Zimmermannes sein und selbst bis zum dreißigsten Lebensjahre mit demselben arbeiten wollte. Dieses Geheimnis können wir einigermaßen verstehen, wenn wir alles vor Augen haben, was wir bisher von der Bedeutung der Arbeit gesagt haben.

Wie also Christus selbst das Gebot erfüllt und im Schweiße seines Angesichtes gearbeitet hat, so sollen auch wir arbeiten. Daraus ergeben sich folgende christliche Arbeitsregeln:

1. **Wir sollen erstens in der rechten Meinung arbeiten.**

Man kann zwei Meinungen mit der Arbeit verbinden; man kann arbeiten des zeitlichen Gewinnes wegen, um das Brot zu verdienen; man kann arbeiten, um Gottes Willen zu erfüllen. Die erste Meinung ist gut, aber *allein* genügt sie nicht. Wer *nur* des zeitlichen Gewinnes wegen arbeitet, der hat seinen Lohn auf dieser Welt empfangen, wie Christus in ähnlichen Beziehungen so oft sagt[1]), nämlich durch den Gewinn, für den er allein gearbeitet hat. Wir sollen vielmehr beide Meinungen miteinander verbinden; wir sollen arbeiten, um unser Brot zu verdienen; wir sollen aber vor allem arbeiten, um Gott zu dienen, um seinen heiligen Willen zu erfüllen. So hat Christus gearbeitet. „Ich bin vom Himmel herabgekommen", sprach er, „nicht um meinen Willen zu tun, sondern den Willen dessen, der mich gesandt hat[2])." Diese Meinung stand ihm bei allen seinen Handlungen vor Augen. Die gute Meinung soll die eigentliche Seele unserer Handlungen und Arbeiten sein. Sie ist deshalb auch ein wesentlicher Teil eines guten Morgengebetes. Mit ihr sollen wir den Tag beginnen. Dadurch bringt uns die Arbeit zeitlichen und ewigen Gewinn.

2. **Wir sollen zweitens Arbeit und Gebet verbinden.**

Der Heiland gebietet uns, „ohne Unterlaß zu beten[3])." Das können wir nicht in der Art, daß wir immer an Gott denken. Wir beten aber ohne Unterlaß, wenn wir Arbeit und Gebet verbinden, wenn wir die Arbeit gleichsam zum Gebete machen, wenn wir bei der Arbeit unsere Gedanken öfters zu Gott erheben, wenn

1) Matth. 6, 2. 5. — 2) Joh. 6, 38. — 3) Luk. 18, 1.

wir namentlich die gute Meinung vielmals im Tage wiederholen. So hat Jesus gearbeitet. Seine Arbeit war mit zahllosen Erhebungen seiner Seele zum himmlischen Vater verbunden.

Dadurch gewinnen auch die gewöhnlichsten Arbeiten unseres Berufes einen ganz anderen Wert, als sie an sich haben. Wenn die Juden ihre Gaben, Tiere und Früchte, Gott opferten, so lag die eigentliche Bedeutung nicht in der äußeren Handlung, nicht in dem Werte der Opfergabe, sondern in der Gesinnung, womit das Opfer dargebracht wurde, nämlich Gott als den höchsten Herrn aller Dinge zu ehren und anzubeten. Die äußere Handlung war nur ein Ausdruck der inneren Anbetung Gottes, also der höchsten geistigen Verrichtung, zu der der Mensch sich überhaupt erheben kann. Als die gebenedeite Gottesmutter das Opfer der Armen, ein Paar Turteltauben, darbrachte, so war das Äußerliche dieser Handlung recht unscheinbar, und doch hatte sie vor Gott einen unbeschreiblich hohen Wert.

So ähnlich soll es auch mit der Arbeit der Christen sein. Äußerlich sind euere Berufsarbeiten ganz niedrig und scheinen zu der hohen Würde des Menschen und gar zu der Würde eines Kindes Gottes in keinem Verhältnis zu stehen. Einen ganz anderen Wert aber erlangen sie durch die Gesinnung des wahren Christen. Je heiliger die Gesinnung ist, mit der wir sie verrichten, desto erhabener wird die Arbeit selbst. Die Menschen sehen bei dem Urteil über den Wert einer Handlung auf das Äußere; Gott sieht auf das Innere. Man kann eine äußerlich hochangesehene Handlung aus gemeiner Gesinnung verrichten, z. B. aus Eigennutz, Stolz, Eitelkeit, und dann ist sie vor Gott gemein; man kann äußerlich ganz unscheinbare Handlungen, wie manche Verrichtungen der Taglöhner, der Dienstboten sind, mit hoher, edler Gesinnung verrichten, und dann sind sie vor Gott hoch und erhaben. Die höchste Meinung ist es aber, wenn wir durch die Arbeit, durch Erfüllung unserer Berufspflichten Gott anbeten, Gott ehren, Gott dienen, Gott lieben wollen; wenn unsere täglichen Arbeiten ein ununterbrochenes Opfer sind, welches wir vom Morgen bis zum Abend mit dem Opfer Christi vereinigt Gott darbringen. So sollen wir arbeiten, so Gebet mit Arbeit verbinden. Wenn wir so gesinnt sind, werden wir uns nicht betrüben, wenn Gott uns als Lebensberuf Arbeiten übertragen hat, die in den Augen des Menschen klein sind, und werden uns nicht überheben, wenn unser Beruf vor den Menschen groß ist. Manche Arbeit der ärmsten Menschen hat durch die Gesinnung vor Gott einen weit größeren Wert als große Taten anderer, die in der Weltgeschichte hochgepriesen werden. Am allgemeinen Gerichtstage bekommen alle unsere Handlungen, welche wir im Leben verrichtet haben, einen ganz anderen Wert, als sie vor den Menschen hatten, und dieser allein entscheidet alsdann für die Ewigkeit.

3. Wir sollen drittens gerne, gut und ehrlich arbeiten.

Das folgt von selbst, wenn wir in der rechten Meinung arbeiten und durch die Arbeit Gott dienen und ihn ehren wollen.

Die Arbeit wird uns oft nur deshalb schwer, weil wir auf ihr Äußeres sehen, auf die äußere Niedrigkeit derselben, nicht aber auf ihre innere Bedeutung.

Wenn wir ferner für Gott arbeiten, werden wir auch gut arbeiten und unsere kleinsten Berufsgeschäfte mit großer Sorgfalt verrichten. Vom heiligen Ignatius wird berichtet, daß er einst einen Bruder antraf, welcher seine Handarbeiten sehr nachlässig verrichtete. Er fragte denselben: Bruder, für wen arbeitest du? und dieser antwortete: Ich arbeite für Gott, zur Ehre Gottes. Darauf sagte ihm der heilige Ignatius: Wenn du für einen Menschen arbeiten würdest, dann wäre deine Arbeit schon zu schlecht und nachlässig; wie viel mehr ist sie es, wenn du für Gott arbeitest. Dieser Gedanke, daß auch die kleinste Verrichtung unseres Berufes ein Dienst Gottes ist und zu seiner Ehre geschieht, ist ein mächtiger Antrieb, um auch die niedrigsten Berufspflichten mit höchster Vollkommenheit zu erfüllen.

Wenn wir endlich für Gott arbeiten, dann werden wir auch ehrlich arbeiten, und die kleinste Unehrlichkeit und Untreue, die nur Gottes Auge sieht, sorgfältig vermeiden.

4. Wir sollen uns viertens über die Mühe der Arbeit nicht beklagen.

Bei der Mühe der Arbeit sollen wir bedenken, wie wir sahen, daß sie eine Strafe ist, eine Buße. Beim Empfang des heiligen Sakramentes der Buße legt uns der Priester eine Buße auf; die Mühe der Arbeit ist dagegen die Buße, welche Gott selbst allen Menschen auferlegt hat. Wer alle Mühen der Arbeit und der treuen Berufserfüllung in diesem Geiste sein Leben hindurch freudig trägt, der führt wahrhaft ein bußfertiges Leben, wenn er auch sonst keine großen Bußwerke verrichtet, und er kann hoffen, daß ihm die Buße im anderen Leben dafür erlassen wird.

Bei der Mühe der Arbeit sollen wir ferner daran denken, daß dieselbe uns alle Segnungen und Gnaden einbringt, von denen wir vorher sprachen, und daß innere Ruhe, Friede, Freude und Zufriedenheit schon hier auf Erden der Lohn für die Mühe der Arbeit ist.

Bei der Mühe der Arbeit sollen wir endlich unsere Augen oft und viel auf Christus richten. Wer oft bei der Arbeit an das mühevolle Leben Christi sich erinnert, wird sich nicht mehr über seine Mühen beklagen und sie geduldig und freudig tragen. Er wird erkennen, daß er kein Nachfolger Christi sein kann, wenn er die Mühen des Lebens mit Widerwillen erträgt.

5. Wir sollen endlich fünftens im Stande der Gnade Gottes arbeiten.

Das ist noch von der größten Wichtigkeit.

Alle unsere Arbeiten sind vor Gott nur verdienstlich durch unsere Verbindung mit Christus.

Diese Wahrheit drückt der göttliche Heiland so lebendig aus in der Parabel von dem Weinstock und den Reben[1]). Die Rebe lebt nur durch den Weinstock; von ihm getrennt, verdorrt sie. Das ist nach dem Worte Jesu das Verhältnis zwischen ihm und uns Menschen. Er ist der Weinstock, und wir sind die Reben. Von ihm getrennt haben alle unsere Werke und Arbeiten bei Gott keinen Wert. Durch die Verbindung mit ihm dagegen nehmen wir Teil am Leben und an den Verdiensten Jesu Christi. Wie aus dem Weinstock sich der lebenspendende Saft der Rebe mitteilt, so fließen gewissermaßen, wenn wir mit Christus verbunden sind, seine unendlichen Verdienste auch in unsere armen Werke und geben ihnen einen Wert, ähnlich wie die Werke Christi selbst ihn gehabt haben.

Wodurch sind wir aber mit Christus verbunden, um in dieser Weise seine Verdienste unseren Arbeiten mitzuteilen? Das ist euch allen bekannt: nur durch die heiligmachende Gnade. Daraus erkennen wir den unbeschreiblichen Wert der Arbeit im Stande der heiligmachenden Gnade und das grenzenlose Unglück der Arbeit im Stande der Ungnade Gottes, im Stande der Sünde. Solange die Todsünde in unserem Herzen ist,

---

1) Joh. 15, 1 ff.

sind alle unsere Arbeiten und Mühen umsonst und ohne alles Verdienst vor Gott, weil sie nur verdienstlich werden durch die Verdienste Christi, die Todsünde aber uns von Christus und somit von der Teilnahme an allen seinen Verdiensten ausschließt. Wenn wir dagegen im Stande der heiligmachenden Gnade leben, dann besteht die Lebensgemeinschaft zwischen Christus und uns und allen unseren Werken, Arbeiten und Leiden. Wie der Rebe bis zum letzten kleinen Zweige und Blättchen sich der Saft aus dem Weinstocke mitteilt, so strömt aus der unendlichen Fülle der Verdienste Jesu Christi Gnade und Segen bis auf den letzten Schweißtropfen, den der Christ vereint mit Jesus in der Arbeit für Gott vergießt.

Das sind die fünf Arbeitsregeln, welche wir bei unseren Berufsarbeiten beobachten müssen, wenn wir christlich arbeiten und alle Segnungen der christlichen Arbeit uns zuwenden wollen.

Damit habe ich nun im vorigjährigen und diesjährigen Hirtenbriefe die Tugenden alle behandelt, welche mit dem Wohlstande des Volkes so wesentlich zusammenhängen, und woraus wir erkennen, daß gottesfürchtiger Sinn und Religion nicht nur unser ewiges Wohl befördern, sondern auch die allernotwendigste Bedingung unseres zeitlichen Wohlergehens sind.

Die unseligste Verirrung unserer Zeit ist die, daß man sich dem Wahne hingibt, die Menschen ohne Religion und Christentum glücklich machen zu können. Es gibt Wahrheiten, welche wie Glieder einer Kette zusammenhängen und deshalb nicht auseinandergerissen werden können, weil Gott sie verbunden hat. Dazu gehören folgende: es gibt für uns keine wahre Sittlichkeit ohne Gott, keine rechte Gotteserkenntnis ohne Christus, keinen wahren Christus ohne Kirche. Wo die Kirche fehlt, geht die wahre Erkenntnis Christi verloren. Wo Christus fehlt, geht die wahre Erkenntnis Gottes verloren. Wo die wahre Erkenntnis Gottes fehlt, geht im Kampfe mit der Sünde, mit der sündigen Selbstsucht und Sinnlichkeit, mit Augenlust, Fleischeslust und Hoffart des Lebens auch die Sittlichkeit zugrunde. Wo aber die Sittlichkeit fehlt, da gibt es überhaupt kein Mittel, wahres Menschenwohl zu befördern; da gibt es auch kein Mittel, das Volk wohlhabend zu machen. Da werden die Menschen von den Leidenschaften beherrscht; da werden Habgier und Sinnlichkeit die Tyrannen, die alles knechten; da werden im Dienste dieser Tyrannen bald die Mächtigen die Schwachen unterdrücken, bald die Schwachen sich gegen die Mächtigen erheben, und wenn sie siegen, denselben Tyrannen ihrer Leidenschaften dienen; da wird Kampf ohne Ende zwischen reich und arm fortbestehen; da ist der Friede auf Erden unter ihnen unmöglich. So innig und untrennbar hängt der Wohlstand des Volkes mit der Religion und Sittlichkeit zusammen. Eine vollkommen gerechte Verteilung der irdischen Güter wird zwar auf Erden niemals stattfinden, weil Gott die höhere sittliche Ordnung der menschlichen Freiheit überlassen hat, diese aber immer nur zu einem Teile sich dem Willen Gottes unterwirft; in einem wahrhaft christlichen Volke werden jedoch die Gegensätze zwischen reich und arm immer wieder in der möglich vollkommensten Weise sich ausgleichen. Das irdische Gedeihen eines Volkes hängt hauptsächlich davon ab, daß auch die geringeren Leute, der Mittel- und Arbeiterstand einen gewissen Wohlstand besitzt. Große Armut und großer Reichtum, das ist die Gestaltung der Welt, die überall eintritt, wo die Religion verachtet wird. Wohlstand der großen Masse des Volkes, das ist der Zustand, den Religion und Sittlichkeit herbeiführt.

Hütet euch daher vor den täuschenden Lügen der Zeit, als ob man euch glücklich machen könne ohne Religion. Vergesset nie die großen Wahrheiten: Ohne Kirche kein Christus, ohne Christus kein Gott, ohne Gott keine Sittlichkeit, ohne Sittlichkeit kein Menschenwohl und kein Wohl des Volkes, sondern Tyrannei oder Herrschaft der wilden Leidenschaften.

Insbesondere aber haltet immer die Arbeit recht hoch. Urteilet über die Arbeit nicht nach dem Urteil der Welt, sondern nach den Grundsätzen eueres heiligen Glaubens, und bemühet euch, immer christlich zu arbeiten, nicht bloß für den irdischen Gewinn, sondern im Geiste des Glaubens. Haltet auch eure Kinder recht zur Arbeit an und bemühet euch, soviel ihr könnt, die Tugend der Arbeitsamkeit in ihre jungen Herzen zu pflanzen. Der Zeitgeist ist der Arbeitsamkeit nicht förderlich. Die allgemeine Genußsucht ruft auch Unlust zur Arbeitsamkeit hervor. Sie widerspricht ja geradezu, wie wir sahen, der Arbeit in Mühe und Schmerzen, welche Gott uns auferlegt hat. Um so mehr bemühet euch, geliebte Eltern, die Liebe zur Arbeitsamkeit in der Jugend zu pflegen, und zwar zur Arbeitsamkeit aus Pflichterfüllung, nämlich mit der Einsicht und Erkenntnis, daß Gott uns den Befehl gegeben hat, zu arbeiten und die Mühe der Arbeit nicht zu scheuen, und daß die mühevolle christliche Arbeit der Weg ist zum zeitlichen und irdischen Wohlergehen, zum wahren inneren Frieden und zum ewigen Leben. Amen.

Die modernen Ideen im Lichte des Glaubens.

Fortschritt, Aufklärung, Freiheit, Brüderlichkeit, Gleichheit.

Die Worte Fortschritt, Aufklärung, Freiheit, Brüderlichkeit, Gleichheit haben einen erhabenen, himmlischen, göttlichen Sinn. Sie enthalten eine große Wahrheit, eine von Gott den Menschen gegebene hohe Aufgabe, und das ist der Grund, weshalb sie über die Herzen eine so gewaltige Macht üben, zum Segen oder zum Verderben, zur rechten Führung oder zur Verführung. Nur unter dem Scheine der Wahrheit und des Guten können die Menschen zur Lüge und zum Bösen verleitet werden. Diese Tatsache ist auf der einen Seite überaus trostreich: denn sie legt ein offenbares Zeugnis dafür ab, daß der Mensch in dem Grunde seiner Seele nur für die Wahrheit und das Gute bestimmt ist; sie ist aber zugleich auch von der höchsten Bedeutung für die Beurteilung aller Zustände in der Welt: denn wer sie nicht fortwährend im Auge hat, ist in Gefahr, selbst die Wahrheit zu verletzen wegen der Lüge, die sich ihrer als Mittel bedient.

Nur das Christentum gibt uns aber den vollen und wahren Sinn jener Worte an, und es ist notwendig, die Welt oft daran zu erinnern, daß über die wahre Würde des Menschen, über die Erhabenheit seiner Bestimmung, über das rechte Verhältnis der Menschen zueinander nie Größeres gedacht und gesprochen wurde, als Christus gelehrt und seine Kirche verkündigt. Christus und seine Kirche nämlich lehren uns, daß Gott den Menschen als ein Bild, das ihm ähnlich ist, erschaffen hat. Gott hat die Züge seines göttlichen Wesens, seiner göttlichen Wahrheit und seiner göttlichen Liebe der menschlichen Natur unauslöschlich eingeprägt. Aus dieser Anschauung folgt notwendig die höchste Achtung vor allen Menschen. Gott hat aber den Menschen, den er aus Liebe erschaffen, nicht sich selbst überlassen; er bleibt vielmehr mit seinem Geschöpfe, wie es dieselbe Liebe fordert, in der innigsten Wechselbeziehung und fährt fort, dasselbe mit göttlicher Freigebigkeit mit immer neuen Gaben zu bereichern, mit Gaben, welche über das Maß der in der Schöpfung verliehenen natürlichen Kräfte weit hinausgehen. So will Gott den Menschen als ein ewiges Denkmal seiner Liebe und des Reichtums seiner Erbarmungen zu einer überaus erhabenen Lebensgemeinschaft mit sich selbst erheben. In dieser fortgesetzten Spendung neuer Wohltaten und Gaben Gottes an die Menschen empfangen wir das, was die christliche Lehre die übernatürlichen Gnaden nennt.

Der Mensch hat aber seine Freiheit mißbraucht, sich von Gott durch die Sünde getrennt und dadurch nicht nur die übernatürliche Lebensgemeinschaft mit Gott verloren, sondern auch das übernatürliche Bild Gottes in sich — nämlich die Fähigkeit, Wahrheit zu erkennen und Gutes zu wählen — beschädigt. Aus dieser Sünde entspringt auch alles Elend des Leibes und der Seele, womit der Mensch und die Menschengeschichte seitdem erfüllt ist.

Diese zerrissene Lebensgemeinschaft mit Gott konnte aber nicht ohne den Menschen wieder hergestellt werden, weil Gott ihm die Freiheit gegeben hatte, und er mit freiem Willen ihm dienen sollte. Die Wiederherstellung konnte aber auch nicht allein vom Menschen ausgehen, weil der sündige Mensch jedes Anrecht auf diese Gemeinschaft verloren und vielmehr durch seine Schuld nur Strafe von der Gerechtigkeit Gottes verdient hatte. Da vollbrachte Gott das neue Werk seiner Erbarmungen: denn, wie der Heiland selbst sagt, so sehr liebte er die Menschen, daß er seinen Sohn für sie dahin gab, „damit alle, die an ihn glauben, nicht verloren gehen, sondern das ewige Leben haben“[1]). Gott selbst wird Mensch, um den gefallenen Menschen zu erlösen, ihn wieder mit sich zu vereinigen und, wie der hl. Petrus in der erhabensten Weise sagt, die menschliche Natur wieder der göttlichen Natur teilhaftig zu machen[2]).

Darin besteht die ganze Aufgabe des Christentums; das ist nun für immer das Ziel des wahren Fortschrittes, zu dem Gott alle Menschen berufen hat. Christus aber ist auf diesem Wege von dem tiefsten Elende bis zu jener erhabenen Vereinigung mit Gott der alleinige Mittler und Wegweiser. Die Wiederherstellung und Erhebung des Menschen ist daher ohne Unterlaß auf der einen Seite das Werk des sich ununterbrochen zu dem Menschen, ohne dessen Verdienst, liebevoll und gnädig herablassenden Gottes; auf der anderen Seite das Werk des dieser himmlischen Einladung mit freier Einwilligung folgenden Menschen. Diese Wahrheit drückt das Christentum in seiner Lehre von der Notwendigkeit der Gnade aus, ohne welche der Mensch zu jener Wiedervereinigung nicht gelangen kann. Die Anerkennung der Notwendigkeit der Gnadenhilfe bildet das Wesen der christlichen Demut.

Wenn aber Gott den Menschen zu sich erheben und das verunstaltete natürliche Bild Gottes in ihm nicht nur herstellen, sondern weit über die natürlichen Anlagen hinaus vollenden will, so kann das nur dadurch geschehen, daß er sein göttliches Wesen, welches in der

1) Joh. 3, 16. — 2) 2. Petr. 1, 4.

ewigen Wahrheit und Liebe besteht, ihm immer vollkommener und lebendiger einprägt. Das ist nun im einzelnen die Bestimmung und das Ziel der Lehren und der Sakramente des Christentums. Sie sind die göttlichen Werkzeuge, wodurch das göttliche Leben, die göttliche Wahrheit, die göttliche Liebe dem einzelnen Menschen mitgeteilt wird, um so das göttliche Bild in ihm zu vollenden und ihn auf das innigste mit Gott zu vereinigen. Dieses Band der Menschen mit Gott wird dann zugleich auch ein heiliges Band, welches die Menschen untereinander zu einer großen Familie verbindet und sie alle zu geliebten Kindern des einen himmlischen Vaters macht. Das ist Fortschritt, Brüderlichkeit, Aufklärung im christlichen Sinne. Mit dieser Lehre wendet sich das Christentum an alle, Hohe und Niedere, Reiche und Arme, bis zum geringsten Sklaven, der als Ware verkauft wird. Alle sollen Kinder Gottes, alle Erben des Himmels, alle Tempel des Heiligen Geistes werden. Alle sind erkauft mit Christi Blut, alle sollen zum Besitze und zur Anschauung Gottes gelangen, um aus dem Urquelle selbst ewig Wahrheit und Liebe und Glückseligkeit zu trinken. Dieses ihres Endzieles gedenken die Christen, wenn sie auf dieser irdischen Pilgerfahrt die christlichen Geheimnisse feiern und dann nach jener himmlischen Heimat hinblickend beten: „O Gott, verleihe uns, daß wir einst ewig durch den Genuß deiner Gottheit selbst erfüllt werden, dessen Vorbild wir hier jetzt feiern im Genusse deines Fleisches und Blutes[1])!“

In der Würdigung dieser Wahrheiten scheint es mir:

Erstens, daß wir Katholiken uns wohl vor dem Scheine hüten müssen, und daß deshalb auch die katho-

1) Missa de Sanctissimo Sacramento.

lische Presse den Schein vermeiden muß, als ob wir dagewesene Zustände, soziale und politische Formen der Vergangenheit für unverbesserlich hielten, als ob es unser Bestreben wäre, sie in jeder Hinsicht zu loben und der Zukunft als einziges Heilmittel anzuempfehlen. Die ausgesprochenen Wahrheiten beziehen sich zwar zunächst auf den moralischen und sittlichen Fortschritt der Menschen; von diesem hängt aber der soziale und politische ab, und wir können nicht im voraus bestimmen, welche bürgerliche und gesellschaftliche Gestaltungen der Geist des Christentumes, wenn er einmal alles durchdrungen, in der Menschheit hervorbringen wird.

Zweitens müssen wir demnach in den Richtungen der Zeit das Berechtigte von dem Unberechtigten unterscheiden, die Lösung der großen Probleme der Gegenwart in den Wahrheiten des Christentumes suchen, diese den Trugbildern des Zeitgeistes entgegenhalten und so eine hohe, wahre ideale Richtung verfolgen. Um aber hierbei nicht irre zu gehen, müssen wir

Drittens je freudiger, je frischer, je kräftiger wir die katholische Lebensanschauung geltend machen, desto treuer und demütiger den Wahrheiten der katholischen Glaubenslehre uns hingeben. Die Wahrheiten der Offenbarung, wie sie das von Christus bestellte Lehramt uns darstellt, sind in ihrer Art, was die Fundamentalaxiome für die Mathematik, was die Gesetze der Logik für das formale Denken, was die höchsten Sittengesetze für das Handeln sind. Alle diese Grundformen und Grundgesetze sind an sich unveränderlich, ihre Anwendung aber ist wunderbar mannigfaltig. Nach denselben Gesetzen, mit denen das Kind seine kleine Tafel mißt, berechnet der Gelehrte die Bewegungen der Himmelskörper. So geht es auch mit den Dogmen der Kirche. Sie sind für uns Wahrheiten, die Gott, die ewige Wahrheit, uns kundgegeben hat; sie sind deshalb, wie jede Wahrheit, an sich unveränderlich. Was wahr ist, ist ewig wahr. Sie sind aber nur Fundamente, Grundsäulen, auf die der Mensch dann sein eigenes Leben und sein gesellschaftliches Leben unter der Leitung der in der Geschichte sich offenbarenden Vorsehung gründen soll. Unsere Aufgabe ist es, auf den Grund dieser Wahrheiten das ganze Leben des Menschengeschlechtes nach allen seinen Beziehungen aufzubauen. Je eifriger wir aber bemüht sind, an diesem Gottesbau als Arbeiter mitzuwirken, desto fester müssen wir selbst auf seinem göttlichen Fundamente stehen.

Sittliche Freiheit.

Die sittliche Freiheit auf Erden besteht nach der Lehre der katholischen Kirche in der innern, freien Selbstbestimmung des Menschen zum Guten, verbunden mit freier Wahl und insbesondere mit der Möglichkeit der Wahl des Bösen. Dieser Begriff schließt also erstens allen äußeren Zwang aus, der den Menschen bloß äußerlich zum Guten antreibt; er schließt zweitens auch jede innere Notwendigkeit aus, kraft welcher der Wille zwar nicht von außen, aber durch eine innere Nötigung bestimmt würde, dieses oder jenes zu wollen, ohne die Möglichkeit zu haben, es auch nicht zu wollen, weshalb sittlich frei nicht gleichbedeutend mit freiwillig ist; und er setzt drittens für die Dauer unseres irdischen Lebens auch die Möglichkeit des Bösen voraus, was die Bedingung unseres Verdienstes und somit der Erfüllung der Aufgabe unserer Bestimmung auf Erden ist, wo wir uns den Himmel verdienen sollen.

Auf diesem erhabenen, die Würde des Menschen so hoch stellenden Begriff von Freiheit hat nun die katholische Kirche ihr ganzes Lehrgebäude von dem christlichen Leben aufgeführt. Alle Lehrer der Kirche, welche die christliche Sittenlehre behandeln, unterscheiden sofort im Eingange zwischen Handlungen der Menschen, die in dem eben angegebenen Sinne frei sind, und den unfreien Handlungen derselben. Sie legen dann nur jenen freien Handlungen nach einem ganz allgemeinen Gebrauche der katholischen Wissenschaft die Eigenschaft eigentlich menschlicher Handlungen bei, d. h. solcher, die in der eigentümlichen Würde der menschlichen Natur vollbracht sind, und erklären sofort, daß nur von diesen freien menschlichen Handlungen die gesamte christliche Sittenlehre handle, während die unfreien Handlungen als solche, die der Mensch auch mit dem unvernünftigen Geschöpfe gemein habe, von ihr gänzlich ausgeschlossen seien. Als die drei Hauptbestandteile der sittlichen Handlung stellen sie daher auf: erstens ein inneres der Handlung vorhergehendes Urteil über ihren Wert; zweitens einen freien inneren Entschluß, aus dem die Handlung wie aus ihrer Quelle hervorgeht; und drittens die Möglichkeit, sich auch anders zu entschließen.

Mit dieser Lehre in Verbindung steht dann die andere über das Gewissen des Menschen, wo abermals, ich möchte sagen, die hohe Ehrfurcht, welche die Kirche vor diesem Heiligtum des Menschen, nämlich der inneren Freiheit hat, so leuchtend hervortritt. Das Gewissen ist, nach katholischer Lehre, das innere Urteil, wodurch der Mensch nach reifer Überlegung das, was er innerlich für wahr und recht erkennt, auf sein Leben, auf seine Handlungen anwendet, und nach welchem er dann zur Ausführung schreitet. Dieser wunderbaren innern Seelentätigkeit, — in welcher der Mensch gleichsam über sich und über die ganze Welt zu Gerichte sitzt und, nur in unvergleichlich höherer und allgemeinerer Weise, dasselbe tuet, was in ihren beschränkten Kreisen, für ihr Gebiet, menschliche Gerichtshöfe vollbringen, — legt die Kirche eine so hohe Selbständigkeit bei, daß sie schon dem Kinde, das sie erzieht, als ein göttliches Gebot verkündet: Alles, was gegen dein Gewissen ist, es mag kommen von außen, woher es will, ist Sünde, und du mußt bereit sein, lieber zu sterben, als je in deinem Leben gegen dein Gewissen zu handeln. Dabei anerkennt freilich die Kirche, daß es auch ein irriges Gewissen geben kann, und sie hört deswegen nicht auf, daran zu erinnern, welch ein Verderben aus dem selbstverschuldeten Irrtum des Gewissens hervorgeht, und welche Verantwortung der Mensch dadurch sich vor Gott auf ladet, der einst die Akte dieses inneren Gerichtshofes der Menschen vor sein ewiges Gericht ziehen und nach dem ewigen Gesetze über sie richten wird.

Überzeugungsfreiheit.

Ebenso wie die katholische Kirche in Anerkennung der sittlichen Freiheit den Satz ausspricht: „Was gegen das Gewissen ist, ist Sünde," so lehrt sie nicht minder in Anerkennung der vernünftigen Freiheit mit dem hl. Apostel Paulus das rationabile obsequium, den vernünftigen Gehorsam des Glaubens — und das ist wieder eine Freiheit des menschlichen Geistes, und zwar auf dem zweiten Hauptgebiete seines geistigen Lebens, nämlich der Erkenntnis der Wahrheit. Wie die katholische Kirche das Sittlichgute wesentlich in die innere freie Wahl setzt, so fordert sie für jede Wahrheitserkenntnis, die des Menschen würdig ist, die freie innere Zustimmung der Vernunft. Die Beweggründe zum Sittlichguten wie zum Vernünftigwahren, die Wurzeln, aus denen Moralität und Wahrheitserkenntnis entspringen, dürfen nicht bloß außer dem Menschen liegen; sie müssen zugleich aus seinem eigensten inneren Wesen hervorgehen. Wie man ein Haus nicht bauen kann auf einem fremden Fundamente, so kann man wahre menschliche Sittlichkeit nicht bauen auf einen fremden Willen, wahre eigene Überzeugung auf einen fremden Gedanken. Mag der fremde Wille noch so gut, der fremde Gedanke noch so wahr sein, — er muß erst Wille und Gedanke in der eigenen Seele werden, ehe er eine sittliche vernünftige Unterlage für das Wollen und Denken des einzelnen Menschen wird. Dieses wahrhaft furchtbar hohe Recht, in dem so ganz die Würde, aber auch die Gefahr in der Lage des Menschen zutage tritt, hat Gott sogar den Menschen sich selbst gegenüber eingeräumt, — um wie viel mehr in ihrem Verhältnis zueinander.

Ganz denselben Grundsatz wendet nun die Kirche auch auf den Glauben an. Der hl. Thomas von Aquin, der uns hier den Gedanken der Kirche aussprechen soll, behandelt die Frage über den Grund des Glaubens und sagt hierüber:

„Zum Glauben wird zweierlei erfordert: erstens ein glaubwürdiger Gegenstand, zweitens die Zustimmung zu demselben. Was nun die Zustimmung betrifft, so ist ein äußeres Motiv — wie z. B. ein Wunder, welches wir sehen, oder die Überzeugung dessen, der uns die Glaubenslehre vorträgt, — noch keine hinreichende Ursache. Es muß vielmehr noch eine andere innere Ursache vorhanden sein, die den Menschen innerlich antreibt, seine Zustimmung zu geben; und dieses ist der hauptsächliche und eigentliche Glaubensgrund.

Diesen (inneren) Grund setzten nun aber die Pelagianer einzig in den freien Willen des Menschen; was wieder irrig ist.

Der Glaube beruht nämlich zwar auf dem (freien) Willen der Gläubigen, aber der Wille muß zuvor von Gott zubereitet werden durch seine Gnade. Und insoweit ist der Glaube hinsichtlich der Zustimmung, die den Hauptakt des Glaubens ausmacht, von Gott, der uns durch die Gnade innerlich anregt[1])."

Wir können hiernach den christlichen Glauben bestimmen als die unter dem Einfluß der göttlichen Gnade stattfindende Zustimmung des freien Willens und des Verstandes zu den von Gott geoffenbarten Wahrheiten. Der Glaube ist also ein Geschenk der Gnade, insofern erstens der Gegenstand desselben Wahrheiten sind, die Gott uns durch die Propheten des Alten Bundes und zuletzt durch seinen Sohn kundgegeben hat, und insofern zweitens die Glaubenserkenntnis unter dem Einfluß der väterlichen göttlichen Fürsehung, einer von ihr ausgehenden inneren Anregung, Erleuchtung und Stärkung des menschlichen Geistes stattfindet. Wie der Arzt das kranke und schwache Auge heilt und stärkt, so heilt, stärkt und erleuchtet Gott in seiner Liebe das kranke und schwache Auge der Vernunft, damit es die göttlichen Wahrheiten der Offenbarung erkenne und anerkenne. Das ist die eine Seite der Glaubenserkenntnis, die Tat Gottes. Ihr muß aber entsprechen die andere, die freie Tat des Menschen, der menschlichen Seele mit allen ihren Kräften, die sich freudig und jubelnd dem offenbarenden Gotte hingibt und mit unendlichem Danke Gott preist, daß er sie von ihrer hinfälligen Ohnmacht erlöset hat. Beide Taten zusammen bilden dann jenes Wunder in der Geschichte der Menschheit, jenen starken, festen Glauben, jene heilige Überzeugung, die alle bloß menschliche Überzeugung weit übertrifft und die zahllosen Märtyrer des Glaubens hervorgerufen hat.

In dieser doppelten Freiheit, der sittlichen und der vernünftigen, besteht nun eigentlich das Wesen der

1) Summa Theologica IIa IIae q. VI. art. 1.

menschlichen Freiheit. Wer sie hat, besitzt die wahre Menschenwürde, wenn ihm auch alle anderen Freiheiten fehlen sollten. Wer sie nicht hat, der entbehrt der Menschenwürde, wenn er auch im Besitze aller anderen Freiheiten und dazu aller menschlichen Ehren ist. Der Mißbrauch dieser Doppelfreiheit besteht für den Willen in der Wahl des Bösen, für die Vernunft in der Wahl der Lüge. Dieser Mißbrauch führt dann zur tiefsten Erniedrigung des Menschen, wenn nämlich der Mensch endlich mit jenem Willen, den er frei dem höchsten Gute unterwerfen soll, ein Sklave schlechter Leidenschaften, und mit jener Vernunft, mit der er das ewige Licht erkennen soll, ein Sklave der Lüge und der Finsternis wird.

Von jener doppelten Freiheit spricht denn auch die göttliche Offenbarung selbst und die Heilige Schrift.

Als der Heiland einst (Joh. 8, 31) mit den Juden, die auf ihre von Gott ihnen gewährte Freiheit unter den Völkern der Erde stolz waren, redete, sagte er ihnen: „Wenn ihr in meiner Lehre verbleibet, werdet ihr wahrhaft meine Jünger sein. Ihr werdet die Wahrheit dann erkennen, und die Wahrheit wird euch frei machen.“ Sie antworteten ihm: „Wir sind Nachkommen Abrahams und haben niemals jemanden gedient, wie sagst du, ihr werdet frei werden?“ Jesus antwortete ihnen: „Wahrlich, wahrlich sage ich euch, jeder, welcher Sünde tuet, ist ein Knecht der Sünde . . Wenn euch aber der Sohn frei macht, so werdet ihr wahrhaft frei sein.“

Daraus ergibt sich auch der andere Gedanke, der so oft in den Briefen der Apostel vorkommt, daß die wahre Freiheit darin besteht, freiwillige Knechte des Herrn zu werden. So sagt der Apostel: „Ein jeder bleibe in dem Berufe, in dem er berufen ist. Bist du als Knecht berufen, so laß es dich nicht kümmern,

... denn wer im Herrn berufen ward als Knecht, ist ein Freigelassener des Herrn; desgleichen wer als Freier berufen ward, ist ein Knecht des Herrn[1])."

Ganz insbesondere aber hebt die Heilige Schrift die Torheit jener hervor, die nach anderen Freiheiten rufen, während sie die wahre sittliche Freiheit nicht besitzen. Eine ergreifende Schilderung solcher Menschen, die buchstäblich in allen Zügen auf so viele Menschen unserer Zeit paßt, findet sich 2 Petr. 2. Der Apostel redet dort von Menschen, die jede Obrigkeit verachten, in ihrer Tollkühnheit und Selbstgefälligkeit sich nicht fürchten, überall Spaltung einzuführen; die da lästern, was sie nicht verstehen, die in Wollust versunkene Scheusale sind, die Augen voll Ehebruch und Sünde haben, die andere durch fleischliche Begierden zur Ausschweifung reizen; und schließt diese Schilderung mit den merkwürdigen Worten: „Sie verheißen ihnen — nämlich den Menschen, welche sie verführen — Freiheit, da sie doch selbst Knechte des Verderbens sind."

In der sittlichen und Überzeugungsfreiheit haben wir aber zugleich die Grundbegriffe für jede andere Freiheit und das wahre Verständnis derselben.

Glaube und freie Wissenschaft.

Bevor wir aber zur Betrachtung der politischen Freiheit übergehen, müssen wir einem Irrtume hier entgegentreten. Nichts ist alltäglicher als die Behauptung, daß freie Wissenschaft, freie Überzeugung für den Katholiken unmöglich sei. Diese Ansicht steht ohne weiteres bei einem großen Teile unserer Gegner und der Wortführer in der Tagespresse wie ein unbestrittenes Axiom fest. Zwei recht auffallende Kundgebungen der-

1) 1. Kor. 7, 22.

selben sind in der jüngsten Zeit in die Öffentlichkeit gedrungen. Vor einigen Monaten[1]) berichteten die Zeitungen, daß in Königsberg unter den Professoren der Universität die Frage erhoben worden sei, ob an der bisher ausschließlich protestantischen Lehranstalt in Zukunft auch katholische und jüdische Lehrer angestellt werden dürften. Bei dieser Gelegenheit sei von einem Lehrer der Universität, der wegen seiner freisinnigen Richtung berühmt ist, die Ansicht geltend gemacht worden, daß man Juden ohne Bedenken zulassen dürfe, nicht aber Katholiken, weil bei ihnen eine freie Wissenschaft unmöglich sei. Es ist gar nicht möglich, uns Katholiken eine größere Lüge und eine schwerere Beleidigung ins Angesicht zu werfen. Schlimmeres noch hat sich an der Universität Tübingen ereignet. Als nämlich die am 8. April 1857 abgeschlossene Konvention in Artikel IX die Bestimmung getroffen hatte, daß die katholisch-theologische Fakultät in bezug auf das kirchliche Lehramt unter Leitung und Aufsicht des Bischofs stehe; dieser daher den Professoren und Dozenten die Ermächtigung und Sendung zu theologischen Lehrvorträgen erteilen und nach seinem Ermessen wieder entziehen, das Glaubensbekenntnis abnehmen, auch ihre Hefte und Vorlese-Bücher prüfen dürfe: da setzte der Senat eine Kommission nieder, um zu untersuchen, ob die katholische Fakultät unter diesen Verhältnissen noch ein Glied der Universität sein könnte, und gab auf Grund eines von Hugo Mohl, Professors der Botanik, erstatteten Referates an die Regierung die Erklärung ab, daß die Professoren der katholischen Theologie von nun an nicht mehr als Vertreter der freien Wissenschaft be-

1) Geschrieben Ende 1861. D. H.

trachtet werden könnten und darum auch unfähig geworden seien, Mitglieder des Senates zu bleiben!

Also dadurch, daß der Katholik und der katholische Priester seiner Kirche und den Trägern der kirchlichen Autorität, zunächst seinem Bischof, sich verantwortlich weiß, verliert er das Recht, als Vertreter der Wissenschaft und als akademischer Lehrer betrachtet zu werden! Die Herren scheinen gar nicht mehr zu ahnen, wie tief sie durch solche Äußerungen das katholische Bewußtsein kränken. Man geht so weit, den Gegensatz zwischen Katholizismus und Protestantismus eben darauf zurückzuführen und die Welt zu überreden, als ob das Streben nach einer vernünftigen Wissenschaft auf seiten der Protestanten, und das Widerstreben gegen dieselbe auf seiten der Katholiken recht eigentlich der Grund der ganzen Kirchenspaltung gewesen sei.

Wie ganz anders stellt sich dagegen die Sache dar, wenn wir die offen daliegenden Tatsachen der Geschichte befragen!

L u t h e r stellte als Hauptlehre seines Bekenntnisses der katholischen Kirche gegenüber die Behauptung auf, daß die menschliche Natur in allen ihren höheren Fähigkeiten vollständig durch die Erbsünde verdorben sei. Aus dieser Lehre zog er den Schluß, daß der Mensch mit seinen natürlichen Kräften deshalb nicht das geringste, auch nur natürlich Gute tun könne, daß vielmehr alle seine Werke Sünde seien. Wenn aber die Menschennatur total verdorben ist, so ist es auch seine natürliche Vernunft. So gewiß dann jedes seiner Werke Sünde ist, ist auch jeder seiner Gedanken Irrtum. Das nahm auch Luther an, und daher stammt sein Abscheu vor aller Wissenschaft. Von diesem Standpunkt aus kam er zu der Lehre von der Sola fides. Weil nämlich der Mensch nach seiner Ansicht gänzlich verdorben ist, so dachte er sich auch die Rechtfertigung nicht als eine innere, das

Innerste des Menschen heiligende, sondern zunächst als eine äußerliche, als eine Imputierung und Zudeckung mit der Gerechtigkeit Christi. Bei dieser Auffassung kann von einer Harmonie der natürlichen Seelenkräfte des Menschen und der von Christus ihm zugetragenen Gnade gar keine Rede sein. Der total verdorbenen Natur, der gänzlich erblindeten Vernunft steht die Wahrheit und Gerechtigkeit Christi rein äußerlich gegenüber. Hier ist also die Annahme eines innern ganz ungelösten Widerspruches zwischen dem natürlichen Denken des Menschen und der Offenbarung eine logische Notwendigkeit. Wenn die Vernunft, deren Wesen in der Fähigkeit besteht, Wahrheit zu erkennen, gänzlich verdorben ist, so kann das nur den Sinn haben, daß eben diese Fähigkeit gänzlich verloren sei. Hier ist also eine freie Wissenschaft, eine harmonische Vereinigung der Resultate des natürlichen Denkens und der geoffenbarten Wahrheit rein unmöglich. Hier kann man sich den Zustand eines so beschaffenen Menschen nur denken als einen permanenten entsetzlichen Widerspruch zwischen der denkenden Seele und den Objekten des Glaubens. Nur eines bleibt bei jener Lehre unbegreiflich, wie nämlich eine so verdorbene Menschennatur auch nur zu dieser Sola fides, zu dieser gläubigen Aneignung der Gerechtigkeit Christi, oder zu den Schrecken über ihren Zustand kommen kann, von denen Luther spricht.

Gegen diese Lehre von der gänzlich verdorbenen Natur des Menschen und der Unfreiheit des Willens ist die katholische Kirche mit der äußersten Entschiedenheit aufgetreten. Dieser Streitpunkt war der Hauptgegenstand der gesamten Kontroverse zwischen der alten Kirche und den Reformatoren[1]). Die Lehre Luthers schien die

1) Wir möchten hier allen, denen es ernst ist, über diese großen Wahrheiten und Tatsachen sich Klarheit zu

Verdienste Christi zu erheben, — deshalb die vielen Vorwürfe über die Selbstgerechtigkeit der Katholiken, — sie trat aber in Wahrheit die Vernunft und Freiheit des Menschen mit Füßen und machte das rationabile obsequium, den vernünftigen Gottesdienst, den vernünftigen Glauben unmöglich. Die Kirche dagegen hat nicht nur die Verdienste Christi in demselben vollen Maße anerkannt, sondern auch die Rechte des vernünftigen Denkens und der sittlichen Freiheit gerettet. Was wäre wohl aus der Menschheit geworden, wenn die Lehre Luthers von der totalen Verdorbenheit der menschlichen Natur in Verbindung mit der Allgewalt des Staates nur auf ein Jahrhundert hätte allgemein eingeführt werden können! Noch waren die ersten Reformatoren nicht tot, und schon standen die Humanisten, die ihren mächtigen wissenschaftlichen Trieb von der katholischen Kirche empfangen und den Anfängen der Reformation entgegengejubelt hatten, in ihrem Alter vor ihren Gräbern und weinten über den Untergang aller Wissenschaft[1]).

Die Lehre der katholischen Kirche läßt sich in folgende Sätze zusammenfassen:

Der Mensch hat durch die Erbsünde alle übernatürlichen Gnaden verloren.

Die natürlichen Gnaden dagegen, die das Wesen seiner menschlichen, vernünftigen Natur ausmachen, sei-

---

verschaffen, Möhlers Symbolik empfehlen; dieses unsterbliche Buch, das mit dem ganzen Ernste und der Schärfe der Wahrheit zugleich in so hohem Maße den Geist der Liebe und Milde verbindet.

1) Siehe Geschichte der Universität Erfurt von Dr. Kampschulte und: Die Reformation, ihre innere Entwickelung und ihre Wirkungen im Umfange des Lutherischen Bekenntnisses von J. Döllinger, Band I, besonders Seite 410 ff.

nen freien Willen, seine Vernunft hat er nicht verloren; sie sind nur geschwächt und beschädigt.

Der Mensch kann folglich nichts übernatürlich Gutes mehr wirken.

Er kann aber ohne übernatürliche Hilfe Christi manches an sich Gute tun, manche natürliche Wahrheiten erkennen.

Deshalb finden wir auch bei den Heiden viel Gutes und mancherlei Wahrheitserkenntnis.

Deshalb ist ferner die Erlösung nicht lediglich als eine Imputation der Gerechtigkeit Christi und ein bloß äußerliches Zudecken der Sünde des Menschen, sondern als eine Wiederherstellung und Heilung aufzufassen.

Deshalb ist endlich die geoffenbarte Wahrheit nicht als ein Widerspruch gegen den verdorbenen Menschen anzusehen, sondern als eine tiefinnerliche, glückselige Heilung und Erhöhung des geistigen Menschen. Sie läßt sich zu ihm herab in Gnade und Erbarmung, sie heilt seine Wunden, sie stärkt und erhebt ihn bis zur Anschauung Gottes.

Diese Sätze hat die Kirche ohne Unterlaß gelehrt; sie hat die Behauptung, daß das Christentum uns nötige, Unvernünftiges zu glauben, mit Abscheu verworfen. In allen ihren Schulen steht der Satz als Axiom da: „Was unvernünftig ist, kann und darf nicht geglaubt werden." Es kommt daher darauf an, daß unsere Gegner der Kirche die Unvernünftigkeit ihrer Lehre nachweisen. Das haben aber bisher alle Feinde des christlichen Glaubens in allen Jahrhunderten noch nicht zustande gebracht. Es ist daher eine Unwahrheit und eine Injurie, wenn Professoren deutscher Universitäten uns Katholiken den Schein anhängen, als ob wir durch unseren Glauben zu dem elenden Zustande der Entwürdigung und der Unterdrückung unserer Vernunft verurteilt wären, während vielmehr die Kirche ihre großen Kämpfe mit dem alten orthodoxen Protestantismus hauptsächlich deshalb geführt hat, weil die Protestanten die Freiheit des Willens und die freie vernünftige Mitwirkung des Menschen mit der Gnade Gottes leugnen[1]).

Woher kommt aber nun die merkwürdige Erscheinung, daß der moderne rationalistische Protestantismus die katholische Kirche als Feindin der menschlichen Vernunft und Freiheit angreift, welche sie doch gegen die Stifter des Protestantismus verteidigt hat? Es erklärt sich dies nicht bloß aus der allerdings ungeheuren Macht des Vorurteiles, sondern auch und vorzüglich daraus, daß der protestantische Rationalismus in seiner nach einer Seite hin berechtigten Reaktion gegen die altprotestantische Orthodoxie in das gerade entgegengesetzte Extrem gefallen ist und nun eine absolute Unabhängigkeit der Vernunft und des freien Willens be-

1) Daß es sich im Reformationszeitalter zwischen den Reformatoren und der Kirche um diesen Kardinalpunkt handelte, darüber hat der Urheber der Kirchenspaltung sich oftmals und aufs Klarste ausgesprochen; nirgends aber wohl klarer als in seinem Buche „Vom unfreien Willen" (de servo arbitrio), worin er die gegen ihn gerichtete Streitschrift des Erasmus von Rotterdam für den freien Willen bekämpft. Im Eingang lobt er den Erasmus, weil er wohl erkannt habe, daß es sich in dem Kampfe Luthers mit der katholischen Kirche nicht um solche Nebendinge wie Ablaß, Fegfeuer und Heiligenverehrung, sondern vor allem und zuoberst um die Frage vom freien Willen und der freien Mitwirkung mit der Gnade handele, und dann stellt er mit einer Rücksichtslosigkeit und Schärfe, die wohl ihres Gleichen nicht hat, als das Fundament seiner ganzen Lehre den Satz von der absoluten Unfreiheit des menschlichen Willens auf.

hauptet, welche mit jeder Autorität, darum aber auch mit der Natur des Menschen als eines von Gott und der Ordnung Gottes abhängigen Geschöpfes unverträglich ist. Deshalb hat dieser Rationalismus jede richtige Idee von der Vereinigung zwischen Autorität und Freiheit, von der vernünftigen und freien Anerkennung einer berechtigten Autorität verloren.

(Aus der Schrift „Freiheit, Autorität und Kirche".)

Kirchliches.

Der Kampf gegen die Kirche.

Predigt bei Eröffnung des allgemeinen Gebets für die Anliegen der Kirche.

(Dom zu Mainz, am Sonntag nach Allerheiligen 1872.)

Wir haben heute die öffentlichen Gebete zum allerheiligsten Herzen Jesu für die Anliegen der katholischen Kirche in Deutschland begonnen, welche die Bischöfe Deutschlands für diesen Winter angeordnet haben. Der Zweck dieser Predigt ist, euch aufzufordern, an diesem Gebete recht beharrlich, recht fromm und mit reumütigem Herzen Anteil zu nehmen. Zu diesem Ende wollen wir unsere Betrachtung an eine Begebenheit anknüpfen, welche uns die Heilige Schrift [1]) aus dem großen Kampf erzählt, den das Volk Israel unter der Anführung der Machabäer für den Glauben seiner Väter und das heilige Gesetz Gottes gegen die heidnische Weltmacht der Syrer gekämpft hat. Denn dieser Kampf ist ein Vorbild, wodurch uns das Wort Gottes über die Bedeutung des Kampfes belehrt, den die Kirche Jesu Christi in unseren Zeiten zu bestehen hat, sowie über die rechte Art und Weise, wie wir kämpfen sollen.

---

1) 2. Machab. 15.

I.

Betrachten wir also zuerst die Bedeutung jenes Kampfes zur Zeit der Machabäer, um daraus die wahre Bedeutung des Kampfes zu erkennen, der jetzt gegen die Kirche geführt wird.

Es war, um alles mit einem Worte zu sagen, ein Kampf zwischen Heidentum und Judentum. Die syrischen Könige, insbesondere Antiochus Epiphanes und seine Nachfolger, wollten das Judentum vernichten. Das von Gott dem Volke Israel gegebene Gesetz sollte keine Geltung mehr haben und an dessen Stelle das Gesetz der heidnischen syrischen Könige treten. „Der König Antiochus erließ Schreiben an sein ganzes Reich, daß alle ein Volk sein und jeder sein Gesetz verlassen sollte. Und viele aus Israel willigten in seinen Frondienst und opferten den Götzen und entweihten den Sabbat[1]).“ Die vorgeschriebenen Opfer wurden verboten, der Tempel und die Altäre entweiht und heidnische Götzenbilder im Heiligtume errichtet.

So liegt auch die wahre innerste Bedeutung des jetzigen Kampfes darin, daß es ein Kampf des Unglaubens, der Leugnung der ganzen übernatürlichen Ordnung, des modernen Heidentums gegen das Christentum ist. Wohl erkennen viele die Bedeutung dieses Kampfes nicht. Gar manche, selbst von denen, welche der katholischen Kirche die schwersten Beschädigungen zufügen, wissen nicht, was sie tun; sie wissen nicht, daß sie nur an der Zerstörung des Christentums arbeiten, und während sie selbständig zu handeln glauben, nur Werkzeuge jenes Geistes des Unglaubens sind, der schon seit mehreren Menschenaltern in allen Ländern, in unseren Tagen aber in unserem Vaterland mit beson-

1) 1. Machab. 1, 43. 45.

derer Heftigkeit gegen Christus und sein Reich einen Vernichtungskampf führt. Es ist demnach eine große Täuschung, zu glauben, daß es sich dabei nur um einen Kampf gegen die katholische Kirche oder gar gegen eine sogenannte Partei in der Kirche, etwa gegen den Jesuitismus oder Ultramontanismus, wie man sagt, handele. Dieser Kampf ist vielmehr gegen die gesamte übernatürliche Offenbarung im Christentum gerichtet; nicht minder gegen die gläubigen Protestanten als gegen die gläubigen Katholiken. Gegen die katholische Kirche ist er nur zunächst gerichtet, um einen Gegner nach dem andern vorzunehmen, um inzwischen auch unter den Protestanten noch Bundesgenossen zu behalten, um endlich vor allem die Säule und Grundfeste der Wahrheit und des Christentums, die katholische Kirche zu unterdrücken und zu beschädigen.

An diesem Kampfe gegen die Kirche in der Gegenwart ist aber besonders bemerkenswert, daß er seine Angriffe hauptsächlich gegen die Verfassung der Kirche, gegen ihren göttlichen Organismus richtet.

Man will deshalb vor allem die Bischöfe vom Papste, von dem Haupte der Kirche trennen. Dahin ging insbesondere das Bestreben unserer Gegner nach einem wohldurchdachten, schlauberechneten Plane vor dem letzten allgemeinen Konzil und während desselben.

Zu jeder gründlichen Erörterung einer Frage gehört selbstverständlich, daß alle in Betracht kommenden Schwierigkeiten wohl erwogen werden. Deshalb müssen auch auf einem allgemeinen Konzil alle Bedenken und Einwände bezüglich des verhandelten Gegenstandes zur Sprache kommen. Solche Einwendungen können sogar von Bischöfen gemacht werden, welche sie entweder ganz oder teilweise für unbegründet halten, wenn sie nämlich glauben, daß noch nicht alle Schwierigkeiten gelöst sind, oder daß noch eine tiefere Begründung erforderlich sei. Dabei versteht es sich von selbst, daß Bischöfe, welche an die Leitung allgemeiner Konzilien durch den Heiligen Geist glauben, ihre eigene Ansicht immer nur mit der Absicht geltend machen, sich dem allgemeinen Urteil des Konzils zu unterwerfen. So haben zu allen Zeiten katholische Bischöfe auf den allgemeinen Kirchenversammlungen gehandelt; so auch die deutschen Bischöfe und ihre Mitbrüder auf dem Vatikanischen Konzil. Sie haben alle denkbaren Schwierigkeiten, alle möglichen Einwendungen und Bedenken im Interesse einer gründlichen Erörterung mit aller Entschiedenheit hervorgehoben, und sie haben dann, nachdem diese Erörterung so lange fortgesetzt worden war, bis kein Bischof sich mehr zum Worte meldete, sich der endgültigen allgemeinen Entscheidung unterworfen. So einfach, ich möchte sagen, so selbstverständlich nach dem Geiste der Kirche das alles aber war, so haben dennoch treulose Söhne der Kirche in enger Verbindung mit den erklärten Feinden derselben sich nicht gescheut, dieses Verfahren der Bischöfe in der gehässigsten Weise zu mißdeuten. Jedes freie Wort, jedes Bedenken, jeder Einwand wurde als eine offene Opposition gegen Papst und Konzil, als ein feindseliger Kampf unter den Bischöfen, als sicheres Vorzeichen einer Spaltung in der Kirche selbst dargestellt. Man wollte eine Spaltung, und darum deutete man auch nach den eigenen Wünschen die Handlungen der Bischöfe. Als aber unsere Gegner nur zu bald gewahrten, wie sehr sie sich in ihrer Berechnung und in ihrem Urteil getäuscht hatten, als sie bald den ganzen Episkopat der Welt in vollendeter Eintracht verbunden sahen, da verwandelte sich das Lob, welches sie bis dahin den Bischöfen gespendet hatten, in die leidenschaftlichste Schmähung. Seitdem suchen sie uns als Menschen hinzustellen, welche plötzlich ihre Ansichten geändert, welche gegen Gewissen und Überzeugung sich aus den schlechtesten Beweggründen einer fremden Meinung unterworfen haben. In den Augen dieser Gegner gibt es nur ein wahres Verdienst, nämlich die freche Empörung gegen die Lehrautorität der Kirche, nur eine Schmach, nämlich die Unterwerfung unter dieselbe.

Wie man aber die Bischöfe vom Oberhaupte der Kirche trennen will und sie schmäht, weil das nicht gelungen ist, so sucht man auch die Priester von den Bischöfen und das Volk von beiden zu trennen. Bezüglich der Priester hat man einen ähnlichen Plan verfolgt wie bei den Bischöfen. Zuerst suchte man auch da den lügenhaften Schein zu verbreiten, als ob ein großer Teil der Priester nahe daran sei, sich vom Gehorsam der Kirche zu trennen. Als diese Hoffnung sich nichtig erwies, da scheute man sich nicht, auch diesen auf den Glauben an die göttliche Autorität der Kirche gegründeten Gehorsam als eine feige Furcht vor der angeblichen Allgewalt der Bischöfe hinzustellen. Unter diesem Vorwand fordert man jetzt Gesetze, angeblich zum Schutze der Priester gegen die Willkür der Bischöfe, in der Tat aber, um die Auflehnung gegen die bischöfliche Gewalt zu legalisieren und so die Verfassung der Kirche zu zerstören.

Ganz ähnlich will man es mit dem Volke machen. In der Schweiz werden bereits die Versuche angestellt. Die Anerkennung einer von Christus stammenden, den Aposteln und ihren Nachfolgern übertragenen Autorität soll nämlich nach dieser neuen, im Interesse der Zerstörung der katholischen Kirchenverfassung erfundenen Theorie in Widerspruch stehen mit jener persönlichen Freiheit, welche der moderne Staat jedem zu gewähren verpflichtet ist. Deshalb soll der Staat der Kirche eine auf demokratischer Grundlage beruhende Synodalverfassung geben, wodurch jedermann berechtigt ist, in der Kirche zu bleiben, ohne der Kirche zu gehorchen. So hätte man es fertig gebracht, im Namen der Freiheit den Katholiken die Freiheit des Glaubens zu entziehen; so hätte man die Zerstörung der Einrichtung der Kirche bis in die Fundamente hineingetragen. Auch bei uns werden schon ähnliche Ansichten über die individuelle Freiheit ausgesprochen, und es liegt im Plane, bald weitere Versuche damit zu machen.

Und warum geschehen alle diese Angriffe gegen die Verfassung der Kirche, gegen die heilige Ordnung, welche alle Glieder der Kirche wie zu einem Leibe, zum Leibe Christi verbindet? Das Endziel aller dieser Angriffe ist das Christentum selbst, aber man geht Schritt für Schritt in diesem Kampfe vor. Um das Christentum zu zerstören, muß man die katholische Kirche zerstören, und um die katholische Kirche zu zerstören, muß man die göttliche Verfassung der Kirche zerstören. Deswegen richten sich alle Kämpfe in unserer Zeit gegen die Hierarchie der Kirche, gegen diese göttliche Anordnung und Einrichtung, auf welcher der ganze Bestand der Kirche beruht.

Alles andere, was über den Grund dieses Kampfes gesagt wird, ist Täuschung und Unwahrheit.

Man sagt, wir Katholiken seien Feinde des Reiches. Dadurch will man die Feindschaft gegen uns rechtfertigen. Aber unsere Gegner wissen sehr gut, daß wir das wahrhaftig nicht sind. Man hat selbst den Umstand, daß der Kaiser Protestant ist, als Grund dafür angegeben. Aber schon seit langer Zeit sind ja unsere Landesherrn fast alle Protestanten. Wir haben aber trotzdem unsern deutschen Fürsten den treuesten, unverbrüchlichsten Gehorsam erwiesen, wir haben in dieser Treue, in diesem

Gehorsam wahrlich keinen Vergleich zu scheuen mit unseren Mitbürgern, welche nicht katholisch sind. Und wie wir in Deutschland gehandelt haben, so handelten die Katholiken in allen Ländern, an deren Spitze Protestanten stehen; so in England, so in Amerika, so überall. Doch, wie gesagt, dieser Vorwurf ist nur ein Vorwand, womit man den Kampf gegen unseren Glauben und unsere Kirche beschönigt.

Ebenso verhält es sich mit dem andern Vorwande. Man sagt, das Konzil sei schuld durch die Entscheidung über die Unfehlbarkeit des päpstlichen Lehramtes und gibt dieser Entscheidung eine unwahre Deutung, gegen welche die ganze katholische Kirche protestiert — aber umsonst. Wir mögen mit noch so zahlreichen Stimmen uns gegen diese Mißdeutungen verwahren — sie verhallen wirkungslos gegen das wüste Geschrei unserer Gegner, welche nicht aufhören, dieselben Mißdeutungen und Entstellungen, gegen welche wir protestieren, mit immer größerer Einmütigkeit und Leidenschaftlichkeit geltend zu machen. Man will nicht belehrt sein, weil man des Vorwurfes bedarf, um gegen uns zu kämpfen, um alle die Maßregeln zu verwirklichen, welche man zur Unterdrückung der katholischen Kirche in Aussicht genommen hat.

Man klagt endlich selbst unsere Grundsätze an; auch sie sollen staats- und reichsgefährlich sein. Und welche Grundsätze sind es, die uns vorgeworfen werden? Es sind eben jene großen christlichen Prinzipien über das Verhältnis zwischen Kirche und Staat, welche seit tausend Jahren unter allen christlichen Völkern Geltung haben. Es sind die altchristlichen Lehren, daß Gott auf Erden zwei Gewalten gegründet hat, jede selbständig in dem von Gott ihr angewiesenen Kreise; daß die weltlichen Gesetze den zehn Geboten und dem göttlichen Gesetze nicht widersprechen dürfen; endlich daß man Gott mehr gehorchen müsse als den Menschen. Diese christlichen Wahrheiten sollen jetzt staatsgefährlich sein? Dann wäre aber das Christentum selbst staatsgefährlich; dann wäre auch jenes heilige Buch staatsgefährlich, worin diese Wahrheiten offen ausgesprochen sind, und welches wir Christen als „das Wort Gottes" verehren.

Doch alle diese Anklagen bedürfen keiner Widerlegung; sie sind ja nur Vorwände, um den Kampf gegen das Christentum zu verdecken. Nicht wir Katholiken sind Feinde des Reiches — das sei fern von uns; aber unsere Gegner sind Feinde des Christentums.

Daraus erkennen wir also den Ernst und die Bedeutung dieses Kampfes. So groß und so heilig, wie uns die Religion ist, wie uns Christus selbst ist, wie uns alle Güter sind, die wir ihm, dem Sohne Gottes, verdanken, und alle Segnungen, die er uns gespendet, so groß und heilig muß uns der Kampf sein, den wir insgesamt zu kämpfen berufen sind.

II.

Betrachten wir jetzt, nachdem wir die Bedeutung dieses Kampfes erkannt haben, die Gesinnung, mit welcher die Gegner des Volkes Israel, und jene, mit welcher die Machabäer in den Kampf zogen. Auch das ist für uns voll Belehrung.

Von **Nikanor**, dem heidnischen Feldherrn der Syrer, heißt es: Er zog in den Kampf cum summa superbia[1]), mit dem höchsten Übermut und Selbstvertrauen, und beschloß, **Judas** gänzlich zu vernichten. Wie groß seine Vermessenheit und seine Gottlosigkeit war, lehrt uns ein merkwürdiger Vorfall, welchen uns

1) 2. Machab. 15, 6.

die Heilige Schrift besonders aufbewahrt hat. Er erfuhr, daß Judas in den Orten Samarias sich aufhalte, und beschloß, ihn dort am Tage des Sabbats anzugreifen. Die Juden, welche ihm gezwungen folgten, waren über die beabsichtigte Entheiligung des Sabbats entsetzt und sprachen: „Handle nicht so wild und grausam, sondern ehre den Tag der Heiligung und ehre den, der alles sieht." Nikanor aber in seinem Stolze antwortete mit der Frage: „Ist denn im Himmel ein Mächtiger, der den Sabbattag zu halten geboten hat?" Darauf erwiderten ihm die Juden: „Es ist der lebendige Herr selbst, der da Macht hat im Himmel, der den siebenten Tag zu halten geboten hat." Da sprach Nikanor in stolzem Hohne: „Und ich habe die Macht auf Erden und gebiete, die Waffen zu ergreifen und des Königs Dienst zu verrichten[1])!"

In diesem Nikanor erblicken wir ein Bild aller Empörer gegen Gott und sein Gesetz. Er spottet über den, der „Macht hat im Himmel"; er kennt nur die „Macht auf Erden" in seiner Hand und „des Königs Dienst". In seinen Augen waren jene Juden auch reichsgefährlich, weil sie es wagten, an das Gesetz Gottes zu erinnern, an den, der auch Macht hat über die Machthaber dieser Erde. „Ich habe die Macht auf Erden und gebiete, die Waffen zu ergreifen und des Königs Dienst zu verrichten" — das war die Antwort des heidnischen Feldherrn in jener Zeit; das ist auch die Antwort, die in unseren Tagen vielfach uns zuteil wird, wenn wir Christen uns auf Gottes Gebot berufen. Unsere Gegner kennen nur ihre Macht, nur ihr Gesetz, nur ihren Dienst. Jede Regung des Gewissens dagegen, jede Berufung auf Gott und seinen Willen ist Empörung.

1) 2. Machab. 15, 1 ff.

Ganz anders dachte der Machabäer Judas, als er in den Kampf zog. „Er vertraute, wie die Heilige Schrift von ihm erzählt, immer mit aller Zuversicht, daß er von Gott Hilfe erlangen werde[1]).“ Das ist die Gesinnung, mit der zu allen Zeiten die Diener Gottes gekämpft und gesiegt haben. So kämpfte der schwache Hirtenknabe David gegen den Riesen in seiner stolzen Rüstung und warf ihn zu Boden, so kämpfte im Alten Bunde das auserwählte Volk Gottes gegen seine Feinde. So haben auch die Christen gekämpft und gesiegt, als sie der ganzen römischen Weltmacht gegenüberstanden.

Um aber auch das ganze Volk mit dieser Gesinnung zu erfüllen, versammelte der Machabäer das Volk vor dem blutigen Kampfe und hielt eine Rede an dasselbe. Er ermahnte die Seinigen, sich nicht zu fürchten beim Anrücken der Heiden, sondern eingedenk zu sein der ihnen vom Himmel so oft geleisteten Hilfe. Auch jetzt sollten sie vertrauen, daß ihnen vom Allmächtigen der Sieg verliehen werde. Er ermutigte sie aus dem Gesetze und den Propheten und erinnerte sie an die Kämpfe, die sie bestanden. Er wies sie endlich hin auf die Treulosigkeit der Heiden und auf ihre Eidbrüche[2]).

Alle diese Gedanken sind wohl geeignet, auch uns mit Zuversicht zu erfüllen bei allen Gefahren, die uns drohen. Auch wir sollen mit unerschütterlichem Glauben hinblicken auf die Verheißungen, welche Gott seiner Kirche gegeben hat; hinblicken auf die lange Reihe der vergangenen Jahrhunderte, in welchen Gott die Verheißungen so wunderbar erfüllt hat; hinblicken endlich auf die Unredlichkeit und Treulosigkeit unserer Gegner in diesem Kampfe gegen die Kirche in der Gewißheit, daß Ungerechtigkeit und Lüge die Wahrheit und Gerech-

1) 2. Machab. 15, 7. — 2) 2. Machab. 15, 8 ff.

tigkeit auf Erden nicht auf die Dauer überwältigen können. Wenn wir das alles erwägen, dann werden wir auch jede kleinliche Furcht und Zaghaftigkeit ablegen und mit voller Zuversicht den Sieg der Kirche von der Allmacht Gottes erwarten.

Nach diesen Worten erzählte Judas dem Volke ein denkwürdiges Gesicht. Er sah den Hohenpriester Onias, einen Mann von ehrwürdigem Ansehen, schon von Jugend an in den Tugenden geübt, der seine Hände ausstreckte, um für das ganze Volk der Juden zu beten. Dann sah er noch einen andern Mann, ausgezeichnet durch Alter und Würde in herrlichem Schmuck, und Onias sagte ihm: „Dieser ist der Freund der Brüder, des Volkes Israel, dieser ist's, welcher viel betet für das Volk und für die ganze heilige Stadt, Jeremias, der Prophet Gottes." Jeremias aber streckte die Hand aus und reichte dem Judas ein goldenes Schwert mit den Worten: „Nimm das heilige Schwert als Geschenk von Gott; damit wirst du die Feinde meines Volkes Israel niederwerfen[1])."

Auch diese Worte sind wohl geeignet, uns mit Mut und Trost zu erfüllen. Wenn wir Christen unsere Blicke zum Himmel erheben, da sehen wir nicht nur die Propheten des Alten Bundes für uns die Hand erheben, sondern wir erblicken da den Sohn Gottes selbst in seiner Menschengestalt, welcher, wie der Apostel sagt, gestorben und auferstanden ist und jetzt zur Rechten Gottes für uns betet[2]), der, wie derselbe Apostel wiederholt, „immer lebt, um für uns Fürbitte einzulegen[3])". Da sehen wir ihm zur Seite die gnadenvolle Königin des Himmels,

---

1) 2. Machab. 15, 12 ff.
2) Röm. 8, 34.
3) Hebr. 7, 25.

umgeben von den Chören der Engel, von allen Scharen der heiligen Apostel, Märtyrer, Bekenner und Jungfrauen, welche durch Christus auch ihre Gebete auf den goldnen Altar am Throne Gottes für uns niederlegen.

Das heilige Schwert aber, welches Christus selbst uns reicht, um alle seine Feinde zu überwinden, das ist das Kreuz, womit er selbst die Welt überwunden hat, das ist unser Glaube und das Gebet, womit auch wir kämpfend siegen werden.

Aufgemuntert durch solche Reden, fährt die Heilige Schrift fort, beschlossen sie, wacker anzugreifen und zu streiten, um die heilige Stadt und den Tempel zu schützen, „denn für die Weiber und Kinder, für die Brüder und Verwandten waren sie weniger besorgt“ als für den heiligen Tempel[1]).

Das soll auch unser Entschluß und das heilige Gelöbnis sein, wenn wir die vielen Angriffe auf die Religion in unseren Tagen ringsum wahrnehmen. Auch wir wollen kämpfen, so gut wir können, nicht mit irdischen Waffen, sondern mit den Waffen der Wahrheit und Gerechtigkeit. Aber in diesem Kampfe wollen wir uns immer bewußt bleiben, daß es sich dabei nicht bloß um irdische Interessen handelt, sondern um die Sache Gottes, um die heilige Stadt und den heiligen Tempel.

III.

Werfen wir jetzt noch zum Schluß einen Blick auf den Kampf selbst, damit wir auch daraus lernen, wie wir kämpfen sollen.

Nikanor zog in seinem Übermute heran mit Trompeten und Kriegsgesang, er vertraute auf seine

1) 2. Machab. 15, 18.

Macht und auf die Wut der Elephanten in seinen Schlachtreihen. Judas aber und die Seinigen riefen Gott an und kämpften betend; mit der Hand fochten sie und im Herzen beteten sie zu dem Herrn und so erlangten sie einen großen Sieg, hocherfreut durch Gottes Gegenwart[1]). Das ist ein herrliches Vorbild für uns. So sollen wir Christen kämpfen. Wenn unsere Gegner, ausgerüstet mit allen Mitteln der Macht, welche die Welt gewähren kann, ausziehen gegen uns, dann sollen wir unsere Hände zum Himmel erheben, zu dem, vor dem alle irdische Macht Staub ist; wir sollen Gott anrufen und kämpfend beten, wie die Machabäer „zu dem flehten, der sein Volk erwählt hat, um es ewig zu beschützen, und der sein Erbe mit augenscheinlichen Wundern wirklich beschützt[2]).“ Dann und nur dann werden auch wir den Schutz des allgegenwärtigen und allmächtigen Gottes erfahren.

Zu einem solchen Kampfe und zu einem solchen Gebete haben euch die deutschen Bischöfe, insbesondere für diesen Winter eingeladen. Nehmet also auch an diesem Gebete den wärmsten, innigsten, allgemeinsten Anteil. Alles fordert euch dazu in ungewöhnlicher Weise auf.

Dazu fordert euch auf erstens die Wichtigkeit des Gegenstandes selbst. Wir haben ihn im Eingang dieser Predigt betrachtet. Es handelt sich, wie wir sahen, um einen Kampf zwischen Heidentum und Christentum; es handelt sich darum, unserem deutschen Volke das Beste, das Heiligste zu rauben, was es besitzt, seinen christlichen Glauben, sein christliches Leben, seine christlichen Sitten. Das ist wahrhaft ein Kampf „für die heilige Stadt und für den Tempel.“

---

1) 2. Machab. 15, 25 ff. — 2) 2. Machab. 14, 15.

Dazu soll uns zweitens antreiben der Gedanke, daß wir in diesem Winter in der innigsten Vereinigung mit allen unseren Mitbrüdern im ganzen deutschen Vaterlande beten. Fast zur selben Stunde werden sich an den Freitagen dieses Winters in allen katholischen Kirchen unseres deutschen Vaterlandes betend die Hände zum Himmel erheben. Das ist gewiß ein rührender und mächtig anregender Gedanke. So oft hat der göttliche Heiland ausgesprochen, daß ihm das gemeinschaftliche Gebet besonders wohlgefällig ist; wie könnten wir da zweifeln, daß dieses Gebet in allen katholischen Gemeinden die Kraft des Gebetes jedes einzelnen wunderbar erhöhen wird! Das Sinnbild des Gebetes ist der Weihrauch. Wie eine heilige Wolke von Weihrauch wird das Gebet in diesem Winter sich von jeder Kirche im deutschen Vaterlande erheben und vereint zum Throne Gottes hinaufsteigen. Gott wird es erhören.

Dazu soll uns drittens antreiben der Hinblick auf das süßeste heilige Herz Jesu, dem dieses Gebet gewidmet ist. Ein frommer Mann sagt: „Die Gebete der Christen sind die Gebete Christi selbst." Das ist vollkommen wahr von allen Gott wohlgefälligen Gebeten. Dieser Gedanke muß uns aber bei unseren Gebeten mit unbeschreiblicher Zuversicht erfüllen. Wir können aber noch weiter gehen und sagen, die Gebete des Christen sind die Gebete des Herzens Jesu selbst. Wir Christen sind ja Glieder Jesu Christi, sein Geist wird unser Geist, und dieser Geist betet in uns mit unaussprechlichen Seufzern[1]); sein Geist und sein Herz soll mehr und mehr das Leben unseres Geistes und Herzens werden. „Wer den Geist Christi nicht hat, sagt der Apostel, gehört ihm auch nicht an[2])." Das

1) Röm. 8, 26. — 2) Röm. 8, 9.

Herz Jesu ist daher die wahre Quelle aller guten Gebete und aller wahren Anregungen dazu, wie es auch die Quelle ist, welche unser Gebet verdienstlich und Gott wohlgefällig macht. Darum haben die deutschen Bischöfe das ganze katholische Volk eingeladen, in diesem Winter in den großen Anliegen unseres Vaterlandes zum allerheiligsten Herzen Jesu seine Zuflucht zu nehmen. An den Freitagen aber soll, soviel möglich, dieses Gebet stattfinden, weil ja an einem Freitage die Wunde dieses allerheiligsten Herzens als eine Zufluchtsstätte der Welt geöffnet wurde, wie auch aus gleichem Grunde der erste Freitag eines jeden Monats der besonderen Verehrung dieses allerheiligsten Herzens gewidmet ist. Das süßeste, allerheiligste Herz Jesu wird daher gewiß das katholische Volk Deutschlands mit wunderbarer Kraft zur regsten und frömmsten Teilnahme an diesen Gebeten antreiben und selbst unter uns und mit uns im allerheiligsten Sakramente beten und ein unfehlbares Unterpfand unserer Erhörung sein.

Dazu soll uns viertens endlich antreiben der reiche Nutzen, den wir und andere aus diesem Gebete schöpfen werden. Die Kämpfe, zu denen uns die Kirche auffordert, sind immer unaussprechlich friedliche und liebevolle Kämpfe. Wenn wir gegen die Feinde unseres Glaubens und Heiles kämpfen, so ist es zugleich unsere Pflicht, sie zu lieben und ihnen, soviel wir können, Gutes zu erweisen. Dazu aber haben wir ein Mittel im Gebete. Wenn wir daher in diesem Winter für die katholische Kirche beten, so werden an den Gnaden jenes Gebetes auch jene Anteil haben, die uns feindlich gegenüberstehen. Nichts ist aber zugleich für uns selbst gnaden- und segensreicher, als wenn wir an solchen Gebeten selbst warmen und innigen Anteil nehmen. Wir beten dann nicht nur für die Anliegen des deutschen

Vaterlandes, sondern auch für die heiligsten Anliegen unserer eigenen Seele, und wenn das allgemeine Gebet wie ein Weihrauch zum Himmel emporsteigt, so werden sich die Gnaden Gottes wie ein himmlischer Tau auf alle Seelen vom Himmel herabsenken, die sich an diesen Gebeten zum süßesten Herzen Jesu recht anhaltend und eifrig beteiligten. Dabei dürfen wir aber nicht vergessen, daß Gott das Gebet nur aus einem reinen oder aus einem reumütigen Herzen wohlgefällig ist. Deshalb sollte auch in allen Gemeinden des deutschen Vaterlandes mit diesem Gebete ein recht allgemeiner und häufiger Empfang der heiligen Sakramente verbunden werden. Der Bußgeist gibt dem Gebete eine unwiderstehliche Kraft. Möchtet ihr deshalb recht häufig und recht würdig in diesem Winter das heilige Sakrament der Buße empfangen, welches alle jene heiligen Akte in sich schließt, Akte der Reue, des Schmerzes, der guten Vorsätze, die zum Bußgeist gehören. Möchtet ihr zugleich recht oft und recht würdig die heilige Kommunion empfangen und sie für die Anliegen des deutschen Vaterlandes aufopfern.

Betet also, Geliebte, in diesem Winter nach der Ermahnung der deutschen Bischöfe zum allerheiligsten Herzen Jesu für die Anliegen der katholischen Kirche, besonders in Deutschland! Betet mit Beharrlichkeit, mit inniger Frömmigkeit, mit reinem oder reumütigem Herzen. Kämpfet betend und betet kämpfend! Ergreifet die himmlische Waffe, von der jenes goldene Schwert des Machabäers ein Vorbild ist, das Geschenk von Gott: das Kreuz, den Glauben und das Gebet! Damit sollen die Christen den Sieg erkämpfen. Amen.

Für Kirche und Papst.

Des Christen Glaube und Trost bei den Angriffen auf die Kirche und ihr Oberhaupt.

(Aus dem Hirtenschreiben an die Geistlichkeit und die Gläubigen seiner Diözese vom 2. Februar 1860, Mainz.)

Der Lauf des Kirchenjahres richtet unsere Blicke wieder auf den Kalvarienberg und auf den Sohn Gottes, der dort am Kreuze hängt.

Das Kreuz ist für alle Zeiten das göttliche Lehrbuch der Menschen. Es stellt uns namentlich zwei Wahrheiten vor Augen, die von da an die Grundsätze für alle Schicksale der streitenden Kirche Gottes auf Erden geworden sind.

Das Kreuz zeigt uns erstens den Haß und die äußerste Ungerechtigkeit, mit der die Menschen gegen das Reich Gottes ankämpfen. „Ein Hausvater," so beschreibt der Heiland diesen Kampf, „pflanzte einen Weinberg, umgab ihn mit einem Zaune, grub darin eine Kelter, baute einen Turm und verpachtete ihn an die Winzer und verreiste dann. Da aber die Zeit der Früchte gekommen war, schickte er seine Knechte zu den Winzern, um seine Früchte zu empfangen. Die Winzer nun ergriffen seine Knechte, schlugen den einen, den anderen töteten sie, den dritten aber steinigten sie. Abermals schickte er andere Knechte und zwar mehrere als vorher, und sie machten es ihnen ebenso. Zuletzt aber sandte er seinen Sohn zu ihnen und sprach: ‚Sie werden vor meinem Sohne Ehrfurcht haben.‘ Als aber die Winzer den Sohn sahen, sprachen sie untereinander: ‚Das ist der Erbe; wir wollen ihn umbringen, so werden wir sein Erbe in Besitz nehmen können.‘ Und sie ergriffen ihn, warfen ihn zum Weinberge hinaus und töteten ihn[1]).“ Das ist bei der Kreuzigung in Erfüllung gegangen; so hat die Welt ihren Herrn, den Sohn Gottes, aufgenommen.

Das Kreuz zeigt uns aber auch zweitens die wunderbare Art, wie Gott sich der Menschen erbarmt, indem er diese höchste Untat derselben zu einem Heilmittel für sie machte. Dieselbe Stunde in der Geschichte ist zugleich die fluchwürdigste und die segensreichste; dasselbe Ereignis ist als Werk der Menschen ein Grund ihrer Verwerfung, und als Opfer des Gottmenschen das Mittel der Erlösung. Wir finden deshalb am Kreuze überall die geheimnisvollsten Gegensätze zwischen dem äußeren Scheine und der inneren Wirklichkeit: Christus, tot am Kreuze, vernichtet den Tod und gibt der Welt das Leben; Christus am Kreuze den Heiden eine Torheit, den Juden ein Ärgernis, ist denen, die selig werden, Gotteskraft und Gottesweisheit; Christus am Kreuze, anscheinend überwunden und vernichtet, siegt und herrscht von Ewigkeit zu Ewigkeit.

Diese geheimnisvolle Ordnung des Kreuzes ist aber nicht nur an dem Sohne Gottes in Erfüllung gegangen, sondern sie wiederholt sich fort und fort in den Schicksalen seiner streitenden Kirche in dieser Welt. Was dem Haupte geschehen ist, geschieht ebenso seinem Leibe und seinen Gliedern. Der gött-

1) Matth. 21, 33 ff.

liche Heiland hat der Kirche ihre Schicksale vorhergesagt, da er ihr den Haß der Welt so oft ankündigte: „Ihr werdet von allen gehaßt werden, um meines Namens willen[1].“ „Wenn euch die Welt haßt, so wißt, daß sie mich vor euch gehaßt habe. Wäret ihr von der Welt gewesen, so würde die die Welt das Ihrige lieben; weil ihr aber nicht von der Welt seid, sondern ich euch von der Welt auserwählt habe, darum hasset euch die Welt[2].“ „Ich habe ihnen dein Wort gegeben, und die Welt hasset sie, weil sie nicht von der Welt sind, so wie auch ich nicht von der Welt bin[3].“ Der Haß der Welt ist daher ein göttliches Kennzeichen, welches Christus seiner Kirche auf die Stirne gedrückt hat. Die Welt haßt die Kirche, weil sie Christus haßt, weil die Kirche nicht von ihr, sondern von Christus abstammt, weil die Kirche das Wort Christi verkündet, die Weisheit der Welt aber Lügen straft. Deshalb wird auch die Kirche wie ihr göttlicher Lehrmeister verfolgt und gekreuziget; deshalb ist aber auch für die Kirche das Kreuz der Weg zum Leben, zum Segen und zum Siege.

Es besteht nun eine wesentliche Pflicht des Christen darin, geliebte Diözesanen, diese allgemeinen Wahrheiten nicht nur in der Vergangenheit und in der abgelaufenen Kirchengeschichte anzuerkennen, sondern auch in der Gegenwart und in dem Teile der Geschichte, den wir selbst miterleben. Auch jetzt fehlt es der Kirche nicht an dem Hasse der Welt; dieser scheint vielmehr überall mit neuer Kraft zu entbrennen. Insbesondere wendet er sich augenblicklich gegen das sichtbare Ober-

1) Matth. 10, 22. — 2) Joh. 15, 18. — 3) Joh. 17, 14.

haupt der Kirche und die weltliche Stellung, die Gott demselben zum Schutze seiner erhabenen Sendung angewiesen hat. Durch den Sieg, welchen die französischen Waffen, im offenen Bunde mit jener Partei, die die ganze sittliche und rechtliche Ordnung in Europa bedroht, den Fahnen der Empörung in Italien verliehen haben, ist auch ein Teil der Länder vom Aufstande ergriffen, die der weltlichen Herrschaft des Papstes unterworfen sind. Diese Empörung hat aber nicht mehr eine bloß örtliche Bedeutung, wie ähnliche in anderen Fällen, sondern sie erhält durch fremde Einflüsse einen Charakter, der im christlichen Völkerleben neu und unerhört ist. Mächtige Fürsten anderer Länder und mit ihnen zahllose Feinde der katholischen Kirche in allen Ländern, namentlich aber in jenem England, das soeben die Empörung eines fast unbewaffneten und vielfach mißhandelten Volkes mit den grausamsten Waffen europäischer Kriegskunst niedergeworfen hat, wagen es, diesem Aufstande durch ränkevolle Vorwände einen Schein der Berechtigung zu geben und ihn durch Mittel aller Art so zu unterstützen, daß die ganze Stellung des Heiligen Vaters als weltlichen Fürsten in Frage gestellt ist. Der ganze Plan dieses neuen Kampfes gegen die Kirche liegt noch nicht offen vor, und viele Fäden, die die Kampfgenossen verbinden, sind noch unseren Augen verborgen. Gewiß ist es aber schon jetzt, daß mit denselben Mitteln die ganze Rechtsstellung der christlichen Kirche in Europa an jedem Tag über den Haufen geworfen werden kann. Unter diesen Verhältnissen ist es nun unsere Aufgabe, geliebte Diözesanen, in den Unternehmungen des Zeitgeistes gegen die Kirche den alten Haß der Welt gegen das Kreuz, der Lüge gegen die Wahrheit zu erkennen. Dadurch allein erfassen wir die Ereignisse, die uns umgeben, in ihrer wahren Natur, und können ihren Verlauf und ihren Ausgang mit aller Bestimmtheit vorhersehen. In dieser Auffassung liegt zugleich aber auch das Verdienst des Glaubens. Wie wir jetzt mit Staunen und Dank die Kraft Gottes in den vielen Siegen des Kreuzes in den vergangenen Jahrhunderten erkennen, so werden auch bald kommende Geschlechter auf die Kämpfe unserer Zeit gegen die Kirche hinblicken und Gott loben und preisen, daß er sie aus der Hand aller ihrer Feinde errettet hat. Das Verdienst des Glaubens besteht aber nicht in dieser nachträglichen Anerkennung, sondern darin, daß wir auf den festen Grund der Verheißung Gottes hin, bei den Kämpfen, die wir selbst als Glieder der Kirche erleben, die Hoffnung des Sieges mit so gewisser Überzeugung in uns tragen, wie spätere Geschlechter diesen Sieg als vollendete Tatsache mit Augen sehen werden. Von diesem Standpunkte wollen wir daher, geliebte Diözesanen, die neuesten Ereignisse betrachten und zuerst den Geist der Lüge und des blinden Hasses ins Auge fassen, der bei diesem Kampfe gegen das Oberhaupt der Kirche überall zutage tritt.

Der Kirchenstaat bildet bekanntlich jenes Gebiet, über welches der Papst die weltliche Oberherrschaft ausübt. Er hat etwas mehr als die Hälfte des Umfanges des Königreichs Bayern und zählt drei Millionen Einwohner. Dieses Land hat zwar nicht immer ganz dieselbe Ausdehnung gehabt, ist aber seinem wesentlichen Bestande nach schon mehr als tausend Jahre dem Oberhaupte der Kirche untergeben.

Die weltliche Herrschaft des Papstes ist daher weitaus die älteste in Europa. Kein Recht auf Erden hat einen festeren, heiligeren Boden; kein Thron in Europa hat in der Geschichte und dem öffentlichen Rechte ein so tiefes Fundament.

Diese rechtliche, geschichtliche Seite ist jedoch nicht das Wesentlichste in der Stellung des Apostolischen Stuhles zum Kirchenstaate; es kommt bei derselben noch ein anderes Verhältnis, von ungleich höherer Bedeutung, in Betracht. Der Besitz der weltlichen Oberherrschaft bietet nämlich dem Oberhaupte von zweihundert Millionen Katholiken unter allen natürlichen Mitteln die höchste Bürgschaft für jene Unabhängigkeit, die dasselbe bedarf, um die Kirche Gottes ohne fremden Einfluß nur nach der Lehre und dem Befehle Christi zu regieren. Diese Unabhängigkeit ist aber von der höchsten Bedeutung; zunächst für alle Katholiken, die in dem Heiligen Vater den obersten Lehrer der Christenheit verehren und deshalb kein höheres Interesse haben, als daß seine Stimme jederzeit frei zu ihnen gelangen könne; dann aber auch für die Freiheit aller christlichen Völker, die einer unabhängigen Gewalt bedürfen, die den Machthabern der Erde das „non licet — es ist nicht erlaubt“, zur rechten Zeit entgegenhalten kann, während sie sonst einer Despotie zu verfallen drohen, wie sie nur die vorchristliche Zeit in voller Ausdehnung gekannt hat.

Man hat zwar, um die Notwendigkeit der weltlichen Herrschaft des Papstes zu bestreiten, auf die Stellung der Nachfolger des heiligen Petrus in den ersten Jahrhunderten hingewiesen. Auch wir behaupten nicht, daß die weltliche Fürstengewalt dem Papste unbedingt notwendig sei. Wenn Gott der Bosheit der Menschen gestatten sollte, diese irdische Schutzwehr des Felsens, auf den die Kirche gebaut ist, zu zerstören, so verändert das seine Stellung zur Kirche nicht im mindesten, und Gott wird dann das sichtbare Oberhaupt der Kirche und die ihm gegebenen Verheißungen unmittelbar, mit seiner göttlichen Allmacht, gegen die Pforten der Hölle beschützen, wie auch in jenen Zeiten, als die Päpste die Märtyrerkrone verdienten, oder in die Gefängnisse geschleppt wurden. Das sind aber immer Tage schwerer Prüfungen gewesen, wenn Gottes allmächtiger Arm unmittelbar seine Kirche gegen den Haß der Welt verteidigen mußte.

Man hat auch in unseren Gegenden, wo die Bischöfe in früherer Zeit mit weltlicher Fürstengewalt ausgestattet waren, auf diese Verhältnisse wiederholt hingewiesen, um zu beweisen, daß die Kirche dieselbe bleibe, wenn auch ihre weltliche Gewalt wegfalle. Auch hier liegt aber ein Trugschluß vor. Nicht weil die weltliche Gewalt zum Wesen der Kirche gehört, sondern weil sie ein Schutzmittel ihrer *freien Tätigkeit* ist, legen wir Wert auf dieselbe. Daraus folgt aber, daß eben deshalb, weil jetzt alle Bischöfe der Kirche der weltlichen Staatsgewalt unterworfen sind, die Unabhängigkeit ihres Oberhauptes nur um so wertvoller und wichtiger für sie ist. Wir leben in einer Zeit, wo die Idee einer unbeschränkten absoluten Staatsgewalt, die dem menschlichen Hochmute und der ungemessenen Selbstsucht ebenso schmeichelt, wie sie jede wahre Freiheit und Selbständigkeit in Kirche und Volk unmöglich macht, die Köpfe aller beherrscht, die entweder an der Staatsgewalt schon einen Anteil haben, oder ihn doch noch zu erlangen hoffen. Was würde da, ohne besonderen Schutz Gottes, aus der

Christenheit werden, wenn selbst das Oberhaupt der Kirche einer fremden Staatsgewalt mit solchen absoluten Ansprüchen unterworfen wäre. Schon früher hat vielfach die weltliche Gewalt in den Händen einzelner ehrgeiziger Fürsten, die, Gott sei Dank, mit wenigen Ausnahmen, nicht unserem deutschen Vaterlande angehörten, durch ein förmliches System von Treulosigkeiten ungebührlichen Einfluß auf das Oberhaupt der Kirche zu üben gesucht. Welchen Spielraum würden diese ehrgeizigen Bestrebungen erst finden, wenn der Papst einem fremden Fürsten unterworfen wäre, oder nur den Schein der Selbständigkeit besäße; welchen Boden hätte dann der alte Haß der Welt gegen das Kreuz, gegen das Reich, das nicht von ihr sein Dasein ableitet!

Das also, geliebte Diözesanen, ist die hohe Bedeutung der Fürstengewalt des Papstes, und daraus könnt ihr erkennen, wie groß uns das Verbrechen jener an dem wahren Wohle der Menschen erscheinen muß, die dieselbe jetzt zu erschüttern wagen. Es handelt sich um die höchste irdische Bürgschaft für die Freiheit des Christentums, seine göttliche Sendung zu vollbringen; es handelt sich zugleich um ein Unterpfand wahrer bürgerlicher Freiheit, die nur eine Frucht des wahren Christentumes ist. Sollte Gott jene Bürgschaft vernichten lassen, so würde Europa zunächst einer schmachvollen Knechtschaft voll Korruption und Gemeinheit, unter der eisernen Hand eines übermütigen Despoten, dann aber großen Erschütterungen entgegengehen, da die Kirche Gottes der Lüge und Willkür der Menschen nicht unterliegen kann. Wenn alle Rechtsordnung in Frage gestellt wird; wenn alle Throne, die auf demselben Fundamente der Geschichte und des Völkerrechtes stehen, durch die Erschütterung des ältesten schwanken und brechen; wenn die Geschichte selbst, durch Leugnung eines göttlichen Waltens in ihr, jede Autorität verliert, und jeder sich berechtigt hält, das Geschick der Völker nicht mehr auf dem Boden der Geschichte und des Rechtes, sondern auf luftigen Hirngespinnsten von Nützlichkeitsgründen aufzubauen, so ist eine solche Gestaltung der Dinge unheilverkündend; wenn aber die Unabhängigkeit jener Gewalt bedroht wird, die mit dem Gewissen so vieler Millionen innig verbunden ist, wenn eine herrschsüchtige Hand sich vermessen ausstreckt, um sie ihren Plänen dienstbar zu machen, so muß ein Ruf des Abscheus und des Unwillens aus allen katholischen Herzen aufsteigen.

Belehrungen über das allgemeine Konzil.

(Hirtenschreiben vom 12. November 1869.)

In wenigen Tagen werde ich euch, geliebte Diözesanen, auf längere Zeit verlassen, um dem Rufe des Heiligen Vaters zu folgen und die Reise nach Rom zu der bevorstehenden allgemeinen Kirchenversammlung anzutreten. Ich kann aber nicht abreisen, ohne zuvor noch einige Abschiedsworte an euch zu richten.

Dazu gibt mir schon die Wichtigkeit des hohen Zieles dieser Reise eine hinreichende Veranlassung. Dieselbe wird aber noch durch die Bewegung verstärkt, welche diese Versammlung in der Welt hervorruft; eine Bewegung, welche wieder von neuem bekundet, welche Bedeutung das Leben der katholischen Kirche für die Welt hat. Da konnte es nicht ausbleiben, daß bei einem so außerordentlichen Ereignis in der Kirche, welches zudem seit Jahrhunderten nicht mehr stattgefunden hat, auch zahllose Vorurteile, Irrtümer, grundlose Befürchtungen und absichtliche Entstellungen verbreitet wurden. Ist ja selbst der Hirtenbrief, den die in Fulda versammelten Bischöfe erlassen haben, ein Gegenstand unbegreiflicher Mißdeutungen geworden.

Das alles veranlaßt mich daher, vor meinem Scheiden aus eurer Mitte noch einige liebevolle Worte an euch zu richten, damit ihr euch durch nichts beunruhigen lasset und diesem großen, glückseligen Ereignis mit der vollen und ungetrübten Freude des Glaubens entgegensehet. Ich knüpfe meine Abschiedsworte an die Hauptgedanken des apostolischen Schreibens vom 3. Juli 1868, in welchem der Papst die allgemeine Kirchenversammlung der Welt verkündet und die Bischöfe zu derselben für den 8. Dezember 1869 nach Rom berufen hat. Sie sind vor allen anderen geeignet, die Bedeutung des Konzils und die Nichtigkeit aller erhobenen Befürchtungen zu beweisen und unser Herz mit der freudigsten Zuversicht und Erwartung zu erfüllen.

Der Heilige Vater beginnt damit, in kurzen einfachen Worten die Aufgabe, welche Christus den Hirten seiner Kirche für alle Zeit gegeben hat, auszusprechen. Diese Aufgabe ist zugleich die Aufgabe des künftigen Konzils und die Erklärung seiner wahren Bedeutung.

Ehe Christus triumphierend gegen Himmel auffuhr zur Rechten seines Vaters, sandte er die Apostel in die ganze Welt. Er gab ihnen den Auftrag, jeglicher Kreatur das Evangelium zu verkünden, und die Vollmacht, die Kirche, welche er mit seinem Blute erkauft hatte, zu regieren. Zugleich gab er ihnen die ausdrückliche Verheißung, daß er bei ihnen bleiben werde bis ans Ende der Welt.

So hat Christus in dem Augenblicke, als er die Welt sichtbar verließ, noch einmal in der feierlichsten Weise bestätigt, daß seine Kirche für die ganze Dauer ihrer Wirksamkeit von den Aposteln — von ihnen und ihren Nachfolgern im apostolischen Amte — regiert werden solle. Insbesondere sollten sie das Evangelium, d. h. die gesamte Lehre Jesu, welche er ihnen mündlich mitgeteilt hatte, diese frohe Botschaft für das ganze Menschengeschlecht, allen Geschöpfen für alle Zeit verkünden; und er versprach ihnen, bei der Erfüllung dieses Auftrages bei ihnen zu bleiben, so lange dieser Auftrag auf Erden erfüllt werden muß.

Durch diese Einrichtung ist die Kirche wahrhaft, wie der Heilige Vater mit dem Apostel sagt, eine Säule und eine Grundfeste der Wahrheit[1]); durch sie ist die Kirche eine Bewahrerin himmlischer, geistiger Schätze; durch sie zeigt sie uns den sicheren Weg des Heiles; durch sie trägt sie vor allen Völkern ein leuchtendes Licht der wahren Lehre; durch sie ist sie jenes Schiff, welches auf dem Meere der Zeit so sicher dahin fährt, daß es, während die Welt zugrunde geht, alle unversehrt erhält, welche es aufnimmt.

Damit aber die Apostel nach diesem Auftrag bis ans Ende der Zeit allen Geschöpfen das Evangelium lehren und die Kirche regieren können, hat Christus erstens ihnen seinen Beistand, nicht aus weiter Ferne, sondern durch seine, wenn auch unsichtbare

---

1) 1. Tim. 3, 15.

Anwesenheit unter ihnen versprochen; und er hat zweitens aus allen Aposteln einen, nämlich Petrus, auserwählt und ihn zum Vorsteher der Apostel mit der Fülle der Gewalt bestellt. Weil aber die Kirche in dieser Einheit nach ihrer ursprünglichen Einrichtung immer bestehen bleiben sollte, deshalb dauert in den Bischöfen, welche den römischen Stuhl des heiligen Petrus einnehmen, auch die Fülle der Gewalt und des Primates des heiligen Petrus über die ganze Kirche fort.

So ist also die Kirche eingerichtet. Zur Erhaltung und Verbreitung der Lehre Christi sind Apostel bestellt; sie erfüllen diese Sendung Jesu bis ans Ende der Welt. Damit es geschehe, ja damit es möglich sei, und die Einheit unter den zerstreuten Aposteln bewahrt bleibe, bleibt Christus mit ihnen und ein sichtbarer Stellvertreter Christi unter ihnen. So hat die Kirche nicht nur eine göttliche Lehre, sondern auch eine göttliche Verfassung, ein göttliches Mittel zur Reinerhaltung dieser göttlichen Lehre. Ohne diese göttliche Verfassung, deren Grundstein Petrus ist, der Fels, den die Macht der Hölle und der Lügengeist nicht überwindet, ohne dieses Mittel zur Reinerhaltung der Lehre Jesu, hätte sich dieselbe auch nicht ein Jahrzehnt, geschweige denn durch alle Jahrhunderte, in der Zerstreuung über die ganze Welt, rein erhalten können.

Die Einheit und die Vielheit des Apostolates, durch ein göttliches Band, nämlich den Willen und die Einsetzung Christi verbunden, wirkt daher fort in der Kirche, und wir sehen dieses Wirken vor uns in ihrem gesamten Leben. Die Einheit, in Petrus, im Papste vertreten, hindert nicht und macht nicht unnötig das Wirken in der Vielheit des Apostolates, in dem über den ganzen Erdkreis verbreiteten Episkopat; und die Kraft und die Tätigkeit dieses über den ganzen Erdkreis verbreiteten Episkopates hemmt nicht die Kraft und Tätigkeit des Primates. Beide empfangen vielmehr voneinander, wie Haupt und Glieder eines Leibes. Ich erinnere euch hier an die Worte des heiligen Paulus, welche uns diese Einrichtung der Kirche so lebendig veranschaulichen: „Gleichwie an einem Leibe viele Glieder, alle Glieder aber nicht dieselbe Verrichtung haben, so sind wir viele ein Leib in Christus, einzeln aber untereinander Glieder. Wir haben aber gemäß der Gnade, die uns gegeben worden, verschiedene Gaben[1]." Er wendet dann dieses Bild, welches nicht nur das Verhältnis der Hirten der Kirche, sondern aller ihrer Glieder, aller Gläubigen untereinander so schön ausdrückt, insbesondere auf die verschiedenen Kirchenämter an. So haben auch die Päpste und die Bischöfe nicht „dieselbe Verrichtung", eundem actum, sie sind aber „ein Leib in Christo", sie sind „einzeln untereinander Glieder" und dienen sich gegenseitig. In diesem Sinne ist der Papst ein servus servorum, ein Diener der Diener, wie jedes Glied ein Diener aller Glieder, selbst der niedrigsten Glieder ist. Die Einheit in der Leitung der Kirche wäre machtlos ohne die Vielheit, die Vielheit hätte den Keim der inneren Auflösung, den Todeskeim in sich ohne die Einheit; der Papst wäre nichts ohne den Episkopat, und der Episkopat nichts ohne den Papst.

Daher ruft die Kirche in bezug auf diese Gliederung der kirchlichen Hierarchie bei der Priesterweihe voll Verwunderung aus: „Mit so wunderbarer

1) Röm. 12, 4—6.

Mannigfaltigkeit ist die heilige Kirche angetan, geziert und geleitet, indem in ihr einige als Bischöfe, andere in niederen Graden als Priester, Diakone und Subdiakone in verschiedenen Abstufungen geweiht werden, aus diesen vielen Gliedern aber in verschiedener Würde nur ein Leib Christi auferbaut wird[1])."

In dieser Einheit und Vielheit besteht die unabänderliche göttliche Grundverfassung der Kirche. Das Bedürfnis der Regierung der Kirche und die Wissenschaft haben dann im Laufe der Kirchengeschichte die „besondere Verrichtung" dieser Glieder, auf Grund der göttlichen Anordnung Christi, näher bestimmt, die besonderen Rechte und Vollmachten des Papstes und der Bischöfe abgegrenzt. Diese kirchlichen Bestimmungen können nach den jeweiligen Zeitverhältnissen in den verschiedenen Jahrhunderten mehr und weniger verschieden sein; das ewig Unabänderliche ist aber die Sendung der Apostel und der Primat unter den Aposteln. Wer in dem scheinbarsten Interesse des Primates den Apostolat beschädigen würde oder in dem scheinbaren Interesse des Apostolates den Primat, der würde sich an dem Werke Christi selbst vergreifen.

Obwohl aber die Einheit und die Vielheit auch in der Zerstreuung des gesamten Episkopates über die ganze Erde stets vorhanden ist, so daß von der Kraft, die von der Einheit ausgeht, auch der entfernteste Bischof getragen wird, und das Wirken der Bischöfe in allen Teilen der Welt wieder zur Einheit zurückkehrt, so hat doch Christus gewollt, daß in wichtigen Zeitabschnitten diese Einheit in der Vielheit, diese wunderbare Gliederung in der Kirche Christi, sichtbar vor die Welt hintrete; damit sie erkenne, wo jener

1) Pontificale Rom. De ordinatione presbyteri.

Apostolat sich findet, welchen er am Ende seines Lebens in alle Welt und an alle Geschöpfe ausgesandt hat; wo jene Kirche ist, bei der er selbst bleiben will bis an das Ende der Tage, in welcher wir daher auch ihn und seine Lehre finden können. Das sind die allgemeinen Kirchenversammlungen.

Daraus ergibt sich auch deren eigentliche und wesentliche Aufgabe. Wie der Apostolat der Kirche in der Zerstreuung über die Welt allezeit den Auftrag erfüllt, die Lehre Jesu verständlich, deutlich, klar, den Irrtümern und Verirrungen der Zeit gegenüber, in der Sprache, die die Zeit versteht, den Menschen zu verkünden, so wird er auch jetzt versammelt, dieselbe Aufgabe zu erfüllen; er wird auf dieser großen Versammlung genau und nichts anderes tun, als was Christus am Himmelfahrtstage befohlen hat: lehren alle Völker, alle Geschöpfe und zwar alle Völker der Erde, welche jetzt leben; er wird sie das Evangelium lehren und aus dem Evangelium, aus der Gesamtlehre Jesu Christi, welche die Kirche rein und ungeschmälert in ihrer ganzen Fülle bewahrt, insbesondere jene Wahrheiten, deren die Zeit am meisten bedarf; er wird lehren nicht nur die wirklichen Glieder der Kirche, sondern omnes creaturas, alle Geschöpfe, alle Menschen, sie mögen der Kirche angehören oder von ihr getrennt, sie mögen getauft oder nicht getauft sein; er wird zu der ganzen Welt reden, wie Christus selbst zu der ganzen Welt gesprochen hat, ohne Rücksicht darauf, ob die Welt seine Lehre befolgt, oder ob sie die Diener der Kirche dafür an das Kreuz schlägt.

Das ist die allgemeine Aufgabe des Konzils: der Welt nach den Bedürfnissen der Zeit mit der vollen Autorität der Sendung Christi die ewigen Wahrheiten verkünden, welche der Sohn Gottes selbst einst gelehrt hat. Wenn wir aber noch näher im einzelnen wissen wollen, was in dieser allgemeinen Kirchenversammlung wird beraten werden und in welcher Weise die Beratungen selbst stattfinden, so ist es nicht möglich, es schöner zu sagen, als der Papst selbst es in seinem apostolischen Schreiben ausgesprochen hat.

Die Päpste, so heißt es in diesem Ausschreiben, hätten es nicht unterlassen, besonders in sehr wichtigen Zeiten und bei großen Drangsalen der Kirche und der bürgerlichen Gesellschaft, allgemeine Kirchenversammlungen zu berufen, „um mit allen Bischöfen der katholischen Welt, welche der heilige Geist gesetzt hat, die Kirche Gottes zu regieren, in gemeinschaftlicher Beratung und mit vereinten Kräften alles das mit Sorgfalt und Klugheit festzustellen, was nötig ist, um die Glaubenswahrheiten genau auszusprechen, um die herrschenden Irrtümer zu überwinden, um die katholische Wahrheit zu verteidigen, zu erklären und zu entwickeln, um die kirchliche Disziplin zu befestigen und herzustellen und um das Sittenverderben im Volke zu heilen."

Ihr seht hier sogleich, wie weit der Heilige Vater davon entfernt ist, die Rechte der Bischöfe bei der Beratung zu verkümmern, oder gar die Freiheit der Meinungsäußerung auf dem allgemeinen Konzil zu hemmen, wie es die Gegner der Kirche so vielfach behaupten. Das sind törichte Vorurteile, die man ohne irgend einen Grund, vielfach nur aus Unwissenheit verbreitet.

Der Heilige Vater beginnt vielmehr sein Schreiben damit, daß er die Sendung aller Apostel zur Verkündung des Evangeliums in der feierlichsten Weise hervorhebt und an der eben bezeichneten Stelle erklärt, daß die Päpste eben deshalb die Bischöfe zu den allgemeinen Konzilen berufen und deshalb mit ihnen die wichtigen Anliegen der Kirche beraten wollen collatis consiliis, durch gemeinsame Beratung, conjunctis viribus, mit vereinten Kräften, weil sie vom heiligen Geiste gesetzt sind, die Kirche Gottes zu regieren. Man kann wohl nicht schöner und klarer die ganze Verhandlung bezeichnen. Das ist die Absicht des Papstes, das ist der Wunsch seines Herzens, das soll auch auf diesem Konzil geschehen: *durch gemeinsame Beratung sämtlicher Bischöfe des Erdkreises mit dem Heiligen Vater soll festgestellt werden, was nach der Lehre Jesu unserer Zeit zum Heile gereiche.*

Auf diesen Gedanken kommt aber der Heilige Vater wieder zurück und verschärft ihn noch, indem er zu dem gegenwärtigen Konzil und dessen Aufgabe übergeht. Er will, „was er schon lange ersehnt hat", alle Bischöfe um sich versammeln, welche mit ihm zur Sorge für die Kirche (in sollicitudinis nostrae partem) berufen sind. Er will alle diese Hirten, von deren Liebe zur Kirche, zum Heiligen Stuhle, von deren Seeleneifer, Weisheit, Wissenschaft und Klugheit er überzeugt ist, berufen, um mit ihnen gemeinsam zu beraten (communicare et conferre consilia), um auf diesem Wege die geeigneten Mittel gegen so viele Übel aufzufinden. Wenn der Heilige Vater darauf hinweist, daß so viele unter diesen Männern aus allen Teilen der Welt sich durch Weisheit, Gelehrsamkeit und Erfahrung auszeichnen, so geschieht das hier nur deshalb, um anzudeuten, daß bei diesen Beratungen über die besten Mittel, die Übel der Welt zu heilen, kein guter Rat dieser aus allen Teilen der

Welt zusammenkommenden Bischöfe, welche bis dahin in den verschiedensten Verhältnissen, in den entferntesten Gegenden der Erde ihr Leben zubrachten, unbeachtet bleiben soll.

„Denn, fährt der Heilige Vater fort, indem er auf die Gegenstände der Verhandlung übergeht, auf diesem Konzil soll alles nach der sorgfältigsten Prüfung (accuratissimo examine) untersucht und festgestellt werden, was besonders in unserer bedrängten Zeit die größere Ehre Gottes, die Reinheit des Glaubens, die Würde des Gottesdienstes, das ewige Heil der Menschen, die Heiligung des gesamten Klerus und die zweckmäßige und tüchtige Ausbildung desselben, die Beobachtung der Kirchengesetze, die Besserung der Sitten, die christliche Erziehung der Jugend und die Eintracht der Menschen angeht."

„Außerdem soll mit aller Sorgfalt dahin gestrebt werden, daß mit dem göttlichen Beistande alle Übel von der Kirche und der menschlichen Gesellschaft entfernt, daß die Irrenden auf dem Wege der Wahrheit, der Gerechtigkeit und des Heiles zurückgeführt, daß nach Beseitigung der Laster und der Irrtümer unsere heilige Religion und ihre heilsame Lehre überall neu auflebe und täglich sich mehr verbreite und herrsche, und daß so Gottesfurcht, Ehrbarkeit, Rechtlichkeit, Liebe und alle christlichen Tugenden zum größten Nutzen der menschlichen Gesellschaft gedeihen und blühen."

Nachdem so der Heilige Vater den Gegenstand der Verhandlungen auf dem künftigen Konzil bezeichnet und noch einmal darauf hingewiesen hat, wie innig die großen Anliegen der Religion mit dem ganzen irdischen Wohlergehen des Menschengeschlechtes zusammenhängen, fährt er fort: „Weil aber Christus unser Herr mit jenen Worten uns wunderbar erfreut, aufrichtet und tröstet, ‚wo zwei oder drei in meinem Namen vereinigt sind, da bin ich mitten unter ihnen', so können wir nicht zweifeln, daß er selbst in der Fülle seiner göttlichen Gnade in dem Konzil uns beistehen werde, damit wir alles das feststellen, was zum Heile seiner heiligen Kirche irgendwie dienlich sein kann."

Da habt ihr, Vielgeliebte, alles in der zuverlässigsten Weise vor euch mit den eigenen Worten des Heiligen Vaters, was ihr zu eurem Troste und zu eurer Freude von dem Konzile nur irgendwie verlangen könnt. Da seht ihr den Gegenstand des Konzils, da seht ihr die Weise der Verhandlung, da seht ihr den Grund der Zuversicht; ihr seht aber auch, wie völlig grundlos und nichtig all jenes Gerede ist, welches über das Konzil von unverständigen oder boshaften Menschen erhoben wird.

Der Gegenstand des Konzils ist so allgemein gefaßt wie die Sendung Jesu selbst: „Predigt das Evangelium allen Geschöpfen!" Nichts von allem, was gut und heilsam ist, ist ausgeschlossen. Was aber aus dem Schatze der christlichen Wahrheiten in diesem Augenblicke für diese Zeit das Beste ist, das wird der Heilige Geist der Versammlung eingeben. Mit der zartesten Sorgfalt hat der Heilige Vater jeden Ausdruck vermieden, welcher von vornherein irgend einen guten und heilsamen Gegenstand von der Versammlung ausschließen könnte. Es soll ja die Erfahrung aller Bischöfe, ihre Weisheit, ihre Einsicht zu Rate gezogen werden.

Was ferner die Art der Behandlung betrifft, so sagt der Heilige Vater, daß alles mit der sorgfältigsten Prüfung (accuratissimo examine), mit der eingehendsten Sorgfalt (intentissimo studio) behandelt und geprüft werden soll.

Und was endlich die Zuversicht betrifft, welche wir dafür haben, daß diese Versammlung auch das finden werde, was der Welt wahrhaft zum Nutzen gereicht, was ihr den rechten Weg zeigt zur Wahrheit und zum Glücke der Menschen wie der Völker, so erinnert der Heilige Vater an jene Worte Jesu: „Wo zwei oder drei in meinem Namen versammelt sind, da bin ich mitten unter ihnen." Von diesen Worten sagt er, daß sie wunderbar geeignet seien, uns zu erfreuen, aufzurichten und zu trösten. Und wahrhaftig, geliebte Diözesanen, das sind sie! Mag auch die Versammlung von so viel hundert Bischöfen mit so vielfacher Lebenserfahrung und gewiß mit dem reinsten Willen nur das aussprechen, was der so vielfach zerrütteten Welt heilsam ist, schon an sich die tröstliche Hoffnung gewähren, daß ihre Aussprüche den Menschen nützlich sein werden, so ist das doch nicht der Grund unseres Trostes. Dieser beruht vielmehr ganz in der Verheißung Christi, daß er bei ihnen sein werde. Nicht die Wissenschaft, die Weisheit, die Lebenserfahrung dieser vielen hundert Bischöfe ist der Grund unserer Zuversicht, sondern die volle Gewißheit, daß, wenn sie alle menschlichen natürlichen Mittel, um das Wahre und Rechte zu finden, durch die „sorgfältigste Prüfung", durch die „angestrengteste Mühe" erschöpft haben, dann die ewige Weisheit in übernatürlicher und wunderbarer Weise ihre Beschlüsse auf das hinleiten wird, was diese selbst in ihren ewigen Ratschlüssen als das für das Menschengeschlecht Gute und Heilsame erkennt.

Damit seht ihr aber auch wiederum, wie überaus nichtig und armselig all jene Befürchtungen sind, welche jetzt öffentliche Blätter und gelehrte und ungelehrte Leute über das Konzil aussprechen. Sie kommen teils vom Unglauben, der natürlich über eine Versammlung nicht mitreden kann, welche ihr ganzes inneres Wesen aus dem Glauben an den übernatürlichen Beistand Gottes ableitet; oder sie kommen von Schwachgläubigen, die in dem Maße schwach sind im Glauben an die Kraft Gottes in der Kirche, an das Licht, das vom Himmel kömmt, an den göttlichen übernatürlichen Beistand Jesu Christi, wie sie stark sind im Vertrauen auf ihre eigene Einsicht, die doch wie alle menschliche Einsicht so beschränkt und so hinfällig ist.

Zur Bestärkung des Gesagten kann ich es nicht unterlassen, an dieser Stelle noch insbesondere die Regeln zu eurer Belehrung hervorzuheben, welche von dem ersten Konzil der Apostel an durch alle Jahrhunderte die Konzilien bei ihren Entscheidungen über die Glaubenswahrheiten festgehalten haben. Wir können nämlich die Entscheidungen der Konzilien in zwei Klassen einteilen, in solche, die sich auf die Reinerhaltung und Erklärung der überlieferten Glaubenswahrheiten beziehen, und in solche, welche die Disziplin, das christliche Leben im Klerus und im Volke, zum Gegenstand haben. Die erste Klasse von Entscheidungen nennt man dogmatische Entscheidungen, und sie sind natürlich von der größten Wichtigkeit. Ob und welche dogmatischen Entscheidungen das nächste Konzil treffen wird, ob namentlich die Unfehlbarkeit des Papstes in Glaubenssachen und ihr Umfang zur Verhandlung kommen wird, das können wir nicht wissen, das wird wieder hauptsächlich von der Leitung der göttlichen Vorsehung abhängen. Aber eines wissen wir mit voller Gewißheit, daß, wenn diese oder ähnliche dogmatische Gegenstände verhandelt werden sollten, das kommende Konzil, wie alle früheren, dabei dieselben unabänderlichen, weisen Regeln befolgen wird, welche von dem Geiste kommen, welcher die Konzilien leitet. Diese Regeln aber, welche wir hauptsächlich in drei große Grundsätze zusammenfassen können, zeigen uns wieder die übernatürliche Weisheit der Kirche; sie sind ganz geeignet, unser Vertrauen zu stärken. Es ist daher nützlich, daß ihr, geliebte Diözesanen, dieselben kennt.

Die erste Regel bei allen Entscheidungen über den Glauben ist, daß die Kirche auf den allgemeinen Konzilien nur solche Glaubensfragen entscheidet, die nach den Zeitumständen entschieden werden müssen; die zweite, daß selbst bei diesen Entscheidungen sich die Kirche auf das Notwendige beschränkt, d. h. auf das, was erforderlich ist, um ihre Sendung: lehret alle Völker das Evangelium, zu erfüllen, um also die ihr von Christus übergebene Heilswahrheit von aller Fälschung zu bewahren; drittens, daß solche Entscheidungen nicht etwa nach Majoritäten getroffen werden, sondern durch die Einmütigkeit des gesamten kirchlichen Lehramtes.

Das sind Grundsätze voll Mäßigung, voll Berechtigung, die das Zeichen göttlicher Weisheit an sich tragen. So muß eine Autorität verfahren, die von Gott kommt und die den Beruf hat auf Erden, auf der einen Seite ewige geoffenbarte Wahrheiten unverletzt und ungetrübt für die Welt zu bewahren und ihr zu verkünden, die aber zugleich von Gott behütet wird, die rechten Grenzen nicht zu überschreiten, dem menschlichen Geiste die Freiheit zu lassen, die ihm Gott mit seiner Würde eingeräumt hat, und ihr göttliches unfehlbares Lehramt nur auf Dinge zu beziehen, die diesem Lehramte unterworfen sind.

Das werden also auch die Regeln sein, die das kommende Konzil befolgen wird, und wenn dasselbe über Glaubenswahrheiten eine Entscheidung geben wird, so könnt ihr versichert sein, daß es dazu durch die Zeitverhältnisse zur Reinerhaltung der Lehre Jesu hingedrängt worden ist, und daß die Entscheidung entweder mit absoluter Einstimmigkeit aller versammelten Bischöfe, oder mit einer Mehrheit, die der Einstimmigkeit gleichsteht, erfolgt ist, und daß vor allem in dieser Entscheidung das Haupt und die Glieder des apostolischen Lehrkörpers, der Papst und die Bischöfe, in unauflöslicher Einheit und in der vollkommensten Weise übereinstimmen. Wer dann aber zu sagen wagt, daß ein solches Urteil ein nicht freies gewesen sei, wer es für möglich hält, daß die Bischöfe bei solchen Entscheidungen nicht nach der tiefsten Überzeugung sprechen, der spricht eine Lästerung aus, die einer Widerlegung unwürdig ist.

Das sind also die Absichten, in welchen der Papst alle Bischöfe des Erdkreises nach Rom eingeladen hat; das sind die Gedanken, mit denen wir Bischöfe uns auf den Weg nach Rom begeben. Wir gehen hin in der Überzeugung, daß wir durch die bischöfliche Weihe rechtmäßige Nachfolger jener Apostel sind, die Christus selbst bestellt hat, seine Kirche zu regieren. Wir gehen hin mit der Überzeugung, daß wir deshalb die Pflicht haben, allen Völkern, allen Menschen unserer Zeit das Evangelium mit Rücksicht auf alle Irrtümer, auf alle Verirrungen unserer Zeitgenossen mit derselben Klarheit zu verkünden, mit der es Jesus selbst verkündet hat, mit der die Apostel es gepredigt, mit der die großen Konzilien der vergangenen christlichen Jahrhunderte es ihren Zeitgenossen dargelegt haben. Wir gehen hin in der Gewißheit, daß Christus seine Verheißung, bei den Aposteln zu sein, wenn sie das Evangelium verkünden und ihre Sendung erfüllen, auch in unseren Tagen ebenso unfehlbar erfüllen werde wie in der Vergangenheit. Wir gehen hin, obwohl selbst tief erfüllt von dem Bewußtsein unserer menschlichen Schwäche und Fehlbarkeit, dennoch voll Zuversicht in dem Vertrauen, daß Jesus seine Worte: „Wo zwei oder drei in meinem Namen versammelt sind, bin ich mitten unter ihnen", im vollen Maße erfüllen und uns helfen werde, nach unserer Sendung das lautere Evangelium der Welt zu verkünden; daß wir nicht uns selbst überlassen sind, sondern daß der Geist Gottes durch uns zu den Menschen reden und ihnen das Rechte und das Unrechte, das Wahre und das Unwahre auf ihren Wegen verkünden werde.

Darum haben wir also alle Ursache, mit Zuversicht, mit Vertrauen, mit großer geistiger Freude dieser Versammlung entgegenzugehen und uns ganz und ungetrübt jener frohen Hoffnung hinzugeben, welche der Heilige Vater so schön ausspricht in seiner Einladung an die Protestanten: „daß wie in den vergangenen Jahrhunderten die früheren allgemeinen Konzilien, auch dieses von ihm berufene allgemeine Konzil durch die Gnade Gottes reiche und glückselige Früchte für die größere Ehre Gottes und für das ewige Heil der Menschen tragen werde."

In dieser frohen glückseligen Erwartung wollen wir also, vielgeliebte Diözesanen, geistig vereinigt bleiben, während ich auf dem Konzil dem Raume nach weit von euch getrennt bin. Lasset euch durch alle die vielen Meinungen, Gerüchte, Urteile, die euch von der Welt her zukommen, in eurem Vertrauen nicht im mindesten beirren. Der Weltgeist kann selbstverständlich die Werke Gottes nicht begreifen, und ein allgemeines Konzil ist im vollsten Sinne ein Werk Gottes. Wie die nächste Zeit verlaufen wird, können wir nicht wissen. Ob das Konzil zur bestimmten Zeit eröffnet, ob es ohne äußere Störung verlaufen wird, wann ich wieder zu euch zurückkomme, alles das liegt in der Hand Gottes; nur das steht fest, ein allgemeines Konzil wird, nachdem es einmal ausgeschrieben ist, abgehalten werden, und es wird überaus reiche, überaus glückselige Früchte für die Zukunft der Welt tragen.

Ich kann aber diese Abschiedsworte nicht schließen, ohne euch noch einmal dringend und väterlich zum Gebet zu ermahnen. Betet alle in dieser Zeit für die Kirche Gottes, für den Papst, für die versammelten Bischöfe, betet auch für euren Bischof, wie ich täglich oft und viel, am Altare und an allen heiligen Stätten Roms mit euch im Gebete vereinigt sein werde. Empfanget im Laufe des Winters und für die Dauer des Konzils öfter als sonst die heiligen Sakramente, damit euer Gebet durch die Reinigung eures Herzens immer gottgefälliger und kräftiger werde, und opfert zugleich die heilige Kommunion oft und gerne auf für die Kirche, für alle Menschen, für alle Anliegen der Menschheit. Betet in allen Ständen: ihr lieben Schulkinder, deren Gebet Gott so wohlgefällig ist, wenn ihr gute und fromme Kinder seid; betet, ihr Jünglinge und Jungfrauen, welche das Herz Jesu besonders liebt, wenn ihr die Jugend in Unschuld und Sittenreinheit verlebt; ihr lieben Väter und Mütter, betet in dieser heiligen und feierlichen Zeit für diesen Zweck auch in euren Familien. Insbesondere aber wende ich mich noch an euch, geliebte Mitbrüder und Priester der Diözese, die ihr ja alle Sorgen meines bischöflichen Amtes ähnlich mit mir teilet und zu ihrer Teilnahme von Gott berufen seid, wie wir Bischöfe wieder in einem gewissen Verhältnisse alle Sorgen teilen sollen, die das Herz des gemeinschaftlichen Vaters der Christenheit in seinem Amte erfüllen. Da ja vor allem das Gebet zu unserem priesterlichen Berufe gehört, so bitte ich euch in dieser Zeit den Eifer des Gebetes in euch zu beleben, damit ihr dadurch nicht nur selbst reiche Gnaden empfanget, sondern auch in euren lieben Gemeinden jene heilige Gesinnung anregen könnet, von welcher zur Zeit des Konzils das ganze christliche Volk erfüllt sein soll. . .

Ich rufe euch also allen, vielgeliebte Diözesanen, noch einmal ein herzliches und inniges Lebewohl zu und spende euch aus der Fülle meines Herzens zum Abschiede den bischöflichen Segen.

Freiheit und Autorität in der Kirche.

Gegen die bisherige Auseinandersetzung[1]) wird man zwei Einwürfe erheben. Man wird erstens sagen: „Du redest da von freiem Denken, freier Überzeugung, freier Selbstbestimmung zur Wahrheit. Davon kann aber eben bei euch Katholiken keine Rede sein. Ihr müßt ja glauben, was euch die Kirche befiehlt, oder vielmehr, was euch die Bischöfe oder Priester sagen. Mag euer vernünftiges Denken damit übereinstimmen oder nicht: ihr müßt es glauben. Ihr seid an die Autorität eurer Kirche gebunden wie an eine Kette. Wenn die Wissenschaft rastlos fortschreitet von einer Erkenntnis zur anderen, liegt ihr gebunden an derselben Stelle und

1) Über die Freiheit der Kirche. D. H.

könnet nicht mit ihr weiter eilen. Ihr dürfet nicht denken, nur gehorchen. Gott weiß, was die Priester noch alles erfinden werden! — ihr müßt es glauben."

Man wird zweitens sagen: „Du forderst Selbstverwaltung. Aber davon kann ja bei euch noch weniger die Rede sein; das ist ja vielmehr unsere Forderung. Wir fordern Selbstverwaltung für das Volk, für die Gemeinde; du nur für die Priester. Das ist aber keine Selbstverwaltung, sondern Bevormundung und Priesterherrschaft."

Um die innere Unwahrheit dieser Behauptungen zu erkennen und ihnen wirksam entgegentreten zu können, müssen wir das Wesen der kirchlichen Autorität darstellen und dann den Standpunkt bezeichnen, von dem aus diese Vorwürfe gemacht werden.

1. In der Kirche besteht eine doppelte Autorität: die Lehr- und die Regierungsautorität, welche letztere wir die Hirtengewalt nennen. Sie bezieht sich also auf die beiden Grundkräfte der Seele, auf die Vernunft und den Willen des Menschen, sie nimmt von beiden Gehorsam in Anspruch; die Lehrautorität den Gehorsam der Vernunft durch den Glauben, die Hirtengewalt den Gehorsam des Willens durch die Übung der Tugenden des christlichen Lebens.

2. Beide Autoritäten sind durch feste Grenzen beschränkt. Die Lehrautorität der Kirche bezieht sich ausschließlich nur auf die Lehre Christi und der Apostel. Christus hat sich nicht über alle Gebiete menschlicher Erkenntnis und Wissenschaft ausgesprochen, sondern er hat sich darauf beschränkt, einen gewissen Kreis von Grundwahrheiten, insbesondere über das Verhältnis der Menschen zu Gott, zu lehren, die ihnen gewissermaßen als Leitsterne auf allen Wegen ihres irdischen Lebens dienen sollten. Die Apostel haben diese

Grundsätze in der ganzen Welt gepredigt, und diese Grundwahrheiten des Christentums sind ihrem wesentlichen Inhalte nach in den zwölf Artikeln des apostolischen Glaubensbekenntnisses kurz zusammengefaßt; diese zwölf Artikel bilden heute noch in allen Lehrbüchern der katholischen Religion den wesentlichen Inhalt dessen, was der Christ im Gehorsam gegen die Lehrautorität glauben muß. Alles andere auf allen Gebieten der Wissenschaft ist seiner freiesten Forschung überlassen.

Ebenso ist es mit der Hirtengewalt in der Kirche. Sie hat ihr ganz bestimmtes Maß und ihre Schranken in der Anordnung Jesu Christi und bezieht sich hauptsächlich darauf, die Einrichtung der Kirche selbst, wie Christus sie gestiftet, aufrecht zu erhalten, die Sakramente zu spenden und ihre Glieder zur Übung der Pflichten des christlichen Lebens anzuhalten. Die ganze natürliche Ordnung ist von ihrer Disposition unabhängig, und in jedem wissenschaftlichen Werke über diesen Gegenstand findet man den in der Kirche unbestrittenen Satz, daß auch die höchste kirchliche Gewalt von den Pflichten des natürlichen und göttlichen Gesetzes nicht entbinden kann. Die Kirche ist überall und immer von dem Gedanken erfüllt, daß zwischen ihr und allen Gesetzen der natürlichen Ordnung, weil beide Werke *eines* Gottes, der *einen* göttlichen Vernunft sind, kein Widerspruch, sondern vollendeter Einklang besteht.

3. Das Wesen dieser Autorität bringt es mit sich, daß sie sich durch geistige Mittel geltend macht; sie wendet sich ohne Unterlaß an die Vernunft des Menschen und an seinen freien Willen und fordert diese beiden Seelenkräfte auf, sich freiwillig ihr zu unterwerfen und dadurch Gott die Ehre zu geben, die ihm, dem Menschen, seinem Verstand und seinem Willen gegenüber gebührt.

4. Die Anerkennung irgend einer Autorität auf

seiten des Menschen setzt, wie wir bereits früher gesehen haben, im allgemeinen voraus das Dasein einer übernatürlichen Ordnung, einer Wahrheit und eines Gesetzes, die höher stehen als der menschliche Geist und der menschliche Wille, also insbesondere das Dasein eines persönlichen Gottes, in dem die ewige Wahrheit und das ewige Gesetz wesentlich ruht.

Die Anerkennung der Autorität in der Kirche aber setzt im besonderen voraus: 1. die Gottheit Jesu Christi, 2. die Stiftung der Kirche durch Christus, 3. eine von Christus in der Kirche angeordnete Autorität, zu lehren und zu regieren, verbunden mit der Verheißung, daß die Kirche in Übung der Lehrautorität nicht irren könne.

Wenn diese Voraussetzungen vorhanden sind, dann ist die Unterwerfung des Verstandes und des Willens die erste Forderung der Vernunft und der Pflicht, der rechte und edelste Gebrauch, den der Mensch von seinem freien Geiste machen kann und machen muß. Die Verwerfung der Autorität ist dann unvernünftige und strafwürdige Empörung des Menschen gegen den Herrn Himmels und der Erde, eine Empörung, die dann wahnsinniger und unvernünftiger ist, als wenn der Staub die Weltordnung über den Haufen werfen wollte.

5. Wir Katholiken sind nun von dem Vorhandensein dieser Voraussetzungen mit der tiefsten Innerlichkeit unserer Seele und aus den allervernünftigsten Gründen [1]) überzeugt, und darauf gründen wir unseren Glauben, unseren Gehorsam gegen die Autorität der Kirche.

---

1) Es fordert die katholische Kirche nichts weniger als einen blinden Glauben; sie lehrt viel mehr, daß die wahre Religion und Kirche mit solch evidenten Kennzeichen ihres göttlichen Ursprunges und ihrer Wahrhaftigkeit ausgerüstet ist, daß jede vorurteilsfreie Vernunft sich von deren Glaubenswürdigkeit überzeugen kann. Und

Wir glauben an die Gottheit Jesu Christi und beten ihn an, wie der Apostel Thomas: „Mein Herr und mein Gott![1]);" wir glauben, daß er, der die Ordnung im Weltall begründet, auch eine Ordnung in der Kirche festgestellt hat; wir glauben, daß er in diese Kirche seine Lehre und seine Gewalt niedergelegt hat; daß er ihr den Befehl gegeben hat, den Menschen seine Lehre zu verkünden, seine Sakramente zu spenden, seine Gläubigen zur Befolgung seiner Gebote anzuhalten. Wenn auch Menschen, die Apostel des Herrn und ihre Nachfolger, diese Gewalt üben, so glauben wir nicht, daß sie deshalb irgend eine willkürliche Macht über sie haben. Sie tragen nur die Bundeslade auf ihren Händen; deshalb ist aber die Bundeslade nicht ihr Werk, deshalb sind die Worte Gottes und das Gebot Gottes in der Bundeslade nicht ihr Wort und ihr Gesetz. Das Wort, das sie tragen, müssen sie selbst zuerst glauben, das Gesetz, das sie verkünden, müssen sie selbst zuerst im Gehorsam befolgen. Weil wir so denken und von dieser Überzeugung erfüllt sind, deshalb unterwerfen wir uns der kirchlichen Lehr- und Regierungsautorität mit tiefster innerlicher Freudigkeit und Selbstbestimmung. Dabei bleiben wir aber noch nicht stehen. Die Kirche, die uns lehrt, daß die Autorität, die sie übt, eine vernünftige sei, fordert uns auf, auch unsere Vernunft fortwährend zu gebrauchen und sie auszubilden. Eben dadurch aber wächst die Innerlichkeit und Freudigkeit unserer Überzeugung. Denn je tiefer wir eindringen in die Geschichte,

---

wenn die Ungläubigen wegen ihres Unglaubens verantwortlich sind, so ist es wahrlich nicht, weil sie prüfen, sondern weil sie ohne aufrichtige und vernünftige Prüfung der göttlichen Offenbarung den Glauben versagen.

1) Joh. 20, 28.

in die Natur und in unsere Seele, desto mehr erkennen wir, wie göttlich unser Glaube ist. Wenn das höchste Gut des Menschen, die Wahrheit, so vielfach der Menschheit ein verschlossener Tempel ist, so sind dem Katholiken die Glaubenslehren seiner Kirche wahrhaft die Schlüssel, durch die er in diesen Gottestempel eintritt, wo er alle wahre Erkenntnis findet und damit den höchsten Frieden und das höchste Glück seiner Seele, wo er endlich den Gott findet, für den seine Seele erschaffen ist, der aber der Welt, wie der Apostel Paulus sagt, der unbekannte Gott ist[1]).

6. Von dieser Überzeugung und diesem Standpunkt gibt die katholische Wissenschaft jedem ein unwiderlegliches Zeugnis, der nicht absichtlich die Augen verschließen will. Die katholische Wissenschaft ist durchaus einzig in der Weltgeschichte; es gibt nichts, was nur irgend mit ihr verglichen werden könnte. Sie ist nicht das Erzeugnis einer Schule, eines Landes, einer Zeitperiode, eines Standes; sie ist recht eigentlich, wie die Weltkirche, so eine Weltwissenschaft; sie umschließt jetzt schon achtzehnhundert Jahre und alle Teile der Welt und zählt aus allen diesen Jahrhunderten und aus allen diesen Ländern und Völkern eine mit allen Mitteln der menschlichen Wissenschaft ausgerüstete, mit allem Denken der Menschheit vertraute zahllose Menge der würdigsten und heiligsten Männer — und diese alle bekennen einstimmig und mit freudiger Überzeugung, daß zwischen ihrem Denken und Wollen und der doppelten Autorität der Kirche kein Widerspruch besteht, sondern im Gegenteil, daß sie, je freudiger sie sich diesen ewigen Wahrheiten und ewigen Gesetzen in der Kirche hingegeben, um so sicherer von einer Erkenntnis zur anderen fortgeschritten seien.

7. Die Berechtigung dieses unseres Standpunktes

1) Apg. 17, 23.

mag von unseren Gegnern bestritten werden; man mag die Voraussetzung unseres Glaubens mit allen Waffen der Wissenschaft angreifen; man mag sich Mühe geben, im Schoße der Natur, in den Abgründen der menschlichen Seele, im Verlaufe der Weltgeschichte etwas aufzufinden, was der vollen Vernünftigkeit unseres Glaubens zu widersprechen scheint; die Kirche ist kampfgeübt und kampfgewöhnt, sie fürchtet sich vor keinem Kampfe, selbst vor den frechsten Spöttern nicht, die unter dem Kreuze angefangen haben, ihr Werk zu treiben, als sie den Herrn der Kirche verhöhnten, bis zu den Spöttern unserer Tage herab, die mit derselben Frechheit die Kirche verspotten; jene das Haupt, diese den Leib Christi.

Dagegen ist es unerträglich, wenn ein Teil unserer Gegner sich in unseren Tagen den Schein gibt, als ob uns Katholiken ein freies, wissenschaftliches Forschen verboten sei, als ob unsere Vernunft mit unserem Glauben im Widerspruch stehe. Das ist ein unverständiges, unwissendes oder boshaftes Gerede, das aller Wahrheit und Geschichte spottet und nur von blindem Vorurteil erzeugt sein kann. Solche Stimmen aber erheben sich jetzt nicht nur in dem größten Teil der deutschen Presse, sondern auch in den Versammlungen der Stände, wie wir es in diesen Tagen wieder in den Kammerverhandlungen in Württemberg gesehen haben. Das ist ein gerütteltes und gefülltes Maß von Ungerechtigkeit und Insulten gegen die katholische Kirche.

8. Der Standpunkt aber, von dem die oben aufgestellten Einwendungen ausgehen, ist der der Leugnung jeder übernatürlichen Ordnung und damit zugleich jeder berechtigten Autorität. Dieser Standpunkt aber ist nicht der der Vernunft, sondern der der Unvernunft, weil seine Voraussetzung unvernünftig und töricht ist. Er kann natürlich die Freiheit des Denkens nur auffassen in dem Sinne eines absolut ungebundenen Subjektivis-

mus; er kann das Prinzip der Selbstregierung nur begreifen in dem Lichte absoluter Volkssouveränität, und jede freie Anerkennung einer höheren Ordnung, eines höheren Gesetzes muß ihm als Unfreiheit erscheinen. Das steht aber auf allen Gebieten menschlicher Erkenntnis mit der Wahrheit in Widerspruch. Der Ton muß sich zum Tone fügen, sonst kann es keine Harmonie unter den Tönen geben; der Stern zum Sterne, sonst geht die Ordnung im Weltall zugrunde; das Glied muß sich dem Gliede fügen, um das Leben des Körpers zu erhalten: nur der Geist und der Wille des Menschen sollen sich nicht mehr frei einer von Gott gegebenen Ordnung einfügen dürfen, ohne die Freiheit des Denkens und Wollens zu zerstören! So ist der letzte Gedanke einer vernünftigen Autorität vielen bereits entschwunden, und Freiheit ist ihnen nur mehr der Mißbrauch derselben, eine von wahnwitzigem Subjektivismus toll gewordene Vernunft und Willenskraft.

9. Übrigens trägt dieser Standpunkt seine Strafe und sein Gericht in sich. Der Mensch, dessen ganzes Dasein von Gott abhängt und deshalb auf Autorität gegründet ist, kann diese nicht leugnen ohne Strafe. Der Sohn des Evangeliums, der dem Vater nicht dienen will, wird dadurch nicht frei, sondern verfällt der Knechtschaft und muß die unreinen Tiere hüten. Das ist das „Entweder — Oder", das Gott dem Menschen gesetzt hat: Entweder Gott dienen und die von ihm gesetzte Autorität anerkennen, dann gelangen wir zur Freiheit der Kinder Gottes; oder aber die Autorität Gottes verwerfen, dann werden wir nicht frei, sondern verfallen zufälligen, beständig wechselnden menschlichen Autoritäten und endlich der Knechtschaft der Lüge und des Lasters.

(Aus der Schrift „Freiheit, Autorität und Kirche".)

Kirchenpolitisches.

Religionsfreiheit, Freiheit der Kirche, Kirche und Staat.

Religionsfreiheit.

Wir kommen jetzt zu der wichtigen Frage: Steht die Anerkennung der ... Religionsfreiheit in Widerspruch mit den Grundsätzen der katholischen Kirche? Ist es Katholiken, die den Grundsätzen ihrer Kirche treu ergeben sind, gestattet, Andersgläubigen eine solche Stellung im Staate einzuräumen? Können katholische Fürsten ihren Untertanen, ohne ihr Gewissen zu verletzen, diese Gewissensfreiheit gesetzlich gestatten? Kann es Fälle geben, wo sie sogar im Gewissen verpflichtet sind, diese Freiheit zu gewähren? Steht in diesem Falle diese Ansicht nicht in vollem Widerspruch zu dem Verhalten der Kirche im Mittelalter?

Bevor wir zur Beantwortung dieser Fragen übergehen, müssen wir noch eine in ihnen liegende Zweideutigkeit beseitigen und ihren Sinn genau feststellen. Die sittliche Freiheit ist nicht ein Recht zum Bösen, sondern die innere, freie Selbstbestimmung zum Guten, verbunden mit freier Wahl, mit der Möglichkeit des Bösen und mit Ausschluß eines äußern Zwanges. Die freie Überzeugung ist an sich kein Recht zum Irrtum und zur Lüge, sondern die freie innere Selbstbestimmung zur Wahrheit ohne äußern Zwang. Die Wahl des Guten und des Wahren ist zugleich in beiden Fällen eine Pflicht und zwar die höchste, die der Mensch hat; die Wahl des Bösen und der Lüge dagegen schändlicher Mißbrauch der gewährten Freiheit. Nur in diesem Sinne kann von Religionsfreiheit die Rede sein. Ein Recht, eine falsche Religion anzunehmen, sie zu organisieren, sie zu verbreiten, kann es an sich nicht geben; vielmehr bleibt es immer die erste und höchste Pflicht des Menschen, die wahre Religion zu wählen und ihr alle seine Kräfte zu schenken. Ebenso kann auch die katholische Kirche nicht aufhören, alle falschen Religionen als den größten Mißbrauch der Freiheit anzusehen und ihn mit allen ihren Mitteln zu bekämpfen. Dagegen ist die Frage: Ob die katholische Kirche nach ihren Grundsätzen wie bei der sittlichen Freiheit so auch bei der Religionsfreiheit auf äußern Zwang verzichten kann? ob sie die Wahl der Religion, ebenso wie die Wahl zwischen Gut und Bös, der freien Selbstbestimmung überlassen darf? ob sie endlich, da sie keine äußeren Zwangsmittel besitzt, genötigt ist, dieselben von der weltlichen Gewalt, oder wenigstens von katholischen Fürsten in Anspruch zu nehmen? Das ist der eigentliche Standpunkt der Frage.

Wir wollen diesen Gegenstand in drei Abteilungen behandeln, indem wir betrachten: Erstens das Verhalten der katholischen Kirche den nicht getauften Ungläubigen gegenüber; zweitens das Verhalten der Kirche und der weltlichen Gewalt in früherer Zeit gegen die getauften Irrgläubigen; drittens die sich daraus ergebenden Resultate für die bezüglichen Zustände in unserer Zeit.

I.

Aus dem Gesagten ergeben sich also für das Verhalten der katholischen Kirche und christlicher Fürsten bezüglich der Religionsfreiheit der Nichtgetauften folgende wichtige Grundsätze:

1. Die Annahme des christlichen Glaubens, die vor Gott die größte Pflicht des Menschen ist, ist den Menschen gegenüber Sache des freien Willens, der freien Selbstbestimmung, und niemand darf dazu in irgend einer Weise — ullo modo, — wie der heilige Thomas sagt, durch Anwendung äußerer Mittel gezwungen werden.

2. Die geistliche Gewalt in der Kirche, wie jede weltliche Gewalt, ist beschränkt. Die Träger derselben dürfen nicht alles tun, was sie können, was sie etwa für nützlich halten, nicht in dieser Hinsicht jeden beliebigen Zwang ausüben. Die Anwendung einer äußern Gewalt ist vielmehr nur in dem Umfange statthaft, wie es die Natur der Autorität mit sich bringt. Dieser Gedanke macht jeden Absolutismus unmöglich und ist von ganz unermeßlicher praktischer Bedeutung. Es ist ein Grundirrtum der Zeit und vieler der besten und wohlwollendsten Männer, ein Irrtum, der sich durch die lange Angewöhnung des Absolutismus in den Seelen festgesetzt hat, das Heil vorwiegend von Anwendung äußerer Mittel zu erwarten, namentlich von dem Auftreten eines großen, hochbegnadigten Fürsten. Wir verkennen wahrlich nicht den Segen guter christlicher Fürsten; sie werden aber um so segensreicher wirken, je mehr sie sich in den Schranken ihrer wahren Berechtigung halten. Das Gute, das ein Fürst auch in der allerbesten Absicht über das Maß seiner rechtmäßigen Gewalt hinaus üben will, ist nur ein glänzendes Scheingut, das vielleicht unbemerkt der Kirche und dem Staate die schrecklichsten Schäden zufügt. Wenn die bourbonischen Könige, statt sich dem glänzenden Scheine ihrer Allgewalt hinzugeben und unter dem Vorwande, überall

als erstgeborene Söhne der Kirche zu handeln, sich in alles, in Kirche, Haus und Staat einzumischen, sich in dem Umfang ihrer rechtmäßigen Gewalt gehalten und da ganz einfach nur das sittlich Gute gefördert hätten, — wie ganz anders stände es dann in der Welt, welches Unglück wäre dann auch selbst von der Kirche abgehalten worden! Jede Gewalt hat ihre Grenzen, und jedes Wirken über diese Grenzen hinaus ist — es mag noch so wohlgemeint sein, — gegen Gottes Willen und deshalb kein Segen, sondern Fluch.

3. Die geistige Gewalt der Kirche, die auf der Einsetzung Jesu Christi beruht, erstreckt sich nur auf ihre Glieder, und zwar in dem Umfange, wie Christus es ihr übertragen hat. Die Nichtgetauften, Nichtchristen sind ihrer Jurisdiktion nicht unterworfen[1]). Diesen gegenüber hat sie nur das Recht: Allen Geschöpfen das Evangelium zu predigen und sie bei ihrem Seelenheile aufzufordern, in die Kirche einzutreten; sie hat aber nicht die rechtmäßige Autorität, diesen Eintritt (direkt oder indirekt) äußerlich selbst zu erzwingen, oder andern diesen Zwang selbst zu befehlen.

4. Die weltliche Gewalt im Staate, ob sie von christlichen Fürsten geübt wird oder von andern, hat an sich nur einen Teil der irdischen Interessen der Menschen zu ihrem Gegenstande, nicht die Wahrheiten der übernatürlichen Offenbarung. Den Umfang ihrer eigentümlichen Autorität und Vollmacht, der ihr von ihr selbst kommt, und nicht durch Übertragung von andern, empfängt sie aus der natürlichen Ordnung der Dinge und der von Gott in ihr unabänderlich gegründeten Gesetze. Der Umfang dieser Autorität kann durch Übertragung seitens der Kirche vermehrt werden,

1) Ecclesia in neminem iudicium exercet, qui prius per baptismum non fuerit ingressus. Conc. Trid. Sess. 4. c. 2.

wie die alten christlichen Könige vielerlei solcher Rechte empfangen hatten, die sie im Namen der Kirche verwalteten; sie kann auch durch besondere geschichtliche Ereignisse vergrößert werden. Ihre Grundbestandteile empfängt sie aber aus den Gesetzen, die Gott mit der Bestimmung der gesamten Weltordnung auch in der Bestimmung einer staatlichen Gemeinschaft niedergelegt hat, und über diese Grundgesetze hat niemand ein Recht, weder die Kirche, noch das Volk. In dieser Hinsicht ist der Staat vollkommen unabhängig von der Kirche in demselben Sinne wie die ganze natürliche Ordnung. Christus hat zwar die natürliche Ordnung anerkannt und geheiligt, er hat den Trägern der weltlichen Gewalt, wie denen, die ihnen gehorchen, eine Reinheit und Höhe der Absicht, eine Treue der Pflichterfüllung usw. gegeben, wie man sie bis dahin nicht kannte, er hat der ganzen staatlichen Ordnung eine erhabene heilige Weihe verliehen; — er hat aber den Umfang der weltlichen Gewalt an sich nicht erweitert. Die neuen Vollmachten, die er den Menschen gab, hat er den Aposteln und ihren Nachfolgern übertragen. Unmittelbar hat er der weltlichen Gewalt keine neuen Vollmachten verliehen. Die weltliche Gewalt hat daher weder selbst die Autorität, die Nichtchristen zum christlichen Glauben, der der übernatürlichen Ordnung angehört, zu zwingen, noch kann ihr von der Kirche diese Autorität übertragen werden, weil auch sie dieselbe nicht besitzt.

5. Dagegen hat die Religionsfreiheit ihre natürlichen Grenzen in der Vernunft, in der natürlichen Sittlichkeit und in der natürlichen Ordnung. Keine vernünftige sittliche Freiheit darf so weit gehen, die sittliche Ordnung, auf die alle ein Recht haben, zu zerstören. Deshalb sind christliche und nichtchristliche Fürsten und Träger der weltlichen Gewalt, so weit

ihre Macht reicht, verpflichtet, solchen religiösen Lehren und Gebräuchen entgegenzutreten, die offen die Gesetze der Vernunft und der Sittlichkeit mißachten. Aus diesem Grunde dürfen z. B. christliche Fürsten nicht den Götzendienst bei ihren Untertanen dulden, wenn sie ihn hindern können. Hierüber sagt Suarez: „Zur menschlichen Gesellschaft gehört es vermöge der Vernunft und des natürlichen Gesetzes, daß in ihr der wahre Gott verehrt werde. Folglich muß auch in ihr die Gewalt bestehen, die Menschen hierzu anzuhalten und die entgegengesetzten Verbrechen zu verhüten. Außerdem ist das Ziel dieser Gewalt, im Staate den Frieden und die Gerechtigkeit aufrecht zu erhalten; das ist aber nicht möglich, ohne die Menschen auch zur Tugend anzuhalten. Sie können aber nicht der natürlichen Sittlichkeit und Tugend gemäß leben ohne Religion und den Dienst des einen wahren Gottes. Hieraus ergibt sich also, daß die Gewalt im Staate hierzu berechtigt und verpflichtet ist[1])," nämlich nur die Verehrung des wahren Gottes zu gestatten, den Götzendienst als unvernünftig und unsittlich zu unterdrücken. Dieselben Gründe gelten selbstredend auch für alle andern dem natürlichen Sittengesetze widersprechenden Religionsgebräuche, aber nur bei den eigenen Untertanen[2]).

Nach diesen Grundsätzen gewährt also die Kirche den Ungläubigen in vollem Maße die Religionsfreiheit, welche Guizot gefordert hat. Wir haben absichtlich den Gegenstand so weitläufig behandelt, um zu zeigen, daß dies nicht eine äußerliche zufällige Ansicht ist, sondern eine nach allen Seiten hin tiefüber-

---

1) Tr. de fide. Disp. 18. s. IV. n. 7.
2) Tr. de fide. Disp. 18, s. IV. n. 3.

legte, ein Ergebnis erhabener Prinzipien. Die Kirche ehrt so sehr Gewissensfreiheit und Religionsfreiheit, daß sie jeden äußern Zwang auf jene, die ihr nicht angehören, als unsittlich und vollkommen unstatthaft abweist. Zugleich aber zieht sie ganz bestimmte scharfe Grenzen, wo nämlich Religionsfreiheit die sittlichen Güter der Menschen bedrohen würde. Auch die sittliche Freiheit hat ihre Grenzen, wo sie nämlich zum Verbrechen wird, das die Gesellschaft gefährdet. So muß auch Religionsfreiheit ihre Grenzen haben, nicht nur wenn sie den Staat selbst erschüttert, sondern auch wenn sie das Recht aller auf die höchsten sittlichen Güter verletzt. Das aber ist der Fall, wenn man, wie es jetzt geschieht, sich Sekten bilden läßt, welche unter dem Deckmantel der Religion den ewigen Herrn des Himmels leugnen, den unsittlichsten Materialismus befördern und damit die Auflösung aller sittlichen Grundlagen der menschlichen Gesellschaft, so viel an ihnen liegt, herbeiführen. Eine solche Religionsfreiheit ist wahrhaft ein unsittlicher und unvernünftiger Greuel, auf den Gott nur seinen Fluch legen kann; und Staaten, die ihn dulden, müssen daran zugrunde gehen.

II.

Diesen Grundsätzen, daß keine Art von Zwang gegen die Ungläubigen angewendet werden dürfe, um sie zum Glauben zu nötigen, und daß selbst ihr Gottesdienst, so lange er nicht an sich unsittlich ist und nicht der Verehrung des einen wahren Gottes widerspricht, geduldet werden müsse, scheint auf den ersten Blick das Verfahren der Kirche wie der weltlichen Gewalt gegen die Häretiker im Mittelalter zu widersprechen. Wenn wir aber die Gründe näher betrachten, worauf sich dieses Verfahren stützte, so werden wir finden, daß ein solcher Widerspruch in der Tat nicht besteht; und daß außerdem diese Gründe in der Gegenwart nicht mehr vorhanden sind, so daß die Anwendung eines äußeren Zwanges in Glaubenssachen jetzt von selbst wegfällt. . .

Aus dem Gesagten ergibt sich aber von selbst, daß die Behandlung von Häresie als eines bürgerlichen Vergehens von da an aufhören mußte, wo die Einheit des Glaubens zerstört war. Damit fällt eben ihre wesentliche Voraussetzung weg. Das trat in Deutschland ein sofort nach der Glaubensspaltung, und schon in der peinlichen Halsgerichtsordnung von Karl V. von 1532 erscheint die Häresie nicht mehr als bürgerliches Vergehen. Die Einheit des Glaubens ist durch Schuld der Menschen und durch Gottes gerechte Zulassung der Christenheit verloren, — und wie sie ursprünglich nicht auf dem Wege des Zwanges, sondern lediglich durch die Kraft des göttlichen Wortes und der göttlichen Gnade, durch die Tugenden der Christen und das Blut der Märtyrer begründet wurde, so soll und wird sie auch ohne Zweifel wieder hergestellt werden. Bis jene glückliche Zeit eintritt, müssen wir uns, so gut es geht, vertragen, und hat der Staat vor allem die Pflicht, das Recht und die Freiheit aller zu schützen.

Es ist daher eine Absurdität, behaupten zu wollen, daß die katholische Kirche genötigt sei, oder die Absicht hege, irgend einem Fürsten zuzumuten, äußere Strafen für Abweichungen von ihrem Glauben zu verhängen. Ja, noch mehr — wenn man von einigen Ausnahmen aus dem Reformationszeitalter und der Zeit der Bürgerkriege absieht, ist von seiten der Katholiken in den letzten Jahrhunderten gegen Andersgläubige keine Gewalt geübt worden, und am allerwenigsten ist etwas derartiges von der Kirche oder von den

Päpsten geschehen; während in England, Schweden und anderen Ländern die grausamste Kriminalgesetzgebung nicht etwa bloß gegen solche, die von ihrer Religion abfielen, sondern die der Religion ihrer Väter treu blieben, bis fast in unsere Tage bestand, und zum Teil noch nicht aufgehoben ist. Man sollte doch diese Tatsachen nicht so hartnäckig ignorieren!

Was dagegen das Verfahren der geistlichen Gewalt gegen die Häretiker in dem bezeichneten Sinne betrifft, so hat die Kirche allerdings zu jeder Zeit eine Strafgewalt über die ihr durch den Glauben und die Taufe verbundenen Glieder in Anspruch genommen. Dieses Strafverfahren besteht aber in geistlichen und kirchlichen Strafen, die dann insbesondere den Zweck der Besserung haben. Die höchste dieser Strafen ist der Ausschluß aus der Kirchengemeinschaft. Der Glaube ist das Fundament der Kirche, und so gewiß jede Genossenschaft, die bestehen bleiben will, das Recht hat, ihre Fundamentalbestimmungen gegen die Angriffe ihrer Mitglieder zu schützen, so gewiß muß die Kirche das Recht haben, diejenigen aus ihrer Gemeinschaft auszuschließen, die das Fundament verwerfen, auf dem sie ruht. Wenn dabei die Kirche sich auch äußerer Zwangsmittel bediente, so geschah es insbesondere als Mittel zur Belehrung und Besserung, nicht in der Meinung, als ob der Glaube innerlich erzwungen werden könnte, oder nicht seinem Wesen nach durchaus ein innerer Akt sei. Auch die Familie und der Staat bedienen sich äußerer Strafmittel zur inneren, sittlichen Besserung. Übrigens lag die Möglichkeit der Anwendung dieser äußeren Mittel in der Stellung, die der Staat der Kirche eingeräumt hatte, und fällt von selbst hinweg, sobald der Staat der Kirche diese äußere Hilfe entzieht.

III.

Wenn wir nun nach dieser Entwicklung die oben aufgestellten Fragen, inwieweit die Kirche gegen den Mißbrauch der Religionsfreiheit äußeren Zwang in Anspruch nehmen muß, und ob Katholiken Religionsfreiheit für nötig halten dürfen, für unsere Zeit beantworten wollen, so kommen wir zu folgendem Resultat:

1. Im allgemeinen betrachtet die Kirche die Annahme der Religion als Sache der inneren Selbstbestimmung und bestreitet sowohl der staatlichen wie der kirchlichen Gewalt das Recht, auf sie durch äußeren Zwang einzuwirken.

2. Die Bestrafung der Häretiker durch die Kirche, in verhältnismäßig wenigen einzelnen Fällen, hat daher nicht ihren Grund in dem Bestreben, die Glaubensüberzeugung durch äußere Mittel zu erzwingen, sondern in der Anschauung, daß der Christ durch die Taufe Pflichten übernommen habe, zu deren Erfüllung er angehalten werden dürfe. Diese äußere Strafe fand aber nur statt in besonderen Fällen und bei offenen, formellen Häretikern.

Gültig getaufte Protestanten stehen nun zwar eben durch die Taufe noch in einem Verbande mit der katholischen Kirche. Abgesehen aber von allen anderen Gründen, welche hinreichend zu erkennen geben, daß es der katholischen Kirche nicht entfernt einfällt, deshalb einen äußeren Zwang gegen sie üben zu wollen, kann selbst jener Begriff einer formellen und strafbaren (punibilis) Häresie gegen sie nicht festgestellt werden, so daß schon aus diesen Gründen die Furcht vor einer solchen Absicht ein ganz leeres Schreckbild ist.

3. Die Häresie als bürgerliches Verbrechen hatte

dagegen die Einheit des Glaubens zur Voraussetzung und ist mit ihr aus den Strafgesetzen verschwunden.

4. Wo andere religiöse Genossenschaften nach bürgerlichem Rechte bestehen, ist ein katholischer Fürst ihnen den vollen Rechtsschutz schuldig, und er würde durch äußeren Zwang gegen die Grundsätze seiner Kirche verstoßen[1]).

5. In diesem Sinne bestehen in Deutschland zu vollem Rechte neben der katholischen Kirche die lutherische und die reformierte; und ein katholischer Fürst ist ihnen daher ohne Zweifel in ihrem rechtlichen Bestande Schutz, Liebe und Fürsorge schuldig.

6. Inwieweit die Staatsgewalt auch anderen religiösen Genossenschaften freien korporativen Bestand gewähren will, das überläßt die Kirche ganz und gar ihrer freien Selbstbestimmung. Es steht kein kirchlicher Grundsatz fest, welche einen Katholiken behinderte, der Meinung zu sein, daß unter den gegebenen Verhältnissen die Staatsgewalt am besten tue, mit der gleich zu erwähnenden Beschränkung volle Religionsfreiheit zu gewähren.

7. Wir müssen nämlich die oben bezeichnete Grenze der Religionsfreiheit als eine Forderung der Vernunft und des Christentumes behaupten und es daher als einen Mißbrauch ansehen, wenn die Staatsgewalt unter dem Vorwande der Religionsfreiheit Sekten duldet, die den persönlichen Gott leugnen oder die Sittlichkeit gefährden. Ein solches Verfahren steht mit dem Rechte und der Pflicht der Staatsgewalt in offenem Widerspruch: erstens ihres Ursprunges wegen, denn die obrigkeitliche Gewalt ist von Gott, und es gibt daher absolut keinen höheren Mißbrauch derselben, als wenn sie Gott

1) Cf. Becanus, De fide tenenda haereticis.

leugnen läßt; zweitens ihres Zieles wegen, denn das der Obrigkeit gesetzte Ziel ist, Frieden und Gerechtigkeit auf Erden zu hüten, beides aber ist unmöglich ohne Sittlichkeit, Sittlichkeit aber unmöglich ohne Gottesfurcht.

8. Die Kirche aber wird nicht aufhören, über ihre Glieder jene Gewalt in Anspruch zu nehmen, die Christus ihr verliehen hat, insbesondere das Recht, diejenigen, die ihren Glauben verleugnen, aus ihrer Mitte auszuschließen.

Freiheit der Kirche.

Unsere Zeit hat von der Vergangenheit in der Verwirrung aller Prinzipien über das Verhältnis zwischen Kirche und Staat ein böses Vermächtnis bekommen. Aus der Kirchenspaltung — die ja überhaupt in den Händen vieler Fürsten nur ein Mittel war, ihr Streben nach absoluter Souveränität zu fördern, nach oben gegen Kaiser und Papst, nach unten gegen jede Selbständigkeit in Ständen und Korporationen — war das Prinzip hervorgegangen, daß die fürstliche Gewalt das Recht einschließe, das Gewissen zu beherrschen, den Untertanen zu befehlen, was sie glauben müßten, so daß die gesamte protestantische Bevölkerung in Deutschland, die sich von der katholischen Kirche getrennt hatte, um frei zu sein, nunmehr mit ihrem Gewissen von der Willkür weltlicher Fürsten abhing. Je mehr dieses Prinzip sich geltend machte und von dem absolutistischen und egoistischen Geiste jener Jahrhunderte unterstützt, in das öffentliche Leben überging, um so mehr mußten alle wahren Begriffe über das Verhältnis zwischen Kirche und Staat sich verwirren. Dieselbe Zeitrichtung ergriff naturgemäß auch die katholischen Höfe. Ein Gedanke herrschte damals über alle Köpfe, den später ein preußischer König mit den Worten aussprach: „Ich stabiliere mich auf meine Souveränität wie auf einen rocher de fer.“ Namentlich suchten die bourbonischen Höfe, wenn sie auch, der Grundsätze ihrer katholischen Untertanen wegen, nicht als die Inhaber der kirchlichen Gewalt auftreten konnten, sich dadurch zu entschädigen, daß sie — bald unter dem Vorwand alter Privilegien, die von den Päpsten früher verliehen seien, bald unter dem alter nationaler Freiheiten, bald durch Erpressungen einer ränkevollen Diplomatie — Rechte der Kirche, insbesondere die Besetzung aller hohen wichtigen Stellen in derselben an sich rissen. Servile Kardinäle, Bischöfe und Kanonisten dienten vielfach als geschmeidige Werkzeuge bei diesem Unternehmen.

Die Revolution hat einen Teil der Throne hinweggerissen, aber die alten Systeme stehen lassen. In Deutschland, wo die katholische Kirche seit Beginn dieses Jahrhunderts in ihrem ganzen äußeren Bestande zerstört war, wo die alten katholischen Diözesen ihrer Hirten beraubt, wie das Kleid des Herrn zerrissen und in Stücken bald hier bald dorthin ausgeteilt wurden, ohne der Kirche auch nur den mindesten Rechtsschutz gegen die Beeinträchtigung ihrer Rechte zu gewähren, konnte es nicht ausbleiben, daß die Beamten der protestantischen Landesfürsten, ganz in der Schule des „Cujus regio ejus religio“ aufgewachsen, keine andere Ansicht von dem Verhältnis gegen die katholische Kirche hatten, als sie es gegen die protestantische von Jugend auf zu üben gewohnt waren. Die protestantische Kirche hatte auch den letzten Schatten einer Selbständigkeit verloren; denselben Maßstab legte man mit voller Unbefangenheit an die katholische Kirche an. Einen Schein für dieses

Verfahren fand man in jenen Hofkanonisten, welche die Kirche an den Absolutismus katholischer Fürsten verraten hatten.

Diese Verwirrung wahrer Grundsätze über das Verhältnis zwischen Kirche und Staat und die daraus entspringende Benachteiligung der katholischen Kirche ist aber in jüngster Zeit in ein ganz neues Stadium eingetreten. Bisher hatte man es zu tun mit Fürsten, die, wenn sie auch einem falschen Systeme dienten, dennoch ein persönliches Gewissen hatten, die sich selbst auf Gott als die Quelle ihrer Gewalt beriefen und mit denen man also auch noch im Namen Gottes reden konnte. Jetzt aber steht die Kirche dem oben geschilderten falschen liberalen Absolutismus entgegen, in dem die politischen Parteien um den Sieg kämpfen, um dann mit schrankenloser Allmacht unter dem Lügenscheine der Vollziehung des Volkswillens zu herrschen, jenem Absolutismus, der keinen Gott kennt, keine Geschichte, kein erworbenes Recht, keine Pietät, kein Gewissen und von tiefem Hasse gegen die katholische Kirche erfüllt ist. Die Stellung, die dieser falsche Liberalismus gegen die katholische Kirche einnimmt, ist folgende: Auf der einen Seite will er als Recht der Staatsgewalt alles, was staatlicher Absolutismus, Polizeiregiment, Diplomatie, Verrat jemals der katholischen Kirche entrissen hat, festhalten; auf der andern Seite allen neuen Vereinen, die unter dem Vorwande der Religion zusammentreten, vollste Freiheit der Selbstverwaltung gewähren. Er nimmt zugleich für die Staatsgewalt das Recht in Anspruch, durch Gesetzgebung die innersten Verhältnisse der Kirche zu regulieren und zu ordnen, z. B. die Besetzung kirchlicher Stellen, die Bildung der Priester usw. Diese Richtung hat sich vorzugsweise in einigen kleineren deutschen Staaten geltend gemacht; sie wird aber fast von der gesamten Presse im südwestlichen und in Mitteldeutschland mit der schonungslosesten Bitterkeit gegen die Kirche unterstützt.

Keine Frage fordert nun gebieterischer eine Lösung als diese. Von ihr wird vor allem die Gestaltung der Zukunft abhängen. Wenn das Unternehmen des ungläubigen Liberalismus gelingen könnte, so stünden wir vor einer Zeit der heillosesten Kämpfe. Sie würden sofort ausbrechen, wenn man erst darangehen würde, es in größeren Staaten zu verwirklichen. Der Plan dazu liegt ohne Zweifel vor. Umsomehr muß es die Aufgabe der Katholiken sein, die wahren Gedanken über das Verhältnis zwischen Kirche und Staat ohne Unterlaß klar auszusprechen. In ihrem Siege läge eine große Garantie für den Frieden in unserem deutschen Vaterlande. Wir wollen sie näher betrachten.

Unter der *Freiheit der Kirche* verstehen wir das Recht der Kirche, ihre eigenen Angelegenheiten nach ihren Grundsätzen selbst zu verwalten und dabei nur den allgemeinen Staatsgesetzen unterworfen zu sein.

Wir unterscheiden also zwischen Kirchenfreiheit und Privilegien. Die Kirche besaß in früherer Zeit mancherlei Privilegien, die sich aus der Einheit des Glaubens ganz von selbst ergaben. Sie sind bei uns so gut wie alle geschwunden. Die Kirche kann auch ohne solche Privilegien bestehen. Dabei dürfen aber wieder nicht *Privilegien* und *wohlerworbene Rechte* verwechselt werden, wie es jetzt vielfach geschieht. Auf den Schutz wohlerworbener Rechte hat die Kirche ohne Zweifel denselben Anspruch wie jede andere berechtigte Persönlichkeit.

Wir unterscheiden ferner zwischen Kirchenfreiheit und Unabhängigkeit vom Staate. Die Kirche verlangt in den Angelegenheiten, die der Staatsgewalt als solcher zukommen, ihrer Natur und ihrem Wesen nach, keine

Unabhängigkeit vom Staate. Sie leistet dem Staate und seinen Gesetzen, und zwar nicht bloß äußerlich, sondern auch von Gewissens wegen Gehorsam und verpflichtet dazu ihre Glieder; sie erfüllt alle bürgerlichen Pflichten und zahlt ihre Steuern usw. Sie fordert nur, daß der Staat seine Grenzen nicht überschreite und nicht in ihr Gebiet feindlich und gewalttätig eingreife.

Die Freiheit der Kirche in diesem Sinne nimmt die Kirche in Anspruch aus einem vierfachen Grunde.

Die christliche Kirche hat bei dem ersten Auftreten sich auf einen göttlichen Auftrag berufen. Das Mandat der Apostel der Welt gegenüber waren die Worte Christi: „Wie mich der Vater gesandt hat, so sende auch ich euch[1].“ „Gehet hin in die ganze Welt und prediget das Evangelium allen Geschöpfen[2])!“ Das ist und bleibt das Fundament der Kirche. Ob die Menschen sie hören wollen oder nicht, — sie wird ihre göttliche Sendung vollbringen und fortfahren, im Namen Gottes ihre Lehre den Menschen zu verkündigen. Dabei wird die Kirche, wo es notwendig ist, diejenigen nicht fürchten, die keine andere Macht haben, als den Leib zu töten[3]).

Der zweite Grund, aus dem die Kirche ihre Freiheit fordert, ist der gesamte Rechtsstand in Europa. So lange es noch ein historisches und ein positives Recht gibt, muß das Recht der Kirche in Deutschland anerkannt werden. Im deutschen Reichsrechte, in allen Konstitutionen ist das Recht der katholischen Kirche anerkannt. Unter dieser streng rechtlichen Verpflichtung und Bedingung sind die Teile alter katholischer Diözesen den meisten Fürsten, die damit entschädigt wurden, zuge-

1) Joh. 20, 29.
2) Mark. 16, 15. Vgl. Matth. 18, 19.
3) Matth. 10, 28.

wiesen. Wenn aber die katholische Kirche das Recht hat zu bestehen, so ist das keine imaginäre Größe, der man jetzt von seiten moderner Kammermajoritäten eine beliebige Verfassung geben könnte, sondern es ist die katholische Kirche, wie sie in der Weltgeschichte dasteht, mit jenen Grundsätzen und jener Verfassung, die überall in der Welt als ihr eigentümliches Wesen erkannt werden. Zum Wesen dieser Verfassung der Kirche gehört namentlich auch, daß die Kirchengewalt im Auftrage Christi von den Nachfolgern der Apostel in ihr geübt wird. Eben in dieser Auffassung liegt ein Grundunterschied zwischen dem Protestantismus und der katholischen Kirche, wie es die Kirchengeschichte unbestreitbar auf jedem Blatte bezeugt. Eine Verletzung dieses Rechtes ist ein frevelhafter Eingriff in das gesamte historische und positive Recht.

Es ist gewiß eine der bezeichnendsten Erscheinungen der Gegenwart, daß es bereits landständische Versammlungen geben kann, die diesen Rechtsstand vollständig ignorieren und so verfahren, als ob ihnen gegenüber es gar kein Recht mehr gebe. Trösten kann uns hierbei vorderhand nur die Gewißheit, daß die Weltgeschichte über diese eitlen Versuche rücksichtslos hinwegschreiten wird.

Der dritte Grund, aus dem wir die Freiheit der Kirche fordern, ist das in der Vernunft und Natur gegründete Recht der Selbstverwaltung. Hier ist es vor allem Aufgabe der katholischen Presse, dem modernen Liberalismus seine bodenlose Heuchelei nachzuweisen, mit der er der christlichen Kirche verweigert, was er ohne Unterlaß für sich und alle unchristlichen und destruktiven Bestrebungen der Zeit fordert. Es ist Heuchelei, wenn der moderne Liberalismus Preßfreiheit fordert, für die Ausschreiben der Bischöfe aber eine Präventivzensur im Plazet verlangt und Ausnahmsgesetze in den Strafkodex aufnimmt. Es ist Heuchelei, wenn der moderne Liberalismus für Privatgesellschaften das Recht in Anspruch nimmt, ihre Beamten selbst zu prüfen und anzustellen, dagegen über die Besetzung katholischer Kirchenstellen Staatsgesetze erläßt. Es ist Heuchelei, wenn der moderne Liberalismus von Vereinsfreiheit redet, dagegen aber gegen jedes Zusammentreten von Personen zu frommen Zwecken unter dem Begriff von Klöstern mit allen denkbaren, aus Romanen hergenommenen Schreckbildern auftritt und sie, wenn nicht mit Feuer und Schwert, doch durch polizeiliche Unterdrückung in Verbindung mit moralischem Totschlag in der öffentlichen Meinung vertilgen will. Wenn wir den modernen Liberalismus nicht zwingen können, auf Grund des göttlichen Mandates, aus Furcht Gottes, auf Grund der positiven Gesetze, aus Rechtlichkeitssinn der Kirche die Freiheit zu gewähren, so müssen wir ihn wenigstens nötigen, ehrlich zu sein.

Wir fordern viertens die Freiheit der Kirche im Namen aller einzelnen Katholiken, die im Lande wohnen. Es ist ein schlaues Kunststück des modernen Geistes, jeden Kampf zwischen Kirche und Staat lediglich als einseitiges Standesinteresse einer kleinen Schar von Priestern darzustellen, wofür man dann das Stichwort „klerikalisch" erfunden hat. Die Freiheit der Kirche aber ist ein Anliegen jedes einzelnen katholischen Christen. Daß die Kirche nicht von weltlichen Beamten, sondern von den Nachfolgern der Apostel regiert werde, ist das Recht und der Wille aller Katholiken. In einer Zeit, wo man von Volkswillen redet, da muß sich auch endlich jener Volkswille geltend machen, der im katholischen Volke steckt, und es muß den Katholiken zum Bewußtsein gebracht werden, daß es sich hier um ein ganz allgemeines, wahrhaft katholisches Anliegen handelt.

Die Formel für die Ordnung der Verhältnisse zwischen Kirche und Staat: „Die Kirche verwaltet ihre Angelegenheiten selbständig unter den allgemeinen Gesetzen des Staates", ist innerlich so wahr, so berechtigt, so einfach, daß man wahrhaft erstaunen muß, daß nicht alle Parteien mit Freuden zu ihr ihre Zuflucht nehmen. Von einem innern Gegensatz zwischen Kirche und Staat ist ja gar keine Rede. Es sind beide Anstalten, die in Gottes heiligen Weltplan gehören, in dem alles die höchste Übereinstimmung ist. Würde jener Standpunkt ehrlich angenommen, so würden ohne Zweifel fast alle Streitigkeiten zwischen Kirche und Staat unmöglich werden. Es besteht aber eine Partei, die diesen Frieden nicht will, die die freie Kirche und ihre innere Macht fürchtet, und dieser Partei müssen wir mit aller Kraft entgegentreten.

Bedeutung und Wert der Freiheit der Kirche. Reform.

Ich muß auf den Gedanken, daß die Frage um die Freiheit der Kirche keine Sache eines einseitigen priesterlichen Standesinteresses ist, sondern ein hohes, heiliges Anliegen aller katholischen Christen, hier noch einmal zurückkommen.

Kirchenfreiheit und Bestreben der Priester nach größerer Macht wird von vielen unserer Gegner identisch genommen. Die Frage soll nur sein, ob eine Anzahl Rechte von der weltlichen Behörde oder von der geistlichen geübt werde, und das ganze Interesse der Frage lediglich im Ehrgeize und in der Herrschsucht liegen. Katholiken, die ihre Kirche kennen, teilen diese Ansicht in keiner Weise und sind von dem Rechte ihrer Kirche vollkommen überzeugt. Aber auch sie erkennen vielfach nicht im allerentferntesten die unermeßliche Tragweite dieser Frage, ihren Kern und ihren Sinn. Es ist wichtig, unseren Gegnern zu zeigen, daß wir die Kirchenfreiheit nicht aus Herrschsucht fordern, und es ist wichtig, den Katholiken zu zeigen, wie tief und wesentlich ihre heiligsten Interessen dabei beteiligt sind. Wenn unsere Katholiken das erst erkennen, so werden sie wahrlich nicht so gleichgültig dareinsehen, wie die Männer, die sie selbst wählen, ihre Kirche mißhandeln und ihr Leben unterbinden. Das Gesagte will ich in einigen Punkten beleuchten.

Ein Hauptgegenstand in der Kirchenfrage ist die Besetzung der kirchlichen Stellen. Nach der Lehre der Kirche geht die Kirchengewalt von Christus auf die Apostel, von den Aposteln auf ihre Nachfolger, von diesen auf die von ihnen geweihten und eingesetzten Priester über. Darin ist die Quelle und die Übertragung der gesamten Kirchengewalt ausgesprochen, eigentlich die ganze Kirchenverfassung. Hiernach ist es Pflicht jedes Bischofes, der kein Verräter sein will, dieses Recht für sich und diese Pflicht für sein Gewissen in Anspruch zu nehmen und jedes eigene Recht bei Besetzung von Kirchenstellen der weltlichen Macht zu bestreiten. Wenn ein Fürst auch nur bei einer Pfarrei das Recht hätte, die Gewalt, die von Christus kommt, aus seinem eigenen landesherrlichen Rechte zu erteilen, so wäre damit die ganze Ordnung der Kirche in Frage gestellt. Wenn ein Bischof also dieses Recht verteidigt, so tut er es nicht aus Herrschsucht, sondern aus Pflicht.

Er hat aber noch einen anderen Grund. Von der guten Besetzung der Kirchenstellen hängt eigentlich vor allem das ganze Gedeihen der Kirche ab. In jeder Gesellschaft ist das ja schon wahr, daß sie nicht bestehen kann ohne tüchtige Diener. Was ist ein Heer ohne gute Führer? Und was ist ein Gericht mit treulosen Beamten? Je mehr ein Bischof von seiner Pflicht gegen Gott und gegen das christliche Volk erfüllt ist, desto mehr muß er darnach streben, im Geiste Gottes die Stellen zu besetzen. Die ganze hohe, heilige Stellung des Bischofes in der Kirche ist unterbunden und gelähmt, wenn er nicht die rechten Priester in den Pfarreien zu seiner Seite hat. Und welches tiefe Interesse hat das ganze katholische Volk dabei, die rechten Priester als Pfarrer zu bekommen! Welcher Druck für eine Pfarrei, welche Gefährdung für ihre heiligsten Interessen, wenn sie von einem trägen, dem Weltgeist ergebenen Priester regiert wird! Ein absolut sicheres Mittel gibt es nun freilich nicht, für jede Stelle den würdigsten und besten Priester zu finden, wie die Kirche es will, und auch der Bischof kann sich vielfach dabei irren; aber die höchstmöglichste Garantie für eine solche Besetzung liegt darin, wenn sie von dem Bischof frei ausgeht unter Beachtung aller Grundsätze der Kirche; und die höchste Gefahr für eine schlechte Besetzung liegt darin, wenn sie von weltlicher Gunst und von den wechselnden politischen Parteien abhängig ist. Kein anderer Einfluß hat die Kirche in ihren Fundamenten so tief beschädigt als der weltliche Einfluß bei Besetzung ihrer Stellen von oben bis unten. Wenn der Staat einen vorwiegenden Einfluß hat bei Besetzung der Kirchenstellen, so liegt in der Wirklichkeit dieser Einfluß in den Händen der Beamten des Staates, der Minister, der Ministerialräte, Regierungsräte usw. Selbst beim besten Willen wird es denselben aber nicht gelingen, den rechten Mann zu treffen. Bei einer der Kirche nicht geneigten Stimmung hingegen wird ein solcher Einfluß eine wahre Pest im Innern der Kirche; es wird dann nicht mehr die persönliche Würdigkeit der Maßstab sein, sondern allerlei Nebenrücksichten, Geschmeidigkeit, gesellige Liebenswürdigkeit, politische Ansichten, oder geradezu unkirchliche, der Religion verderbliche Gesinnungen. Wie wird da das Interesse der Gemeinden und der Kirche verletzt? Oder sind nicht in manchen Ländern die Verhältnisse so beschaffen, daß die Frage um die Besetzung der Kirchenstellen in Wahrheit die Frage ist, ob der Bischof oder die Freimaurer den größten Teil der Pfarreien besetzen und die Kirche regieren sollen? Was soll dann aus der Kirche werden, wenn die Feinde der Kirche diejenigen an die wichtigsten Stellen bringen können, die ihnen im Priesterstande in der Gesinnung am nächsten stehen; und wenn sie zugleich durch diese Stellung einen korrumpierenden Einfluß auf den ganzen Priesterstand ausüben können? Alle anderen Kirchenfreiheiten können uns nichts helfen, solange nicht die wichtigsten Pfründen mit den würdigsten Priestern besetzt, sondern Mietlinge ihnen vorgezogen werden.

In dieser Beziehung ist auch das Patronatsverhältnis, wie es sich im Verlaufe der Zeit im Widerspruch mit dem Geiste der kirchlichen Gesetzgebung gestaltet hat, vielfach eine große Kalamität für die Kirche und bedarf sicherlich einer Revision. Verliehene Rechte wird die Kirche nicht kränken, aber gegen den Mißbrauch in einzelnen Ländern, wo der größte Teil Patronatsstellen sind, muß Fürsorge getroffen werden. Bei der Besetzung von Patronatspfarreien kommen vier Rechte in Betracht, die in rechtmäßiger Ordnung sich geltend machen müssen. Das erste Recht ist das Recht Jesu Christi, des Urhebers und Vollmachtgebers in jedem Kirchenamte, daß nur in seinem Geiste die Stelle besetzt werde. Das zweite Recht ist das Recht und die Pflicht der Kirche, nach Christi Anordnung sein Mandat in Besetzung der Stelle zur Ausführung zu bringen. Das dritte Recht ist das Recht der ganzen Gemeinde, einen Seelsorger im Geiste Christi und keinen Mietling zu haben; und dann kommt endlich viertens das Recht des Patrones, bei dieser Besetzung dadurch mitzuwirken, daß er der Kirche im Geiste Christi einen würdigen Priester in Vorschlag bringt. Das Patronatsrecht ist eine Gewissenspflicht der ernstesten Art. Im Patronatsrechte aber nur das letzte Recht anzusehen, es lediglich als einen Vermögensteil zu betrachten und dann in einer Weise anzuwenden, wodurch die Rechte Christi und der Gläubigen gleichmäßig tief verletzt werden, ist ein entsetzlicher Mißbrauch; nur mehr der Schein eines Rechtes und in der Tat ein furchtbares Unrecht.

Welche Reformen wären hier notwendig, um dem Geiste der Kirche zu entsprechen! Wie würde sich das Leben der Kirche entfalten, welchen Segen würde die Kirche verbreiten, wenn alle Diener der Kirche, vom Papste angefangen, dann alle Bischöfe, dann die Mitglieder der Kapitel, dann die Stellvertreter der Bischöfe, die Verwalter der Dekanate, dann die so überaus wichtigen Pfarrer im Geiste der Kirche, ohne unberechtigten fremden Einfluß, nach ihren weisen und gerechten Gesetzen, die sie darüber mit solch allseitiger Genauigkeit erlassen hat, frei ernannt werden könnten! Das ist die Kirchenfrage in einem Punkte, das der Grund, warum wir für sie mit Begeisterung kämpfen. So tief hängt diese Frage mit dem wahren Wohle jedes einzelnen Katholiken zusammen.

Ich könnte jetzt fortfahren und diesen Gedanken in allen einzelnen Punkten ausführen, die in dem Streite zwischen Staat und Kirche begriffen sind; ich könnte insbesondere nachweisen, wie die Rechte auf die Bildung des Priesterstandes so wohl begründet und die notwendige Bedingung sind, um der Kirche und dem ganzen christlichen Volke recht wahre, würdige und begeisterte Priester zu bilden; wie so mit der Kirchenfreiheit die Stärkung der christlichen Gesamtheit in Wissenschaft und Leben tief und innig verbunden ist; es würde mich aber diese Abhandlung hier zu weit führen.

Dagegen muß ich zum Schlusse die Behauptung aussprechen, daß, wenn wir um die Kirchenfreiheit ringen, wir es deshalb tun, um das Leben der Kirche so viel wie möglich von fremden Fesseln zu befreien und um dann diese Anstalt Gottes in ihrem wahren Geiste, wie Christus sie gestiftet hat und haben will, der Welt darzustellen. Von einer Reform in der Kirche in dem Sinne, daß wir die Anstalt Christi verändern, kann nie die Rede sein; eine Reform aber in der Art, daß die Glieder der Kirche, die Menschen sind, sich immer mehr heiligen, ist die ununterbrochene Aufgabe der Kirche gewesen. Je mehr die Feinde der Kirche sich bemühen, die Kirche Gottes zu bekämpfen, desto mehr ist es unsere Pflicht, unsere Fehler abzulegen, alte Mißbräuche in der Kirche zu beseitigen, alle Selbstsucht und Trägheit zu überwinden, den eigenen schlechten Geist abzulegen und Christi Geist dafür anzuziehen, die höchste Opferbegeisterung mit brennender Seelenliebe zu vereinigen, damit wir alle Gegner der Kirche, die eines guten Willens sind, zu der Einsicht bringen, daß manches Böse, was sie wahrgenommen haben, nicht die Kirche ist, sondern unsere Armseligkeit, daß anderes Böse, was sie wahrzunehmen glaubten, gar nicht da ist, daß aber die Kirche selbst in ihren Lehren und in ihren Gesetzen ganz schön, ganz herrlich, ganz wahrhaft, ganz göttlich und nur ihrer höchsten Liebe würdig ist.

Kirche und Staat. Einigung – Trennung.

Das Streben nach der Freiheit der Kirche hat man vielfach Trennung zwischen Kirche und Staat genannt. In einem Sinne ist gegen die Bezeichnung nichts zu erinnern, da ja allerdings eine Sichtung und Scheidung, also Trennung entstandener Konfusionen zwischen der kirchlichen und weltlichen Gewalt dadurch erzielt werden soll. An eine Trennung des wesentlichen Verhältnisses zwischen Kirche und Staat hat dabei von katholischem Standpunkte aus niemand denken können. Auf diese Zweideutigkeit des Wortes haben sich dann aber unsere Gegner mit außerordentlicher Geschicklichkeit geworfen, das Mißverständnis als das einzige Verständnis des Wortes aufgefaßt und daraus dann Folgerungen gezogen, die an sich vollkommen unberechtigt und der Kirche wie dem Staate durchaus verderblich sind. Den Forderungen der Kirche hat man geantwortet: Wohlan, man trenne denn, wie es gefordert wird, die Kirche vom Staate und gebe ihr die geforderte Freiheit; dagegen muß dann aber auch erstens der Staat sich vollständig von der Kirche trennen und sie dann in allen Beziehungen sich selbst überlassen; zweitens muß ebenso die Schule von der Kirche getrennt und ausschließlich als Staatsanstalt behandelt werden. Diese Gegenforderungen sind dann in einer Weise geltend gemacht worden, als ob sie sich durchaus von selbst verstünden, als ob sie logische Konsequenzen zugestandener Voraussetzungen wären. Leider haben sich auch Katholiken dadurch vielfach täuschen lassen. Eine kurze Prüfung wird das Verhältnis klar machen und die Unwahrheit und Arglist dieser anscheinend konsequenten Gegenforderungen aufdecken.

Das Verhältnis zwischen Kirche und Staat besteht

nicht darin, daß der Staat statt der Kirchenbehörden die Kirchenangelegenheiten verwaltet; es hat vielmehr einen ganz anderen und viel tieferen Grund. Kirchliche Selbstverwaltung ist daher nicht im entferntesten Trennung zwischen Kirche und Staat. Wenn wir die Rechte der Familie, der Gemeinde, der Korporationen von der absolutistischen Staatsgewalt zurückfordern und für sie in ihrem Kreise Selbstverwaltung beanspruchen, so fällt niemanden ein, das eine Trennung der Familie, der Gemeinde, der Korporation vom Staate zu nennen und daraus zu folgern, daß sich nun auch der Staat von dem allem trennen müsse. Staat und Kirche können sich ihrem Wesen nach nicht trennen, weil sie in dem großen Weltplan Gottes zusammengehören, sich gegenseitig unterstützen und dadurch die Absichten Gottes zum Heile der Menschen erfüllen sollen. Es ist doch eine überaus oberflächliche Anschauung von dem Verhältnisse zwischen Kirche und Staat, wenn man die Überlassung einiger weniger Rechte an die Kirche, die ganz zu ihrem Wesen gehören, eine Trennung nennen will. Es ist das ein leeres Spiel mit Worten, benutzt, um die Menschen zu täuschen und unter diesem Scheine die Kirche und den Staat gleichmäßig zu beschädigen. Wie die Ehe nicht dadurch getrennt wird, wenn der Vater die Geschäfte des Mannes und die Mutter die des Weibes besorgt, so wird das Verhältnis zwischen Kirche und Staat nicht aufgehoben, wenn die Kirchen- und die Staatsgewalt ihre eigenen Angelegenheiten besorgen. Wenn man die Gewährung der Freiheiten, die die Kirche fordert, Trennung nennen will, so ist es eine Trennung, die notwendig zur Einigkeit führen muß. Es ist unsere tiefste Überzeugung, daß durch die Gewährung der Selbstregierung Staat und Kirche nicht getrennt, sondern wahrhaft und bleibend geeinigt werden.

Die Kirche kann und darf sich nicht vom Staate trennen, wie sie sich überhaupt von gar nichts trennen kann, was von Gott stammt.

Sie muß den Staat ehren als eine göttliche Veranstaltung zum Heile der Menschen.

Sie muß ihre Glieder anhalten, der Gewalt im Staate, so weit sie der göttlichen Ordnung entspricht, wegen Gott gehorsam zu sein.

Sie muß das Wohl des Staates fördern mit allen ihren geistlichen Mitteln, sich über geordnete Staatsverhältnisse freuen und jede Zerrüttung des Staatswesens beklagen.

Sie muß endlich der Welt verkünden, daß, wer sich unrechtmäßig der weltlichen Gewalt widersetzt, sich Gott selbst widersetzt und sich die Verdammung von Gott zuzieht.[1])

Ebenso kann und darf aber auch die Staatsgewalt sich von der Kirche nicht trennen, ohne ihre wesentlichen Pflichten zu verletzen.

Der Staat ist verpflichtet, die Rechte der Kirche zu schützen, wie die Rechte jedes seiner Untergebenen, und sie von jedem ungerechten Angriffe zu bewahren. Die Pflege der Gerechtigkeit ist die von Gott dem Staate gegebene Mission, und er muß sie gegen alle üben.

Der Staat ist verpflichtet, die Kirche mit Wohlwollen anzusehen und ihr zur Erreichung ihrer Zwecke mit Hilfe zur Seite zu stehen. Auch dieser Teil seiner Aufgabe folgt aus der Natur der Staatsgewalt und der ihr von Gott gegebenen Pflicht.

Der Staat ist verpflichtet zu diesem Rechtsschutze und dieser Unterstützung nicht allein wegen Gott, sondern seines eigenen Wohles wegen. Wenn er sich von der

1) Röm. 13, 2.

Kirche trennt und von dem religiösen Glauben seiner Untertanen, so trennt er sich von Gott und zerstört damit sein eigenes Fundament.

Der Staat ist endlich zu diesem Rechtsschutz und dieser Unterstützung verpflichtet seiner eigenen Angehörigen wegen. Diese haben ein Recht darauf, daß die Staatsgewalt ihre religiöse Gesinnung in ihrem kirchlichen Verbande achte und ehre und schütze und unterstütze. Der Staat ist kein beliebiges Abstraktum jenseits der Wolken, sondern eine Wirklichkeit, bestimmt zum Nutzen der Menschen, die er umschließt, und eine Trennung von ihren höchsten Interessen ist daher eine Pflichtverletzung der Staatsgewalt.

Was ich aber hier gesagt habe von der Pflicht des Staates, das Recht der Kirche zu schützen und dieselbe zu unterstützen, verstehe ich nicht allein von der katholischen Kirche, sondern von jeder religiösen Genossenschaft, die von der Staatsgewalt einmal als solche zugelassen ist und den Anforderungen der natürlichen Sittlichkeit und der Verehrung des einen wahren Gottes in der früher entwickelten Weise entspricht.

Die jeder gesunden Anschauung von der Stellung zwischen Kirche und Staat widersprechende Ansicht, daß der Staat sich von der Kirche trennen könne und sie gänzlich ohne Rechtsschutz und Hilfe sich selbst überlassen dürfe, ist ein bereits weitverbreiteter Irrtum, von einem Teile der Presse und der Volksvertreter getragen, und es tut daher recht not, derselben entschieden entgegenzutreten und die Staatsgewalt an ihre Pflichten gegen den Glauben ihrer Angehörigen zu erinnern.

(Aus der Schrift „Freiheit, Autorität und Kirche“.)

Kirche und Liberalismus.

Wir haben uns bezüglich der Staaten, die dem Nordbund angehören oder ihm beitreten werden, für eine Regelung der kirchlichen Verhältnisse im Sinne der preußischen Verfassungsurkunde ausgesprochen. Es wird daher nunmehr angemessen sein, zu untersuchen, ob eine solche Stellung der Kirche nicht mit ihren Grundsätzen und namentlich mit denen der Enzyklika vom 8. Dezember 1864 und des ihr angehängten Syllabus im Widerspruch stehe. Überhaupt scheint es uns zur Beruhigung der Gewissen vieler Katholiken, die durch ihre Stellung den Beruf haben, an den Fragen des öffentlichen Lebens Anteil zu nehmen, nützlich, zu untersuchen, wie weit sie den Zeitforderungen gegenüber bei Anerkennung der Gewissensfreiheit und einer paritätischen Stellung verschiedener Religionsbekenntnisse im Staate gehen können, ohne kirchliche Grundsätze zu verletzen, insbesondere jene, welche diese berühmte Enzyklika mit ihrem Anhange enthält. Es besteht hierüber noch vielfach Unklarheit zur Beunruhigung der Gewissen und zum Nachteil der Wahrheit. Namentlich können wir es nicht für gerechtfertigt halten, ohne vorher den Sinn der betreffenden Sätze aus dem Syllabus genau zu bestimmen und ohne festzustellen, was eigentlich als irrig verworfen ist, sofort zu allgemeinen Erörterungen überzugehen, unter dem Scheine, als ob das alles Lehre des Apostolischen Stuhles sei und in der Enzyklika stehe. Daraus entstehen Irrtümer, und es kann geschehen, daß dann Ansichten als irrig und durch die Enzyklika verworfen gehalten werden, die weder verworfen noch irrig sind. Die kirchliche Wissenschaft dringt überall auf volle Wahrheit bis auf den letzten Wortsinn, und je heiliger ihre Autorität ist, desto mäßiger ist sie in ihrem Gebrauch, desto ferner liegt es ihr, Menschen- und Schulmeinungen in den Bereich ihrer autoritativen Bestimmungen hineinzuziehen.

Wir haben aber zu dieser Erörterung noch eine besondere Veranlassung. In einer früheren Schrift [1]) sprachen wir nämlich in dem Abschnitt über „Religionsfreiheit und die katholische Kirche" den Satz aus: „Es steht kein kirchlicher Grundsatz fest, welcher einen Katholiken behinderte, der Meinung zu sein, daß unter den gegebenen Verhältnissen die Staatsgewalt am besten tue, mit der gleich zu erwähnenden Beschränkung (Leugnung des persönlichen Gottes und Gefährdung der Sittlichkeit) volle Religionsfreiheit zu gewähren." Einige Jahre später führt nun der Verfasser einer Schrift über die Enzyklika,[2]) bei Besprechung der Sätze 77—79 des Syllabus, ohne uns zu nennen, die bezeichneten Worte aus unserer Schrift an mit dem Bemerken: „Diesen Sätzen gegenüber kann man heute wohl nicht mehr sagen, wie es mehrfach gesagt worden ist: „Es steht kein kirchlicher Grundsatz fest usw." — wonach also unsere Behauptung nach Veröffentlichung des Syllabus nicht mehr haltbar wäre. Auch die historisch-politischen Blätter [3]) besprechen diese Wiener Broschüre samt deren Hindeutung auf unsere Schrift, indem sie zugleich unserem Satz eine mildere Deutung geben wollen, ohne mit der nötigen Schärfe das, worauf es hier ankommt, hervorzuheben. Um so mehr glauben wir, daß die Erörterung dieser Frage hier von allgemeiner Bedeutung ist.

1) Freiheit, Autorität u. Kirche, Mainz 1862, S. 155.

2) Der Papst und die modernen Ideen. 2. Heft: Die Enzyklika vom 8. Dezember 1864. Nebst einem Vorworte von P. Clemens Schrader S. J. Wien 1865. S. 33.

3) Bd. 25, S. 240.

Wir werden bei derselben zunächst die betreffenden Sätze des Syllabus und der Enzyklika wortgetreu wiedergeben und dann bestimmen, welche Ansicht hier als irrig bezeichnet ist. Zur Vergleichung werden wir den lateinischen Text in der Note beifügen und zugleich durch gesperrte Schrift jene Worte hervorheben, die uns die entscheidenden scheinen. Die Aufmerksamkeit auf diese entscheidenden Worte würde bei einem Vergleiche einiger Übersetzungen des Syllabus ergeben, wie oft deren Verfassern die klare Einsicht fehlte, worauf es eigentlich ankomme, worin das Irrige liege. Bei den Schriften über den Syllabus ist namentlich nicht immer hinreichend berücksichtigt worden, was zum genauen Verständnis überaus wichtig ist, daß alle Sätze desselben aus früheren Allokutionen und Ausschreiben des Heiligen Vaters, die bei den verschiedensten Veranlassungen ergangen waren, entnommen sind, auf welche auch bei jedem einzelnen Satze ausdrücklich hingewiesen wird, und daß daher der eigentliche und wahre Sinn nur aus dem Zusammenhang, in welchem jene Sätze vorkommen, gefunden werden kann. Darum wurde auch bald nach Erlaß des Syllabus eine amtliche Ausgabe des vollständigen Textes aller jener Dokumente[1]) veranstaltet und im Vorworte ausdrücklich eingeschärft, daß zur Feststellung des wahren Sinnes, in welchem jene Sätze verworfen sind, jene früheren Erlasse zur Vergleichung benutzt werden müssen.[2]) Wir werden diesen Weg ein-

---

1) Acta Ss. D. N. Pii PP. IX., ex quibus excerptus est syllabus editus VIII. Dec. 1864. Romae 1865.

2) Eas (Litteras encyclicas et Allocutiones) conferre omnino oportet, siqui verum sensum, in quo illae sententiae pontificia auctoritate perstringuntur, elicere velint. ibid. pag. V.

schlagen, um zu bestimmen, welche Meinungen wir bezüglich der staatlichen Gewissensfreiheit, des Liberalismus usw. als irrig zu vermeiden haben.

Die Sätze des Syllabus, die hier in Betracht kommen, haben die gemeinschaftliche Überschrift: „§ 10. Irrtümer, die sich auf den Liberalismus beziehen." Damit soll also nicht alles, was man etwa Liberalismus nennen kann, als Irrtum bezeichnet, sondern nur ausgesprochen werden, daß in diesem System Irrtümer vorkommen, die vermieden werden müssen. Der erste Satz lautet nun:

„In unserem Zeitalter ist es nicht mehr zuträglich, daß die katholische Religion als einzige Staatsreligion unter Ausschluß aller übrigen Religionsübungen gelte." [1])

Die Allokution, aus welcher diese Stelle entnommen ist, hat der Heilige Vater am 26. Juli 1855 gehalten und bezieht sich auf Spanien. In diesem ganz katholischen Lande waren die althergebrachten Rechte der Kirche zuletzt im Jahre 1851 geregelt und das neue Übereinkommen als Staatsgrundgesetz bekannt gemacht worden. In dieser Übereinkunft war, wie der Heilige Vater sagt, „unter verschiedenen Bestimmungen zum Schutze der katholischen Religion vor allem festgestellt, daß diese Religion mit Ausschluß aller anderen Religionsübungen als alleinige Religion der spanischen Nation fortbestehen und deshalb wie bisher im ganzen spanischen Reiche mit allen ihren Rechten und Privilegien als solche erhalten werden solle." Diesem feierlichen Vertrage entgegen wurde

1) LXXVII. Aetate hac nostra non amplius expedit, religionem catholicam haberi tamquam unicam Status religionem, ceteris quibuscumque cultibus exclusis. — Alloc. „Nemo vestrum" 26. Julii 1855.

einige Jahre später einseitig dieses ganze Rechtsverhältnis der Kirche beseitigt. Gegen diese offenbare Rechtskränkung protestiert nun der Heilige Vater in jener Allokution, welcher der Satz des Syllabus entnommen ist. Wir haben die betreffende Stelle oben mitgeteilt. Daraus ergibt sich der Sinn derselben von selbst. Durch jenes Konkordat mit Spanien vom Jahre 1851, in welchem die katholische Religion als Staatsreligion anerkannt wurde, war ausgesprochen, daß auch in unserem Zeitalter es noch Verhältnisse geben könne, wo die katholische Kirche auf diese Stellung ein wohlbegründetes Recht habe. Solche Verhältnisse waren in Spanien vorhanden, in diesem ausschließlich katholischen Lande mit seinem katholischen Regentenhause und seinem alten Rechte. Der Satz des Syllabus hat also keinen anderen Sinn, als daß die Behauptung, daß es in unserem Zeitalter für kein Land mehr angemessen und förderlich sei, die katholische Kirche als Staatsreligion mit Ausschluß aller übrigen Religionsübungen anzuerkennen, im Widerspruch mit dem Verfahren des apostolischen Stuhles stehe und irrig sei. Jedes Hinausgehen über diesen Sinn liegt nicht im Syllabus, und vor allem wäre es deshalb absolut willkürlich, ihm den Sinn zu unterstellen, als ob es in der Absicht des Heiligen Vaters liege, damit auszusprechen, daß in allen Ländern die katholische Religion mit Ausschluß der übrigen Religionsbekenntnisse Staatsreligion sein müsse.

Der folgende Satz des Syllabus, der verworfen wird, lautet:

„In lobenswerter Weise ist daher in gewissen katholischen Ländern allen, die dorthin einwandern, gesetzlich garantiert worden, daß die öffentliche Übung der eigenen Religion jedem zustehe."[1])

Die Allokution, welcher dieser Satz entnommen ist, bezieht sich auf die Republik Neu-Granada in Südamerika und wurde am 27. September 1852 gehalten. Er bezieht sich also erstens wieder auf ein ganz katholisches Land. Papst Gregor XVI. hatte dieser kleinen Republik eine besondere Liebe zugewendet und sogar einen eigenen Nuntius hingesandt. Infolge einer der vielen dort vorkommenden Staatsumwälzungen kam plötzlich ein ganz radikales Element an die Spitze, durch welches alsbald die Kirche ihrer ganzen Rechtsstellung beraubt und überdies gleichzeitig alle Freiheiten, und zwar in der ausgedehntesten Weise proklamiert wurden. Der Heilige Vater tadelt nun in jener Allokution alle diese Rechtsverletzungen und zählt unter diesen tadelnswerten neuen Gesetzesbestimmungen auch die auf (und diese Stelle bezieht sich auf den Satz des Syllabus), „daß allen eine unbeschränkte Freiheit gewährt sei, jeden Gedanken und alle abenteuerlichen übertriebenen Meinungen durch den Druck verbreiten und sich sowohl im Privatleben als öffentlich zu jeder Religionsübung, welche sie auch immer sein möge, bekennen zu dürfen."

Hier sehen wir wieder, wie notwendig es ist, den Syllabus in seinem Zusammenhange aufzufassen und nicht ohne Rücksicht auf denselben herauszudeuten, was jedem beliebt. Der Heilige Vater sagt also, daß eine unbeschränkte Preßfreiheit und ebenso eine unbeschränkte Freiheit öffentlicher Religionsübung un-

1) LXXVIII. Hinc laudabiliter in quibusdam catholici nominis regionibus lege cautum est, ut hominibus illuc immigrantibus liceat publicum proprii cuiusque cultus exercitium habere. — Alloc. „Acerbissimum" 27. Sept. 1852.

statthaft sei; er sagt dies den Bewohnern eines katholischen Staates, und indem er diese Stelle im Syllabus aufnimmt, spricht er, wenn wir den Sinn ganz auf seinen eigenen Inhalt reduzieren wollen, lediglich und allein aus, daß es keine lobenswerte Maßregel gewisser katholischer Länder gewesen sei, unbedingte Freiheit der öffentlichen Übung jedweder Religion gesetzlich zu gewährleisten, und zwar nicht bloß für die ansässigen Staatsangehörigen, sondern selbst noch für alle beliebigen Einwanderer. Wir dürfen aber diesen Satz auch auf alle Staaten anwenden und behaupten, daß kein Staat der Welt die unbedingte Preßfreiheit und die unbedingte freie Religionsübung zugestehen kann und zugestehen wird. Selbst Nordamerika gesteht den Mormonen nicht das Recht der unbedingten freien öffentlichen Religionsübung zu. Der heilige Vater spricht also hier einen nicht bloß vom Standpunkt der Religion, sondern vom Standpunkt der allgemeinen Menschenvernunft allgemein gültigen Satz aus.

Der dritte verworfene Satz lautet:

„Denn es ist falsch, daß die staatliche Freiheit jeglicher Religionsübung, desgleichen die allen gewährte volle Freiheit, alle beliebigen Meinungen und Ansichten öffentlich bekannt zu machen und zu verbreiten, dazu führe, die Sitten und Gesinnungen der Völker desto leichter zu verderben und die Pest des Indifferentismus zu verbreiten.“ 1)

---

1) LXXVIIII. Enimvero falsum est, civilem cuiusque cultus libertatem itemque plenam potestatem omnibus attributam quaslibet opiniones cogitationesque palam publice manifestandi conducere ad populorum mores animosque facilius corrumpendos ac indifferentismi pestem propagandam. — Alloc. „Numquam fore“ 15. Dec. 1856.

Dieser Satz ist so einfach und spricht so sehr nur den Gedanken des einfachsten natürlichen Menschenverstandes und des schlichtesten Sittengefühles aus, daß er kaum einer Erklärung bedarf. Er ist entnommen der Allokution vom 15. Dezember 1856, die sich auf Mexiko und die damals dort gleichfalls in der allerradikalsten Weise proponierte Konstitution bezieht. Insbesondere hebt der Heilige Vater hervor, daß „um die Sitten und Gesinnungen des Volkes um so leichter zu verderben und die verabscheuungswürdige Pest des Indifferentismus zu verbreiten und dadurch unsere heilige Religion zu beschädigen, die freie Übung jeglicher Religion zugelassen und allen die unbeschränkte Befugnis eingeräumt werde, alle beliebigen Meinungen und Ansichten zu veröffentlichen und zu verbreiten." Was ist nun hier als irrig bezeichnet? Lediglich die Meinung, daß unbeschränkte Freiheit öffentlicher Religionsübung und unbeschränkte Preßfreiheit unschädlich für die Sitten und für die Gesinnungen der Völker sei. Es wird sich aber auch wohl schwerlich ein Mensch finden, der dieser Behauptung des Heiligen Vaters zu widersprechen wagte, und jedenfalls findet sie in allen europäischen Staaten und Gesetzgebungen die vollkommenste Bestätigung und Anwendung.

Wir stehen jetzt schon am letzten Satz der in den Syllabus aufgenommenen Irrtümer des Liberalismus, dessen Inhalt so lautet:

„Der Papst kann und muß sich mit dem sogen. Fortschritt, mit dem Liberalismus und mit der modernen Zivilisation aussöhnen und vergleichen."[1])

---

1) LXXX. Romanus pontifex potest ac debet cum progressu, cum liberalismo et cum recenti civilitate sese

Wir haben uns in der Übersetzung, wie unsere Leser bemerken werden, eine kleine Freiheit erlaubt durch Beifügung des Wörtchens „sogenannt"; dieselben werden sich aber sofort davon überzeugen, wie wohlbegründet diese Beifügung war, um den wahren Sinn des Satzes des Syllabus hervorzuheben. Gerade hier sehen wir in ganz besonderer Weise, wie notwendig es sei, die Sätze des Syllabus in ihrem betreffenden Zusammenhang zu betrachten, da dieser Satz seinem einfachen Wortlaute nach und ohne Vergleich mit dem ursprünglichen Zusammenhang eine total falsche, der Absicht des Heiligen Vaters geradezu entgegengesetzte Deutung erfahren könnte, als ob nämlich ein Zusammengehen der katholischen Kirche mit dem wahren Fortschritt und mit jeder Art liberaler Gesinnung abgelehnt würde; davon war aber der Heilige Vater weit entfernt. Dieser Satz des Syllabus ist entnommen jener erhabenen Allokution vom 18. März 1861, welche sich zunächst auf die Verhältnisse in Italien, sodann auch auf die ganze Weltlage und die in ihr kämpfenden geistigen Grundrichtungen bezieht. Wir können nur jene Gedanken hervorheben, die zur Beleuchtung des Sinnes des Satzes des Syllabus notwendig sind. Es bestehe, sagt der Heilige Vater, in unserer Zeit ein schwerer Kampf zwischen der Wahrheit und dem Irrtume, zwischen der Tugend und dem Laster, zwischen dem Lichte und der Finsternis in der bürgerlichen Gesellschaft. Man stelle da gewisse Forderungen der angeblichen modernen Zivilisation auf und namentlich verlange man, daß der römische Papst sich mit dem Fortschritte, mit dem Liberalismus und dadurch mit

---

conciliare et componere. — Alloc. „Jam dudum cernimus" 18. mart. 1861.

dieser modernen Zivilisation versöhne und vergleiche. Er geht dann dazu über, zu zeigen, welcher Mißbrauch mit diesen Worten getrieben werde, und wie darin ein Geist sich geltend mache, der dem scheinbar guten Sinne dieser Worte geradezu widerspreche; namentlich hebt er hervor, daß diese moderne Zivilisation, während sie allen Religionsübungen Freiheit gewähre, den Instituten der katholischen Kirche, ihren geistlichen Genossenschaften und den Dienern der Kirche diese Freiheit verweigere; daß dieselbe moderne Zivilisation, während sie alle möglichen nichtkatholischen Unternehmungen unterstütze, der katholischen Kirche sogar ihr rechtmäßiges Eigentum entziehe; daß dieselbe moderne Zivilisation, während sie die ungemessenste Preßfreiheit dulde, welche die Kirche beschimpfe und die Sittenlosigkeit immer mehr verbreite, gleichzeitig jeder Lebenstätigkeit der Kirche den feindseligsten Widerstand entgegensetze; während sie alles straflos mache, in Bestrafung kirchlicher Personen alles Maß der Strenge überschreite. Einer solchen Zivilisation könne nimmermehr der römische Papst die Hand zur Versöhnung reichen, mit ihr nie ein Band der Einigkeit schließen. Man möge, fährt der Heilige Vater fort, den Dingen ihren wahren Namen wieder zurückgeben. Der heilige Stuhl sei immer der Beschützer und Beförderer der wahren Zivilisation gewesen: das bezeuge die Geschichte. Wenn man aber unter dem Worte Zivilisation ein auf die Beschädigung, ja Vernichtung der Kirche Christi berechnetes System verbergen wolle, so könne der Heilige Stuhl und der römische Bischof freilich mit einer solchen Zivilisation sich nimmermehr verständigen. Das Angegebene genügt vollkommen, um den Syllabus zu verstehen. Der Heilige Vater ist weit davon entfernt, eine Versöhnung mit dem wahren Fortschritt und mit der wahren Zivilisation als unmöglich für die katholische Kirche behaupten zu wollen, im Gegenteile — und jede Kundgebung des Heiligen Vaters und der katholischen Kirche ist dessen Zeuge: die katholische Kirche ist und bleibt, wie er so schön sagt, Patrona et Altrix, die Patronin und Ernährerin der wahren Zivilisation für alle Zeiten; aber jenes Lügensystem, das sich Fortschritt nennt, um gegen jeden sittlichen Fortschritt zu kämpfen; das sich Liberalismus nennt, um die Freiheit des Guten zu hindern, um die Freiheit des Bösen zu fördern; das sich Zivilisation nennt, um die christliche Religion rückgängig zu machen und uns wieder allen Greueln des Heidentums zuzuführen, hat der Heilige Vater mit jenem Satze des Syllabus zeichnen und verwerfen und die Katholiken darauf aufmerksam machen wollen, wie ein heilloses Lügenspiel mit Worten getrieben wird, und wie nötig es daher für sie sei, überall zu unterscheiden, in welchem Sinne die Worte in der Welt gebraucht werden, wenn sie nicht der Spielball des Lügengeistes werden und jeder Täuschung sich hingeben wollen. Wir glauben dadurch vollkommen gerechtfertigt zu sein, wenn wir in der Übersetzung des Syllabus das Wort „sogenannt" eingeschaltet haben.

Den Sätzen des Syllabus, die sich auf unseren Gegenstand beziehen, wollen wir der Vollständigkeit wegen noch den folgenden beifügen:

„Die Kirche ist vom Staat und der Staat von der Kirche zu trennen." [1])

Die Erklärung gibt sich hier wiederum von selbst. Der Papst verwirft die Lehre, welche auf eine totale

---

1) LV. Ecclesia a Statu Statusque ab Ecclesia seiungendus est. — Alloc. „Acerbissimum" 27. Septembris 1852.

Trennung zwischen Kirche und Staat hinzielt. Der Heilige Vater spricht hier in bezug auf den Staat den Grundgedanken der ganzen Allokution vom 8. Dezember 1864 aus; indem die wesentliche Bedeutung derselben in dem Nachweise liegt, daß alle menschlichen Verhältnisse und das ganze menschliche Leben in allen seinen Tätigkeiten mit der Religion verbunden, von der Religion getragen sein soll. Diesen Gedanken verfolgt der Heilige Vater durch alle Tätigkeiten des Menschen, von seiner rein individuellen Denktätigkeit angefangen, bis zu seinen letzten sozialen Beziehungen. In Anwendung auf den Staat heißt dann dieser Grundsatz so, wie er im Syllabus formuliert ist. Wir wollen ihn noch in Verbindung bringen mit einigen andern der Enzyklika vom 8. Dezember 1864. Dort verwirft der Heilige Vater als absurd und gottlos den Satz:

„Die beste Staatsform und der bürgerliche Fortschritt fordere durchaus, daß die menschliche Gesellschaft konstituiert und regiert werde ohne jegliche Rücksicht auf die Religion; gerade als ob eine solche gar nicht existierte oder wenigstens ohne zwischen der wahren Religion und falschen Religion einen Unterschied zu machen."

Hier verwirft der Heilige Vater lediglich und allein, was oben im Satze des Syllabus ausgesprochen ist, nämlich die volle Trennung zwischen der bürgerlichen Gesellschaft und der Religion, oder den religionslosen Staat; ja um noch genauer zu sprechen, wird hier direkt und unmittelbar eigentlich nur die Ansicht, daß der religionslose Staat sogar die beste Staatsform sei, die am meisten dem Wesen des Staates entspreche und deshalb überall erwirkt werden müsse, verworfen.

Dahin gehört ferner der folgende Satz derselben Enzyklika, in welchem der Heilige Vater die Lehre als irrig bezeichnet: „Jener Staat sei am besten bestellt, in welchem der Regierung nicht die Pflicht obliegt, diejenigen, welche die katholische Religion beschädigen, durch gesetzliche Strafen in Schranken zu halten, als nur insoweit dies das Interesse der öffentlichen Ordnung verlangt."

Es wäre wieder eine ganz willkürliche, den unmittelbaren Sinn verlassende Deutung dieser Stelle, daß hier der Heilige Vater für die Kirche einen Schutz durch Staatszwang in Anspruch nehme von allen Regierungen, wie er in jenen Staaten etwa der Kirche mit Ausschluß anderer Religionsgesellschaften als alleinige Staatsreligion anerkannt worden war; während lediglich wieder die Ansicht verworfen wird, daß die Kirche als solche auch den allgemeinen Staatsschutz nicht genießen dürfe, und daß diese totale Rechtlosigkeit der Kirche als solcher — denn ein Schutz lediglich im Interesse des öffentlichen Friedens ist nicht ein Rechtsschutz der Kirche, sondern nur ein Rechtsschutz der Einwohner überhaupt gegen die Störungen des Friedens — sogar die vollkommenste Staatsform sei, zum Wesen des besten Staates gehöre. Wir haben in diesem Irrtume lediglich eine Konsequenz des Systemes des absolut religionslosen Staates vor uns, die wohl in den Köpfen einiger Fanatiker der Gottlosigkeit vorhanden ist, aber mit unseren wirklichen Zuständen noch nichts zu tun hat.

Wir stehen jetzt vor der letzten Stelle der Enzyklika, welche sich mit unserer Frage beschäftigt. Im Anschluß an die Bulle Gregors XVI. verwirft der Heilige Vater die Lehre: „Die Freiheit des Gewissens und der öffentlichen Religionsübung sei ein, jedem

Menschen eigenes Recht, welches in jedem wohlgeordneten Staate durch ein Gesetz anerkannt und geschützt werden müsse, und jeder Bürger besitze die unbedingte, durch keine, sei es kirchliche, sei es bürgerliche Autorität zu beschränkende Freiheit, seine Gedanken, welche immer sie seien, sowohl mündlich, als durch die Presse und auf jede andere Weise öffentlich kund zu geben und zu verbreiten." 1)

Dieser Satz hängt mit mehreren der früher erklärten Sätze des Syllabus zusammen und ist nach dem Gesagten selbstverständlich. Darnach ist eine Gewissensfreiheit in dem Sinne unbeschränkter öffentlicher Religionsübung nicht ein unveräußerliches Menschenrecht, das in jedem geordneten Staate jedem Bürger ohne Ausnahme gewährleistet sein müßte; oder mit andern Worten, es ist ein Irrtum, zu sagen, daß unbeschränkte Gewissensfreiheit in Verbindung mit unbeschränkter Preßfreiheit ein unveräußerliches Menschenrecht sei, das in jedem geordneten Staate jedem Bürger durch das Gesetz gewährleistet werden müsse, ohne von irgend einer Autorität behindert werden zu dürfen.

Wenn wir nun alle in dem Syllabus und in der Enzyklika in der Hinsicht, die uns beschäftigt, verworfene Irrtümer übersichtlich zusammenfassen wollen, so ergibt sich folgendes Resultat:

---

1) Libertatem conscientiae et cultuum esse proprium cuiuscunque hominis ius, quod lege proclamari et asseri debet in omni recte constituta societate et ius civibus inesse ad omnimodam libertatem, nulla vel ecclesiastica vel civili autoritate coarctandam, quo suos conceptus quoscunque sive voce, sive typis, sive alia ratione palam publiceque manifestare ac declarare valeant.

Der Papst verwirft durchaus und in allen Konsequenzen den religionslosen Staat;

Er verwirft infolgedessen eine gesetzliche Ordnung, wodurch der Kirche der allgemeine Rechtsschutz, der zum Wesen des Staates gehört, entzogen wird;

Er verwirft die Ansicht, daß es für kein Land mehr zuträglich sei, die katholische Kirche mit Ausschluß aller anderen Religionsübungen als Staatsreligion anzuerkennen;

Er verwirft schrankenlose öffentliche Religionsübung;

Er verwirft die Ansicht, daß schrankenlose Freiheit, alles drucken und verbreiten zu dürfen, unschädlich für die Sitten und die Gesinnung der Völker sei;

Er erklärt, daß es einen falschen Fortschritt, einen falschen Liberalismus und eine falsche moderne Zivilisation gebe, denen wir Katholiken nicht beistimmen dürfen.

Das ist alles, was die Enzyklika und der Syllabus in dieser Hinsicht als irrtümlich bezeichnen.

Wenden wir diese Grundsätze noch kurz auf die beiden Fragen an, ob hiernach der Satz, welchen wir in unserer Schrift „Freiheit, Autorität und Kirche" aufgestellt haben, nach Veröffentlichung des Syllabus nicht mehr gelehrt werden dürfe, und ob wir berechtigt sind, Gewissensfreiheit und Parität in dem Sinne der preußischen Verfassungsurkunde für den Nordbund und die betreffenden deutschen Staaten als die beste Regulierung der kirchlichen Verhältnisse für diese Länder anzusehen.

Die Antwort auf beide Fragen scheint uns hiernach leicht.

Wir glauben mit vollem Rechte unsere Behauptung wiederholen zu dürfen, daß kein kirchlicher Grundsatz besteht, welcher einen Katholiken behindert, der Meinung zu sein, daß unter (den) gegebenen Verhältnissen die Staatsgewalt am besten tue, mit den angegebenen Beschränkungen volle Religionsfreiheit zu gewähren. Das mögliche Mißverständnis dieses Satzes kann höchstens in dem Artikel „den“ liegen, welchen wir in dem vorigen Satz eingeklammert haben; insoweit nämlich dadurch dem Satze die Deutung gegeben würde, als ob wir für die ganze Welt und ohne Ausnahme die Freiheit der öffentlichen Religionsübung als das zweckmäßigste erachteten. Dann stünde unserer Ansicht freilich ein kirchlicher Grundsatz entgegen, da der Heilige Vater in rein katholischen Staaten, wo die katholische Kirche als Staatsreligion durch die Gesetze garantiert war, die Aufrechterhaltung dieses Zustandes als ein Recht der Kirche in Anspruch genommen hat und mithin für die Interessen der Kirche förderlich hält. Uns war aber eine solche Auffassung nicht eingefallen; wir dachten in unserer zunächst für die Katholiken Deutschlands bestimmten Schrift nicht an rein katholische Länder und wollten lediglich sagen, daß unter den in Deutschland gegebenen und ähnlichen Verhältnissen ein Katholik, ohne dadurch gegen einen Grundsatz der Kirche zu verstoßen, Gewissensfreiheit, oder, um noch richtiger zu sprechen, da Gewissensfreiheit ja lediglich eine Sache des inneren Geistes und daher immer vorhanden ist — Freiheit der öffentlichen Religionsübung mit den notwendigen Beschränkungen für zulässig halten dürfe, und diese Ansicht hat der Syllabus nicht verworfen.

Was dann aber die preußischen Verfassungsbestimmungen und überhaupt eine gesetzliche Regelung der kirchlichen Verhältnisse nach den Grundsätzen der Parität betrifft, so ergeben sich für uns nach allem Gesagten folgende Grundsätze:

1. Wir dürfen nicht Parität fordern aus Indifferentismus, nicht in dem Sinne, als ob alle Religionsbekenntnisse gleich gut wären, wodurch jede wahre innere Überzeugung aufgehoben wäre;

2. Wir dürfen nicht Parität fordern in dem Sinne, als ob eine solche Ordnung das ausschließlich berechtigte Ideal der Stellung der Kirche sei, dem Wesen des Staates allein und vollkommen entspreche; wodurch zugleich behauptet würde, daß das Verhältnis zwischen Kirche und Staat im ganzen Mittelalter bis auf die neueste Zeit lediglich eine große Verirrung gewesen wäre;

3. Wir dürfen auch nicht Parität oder Religionsfreiheit fordern in dem Sinne der Trennung der Kirche von dem Staate, in dem Sinne des religionslosen, des atheistischen Staates. In dieser Hinsicht hat vielfach in Frankreich und noch mehr in Belgien unter den Katholiken eine nicht richtige Ansicht bestanden; man hat dort in der Tat die Religionsfreiheit hier und da in diesem Sinne der vollkommenen Trennung verstanden, und es haben sich deshalb viele katholische Männer der falschen und in ihren Wirkungen namenlos verderblichen Auffassung hingegeben, als ob der Staat dieser Trennung wegen sich jetzt gar nicht mehr um die Religion zu bekümmern und folglich bei allen seinen staatlichen Institutionen auf die religiöse Gesinnung seiner Untergebenen gar keine Rücksicht mehr zu nehmen habe; das ist sicher verkehrt und nicht entfernt eine Folgerung aus dem Grundsatze der Parität oder der Gewissensfreiheit, sondern vielmehr eine Folgerung aus einer ganz abstrakten, törichten Staatsidee. Der einzelne Staat, wie er be-

steht, ist nicht für ein abstraktes Menschentum da, sondern für die Menschen, die in seinem Territorium wohnen, und er muß sie nehmen und anerkennen, wie sie sind, mit allen ihren Bedürfnissen und mit ihrer ganzen Existenz. Wenn auch der Staat qua Staat keine Staatsreligion mehr hat, keine einzelne Konfession für den Staat als ausschließlich berechtigt hält, so folgt daraus nicht das Absurdum, daß er auch jetzt seine Angehörigen als Menschen ohne Religion ansehen und behandeln dürfe. Er muß sie vielmehr nehmen, wie sie sind, und zwar wie sie zu sein berechtigt sind; er muß die Katholiken, die Protestanten, die in seinem freien Lande berechtigt sind, zur freien und offenen Übung ihrer Religion als Katholiken mit ihrer katholischen Überzeugung, als Protestanten mit ihrer protestantischen Überzeugung in allen seinen Gesetzen, in allen seinen Institutionen, in allen seinen Anordnungen, namentlich auch in allen von ihm gegründeten Schulen, von der Elementarschule an bis zur Universität, anerkennen und respektieren. Es sei daher ferne von uns, uns diesen verderblichen Irrtümern einiger Katholiken in Frankreich und Belgien bis auf den heutigen Tag anzuschließen. Wenn auch der Türke über uns regieren würde, und wir das Recht hätten, in diesem Lande als Katholiken zu leben, so würden wir von ihm fordern, daß er auf uns als Katholiken Rücksicht nehme in seiner Regierung, wo immer er mit uns in Berührung träte. Diese wesentliche Unterscheidung zwischen einem Systeme vollständiger Trennung und berechtigter Parität müssen wir stets im Auge behalten.

4. Dagegen sind wir vollkommen berechtigt, Parität und beschränkte Religionsfreiheit unter gegebenen Verhältnissen zuzugestehen und zu verlangen; wir sind

vollkommen berechtigt, anzunehmen, daß solche Verhältnisse namentlich vorhanden sind in allen den Ländern, die wir bei dieser Erörterung im Auge haben. Ja, wir sind sogar vollkommen berechtigt, diese Art paritätischer Regelung für diese Länder und diese Verhältnisse nicht nur als das Beste, sondern als das Notwendige anzusehen, und das ist unsere Überzeugung bezüglich aller der Länder, wo dieselben Verhältnisse wie in Preußen bestehen.

5. Das einzige Bedenken, um keinen Gedanken zu übergehen, der hier in Betracht kömmt, könnte der Art. 12 der preußischen Verfassung erregen, nämlich insofern, als man annehmen wollte, daß dadurch eine ganz unbeschränkte Freiheit des religiösen Bekenntnisses gewährleistet sei.[1]) Wir haben in der wiederholt zitierten früheren Schrift erörtert, daß eine Religionsfreiheit, die gegen das Sittengesetz verstößt oder den Glauben an Gott leugnet, nach katholischen Grundsätzen nie zugestanden werden darf. Die Autorität der Kirche stimmt hierin, wie wir oben sahen, mit der Wissenschaft bis auf den heutigen Tag vollkommen überein, und ebenso steht ihr dabei auch der gesunde Menschenverstand zur Seite; denn eine Religion ohne Gott ist ebenso widersinnig wie eine Religionsübung, die das Sittengesetz verletzt; beides ist im Widerspruche mit dem Wortsinne. Aber auch in der preußischen Verfassung finden sich hinreichend diese notwendigen Beschränkungen, und so ist auch in dieser Hinsicht es unbedenklich, sich ihr anzuschließen.

(Aus der Schrift „Deutschland nach dem Kriege von 1866".)

---

1) Art. 12: „Die Freiheit des religiösen Bekenntnisses, der Vereinigung zu Religionsgesellschaften und der gemeinsamen häuslichen und öffentlichen Religionsübung wird gewährleistet."

Kirchenpolitische Hirtenbriefe.

Über die Lage des Hl. Vaters, 1867.

Alle Bischöfe der Kirche erheben jetzt ihre Stimme, um die Empfindungen, welche die ernsten Ereignisse der letzten Tage in Italien hervorgerufen haben, in die Herzen des ihnen anvertrauten christlichen Volkes auszugießen; und so darf ich, geliebte Diözesanen, bei diesen Ereignissen, die so tief jedes wahrhaft katholische Gemüt ergreifen und so sehr die höchsten Interessen unserer Religion berühren, nicht länger schweigen.

Wenn ich aber nicht schon in dem ersten Augenblicke, wo die Nachricht von diesen Ereignissen zu uns gelangte, meine Hirtenstimme erhoben habe, wie es so manche andere Bischöfe taten, so liegt das wahrlich nicht an einer weniger lebhaften Teilnahme an den Kämpfen, die dort stattgefunden haben, sondern vielmehr in dem schmerzlichen Bewußtsein, daß wir deutschen Bischöfe durch die unselige Lage unseres deutschen Vaterlandes nicht mehr in dem Umfange und mit der Wirksamkeit, wie die Bischöfe anderer Länder, dem Heiligen Vater in den großen Kämpfen, die er für die Sache Jesu Christi besteht, zu Hilfe eilen können. Dieses wehmütige, demütigende Gefühl, daß wir die Verteidigung der Sache der Kirche vorwiegend anderen Völkern und Nationen überlassen müssen, ist so namenlos schmerzlich, daß es fast unsere Stimme erstickt und uns antreiben könnte, schweigend und betend diesen Ereignissen zuzusehen. Doch ich komme später hierauf zurück.

Was schon lange keinem klaren Auge verborgen war, ist in der jüngsten Zeit ganz offenbar geworden; daß nämlich die Bewegung in Italien nicht, wie man hat glauben machen wollen, eine rein politische, sondern eine wesentlich religiöse ist. Weder die Einheit Italiens und noch viel weniger eine größere politische Freiheit ist der letzte Grund, das Wesen dieses Kampfes, sondern sein Hauptgegenstand ist die Religion, ist der Papst als Träger derselben und als sichtbarer Stellvertreter Jesu Christi. . . .

Das kleine Gebiet, welches dem Heiligen Vater geblieben, ist wahrlich kein Hindernis für die Einheit, Macht und Größe Italiens. Eine unbefangene Anschauung müßte vielmehr zu der Einsicht führen, daß, wenn es in der Tat gelingen sollte, Italien zu einigen und daraus ein großes, starkes Reich zu gründen, wozu es bisher freilich wenig den Anschein hat, es dann nichts Glorreicheres und Herrlicheres für dieses Land geben könnte, nichts, was ihm so sehr einen Vorzug vor allen anderen Reichen der Welt verschaffen würde, als wenn es in seiner Mitte ein freies, unabhängiges Gebiet bewahrte, wo das Oberhaupt der Kirche wohnt und mit jener Unabhängigkeit, die allein die Souveränität gewähren kann, seinen geistigen Einfluß über die ganze Welt ausübt. Wenn die Italiener Italien wahrhaft liebten, wenn nur ein reiner und edler Patriotismus sie leitete, wenn nicht ganz andere Zwecke und Absichten die Führer der Bewegung erfüllten, so hätten sie wahrhaft eine übergroße Aufgabe, ihre Vaterlandsliebe zu bekunden. Ihre Aufgabe wäre, ihre tief zerrütteten politischen Verhältnisse zu befestigen, eine geregelte Verwaltung und eine strenge und gute Gerechtigkeitspflege herzustellen, ihre bodenlose Finanzwirtschaft zu ordnen, den erschütterten Wohlstand des Volkes zu heben, vor allem aber den Gemütern Frieden und dem immer mehr sich auflösenden gesellschaftlichen Leben die in angestammter Religiosität wurzelnden guten Sitten wieder zu geben, — das wäre ihre Aufgabe, die Aufgabe wahrer Vaterlandsliebe. Wenn ihnen dies Werk gelungen wäre, so würde der Umstand, daß die Stadt Rom mit dem sie umgebenden uralten Erbe des hl. Petrus der Oberhoheit des Papstes unterstellt bliebe, wahrlich kein berechtigtes Gefühl der Vaterlandsliebe beeinträchtigen, sondern vielmehr ihm nur die höchste Befriedigung gewähren. Wo könnte dann ein Land der Erde sich mit Italien vergleichen, wenn es ein in jeder Hinsicht geordnetes Staatswesen darstellte, und wenn es zu gleicher Zeit in Rom dem Träger der christlichen Ordnung, dem Träger der geistigen und sittlichen Fundamente, auf denen die Welt ruht, eine Freistätte gewährte? Kann es denn einen vernünftigen und nicht durch Haß und Vorurteile gegen die Kirche verblendeten Menschen geben, der meinen könnte, es sei mehr zur Ehre Italiens, wenn ein eitler Schauspieler wie Garibaldi oder ein kirchenfeindlicher König auf dem Kapitol herrschte, als wenn von dem Vatikan aus der Statthalter Christi sein Hirtenamt über die ganze Welt ausübe? Aber nicht die politische Größe Italiens ist das letzte bewegende Prinzip, das die Horden Garibaldis leitet und die Staatsmänner Italiens bestimmt, sondern der antichristliche Geist, der die Vernichtung des Christentums in seinem obersten Träger, dem Papste, anstrebt. . . .

Das, Geliebte, ist die Lage des Heiligen Vaters. Er hat nach unserer Überzeugung von dieser ganzen treulosen Partei in Italien, die jetzt die Leitung in Händen hat, nichts zu erwarten als Lug und Trug; er hat, fürchten wir, nach allen diesen treulosen Akten der großen Diplomatie, die wir schon vor Augen gehabt haben, von allen anderen Mächten nicht viel Besseres zu hoffen. Er hat aber um so mehr unfehlbare Hilfe zu erwarten von Gott, von Christus, dem Stifter seiner Kirche, und von dem wirklich gläubigen und treuen katholischen Volke in allen Teilen der Welt.

Der Papst hat in diesen Tagen in einem Schreiben vom 26. Oktober an den bereits genannten Hochwürdigsten Bischof von Orleans — worin er ihm dankt, daß er mit solchem Mute und mit solcher Kraft auch die Mächtigsten der Erde an ihre Pflicht gegen den gemeinschaftlichen Vater aller Gläubigen erinnert habe — die ernsten Worte niedergelegt: „Du hast dich nicht gefürchtet vor ihrem Angesichte, du hast vielmehr deine Lenden umgürtet und dich erhoben, um ihnen alles zu sagen, was der Herr befiehlt. Möchten sie die Ohren öffnen diesen Ermahnungen ihrer Hirten, damit, wenn sie selbst einst in große Not geraten und dann ihre Hände zu Gott erheben, Gott nicht seine Blicke von ihnen abwende, und dann ihre Gebete und ihren Notschrei nicht unerhört lasse." Das ist ein ernstes Wort, und es wird wohl zur Wahrheit werden. Es kann nicht ausbleiben, daß die zerstörenden Strömungen der Zeit, die sich jetzt gegen die geistliche Autorität des Papstes richten, über kurz oder lang, wie schon so oft, mit erneuter Wut gegen alle rechtmäßige staatliche Gewalt sich richten werden; und die Träger der bürgerlichen Gewalten, welche seit so lange alle Klagen des Statthalters Christi auf Erden überhört haben, werden dann umsonst ihre Hände zu Gott erheben. Aber es ist so, und deshalb ist es nur eine Schwächung für uns, wenn wir von dort Hilfe abwarten, woher sie uns nicht kommen kann. Diesen Täuschungen dürfen wir uns nicht hingeben. Wir können keine *wahre* Hilfe weder von Napoleon noch von einem anderen Fürsten erwarten, sondern nur von *Gott und von der Tätigkeit, die wir Katholiken in der ganzen Welt mit Gottes Gnade selbst entwickeln.*

Dieser Hilfe und nicht den diplomatischen Verhandlungen, die bisher mit dem Scheine, als wollten sie die

Kirche beschützen, geführt worden sind, verdanken wir auch die wahrhaft wunderbaren Erfolge, welche wir in den letzten Jahren und in den Kämpfen der letzten Tage so siegreich errungen haben. . . .

Eine zweite Hilfe, die der Heilige Vater in den schweren Kämpfen der letzten zehn Jahre vom christlichen Volke und von Gott, der die Herzen der Menschen dabei leitet, erhalten hat, sind die zahllosen Gaben, die ihm zugeflossen sind, und die wir in dem Worte Peterspfennig zusammenfassen. Es liegt in der Natur der Sache, daß der Heilige Vater, welcher nicht nur, wie andere Fürsten, sein eigenes Land, sondern zugleich als Oberhaupt der Kirche diese selbst in allen Teilen der Welt zu regieren hat, dazu gar vieler Kräfte bedarf. Die Kardinäle, die Kongregationen, welche große kirchliche Verwaltungskollegien für alle einzelnen Zweige der Angelegenheiten der ganzen Kirche sind, die päpstlichen Gesandtschaften, die großen wissenschaftlichen Anstalten in Rom für die verschiedenen Nationen erfordern auch bei der äußersten Sparsamkeit sehr große Geldmittel. Als daher das italienische Räuberheer in die Staaten des Heiligen Vaters eingefallen, als dadurch zugleich der größte Teil der päpstlichen Einkünfte ihm entzogen war, während die Ausgaben des Heiligen Vaters durch diese Umtriebe seiner Feinde, durch den Krieg, durch die vielen brotlos gewordenen päpstlichen Beamten, welche aus allen Teilen seiner früheren Provinzen ihre Zuflucht zu ihm nahmen, sich ungeheuer vermehrt hatten, da glaubten seine Feinde in Italien und seine feinen, schlau berechnenden, hochgestellten Feinde außer Italien, daß sie nun den Heiligen Vater bald in ihre Hände bekommen würden. So mußten auch alle glauben, welche die Kirche nur mit irdischem und natürlichem Auge betrachteten. Gott hat es aber anders gefügt. Er hat in dieser Zeit, die so ganz den irdischen Interessen hingegeben scheint, in dem Herzen des katholischen Volkes eine Liebe zum Heiligen Vater und eine Opferwilligkeit hervorgerufen, die alle arglistigen Pläne in wunderbarer Weise zuschanden gemacht hat. Freiwillige Liebesgaben haben den Heiligen Vater in den Stand gesetzt, alle jene großen Ausgaben fast ohne alle eigenen Hilfsquellen bis auf den heutigen Tag zu bestreiten, und als durch die letzten Kämpfe die Ausgaben des Heiligen Vaters wieder außerordentlich vermehrt wurden, da auch die Fürsorge für seine treuen Soldaten, namentlich für die Verwundeten, für sein väterliches Herz ein so großes Anliegen ist, da hat namentlich das katholische Frankreich eine Opferwilligkeit entwickelt, die uns mit Staunen erfüllt. Einzelne katholische Blätter haben in wenigen Tagen die von ihnen eröffneten Sammlungen bis nahe an eine halbe Million hinaufgebracht.

Ihr sehet daraus auch, geliebte Diözesanen, wie überaus wichtig der Peterspfennig ist. Er ist, so lange die jetzigen Verhältnisse anhalten, nicht nur eine Liebesgabe, er scheint mir noch vielmehr eine heilige Pflicht zu sein. Er ist eine Hilfe, die Gott von uns für seine Kirche fordert. Wenn wir für alle die wichtigen Interessen, welche die bürgerlich-staatliche Ordnung vertritt, bereit sind, oft große und schwere Steuern zu zahlen, so dürfen wir keinen Anstand nehmen, auch für das größte Anliegen und heiligste Gut des Menschen, für die Religion, einige verhältnismäßig kleine Opfer zu bringen.

Eine dritte Hilfe, welche dem Heiligen Vater namentlich in den letzten Wochen fast wunderbar zur Seite gestanden, ist jenes kleine päpstliche Heer mit seinen Heldentaten, die es in diesen Tagen verrichtet hat. Wie der Peterspfennig ein Opfer der edelsten Gesinnung der

Kinder der Kirche ist, so ist es auch das päpstliche Heer; und wie der Peterspfennig die schlauberechnetsten Pläne der Feinde zuschanden gemacht hat, so hat es auch in diesen Tagen jene treue Schar getan. Alles war wieder so schlau berechnet; in Rom selbst hatten die Verschwörer einen Plan zum Aufruhr angelegt; von allen Seiten her zogen, unbehindert durch die italienischen Truppen, offen, vor den Augen der ganzen Welt, zum Hohne aller gegebenen Versprechungen, die Verschwörer zu Tausenden nach dem päpstlichen Gebiete. Von allen Seiten brach man ein, um die päpstlichen Truppen bald hier, bald dort zu beschäftigen, das kleine päpstliche Heer müde zu hetzen, um dann durch einen Handstreich im Bunde mit den Mitverschworenen, die in Rom waren, Rom selbst zu nehmen. Wäre das geglückt, so hätte man wieder, wie so oft, „vollendete Tatsachen" vor sich gehabt, und von keiner Macht der Welt war zu erwarten, daß sie im Namen der ewigen Gerechtigkeit dagegen protestieren würde. Sie haben ja fast alle selbst keinen andern Boden mehr als den der „vollendeten Tatsachen". Wie können sie sogar, wenn sie den Willen hätten, den sie aber nicht haben, für die Gerechtigkeit eintreten? Die Gefahr war so dringend wie möglich, und alle, die mit ihrem Führer das Wort „Lüge" auf der Stirn tragen, glaubten jetzt endlich ihr Ziel erreicht zu haben. Wie war es auch denkbar, daß Garibaldi, der nicht allein von der ganzen italienischen Revolution, sondern von der ganzen Welt-Revolution offen unterstützt wird, der zudem seit Jahren mit allen seinen Helfershelfern diesen Zug nach Rom vorbereiten konnte, der endlich ganz im Sinne dieses Lügensystems, das ich so oft bezeichnet habe, von der italienischen Regierung jede Art von Hilfe erhielt, — wie konnte man denken, daß solch ein Mann diese kleine päpstliche Armee nicht schnell überwinden werde? Und das Gegenteil ist in der überraschendsten Weise eingetreten. Zur Zeit des Petersfestes fand eine Besichtigung des päpstlichen Heeres in der Nähe von Rom statt, und die zahllosen Anwesenden jubelten den päpstlichen Soldaten entgegen und brachten ihnen ihre innigsten Glückwünsche dar für die erhabenste Aufgabe, die ein Kriegsmann jetzt erfüllen kann, für den Heiligen Vater, d. h. für die höchste, für die gerechteste, für die beste Sache, die es noch auf Erden gibt, zu kämpfen. Gott hat diese Wünsche, diese Gebete über alles Erwarten erhört. In zahlreichen Gefechten, ja fast überall, wo sie mit den italienischen Freischaren zusammenkamen, haben sie dieselben mit Heldenmut geschlagen, und sie haben diesen räuberischen Einfall so lange aufgehalten, bis die immer mächtiger werdende katholische Volksstimme in Frankreich den Kaiser zwang, endlich in der letzten Stunde dem Papste zu Hilfe zu eilen, so daß die französische Armee noch zur rechten Zeit ankam, um an dem letzten entscheidenden Siege der päpstlichen Heldenschar über die Truppen der italienischen Revolution teilzunehmen.

Wir können uns jedoch über diesen Sieg, der wieder alle menschliche Berechnung zuschanden machte, in einer gewissen Beziehung kaum wundern. Als im vorigen Jahre Österreich von allen Seiten angegriffen wurde, um es zu vernichten, schrieb mir ein alter katholischer Bauer aus dem Schwarzwalde, und forderte mich auf, den Kaiser von Österreich zu bitten, er möge, bevor er in den Krieg ziehe, das Kreuz auf seine und seiner Soldaten Brust heften, und sich unter den Schutz der alten Patronin Österreichs stellen; er möge selbst und sein ganzes Heer mit ihm den Leib des Herrn empfangen und so in den Kampf ziehen — dann werde er siegen. Das ist Torheit vor der Welt, und ich wußte wohl, daß ich nicht in der Lage war, dem Kaiser das zu sagen, und daß die österreichische Armee, wenigstens ein großer Teil ihrer Führer, vielleicht weiter als jede andere der Welt davon entfernt war, solche Gedanken zu verstehen. Aber im päpstlichen Heere waren, Gott sei Dank, die meisten von jener Gesinnung erfüllt, welche jenem Schwarzwälder Bauer seine Ratschläge eingegeben hatte. Seit lange ist wohl keine Armee mehr dagewesen, deren Glieder so sehr von den höchsten Ideen getragen waren. Sie zählt eine Menge edler Jünglinge aus den höchsten Lebensverhältnissen, mit großem Vermögen, die als gemeine Soldaten dienen, nur um für den Papst und seine heilige Sache zu kämpfen und für sie ihr Blut zu vergießen. Fast alle diese freiwilligen Kämpfer zeichneten sich durch die reinsten Sitten und eine rührende Frömmigkeit, ja, wie ihr Auftreten bei der jüngsten Choleraepidemie, namentlich in Albano, zeigte, durch eine das eigene Leben nicht schonende christliche Nächstenliebe aus. Und siehe, Gott hat sie gesegnet, wie er einstens im Alten Bunde die Heerschar der Machabäer gesegnet hat, und sie haben die Feinde des Papstes besiegt und sie samt ihrem Führer aus dem päpstlichen Gebiete vertrieben. Aber auch diese Hilfe verdankt der Papst nicht dem Wohlwollen irgend einer irdischen Macht, sondern Gott und dem christlichen Volke; denn selbst die Hilfe der französischen Armee verdankte er im letzten Grunde nicht der französischen Regierung, sondern dem katholischen Frankreich und jenem Ehrgefühl der französischen Nation, welches dieses schwarze Gewebe von Lug und Trug, in dem Italien und seine Verbündeten den Heiligen Vater ersticken wollten, nicht länger ohne einen Schrei der Empörung ertragen konnte.

Indem ich aber, geliebte Diözesanen, die wunderbare Art, wie seit Jahren und in der jüngsten Zeit die

Worte des göttlichen Erlösers: „Sie werden ihn nicht überwältigen", an dem Papste sich bestätigt haben, zu meinem Troste und zu meiner Freude mit euch betrachtet habe, drängt sich zugleich auch wieder jener wehmütige Schmerz in meiner Seele vor, von dem ich im Anfange sprach, und der bisher meinen Mund geschlossen hielt: daß nämlich Deutschland, die deutsche Nation, die sonst an der Spitze aller Völker das Schwert für die Kirche Gottes trug, jetzt unter allen Völkern, welche die Sache Gottes verteidigen und seiner Kirche zu Hilfe eilen, fast an der letzten Stelle steht.

Zwar führt der Kaiser von Österreich noch jenen unvergleichlichen Titel, den er mit der Krone des heiligen Stephanus ererbt hat. Seine irdische Majestät soll zugleich, wie es die Majestät des heiligen Stephanus war, eine „apostolische" sein — seine irdische Macht und Herrlichkeit auch zum Schutze der Kirche Gottes dienen. Wir sind weit entfernt, dem Kaiser von Österreich deshalb einen Vorwurf zu machen, wenn wir die Tatsache aussprechen, daß er diese Sendung, die sein Titel andeutet, jetzt nicht erfüllen kann. Nicht nur die äußeren Feinde Österreichs haben seinen kaiserlichen Arm gelähmt, noch mehr tun es die inneren Feinde Österreichs, welche jetzt in der österreichischen Presse, in vielen Gemeinderäten der größeren Städte und namentlich im Reichsrate das große Wort führen, welche die katholische Kirche und ihre Rechte sowie jede katholische Lebensäußerung in einer Weise verhöhnen, die selbst den Haß eines Voltaire und seiner Genossen übertrifft, und welche uns deutsche Katholiken, wenn es möglich wäre, darüber trösten könnte, von einem Lande getrennt zu sein, wo jetzt unsere Religion und Kirche tagtäglich einer so schmählichen Beschimpfung und Behandlung sich ausgesetzt sieht. Auch der König von

Preußen hat zwar in seiner letzten Thronrede seinen Willen ausgesprochen, in Liebe zu seinen katholischen Untertanen für die Ehre und Unabhängigkeit des Papstes einzutreten. So gewiß wir aber davon überzeugt sind, daß dieses königliche Wort gut gemeint ist, ebenso gewiß sind wir, daß es dem Papste keine wirksame Hilfe bringen wird. Abgesehen davon, daß der König schon als protestantischer Fürst, der in seinem Lande selbst eine weitverbreitete Partei hat, die nichts sehnlicher wünscht, als daß Garibaldi oder Viktor Emanuel in Rom herrsche, gebunden ist, kann auch Preußen nach den Vorgängen des letzten Jahres nicht mehr, wie früher, die erhaltenden Grundsätze des Rechtes im Völkerleben vertreten, wenn selbst seine Könige den besten Willen dazu hätten. Über die vollendeten Tatsachen läßt sich mit dem Schwerte des Rechtes leicht hinwegkommen; aber über die Logik der Tatsachen, an denen man teilgenommen, läßt sich niemals wieder hinwegkommen. Daß alle anderen deutschen Regierungen, von denen einige selbst der Kirche nur allzu abhold sind, dem Papste keinen Schutz bringen können, versteht sich von selbst.

Aber auch das katholische Volk in Deutschland kann nicht so helfen wie andere Völker. Der staatliche Druck, unter dem die Kirche in Deutschland noch mehr steht wie in den anderen großen Ländern der Welt, die Anfeindungen und die Kämpfe, die uns daraus täglich selbst erwachsen, die Zerrissenheit der katholischen Kirche in Deutschland durch die vielen getrennten Territorien und so vieles andere trägt dazu bei. Die Deutschen in Amerika sind eine mächtige Stütze der so überaus glorreich heranwachsenden katholischen Kirche Amerikas. Das ist der beste Beweis, daß unsere Ohnmacht in Deutschland nicht in der Gesinnung des katholischen Volkes liegt, sondern in den uns gegebenen äußeren Verhältnissen.

Einige Diözesen Deutschlands tragen freilich große Summen zusammen, um dem Heiligen Vater zu helfen; es haben auch, Gott sei Dank, unter den päpstlichen Truppen manche Deutsche gekämpft, und in der Liste der Gefallenen finden wir viele deutsche Namen. Die braven Holländer und Belgier müssen hier für uns einstehen, vermöge unserer alten Stammverwandtschaft und mit ihren deutschen Namen die deutsche Ehre retten. Auch der General der päpstlichen Armee ist ein Deutscher, und der Oberst der päpstlichen Zuaven stammt, so viel wir wissen, aus einem jener alten deutschen Geschlechter der Schweiz, die schon so oft ihr Herzblut für die Kirche eingesetzt haben. Trotzdem aber sind wir Deutschen jetzt die letzten unter denen, welche dem Papst mit Gut und Blut und mit ihren Gaben zu Hilfe eilen können, und es wird ein nie versiegender Schmerz unseres Herzens sein, daß das katholische Deutschland nicht imstande ist, neben der Antibes-Legion auch eine deutsche Legion aufzustellen, um mit den besten und edelsten deutschen Jünglingen als Wache des Papstes gegen die italienischen Banditen zu dienen.

Aber dennoch wollen wir, geliebte Diözesanen, wenn auch an letzter Stelle, dem Heiligen Vater Hilfe bringen, so gut wir eben können, und durch unsere Liebe zur Kirche unsere Armut ergänzen. Mit dem freudigen Siege der letzten Tage sind die Gefahren des Heiligen Vaters nicht im mindesten beseitigt. Ich fürchte die diplomatischen Verhandlungen seiner angeblichen Freunde, die in Aussicht gestellt sind, noch mehr als die offene Feindschaft der garibaldischen Scharen. Gegen diese können die päpstlichen Truppen ihn schützen, gegen jene nicht. Eine Hilfe können wir ihm jedoch alle gewähren, selbst jene, die so arm sind, daß sie auch den Pfennig der Witwe nicht opfern können, und diese ist das Gebet, worauf der göttliche Heiland ja alle Verheißungen der Erhörung gelegt hat. Wenn aber irgend ein Gebet Hoffnung der Erhörung hat, so ist es gewiß dieses, das jetzt die Kirche in allen Teilen der Welt für den Papst verrichtet.

Mitten in Rom liegt die Engelsburg; dort waren nach den letzten Gefechten in einem Saale etwa 200 Gefangene der Garibaldischen Bande untergebracht, als sich plötzlich ganz unerwartet die Türe des Gefängnisses öffnete und ein Mann in weißem Gewande zu den Gefangenen hineintrat: es war der Papst. Er war ganz allein eingetreten, voll Ruhe und strahlend von Heiligkeit, Würde und väterlichem Wohlwollen. Er trat mitten unter diese Schar und sprach zu ihr: „Da bin ich, meine lieben Kinder, jenes ‚Ungeheuer Italiens', wie mich euer General so oft genannt hat. Sehet, ihr habt die Waffen ergriffen, um gegen mich zu kämpfen und da findet ihr nichts als einen armen Greisen!" Tiefes Stillschweigen herrschte im ganzen Saale; alle Gefangenen hatten sich um ihn her auf ihre Kniee geworfen; der Papst aber stand mitten unter diesen Unglücklichen in tiefer Rührung. Jetzt trat er zu den einzelnen heran und sprach zu ihnen: „Dir, mein Sohn, fehlen Kleider, dir Schuhe, dir Linnenzeug, wohlan! der Papst, gegen den ihr gekämpft habet, wird euch das alles schenken und euch dann zu euren Familien zurückschicken, denen ihr meinen Segen überbringen sollt. Nur sollt ihr vorher aus Liebe zu mir die geistlichen Übungen halten; der Papst bittet euch darum." Alle Gefangenen, von denen viele bitter weinten, küßten ihm die Füße, der Heilige Vater segnete sie und entfernte sich wieder von seinen unglücklichen verführten Kindern. Das ist der Papst, geliebte Diözesanen, den nicht nur jener General, sondern auch so viele in unserem deutschen Vaterlande als ein Ungeheuer darstellen. So erscheint er allen in seiner milden väterlichen Würde, die sich ihm nahen. So haben ihn jetzt wieder alle Bischöfe, Priester und Gläubigen bei dem großen Feste dieses Sommers gesehen, so zeigt er sich in zahllosen Zügen, die täglich in seinem Leben wiederkehren. Für alles, was in der ganzen Welt ein Menschenherz berührt und zu seinen Ohren kömmt, hat der Heilige Vater das mitfühlendste Herz; nur für e i n e s scheint er ohne alle Empfindung zu sein, — für alle die namenlosen Beleidigungen, Beschimpfungen und Verrätereien, die seine Kinder an ihm üben. Wenigstens ist es unmöglich, in seinen Zügen etwas anderes zu lesen als Frieden, Liebe und Güte. O wie groß ist doch dieser Papst, von allen Mächten der Welt verlassen und nur noch von Gott und der Liebe des christlichen Volkes wunderbar beschützt, und wie namenlos niedrig sind ihm gegenüber seine gekrönten und nicht gekrönten Feinde! Wahrhaft mitten unter seinen großen Prüfungen und Leiden umstrahlt ihn ein göttliches Licht, das uns in ihm den Statthalter Christi auf Erden erkennen läßt, und wenn wir ihn betrachten auf diesem Golgatha, so möchten wir ähnlich wie jener Hauptmann unter dem Kreuze ausrufen: „Wahrhaftig, das ist der Stellvertreter dessen, der vom Kreuze herab die Welt überwunden und seine göttliche Sendung den Menschen offenbart hat."

M a i n z , in der Oktave des heil. Martinus 1867.

Über die Trennung der Schule von der Kirche.

An die Geistlichkeit und die Gläubigen der Diözese.

Mainz, 15. Februar 1873.

Zu den wichtigsten Fragen der Zeit gehört gewiß die Schulfrage. Sie greift tief und nachhaltig in jedes Haus, in jede Familie ein. Denn es handelt sich dabei um mehr noch als um das vererbte Eigentum der Familie; es handelt sich um ihr Liebstes und Teuerstes, um ihre Kinder; es handelt sich darum, ob diese wie bisher nach dem Geiste des Christentums wohlerzogen und unterrichtet, oder ob sie nach dem jetzigen Parteigeist verbildet, verzogen und so für Zeit und Ewigkeit verdorben werden sollen.

Deswegen ist es die heilige Pflicht aller Eltern, mehr als je ihre ganze Aufmerksamkeit auf die Einrichtung der Schulen zu richten, denen sie nach dem bestehenden Schulzwang ihre Kinder zu übergeben genötigt sind. Für eure Kinder sind dieselben bestimmt, mit schweren Opfern müßt ihr sie unterhalten; demnach könnt ihr auch eine solche Einrichtung der Schule verlangen, wie sie für die Ausbildung dieser eurer Kinder die beste ist.

Da frägt es sich vor allem, was ist besser für eure Kinder, eine innig mit der Kirche verbundene Konfessionsschule oder eine von der Kirche getrennte Kommunalschule. Ihr müßt daher die Vorzüge und Nachteile beider Arten von Schulen euch zu einem ganz klaren Verständnis bringen. Jeder Vater und jede Mutter muß sich ein sicheres Urteil darüber bilden: was ist besser für das Heil meines Kindes — die Konfessionsschule oder eine von der Kirche getrennte Schule? Es kann ja vielleicht bald der Fall eintreten, daß diese Frage jeder Gemeinde zur Selbstentscheidung vorgelegt wird. Wer von euch sich dann teilnahmslos verhält und die Entscheidung hierüber andern überläßt, ohne nach klarer Einsicht in die Sache mit allen erlaubten Mitteln für die Schule einzutreten, welche er für die beste erkennt, wäre sicherlich ein gewissenloser Vater, eine gewissenlose Mutter, weil sie sich um Dinge nicht bekümmern, von denen das zukünftige Glück ihrer Kinder ganz wesentlich abhängt.

Ich will daher eine Anzahl Fragen, welche hierauf Bezug haben, beantworten, um euch, geliebte Eltern, dadurch zu einem ernsten, gewissenhaften Nachdenken, zu einer gründlichen Prüfung aufzufordern. Ich frage:

I. Was sind Konfessionsschulen?

Es sind Schulen, in welchen erstens in der Regel nur Kinder einer und derselben Religion Aufnahme finden, zweitens nur Lehrer, welche die Religion der Kinder bekennen, angestellt werden, und in welchen drittens die Religion die Grundlage der ganzen Erziehung und des Unterrichtes ist. In Konfessionsschulen hat deshalb auch der Seelsorger der Gemeinde, der Pfarrer, den notwendigen Einfluß, um die religiöse Erziehung der Kinder zu überwachen.

Diese Schulen bilden bisher nach den bestehenden Gesetzen in unserem Lande die Regel. Das Edikt vom 6. Juni 1832, welches die Verhältnisse der Volksschule ordnet, bestimmt ausdrücklich, daß der Lehrer in der Regel der christlichen Konfession der Kinder, denen er Unterricht erteilt, angehören und außer den andern Bedingungen zu seiner Anstellung, auch seine Christenpflicht treu erfüllen muß, ferner daß die Religion die Grundlage aller Volksschulen sein soll. Überdies soll der Lehrer, wie das Edikt sehr schön sagt, mit der Familie, „welcher das Kind angehört", die Erziehungspflicht des Kindes teilen, dasselbe „zu einem frommen und tüchtigen Menschen heranbilden", dazu „durch Unterricht, Beispiel und Liebe, durch freundschaftliches Benehmen mit den Eltern" beitragen und, soweit nötig, „das Mangelhafte der häuslichen Erziehung ersetzen". Auch soll er zu diesem Zwecke mit den Kindern dem Gottesdienste beiwohnen und diese darin überwachen. Die oberste Leitung des gesamten Schulwesens ist zwar dem Staate allein mit Ausschluß der Kirche zugesprochen. Dieser Grundsatz, den wir nicht als berechtigt anerkennen können, wird aber dadurch wesentlich gemildert, daß der Religion in allen zur Leitung des Schulwesens eingeführten Behörden eine wichtige Teilnahme eingeräumt ist.

Das sind die bisherigen Verhältnisse unserer Volksschule, welche der Religion noch die notwendigste Einwirkung auf die Schule gestatten. Auf Grund dieser Gesetze haben sich denn auch unsere Volksschulverhältnisse bisher befriedigend entwickelt. Sie stehen bezüglich ihrer Leistungen gewiß den besten Schulen anderer Länder gleich und haben großenteils die Aufgabe nach den Worten des Ediktes, so viel an ihnen lag, gelöst, „fromme und tüchtige Menschen" heranzubilden. Deshalb hattet ihr auch Vertrauen zu unsern Schulen. Ihr konntet eure Kinder mit der tröstlichen Zuversicht denselben anvertrauen, daß alles Gute, welches ihr in der Familie den Kindern eingepflanzt, daß Frömmigkeit und Tugend in der Schule unter der Hand eines frommen Lehrers nicht verwüstet, sondern vielmehr gepflegt und gefördert werde. Wenn darum bisher die Eltern sich um die Schulerziehung und Schulbildung nicht so eingehend kümmerten, als es eigentlich ihre Pflicht ist und es früher stets der Fall war, so lag der Grund hauptsächlich in dem Vertrauen, welches sie auf die Schulbehörden und Lehrer setzen konnten.

II. Was sind nun den Konfessionsschulen gegenüber die von der Kirche vollständig getrennten Kommunalschulen?

Ich schicke die Bemerkung voraus, daß ich hier nicht von Kommunalschulen rede, wie sie ausnahmsweise auch nach unserem Edikte noch bestehen. Dadurch, daß in der Regel die Volksschule eine konfessionelle ist, daß der Geist des Ediktes von der Konfessionsschule ausgeht, daß in den leitenden Schulbehörden noch überall die Religion vertreten ist, daß die Lehrer selbst in konfessionellen Schullehrerseminaren gebildet werden, konnte sich das reine System der Kommunalschule in seinem eigentlichen Wesen bei uns noch gar nicht entwickeln. So wäre z. B. die Anstellung jüdischer Lehrer in denselben kaum möglich gewesen. Ich rede daher nicht von den Kommunalschulen, wie sie jetzt bei uns bestehen, sondern wie sie nach den Absichten der Partei, welche die volle Trennung der Kirche von der Schule jetzt überall fordert, werden sollen.

Solche Kommunalschulen sind Schulen, welche die Kinder ohne Rücksicht auf Religion und Glauben aufnehmen, und an welchen Lehrer ohne Rücksicht auf die Religion angestellt werden. Alle Kinder einer Gemeinde oder einer Stadt, katholische, protestantische, jüdische und im vollen Unglauben herangewachsene Kinder werden dort zusammen in derselben Schule unterrichtet und ausschließlich nach ihren Kenntnissen in die verschiedenen Klassen verteilt. Neben dem christlichen Lehrer wird in dieser Schule mit demselben Rechte auch der jüdische Lehrer oder ein Lehrer ohne jegliche Religion als Lehrer christlicher Kinder angestellt.

Daraus folgt nun von selbst, daß bezüglich der Religion in solchen Kommunalschulen das umgekehrte Verhältnis wie in den Konfessionsschulen stattfindet. In der Konfessionsschule ist die Religion und zwar nicht bloß die Lehre, sondern auch das Leben in derselben die Grundlage des ganzen Unterrichtes und der Erziehung. In einer solchen Kommunalschule dagegen kann höchstens noch die Religionslehre und das religiöse Leben des Kindes als eine Sache angesehen werden, welche neben der Schule hergeht und einzig noch den Eltern und dem Geistlichen obliegt. Die Schule selbst hat damit nichts mehr zu schaffen, sie ist konfessionslos, und weil eine Religion ohne Konfession nicht gedacht werden kann, auch religionslos.

In einer Kommunalschule darf kein Kreuz gemacht werden, weil das für die nichtkatholischen Kinder anstößig wäre, und weil bald ein Christ, bald ein Jude, bald ein ungläubiger Mensch Lehrer ist. Aus demselben Grunde darf dort überhaupt kein Gebet gesprochen werden, wie es in der Kirche und der Familie üblich ist. Dort darf nicht von der Kirche, nicht von den heiligen Sakramenten, nicht von dem christlichen Kirchenjahre und der Verschiedenheit seiner heiligen Zeiten gesprochen werden. Die heilige Weihnachtszeit mit allen ihren Eindrücken und seligen Freuden für das kindliche Herz, die heilige Fastenzeit, die heilige Osterzeit mit dem tausendfachen Alleluja, die heilige Pfingst- und Fronleichnamszeit, all das geht an der Kommunalschule als bedeutungslos vorüber, ohne daß davon nur Erwähnung geschehen dürfte. Wie die Wände einer Kommunalschule leer und kahl sind und kein Kruzifix, kein heiliges Bild aufweisen, so verläuft auch das ganze Jahr für die christlichen Kinder eintönig und freudenleer.

In ihr hat der eigentliche Seelsorger des Kindes keinen Einfluß mehr, also derjenige, der am meisten einzuwirken vermag auf die Seele des Kindes. Damit haben aber auch die Eltern keinen Einfluß mehr, denn der Pfarrer ist zugleich der Vertreter der elterlichen Interessen. Alles, was eure Kinder in frommen Familien durch Vater, Mutter und Geschwister von der Religion empfangen, all diese seligsten und heiligsten Empfindungen und Freuden sind für ein Kind in der Kommunalschule während der jahrelangen Dauer seiner Schulzeit für alle die Stunden verbannt, die es in der Schule zubringt. So oft die Schulstube sich ihm öffnet, ist das Kind in einer ganz andern Welt, als die ist, in welcher es zu Hause bei seinen Eltern lebt. Alles, was braven und guten Eltern im Hause, in der Familie die Hauptsache ist, sieht und hört es in der Schule so behandeln, als ob es die unbedeutendste Nebensache wäre, als ob es gar keinen Wert hätte, da ja der Lehrer nie davon redet.

Dabei dürft ihr, geliebte Eltern, euch nicht der Täuschung hingeben, als ob diese Folgen der Kommunalschule durch den Einfluß eines frommen, guten Lehrers in Wirklichkeit doch vielleicht großenteils vermieden werden könnten. Denn alles, was ich eben von der Kommunalschule gesagt habe, kann der beste Lehrer nicht abwenden, wenn es seinem Herzen noch so wehe tut. Er darf weder im allgemeinen noch bei Veranlassung der einzelnen Lehrgegenstände seinen eigenen frommen Gefühlen irgend einen Lauf lassen, weil er sonst den Kindern einer andern Konfession Grund zur Klage geben würde. Auch der frömmste Lehrer ist deshalb gezwungen, aus der Schule und von allen Lehrgegenständen die Religion möglichst fern zu halten und die Kinder so zu behandeln, als ob es eigentlich gar keine Religion, keinen Christus und keine Kirche gäbe.

Dagegen behaupten nun manche, daß dem doch nicht ganz so sei, und daß die Kommunalschule wohl eine konfessionslose, aber nicht eine religionslose Schule sei. Sie reden deshalb von einem allgemeinen Religionsunterricht, der kein konfessioneller sein soll, oder sie reden von einer allgemeinen Schulmoral, welche genügen soll, um das Kind in der Schule zu einem sittlichen und guten Menschen heranzubilden. Das sind aber alles große Täuschungen.

Denken wir uns eine Kommunalschule, worin katholische, protestantische, jüdische und freigemeindliche Kinder versammelt sind. Welche allgemeine Religion dürfte da noch der Lehrer vortragen? Von allen Lehren der katholischen Kirche, welche sich von der protestantischen unterscheiden, darf er nicht sprechen, das würden die protestantischen Kinder und Eltern nicht dulden. Ferner darf es nicht reden von allen Lehren, die sich auf Jesus Christus und auf seine Erlösung beziehen, denn das würden die Judenkinder nicht ertragen. Da bliebe zuletzt nur noch eine allgemeine Lehre vom lieben Gott übrig, die er behandeln könnte. Da aber die Menschen in ihrem Wahnsinn, wie die Heilige Schrift sagt, so weit gehen, selbst Gott direkt zu leugnen oder doch die Lehre von Gott so zu verdrehen und zu entstellen, daß nichts mehr als selbstgemachte Götzen und Götzenbilder in den Begriffen vieler unserer Zeitgenossen übrig bleiben, so könnte es zuletzt noch dahin kommen, daß der Lehrer selbst nicht mehr von Gott reden dürfte, um nicht das Ohr solcher Kinder zu verletzen, welche von gottlosen Eltern abstammen. Das ist die allgemeine Religion in den Kommunalschulen.

Was aber die allgemeine Schulmoral angeht,

welche dort betrieben werden soll, so verhält es sich damit ebenso, wie mit dieser allgemeinen Religion. Die ganze Geschichte des Heidentums, welche der Ankunft Jesu Christi vorhergegangen ist, beweist in der furchtbarsten Weise, welchen Wert zur Bildung der Menschen die sogenannte allgemeine Religion und allgemeine Moral hat. Ganz gewiß liegt in der Natur des Menschen auch ohne Offenbarung die Fähigkeit, Gott selbst und die hauptsächlichsten Pflichten gegen Gott zu erkennen. Weil aber die Menschen die göttliche Schrift in ihrer Seele nicht mehr lesen wollten, deshalb hat Gott seine Gebote und seine Offenbarung auf den festen Stein der Gesetztafeln geschrieben, und als auch diese steinerne Schrift nicht genügte, hat er endlich durch seinen eingeborenen Sohn ein himmlisches übernatürliches Licht und eine übernatürliche Kraft uns geschenkt, um dem Verderben des Heidentums zu entgehen. Wie die allgemeine Religion und die allgemeine Moral im Heidentum die Menschen nicht vor der tiefsten Entartung und dem entsetzlichsten Verderben bewahren konnte, so kann sie auch jetzt weder uns noch unsere Kinder davor bewahren.

Dahin gehören auch die Einwände, daß die Ausbildung der Vernunft das Kind sittlich mache, daß der Glaube sich nicht mit dem Wissen vertrage, und deshalb die Schule sich nur mit dem Wissen, die Kirche mit dem Glauben zu beschäftigen habe, daß endlich der Mensch das Dogma erst dann kennen lernen solle, wenn er die Schule verlassen habe.

Was die Vernunft ohne den Glauben für die Sittlichkeit vermag, das hat uns das Heidentum viertausend Jahre lang bewiesen, das beweist uns die tägliche Erfahrung bei so vielen Menschen, welche trotz aller Bildung der tiefsten Unsittlichkeit anheimfallen. Daß aber Wissen und Glaube sich nicht vertragen, ist eine Lehre, welche von der Kirche als ein Irrtum verworfen worden ist, und welche nur von denen aufgestellt werden kann, die wegen ihres Unglaubens allen Begriff vom wahren Glauben verloren haben. Ebenso geht es mit der dritten Behauptung, daß der Mensch erst im späteren Leben die Glaubenswahrheiten kennen lernen solle. Auch das kann nur ein Mensch behaupten, welcher den Glauben an eine göttliche Offenbarung in Wirklichkeit verloren hat. Wer dagegen glaubt, daß Gott selbst sich in seinem Sohne den Menschen offenbart hat, muß davon überzeugt sein, daß diese göttlichen Lehren dem Kinde nie früh genug mitgeteilt werden können.

Auf Schulen dieser Art können wir daher anwenden, was der Heiland von den Baumeistern sagt, die auf den Sand bauen. Mit ihrer allgemeinen Religion, mit ihrer allgemeinen Schulmoral, mit ihrer ausschließlichen Ausbildung der Vernunft usw. sind sie Anstalten, in welchen die ganze Zukunft des Kindes auf Flugsand gebaut wird, und wenn es kaum aus denselben entlassen und der Obhut der Eltern entzogen ist, dann genügt der erste Windstoß, um das ganze Tugendgebäude über den Haufen zu werfen und es allen Verführungen und allen Leidenschaften der Jugend willenlos zu übergeben.

Das ist die Kommunalschule — im vollen Sinne eine religionslose Schule.

III. Was haben unsere Voreltern von der Trennung der Schule von der Kirche gehalten?

Nie hat die Welt früher etwas von solchen konfessionslosen Schulen gewußt. Selbst im Heidentume ist es nicht bestritten worden, daß Erziehung und Unterricht religiös sein müßten. Bei den Juden aber war dies eine ausgemachte Wahrheit. In allen christlichen Jahrhunderten stand die Überzeugung unbestreitbar fest, daß Religion und Schule innig verbunden sein müßten. Unsere christlichen Voreltern ohne Ausnahme würden eine Trennung von Schule und Kirche für ein ebenso unvernünftiges wie gottloses und verderbliches Unternehmen gehalten haben. Die Schule ist bei allen christlichen Völkern recht eigentlich eine Tochter der Kirche. Alle Schulen, die höheren, die mittleren und die niederen, sind ursprünglich aus der Kirche hervorgegangen. Als die Kirche ihre neuen Pflanzungen mitten unter wilden, unkultivierten Völkern gründete und die Barbarei noch bis an ihre Klostermauern reichte, stiftete sie schon innerhalb dieser Mauern überall Pflanzstätten der Wissenschaft und Schulen zur Bildung der Jugend.

An dieser innigen Verbindung zwischen der Religion und der Schule hat auch zunächst die Glaubensspaltung nichts geändert. Im Westfälischen Frieden sprachen noch die Katholiken wie die Protestanten die altüberlieferte christliche Ansicht über die rechte Stellung der Schule einstimmig dahin aus, daß sie annexum exercitii religionis, ein notwendiges Zubehör zur freien Übung der Religion und folglich untrennbar mit der Religion verbunden sei. Nach dieser christlichen und durchaus wahren Ansicht ist daher die freie Religionsübung überall da geschmälert und beeinträchtigt, wo man der Kirche die Schule entzieht. Als dann später auch der Staat anfing, sich derselben mehr anzunehmen, hielt man doch den Grundsatz allgemein fest, daß dadurch der Einfluß der Religion nicht geschmälert werden dürfe, und daß die Religion Grundlage der Schule bleiben müsse. Die vorerwähnte Bestimmung des Schulediktes von 1832 beweist, daß man noch vor wenigen Jahren in unserem Lande allgemein der Ansicht war, daß die Konfessionsschule und nicht die konfessionslose Kommunalschule den wahren Interessen unseres Volkes entspreche.

Wenn ihr aber, geliebte Eltern, hieraus erseht, daß die Welt bis auf unsere Tage nie etwas von konfessionslosen Schulen wissen wollte, so werdet ihr dadurch um so mehr euch angetrieben fühlen, eine so geheiligte Überlieferung nicht ohne die ernsteste Prüfung zu verlassen, und euch wohl hüten, in einer so wichtigen Frage, die das Wohl eurer Kinder auf das tiefste berührt, leichtsinnig den Tagesmeinungen euch anzuschließen. Wir müssen uns daher weiter fragen:

IV. Was sagt die Religion, was die Vernunft und Natur des Menschen, was das Interesse der Familie, was endlich die Erfahrung über die Trennung der Schule von der Kirche?

Sie sagen uns einstimmig, daß diese Art von Kommunalschulen die christliche Erziehung zerstört, mit allen Grundsätzen der Religion, der Vernunft, mit der Natur des Kindes, mit den Interessen der Familie, in Widerspruch steht, und daß endlich überall der Versuch, sie einzuführen, die allerverderblichsten Folgen gehabt hat.

1. Die Kommunalschule widerspricht erstens allen Grundsätzen der Religion.

Als Christen müssen wir alle wichtigen Fragen zuerst nach den Grundsätzen der Religion und nicht nach den wechselnden Tagesmeinungen entscheiden. Die Religion enthält die Offenbarung Gottes und die Lehre Jesu Christi. Sie allein vermag uns deshalb mit voller Sicherheit die Antwort auf die großen Fragen, die an uns herantreten, zu geben, sie allein zeigt uns insbesondere die Wege, die sicher zum wahren Glücke unserer Kinder führen.

Die Religion aber lehrt uns, daß der Mensch auf Erden ist, um Gott zu erkennen, um Gott zu lieben, um Gott zu dienen und dadurch hier auf Erden glücklich und in der Ewigkeit selig zu werden. Nach dieser Bestimmung des Menschen müssen sich alle anderen Verhältnisse richten, wie der Weg, den wir einschlagen, sich nach dem Ziele richtet, das wir erreichen wollen. Auch die Schule, welche auf den Weg, den das Kind in seinem Leben einschlagen wird, einen so wichtigen Einfluß übt, muß daher dazu dienen, das Kind zur Erkenntnis, zur Liebe, zum Dienste Gottes und dadurch zu seinem wahren zeitlichen und ewigen Glücke zu führen. Aus dieser Überzeugung ist der alte christliche Grundsatz hervorgegangen, daß die Religion die Grundlage aller menschlichen Verhältnisse und insbesondere auch der Schule sein müsse. Die Kommunalschule leugnet diese Wahrheit, weil sie nichts von der wahren Bestimmung des Menschen kennt, weil sie nur ein irdisches Ziel für das Kind im Auge hat. Sie wurzelt daher ganz wesentlich im Unglauben.

Die Religion lehrt uns ferner, daß die Menschen durch die Sünde tief gefallen sind; daß dadurch der Geist verdunkelt und ihr Wille im Guten geschwächt ist; daß sie deshalb eines Erlösers bedürfen; daß Christus allein den wahren Weg zeigt, der zu unserem Glücke führt, daß er allein durch seine Gnade unseren Verstand von unzähligen Irrtümern befreit und unsern Willen wieder stark und kräftig macht zum Guten. Alle diese Wahrheiten durchdringen die ganze Behandlung des Kindes in der Konfessionsschule; alle diese Wahrheiten ignoriert vollständig die Kommunalschule, und auch hier wurzelt sie wieder im Unglauben.

2. Die Kommunalschule zerstört deshalb auch die ganze christliche Erziehung.

In der Schule ist Unterricht und Erziehung innig und unlösbar verbunden. Jeder Unterricht ist zugleich eine Erziehung. Das liegt in der Natur des Kindes, welches in der vollen Entwickelung aller seiner Fähigkeiten und Kräfte des Körpers wie der Seele begriffen ist. Alles, was das Kind hört und sieht, wirkt auf seine Erziehung. In der Schule lernt es nicht bloß Lesen, Schreiben und Rechnen, sondern es lernt auch gut oder bös leben; es prägt sich die Grundsätze ein, nach denen es später sein Leben einrichtet; es nimmt die guten und die bösen Gewohnheiten an, die ihm bald zur zweiten Natur werden. Wie zerstörend muß daher die Kommunalschule auf die ganze Erziehung des Kindes wirken!

Die christliche Erziehung schöpft ferner alle ihre Erziehungsmittel zuerst und vor allem aus Christus selbst, aus dem christlichen Glauben, aus den christlichen Pflichten, aus den christlichen Gnaden, aus den christlichen Sakramenten. Diese lebendigen Quellen für die Erziehung und Bildung des Kindes sind in der Kommunalschule vollständig verstopft. Worüber Gott im Alten Bunde klagt, daß sein Volk die Quellen des lebendigen Wassers verlassen habe und sich statt dessen Zisternen grabe, gilt so recht von den Kommunalschulen. Alle die göttlichen Hilfsquellen, die uns Christus bietet, um unsere Kinder fromm, gut und dadurch glücklich zu machen, sind dort versiegt. Dort sind nur Zisternen, d. h. Bildungsmittel, welche die Menschen erfunden haben.

Durch welche Mittel will aber die Kommunalschule die großen wunderbaren Erziehungsmittel des Christentums ersetzen? Sie hat keine als die armselige schwächliche Schulmoral, von der wir vorher sprachen, und die ohne die Hilfe des Christentums so gänzlich unkräftig ist, den Menschen wahrhaft gut zu machen.

Außerdem zerstört sie aber auch direkt die christliche Erziehung dadurch, daß sie alle Lehrgegenstände ohne diese unmittelbare Beziehung auf Gott, auf Christus, auf die Religion vornehmen muß, wie dies in den Konfessionsschulen geschieht. Wie alle Dinge dadurch, daß Gott sie erschaffen hat, daß sie für Gott erschaffen sind, und daß Gott sie erhält, lenkt und leitet, auf das innigste mit Gott verbunden sind, so muß auch ein guter Unterricht bei allen Lehrgegenständen das Kind auf diesen wunderbaren Zusammenhang der Welt mit Gott im großen und im kleinen ununterbrochen hinweisen. Ein frommer Lehrer bringt alles mit Gott in Verbindung und gewöhnt dadurch das Kind daran, alles auf Gott zu beziehen, in allen Dingen Gott zu erkennen, Gott zu lieben und Gott zu dienen. O wie schön und wie segensreich ist ein solcher Unterricht! Wie bildend für die Kinder, wie glücklich und belohnend für den Lehrer! Wie wachsen dabei alle diese kleinen Keime der Wahrheit und der Tugend, die Gott in den Verstand und in das Herz des Kindes gelegt hat, um von frommen Eltern, Lehrern und Priestern gepflegt und entwickelt zu werden, kräftig und stark! Eine Kinderseele, worin alle diese göttlichen Keime täglich durch Erziehung und Unterricht gepflegt werden, ist wahrhaftig ein himmlischer Blumengarten, und der Gärtner in diesem Garten, der da voll Liebe herumgeht und die Blumen pflegt, das sind gute Eltern, gute Lehrer und gute Priester.

Alles das versäumt aber nicht nur die Kommunalschule, sondern sie wirkt das gerade Gegenteil. Wie die Konfessionsschule alles benutzt, um die Seele des Kindes zu Gott zu erheben und mit Gott in Verbindung zu bringen, um das Auge und das Herz des Kindes himmelwärts zu heben, so behandelt die konfessionslose Schule alle Gegenstände so, als ob es keinen Gott und keinen Christus gäbe, und sie gewöhnt daher das Kind daran, in dieser Auffassung, in dieser Trennung von Gott und von Christus alle irdischen Dinge anzusehen. Dadurch aber ist die Kommunalschule ihrer Natur nach, selbst gegen den Willen des Lehrers, eine wahre Schule und Erziehungsanstalt der Gottlosigkeit, denn das Wesen der Religion besteht eben in der Verbindung des Menschen mit Gott; das Wesen einer religiösen Erziehung also in einer Erziehung für diese Verbindung mit Gott, das Wesen einer irreligiösen, gottlosen Erziehung also darin, daß das Kind daran gewöhnt wird, sich selbst und diese Welt nicht in dieser Verbindung mit Gott aufzufassen. Wenn aber ein Kind sich die vielen Schuljahre hindurch daran gewöhnt hat, über so viele Dinge in der Welt ohne ihre Verbindung mit Gott reden zu hören, so muß es endlich dahin kommen, die ganze Natur anzusehen, wie das unvernünftige Tier sie ansieht, welches auch den Schöpfer und seine Eigenschaften nicht aus den geschaffenen Dingen erkennt.

Wenn aber die Kommunalschule schon ihrer Natur nach die christliche Erziehung zerstört, so tritt das noch viel mehr ein, wenn der Lehrer selbst ein unchristlicher oder gar religionsfeindlicher Mann ist. Die Kommunalschule sieht nicht auf den Glauben des Lehrers, sondern nur auf seine Kenntnisse, auf sein Examen. Eine notwendige Folge der Kommunalschule ist auch ein religionsloses Lehrerseminar. Wer könnte von solchen Schulen auf die Dauer Lehrer fern halten, die zwar die hinreichende wissenschaftliche Befähigung haben, im übrigen aber den jetzt so viel verbreiteten Ansichten über Gott und über die Natur huldigen, welche der sogenannte Materialismus lehrt; — Lehrer, welche vielleicht in euren Kindern kaum noch eine unsterbliche Seele erkennen, kaum etwas mehr als einen Klumpen Erde, der sich bald so, bald so gestaltet; — Lehrer, welche nichts mehr wissen von allen jenen himmlischen Lehren des Christentums, die uns in der Seele jedes Kindes ein Ebenbild Gottes, einen Tempel Gottes, ein Kind Gottes und einen Erben des Himmels ehren und lieben heißen? Wenn ihr an diese Kommunalschulen der Zukunft denkt, so müßt ihr euch wohl hüten, euch da einen Lehrer vorzustellen, wie ihr ihn hattet — einen frommen christlichen Mann, einen Vater eurer Jugendzeit, der in Verbindung mit euren Eltern und mit eurem Pfarrer euch in das christliche Leben eingeführt hat. Das System der Kommunalschulen würde uns zugleich diese frommen Lehrer rauben und an ihrer Stelle würden wir vielfach solche bekommen, welche dem modernen Unglauben verfallen, mit kaltem Herzen und mit finsterem Geiste all dem fremd entgegenständen, was eure Kinder aus dem elterlichen Hause an frommem Christenglauben und an Liebe zu ihrer Religion mitbrächten. Nun denket euch aber, geliebte Eltern, den ungeheuren Einfluß, welchen ein Lehrer, der acht Jahre lang so viele Stunden in dem zartesten und empfänglichsten Lebensalter mit euren Kindern zubringt, auf die ganze Entwicklung derselben übt, und denket dann selbst nach, welche Folgen der Einfluß eines solchen Mannes auf ihre ganze christliche Erziehung haben muß. Die Kinder werden bald herausfühlen, daß alles, was sie zu Hause und in der Kirche als das Höchste und Heiligste kennen und lieben lernen, dem Lehrer ein Gegenstand völliger Gleichgültigkeit oder vielleicht des Spottes und Hohnes ist. Und wie nahe liegt da die Gefahr, daß die Kinder alsdann der Gesinnung des Lehrers und nicht der der Eltern folgen!

Dazu kommt aber noch ein ganz wichtiger Umstand. Lehrer, welche nicht mehr die Erziehungsgrundsätze des Christentums vor Augen haben und sich nicht von denselben leiten lassen, müssen sich notwendig andere Grundsätze bilden, nach welchen sie die Kinder in der Schule behandeln und erziehen. Nun gibt es aber kaum ein anderes Gebiet, wo seit etwa hundert Jahren sich so abweichende und so widersprechende Ansichten gebildet haben wie auf dem der Erziehungslehre. Große und berühmte Schulmänner haben da schon Grundsätze zur Anwendung gebracht, über die ihr euch, geliebte Eltern, entsetzen würdet, wenn ich sie euch mitteilen dürfte. Sie sind dann später allerdings wieder als irrig erkannt und verlassen worden. Welchen unermeßlichen Schaden aber die armen Kinder erlitten haben, an denen diese Experimente moderner Erziehungskunde geübt worden sind, werden wir erst am jüngsten Tage erfahren. So würde es nun auch mit unseren Volksschulen geschehen. Junge Lehrer würden dort bald diese, bald jene Grundsätze, bald diese, bald jene neue Erziehungsmethode anwenden, und eure armen Kinder wären dann der Gegenstand, woran diese Experimente geübt würden.

Bis jetzt wußtet ihr, geliebte Eltern, mit voller Klarheit, mit voller Gewißheit bis ins einzelne hinein, nach welchen Grundsätzen eure Kinder in der Schule behandelt und erzogen werden. Es sind die Grundsätze eures Glaubens, es sind die Grundsätze, nach welchen ihr dieselben im Hause behandelt, es sind die Grundsätze, nach welchen ihr selbst von frommen Eltern, Priestern und Lehrern in eurer Jugend erzogen worden seid, und deren Wert ihr selbst in eurem Leben erprobt und erfahren habt. Das alles fällt mit der Kommunalschule weg. Und wenn ihr den Lehrer über seine verkehrten Erziehungsgrundsätze zur Rede stellen würdet, so würde er euch sagen, daß ihr nichts davon versteht, und daß er das Recht habe, nach seinen eigenen Grundsätzen eure Kinder zu erziehen.

Von einer christlichen Erziehung kann daher in Kommunalschulen keine Rede sein. Wenn ihr euch daher für Kommunalschulen entscheidet, dann ladet ihr euch die furchtbare Verantwortung auf die Seele, daß ihr euren Kindern und allen euren Nachkommen alle Segnungen einer christlichen Erziehung raubt.

3. Die Kommunalschule widerspricht drittens der Vernunft und der Natur des Kindes.

Es kann schon überhaupt nichts Unvernünftigeres und Widernatürlicheres gedacht werden, als den lieben Gott, von dem alles herkommt, in dem wir leben und uns bewegen, von dem wir unser Dasein ohne Unterlaß empfangen, von der Bildung des Kindes, seines Geistes und seines Herzens ausschließen wollen. Die Kinder hängen ja mit Gott weit inniger zusammen als selbst mit euch, geliebte Eltern, und wie eine Schule, welche die Kinder, unter dem Vorwande der Bildung, von ihren Eltern trennen wollte, eine verderbliche und widernatürliche Anstalt wäre, so ist es auch eine Kommunalschule, welche das Verhältnis des Kindes zu Gott außer acht läßt.

Insbesondere aber ist für uns Christen eine Schule überaus unvernünftig und unnatürlich, die bei der Ausbildung des Kindes alles das ignoriert, was der Sohn Gottes selbst uns in der Kirche für die Ausbildung des Menschen bietet. Wie können Menschen, welche lebendig von der Göttlichkeit des Christentums überzeugt sind, vernünftigerweise Christus, den göttlichen Lehrmeister und den göttlichen Erzieher der Menschheit, von der Schule ausschließen! Das wäre ja das Übermaß aller Unvernunft. Da aber eine solche Torheit kaum denkbar ist, so kann man mit Wahrheit nur sagen, daß die Kommunalschule das Christentum als göttliche Heilsanstalt für die Menschen verleugnet, und daß nur solche Menschen für diese Art von Schulen eintreten können, welche den beseligenden Christenglauben bereits eingebüßt haben. Die Kommunalschule gehört daher wesentlich zu dem großen Abfall vom Christentum und hat ihre wahre Bedeutung in der Hand des Unglaubens darin, daß sie eine Schule gegen das Christentum, daß sie ein Mittel sein soll, um die ersten Keime des christlichen Glaubens in den Herzen der Kinder zu bekämpfen und wo möglich zu unterdrücken. Eltern dagegen, die noch lebendig an den Erlöser der Welt glauben, müssen notwendig, wenn sie vernünftig handeln wollen, die Forderung stellen, daß die ganze Schule vom Geiste Christi erfüllt und geleitet werde.

Aber noch in einer andern Hinsicht sehen wir, wie unvernünftig und widernatürlich die Kommunalschule ist. Viele trösten sich mit dem Gedanken, daß der Religionsunterricht von der Kommunalschule nicht ganz ausgeschlossen werden soll, und daß vielmehr für denselben einige Lehrstunden wie für die andern Lehrgegenstände bestimmt sind. Die Religion dürfe ja nur nicht in der Schule selbst ihren Einfluß üben, dagegen sei es der Kirche unbenommen, in den betreffenden Stunden die Kinder gründlich in der Religion zu unterrichten. Allein, abgesehen von dem allem, was ich in dieser Hinsicht schon vorher gesagt habe, verkennen jene, welche ein solches Verfahren für genügend halten, um den Kindern eine christliche Bildung zu geben, ganz und gar die Natur des Kindes. Die Seele des Kindes hat zwar verschiedene Fähigkeiten, aber alle diese Fähigkeiten sind wesentlich nicht voneinander getrennt, sie bilden vielmehr zusammen die eine unteilbare geistige Natur des Kindes. Wir können daher nicht gewissermaßen seine

Fähigkeiten auseinanderlegen und getrennt, die eine den Eltern, die andere dem Lehrer, die dritte dem Priester zur Erziehung und Bildung übergeben, sie dann wieder zusammensetzen und zu einem Menschen vereinigen. Wir können nicht einen Teil des Kindes fromm und gottesfürchtig, den andern Teil aber, in voller Trennung von Gott, für die Welt und alle Bedürfnisse des irdischen Lebens erziehen und daraus schließlich doch einen wahren guten Christen bilden. Das sind mechanische Vorstellungen; so handelt man mit Maschinen, die man beliebig auseinandernimmt und wieder zusammensetzt, das geht aber nicht an bei dem lebendigen Menschenkinde. Das sind Vorstellungen, die mit der Vernunft und Natur in vollem Widerspruche stehen. Kinder, welche den größten Teil ihrer Jugend ohne alle Rücksicht auf ihren Glauben in der Schule zubringen, können nicht in einigen dürftigen Religionsstunden zu einem lebendigen Glauben und zu einem wahrhaft christlichen Leben angeleitet werden. Ihr Geist verliert in einer solchen Schule, wo alle Beziehungen zu Gott abgeschnitten sind, mehr und mehr alle Fähigkeit für das Übernatürliche, ihr Wille wird sich mehr und mehr von Gott abwenden und ausschließlich dem Irdischen zukehren, von dem sie allein in der Schule hören. Wie vermag da die kurze Religionsstunde diese ganz zur Erde hingewandten Geister und Herzen zu Gott und zu Christus erheben? Auf einer solchen unvernünftigen und unnatürlichen Voraussetzung beruht aber die Kommunalschule.

4. Daraus ergibt sich viertens, daß die Kommunalschule auch alle Interessen der christlichen Familie verletzt. Sie ist nicht nur, wie die deutschen Bischöfe in ihrer letzten Denkschrift vom Grabe des heiligen Bonifatius aus gesagt haben, eine Anti-Kirche, sie ist auch eine Anti-Familie.

Es gibt nämlich zwei von Gott gestiftete Anstalten zur geistigen und sittlichen Bildung des Menschen, an die sich die Schule gleichmäßig anschließt. Diese beiden Anstalten sind die Familie und die Kirche. Sie haben beide unmittelbar und direkt ihre Sendung von Gott. Das Kind gehört zunächst den Eltern. Neben den Eltern gehört es durch die Taufe auch der Kirche. Die Schule ist eine Gehilfin der Eltern und der Kirche. Der Lehrer hat, um noch einmal die treffenden Worte unseres Ediktes zu wiederholen, „den wichtigen Beruf", mit den Eltern die Erziehungspflicht der Kinder „zu frommen und tüchtigen Menschen" zu teilen. Soll nun diese Bildung und Erziehung des Kindes Erfolg haben, so kommt alles darauf an, daß Familie, Kirche und Schule innig verbunden sind und beim Unterricht und bei der Erziehung sich gegenseitig zwar ergänzen, aber immer von denselben Grundsätzen ausgehen. Das Kind muß über die großen Grundprinzipien, welche sich seinem Herzen tief einprägen sollen, damit diese sein ganzes Leben zu leiten vermögen; über die Grundprinzipien von dem, was recht, wahr und gut, was seine Bestimmung auf Erden ist, welche Pflichten es erfüllen muß, um ein guter und wahrhaft glücklicher Mensch zu werden, von dem Priester, von den Eltern und von dem Lehrer immer dasselbe, wenn auch in anderer Art und Weise hören. Durch diese innere Einheit unterstützen sich jene drei Anstalten gegenseitig, und dadurch wird zugleich in dem Herzen des Kindes die Achtung vor den Eltern, vor den Lehrern und den Geistlichen und damit wieder deren wirksamer Einfluß auf dasselbe selbst vermehrt.

Das heilige Band aber, welches in dieser Weise Haus, Schule und Kirche vereinigt, ist allein die Religion. Nur durch den gemeinschaftlichen Glauben ist es möglich, daß alle die, welche zur Erziehung des Kindes mitberufen sind, von einem wahrhaft einheitlichen Plane ausgehen und von denselben Grundsätzen geleitet werden. Wo dagegen diese Einheit des Glaubens fehlt, da herrscht die größte Verwirrung unter denen, die an der Ausbildung desselben Kindes arbeiten. Wenn es etwas anderes in der Schule, etwas anderes in der Kirche und wieder etwas anderes im Hause von den Eltern hört, so entsteht in dessen Seele statt Einheit der Bildung eine vollendete Verwirrung. Ein solches Kind ist in der Lage eines Menschen, der des rechten Weges unkundig, auf seine Frage nach dem rechten Wege von drei Menschen, die ihm Auskunft geben sollen, eine dreifach verschiedene Antwort erhält. Dergestalt werden die Führer der Jugend ihre Verführer, dadurch wird die Schule nur zu oft eine Anti-Familie, eine Feindin der Familie, indem sie das wieder in der Seele des Kindes zerstört, was fromme Eltern dort täglich aufbauen.

5. Die Erfahrung bestätigt endlich alles, was bisher über die von der Kirche getrennte Schule gesagt worden ist.

Wo immer diese eingeführt waren oder noch eingeführt sind, da haben sie überall das religiöse Leben der Kinder, der Familien, der Gemeinden, sowie die Autorität der Lehrer schwer beschädigt, Zucht und Sitte in der Jugend untergraben, und selbst ihre Leistungen in den gewöhnlichen Lehrgegenständen waren oberflächlich und mangelhaft.

V. Was ist also von der Aufhebung der Konfessionsschule und Einführung einer von der Kirche getrennten Kommunalschule zu halten?

Diese Frage können wir jetzt mit voller Klarheit beantworten. Die Trennung der Schule von der Kirche wäre:

1. Ein großes Unrecht gegen Gott.

Das Kind gehört vor allem dem lieben Gott, nicht aber ausschließlich der Welt oder dem Staate oder einer Partei, nicht einmal ausschließlich den Eltern an. Als Gott der Stammutter des Menschengeschlechtes das erste Kind schenkte, da bekannte sie im Namen aller Eltern, daß es ein Geschenk Gottes sei. Den Eltern gehört das Kind nur insofern, als Gott es ihnen zur Pflege und Erziehung übergeben hat. Gott hat es erschaffen, er ist das höchste Ziel und Ende des Kindes, der Besitz Gottes ist seine ewige Glückseligkeit. Als aber der Mensch durch die Sünde für Gott verloren war, hat ihn Christus mit seinem Blute wieder erkauft. Gott hat deshalb das höchste Recht auf das Kind, sonach auch das Recht, daß es nach seinem Willen erzogen, und daß die Schule nach der Bestimmung, die er ihm gegeben hat, eingerichtet werde. Die Schule von Gott trennen, ist gewiß ein großes Unrecht gegen Gott; das geschieht aber, wenn man sie von der Kirche trennt.

2. Die Trennung der Schule von der Kirche ist zweitens ein großes Unrecht gegen die Kirche.

Durch die Taufe gehört das Kind auch der Kirche, welche Christus gestiftet, um die Menschen zu Gott zu führen, und in welcher er alle Gnaden und Hilfsmittel für diesen Zweck niedergelegt hat. Deshalb ist die Kirche nach den Worten des hl. Apostels Paulus die Mutter der Gläubigen, sonach auch unserer Kinder; in ihr empfangen sie das übernatürliche Leben, in ihr wird dieses genährt und gepflegt. Unsere Religion aus der Schule verbannen, heißt daher der Kirche die Erfüllung der Aufgabe unmöglich machen, welche sie von Christus erhalten hat; es heißt ihre Kinder von ihrem eigenen Mutterherzen losreißen, es heißt recht eigentlich die Religion zerstören. Nachdem die Kirche durch das Blut ihrer Martyrer die Völker christlich gemacht und durch die Kraft des Evangeliums die Welt umgestaltet hat, soll das alles durch die Trennung der Schule von der Kirche wieder vernichtet werden. Das ist aber ein verwerfliches Unternehmen und ein großes Unrecht gegen die Kirche Christi.

3. Sie ist drittens ein großes Unrecht gegen die christlichen Eltern.

Den Eltern sind die Kinder von Gott zunächst übergeben. Sie haben nach Gott das erste Recht auf die Kinder. Es gibt kein natürlicheres und heiligeres Recht als dieses. Gott hat ihnen aber dasselbe nicht gegeben, um über die Kinder nach Willkür zu schalten und zu walten, sondern er hat damit die heiligsten und schwersten Pflichten verbunden. Unter diesen ist die erste und die vornehmste, die Kinder für ihre höchste Bestimmung, für den Vater im Himmel zu erziehen, dessen Namen auf Erden zu tragen das Oberhaupt jeder Familie gewürdigt ist. Diese Pflicht liegt schon in der Natur selbst. Sie wird aber noch dadurch vermehrt, daß die Kinder durch die Taufe wahre Kinder Gottes und Erben des Himmels geworden sind. Die Schule ändert nichts an diesem heiligen Verhältnis. Sie, die zuerst und zunächst eine Hilfsanstalt für die Familie ist, soll die Eltern nicht hindern, diese ihre Pflicht zu erfüllen, sondern sie soll vielmehr dieselben bei ihrer Erfüllung kräftig unterstützen. Sie soll alles, was fromme Eltern an religiösem Sinn, an Gotteserkenntnis und Gottesliebe in das Herz der Kinder gepflanzt haben, mit größter Sorgfalt hegen und pflegen.

Daraus geht aber hervor, ein wie großes Unrecht, ja eine wie große Grausamkeit es ist, die Schule von der Kirche zu trennen. Dieses Unrecht und diese Grausamkeit erscheint um so größer, wenn gar noch die Eltern durch den Schulzwang gezwungen werden, ihre Kinder diesen

Schulen anzuvertrauen. Eltern zwingen, ihre von Gott anvertrauten Kinder Schulen zu übergeben, welche sie hindern, ihre heiligsten Pflichten gegen dieselben zu erfüllen, ist der höchste Mißbrauch der Gewalt und die härteste Sklaverei, die Menschen angetan werden kann. Darum fordert schon das bloße Rechtsgefühl, da, wo der Schulzwang besteht, die Schule so einzurichten, daß christliche Eltern ihre Kinder derselben ohne Verletzung ihres Gewissens und ihrer Pflichten gegen Gott anvertrauen können.

4. Die Trennung der Schule von der Kirche ist viertens ein großes Unrecht gegen die Kinder.

Wie groß dieses Unrecht ist, läßt sich kaum aussprechen. Wenn wir es nach dem Schaden berechnen, welcher dadurch dem Kinde zugefügt wird, und nach den Vorteilen, die ihm geraubt werden, so kann man demselben keinen größeren Schaden zufügen, keinen größeren Vorteil entziehen, als wenn es seine Jugend in einer von Gott und der Religion getrennten Schule zubringen muß. Seine zeitliche und ewige Glückseligkeit ist dadurch gefährdet. Von der ewigen Glückseligkeit versteht sich das von selbst. Aber die zeitliche hängt mit der ewigen auf das innigste zusammen. Je mehr der Mensch für die ewige Glückseligkeit sorgt, sorgt er auch für die zeitliche. Alles, was die Religion das Kind lehrt und ihm befiehlt, dient auch dazu, es hier auf Erden so glücklich als möglich zu machen. Gott hat in alle irdischen Verhältnisse das Gesetz gelegt, daß selbst der irdische Genuß und die irdische Freude nur in dem Maße eine wahre ist, als der Mensch die sittliche Kraft hat, jeden Mißbrauch im Gebrauche der irdischen Dinge zu vermeiden. Nur die Selbstverleugnung, wie das Christentum sie uns lehrt, macht die irdischen Freuden lauter und wahr. Zu dieser Selbstverleugnung aber, die unser ganzes Leben begleiten muß, gibt nur die Religion dem Menschen volle Kraft. Sie hilft ihm überdies die zahllosen Kreuze tragen, welche mit jedem Menschenleben verbunden sind. Sie bewahrt ihn endlich vor zahllosen Leiden, Schmerzen und Prüfungen, welche Gott als eine natürliche Strafe mit der Befriedigung jeder Sünde und jeder Leidenschaft verbunden hat. Alle diese göttlichen Mittel, welche dem Menschen von seiner Kindheit an zur Seite stehen, um ihn zeitlich und ewig glücklich zu machen, entreißt dem Kinde die Schule, welche von der Kirche getrennt ist. Dadurch wird sie aber so recht eine Anstalt zum zeitlichen und ewigen Verderben unserer Jugend.

5. Die Trennung der Schule von der Kirche ist ein großes Unrecht gegen den Lehrer.

Wie die Religion durch ihre Sakramente dem Menschen selbst eine Weihe und Würde verleiht, die weit über alles Irdische erhaben ist, so verleiht sie auch allen Verhältnissen, welche mit ihr in Verbindung stehen, eine ähnliche Würde. Das gilt auch vom Lehrerstande. Der christliche Lehrer in einer Konfessionsschule, welcher zugleich Lehrer der Religion und Stellvertreter Gottes ist, nimmt eine ganz andere Stellung ein als der Lehrer in einer von der Religion getrennten Schule. Was ein katholischer Lehrer in einer katholischen Konfessionsschule ist, sagt uns so schön der fromme Overberg in folgenden Worten, worin er die Gedanken, welche er in einer längeren Abhandlung ausgesprochen, noch einmal zusammenfaßt:

„Ich bin Schullehrer, das heißt also, ich habe ein Amt, welches eines der ehrwürdigsten und wichtigsten auf Erden ist, denn welches Amt wäre wichtiger und ehrwürdiger als das:

Lehrer der Wahrheit und Tugend so vieler Unwissenden,

Stellvertreter so vieler Eltern,
geistlicher Vater so vieler Kinder,
Verpfleger der Pflanzschule in der Gemeinde,
sichtbarer Schutzengel der Kinder Gottes,
Bewahrer des Wertes von Jesu Blut,
Aufseher des Tempels des Heiligen Geistes,
Geleitsmann und Wegweiser so vieler jungen Pilger zu Gott, ihrem Vater, zu sein?

Und dies alles soll ich sein als Schullehrer!"[1])

Derselbe fromme Mann ermahnt deshalb die Lehrer, folgende vier fromme Übungen oft in der Schule anzustellen:

„a) Sehet eure Schüler, wenn sie um euch her sitzen oder stehen, oft mit dem Glaubensauge an und denket: Sind diese da nicht Gottes Kinder, Gottes Lieblinge, Gottes Erben? — Sind sie nicht meines Heilandes unschuldige, unmündige Brüder, der Preis seines Blutes, seines Geistes Tempel? — Sind sie nicht Pflegekinder der Engel, die Freude der Eltern, die Blume der Menschheit, die Hoffnung einer besseren Nachwelt?"

b) Zuweilen denket: Wüßten diese Kleinen, die mir anvertraut sind, wieviel sie durch meine Frömmigkeit gewinnen können, was würden sie dann wohl tun? Würden nicht wohl viele auf die Knie vor mir niederfallen, ihre Händchen gegen mich ausstrecken und mir mit weinenden Augen zurufen: O lieber Lehrer, liebe Lehrerin, sei doch recht fromm, damit du uns recht lehren könnest, fromm zu sein! Lebe doch so, daß du gewiß in den Himmel kommest, damit du uns besser dazu verhelfen könnest."

---

1) „Anweisung zum zweckmäßigen Schulunterricht" von Overberg, S. 21.

„c) Ein anderes Mal könnet ihr auch denken: Wie, wenn der Heiland mir erschiene, um mir seine Lieblinge zu empfehlen, könnte und würde er dann mir nicht wohl sagen: Siehe hier die Wundmale meiner Hände, Füße und meiner Seite. Durch das Blut, welches aus diesen Wunden floß, sind die Seelen erkauft, die ich deiner Fürsorge anvertraut habe. Heilige dich für sie, wie ich mich für euch alle geheiliget habe.[1]) Auch von deinen Händen werde ich ihre Seelen fordern." [2])

„d) Es ist sehr nützlich, sich mehrmals zu fragen: Was werden diese meine Schüler einst auf ihrem Todesbette und vor dem Gerichte Gottes von mir denken? Werden sie dann Ursache haben, Segen oder Fluch über mich auszusprechen? Was werde ich selbst auf meinem Todesbette von meinem Verhalten bei dem Unterrichte überhaupt, besonders bei dem Unterrichte in der Religion denken? Wird mir dann der Gedanke daran Angst oder Trost bringen?" [3])

So hoch steht der Lehrerstand im Lichte des Glaubens. So denkt der gläubige Lehrer von sich selbst und von seinem Berufe. So wird er angesehen und geehrt von dem Priester, der mit ihm in der Schule arbeitet, von den Eltern der Kinder und von den Kindern selbst. Welchen Trost, welche Stärke, welche heilige Freuden gewähren einem Lehrer bei seinem schweren Berufe diese christlichen Ideen! Diese höhere Würde, diese heilige Weihe, diese beseligenden, stärkenden Gedanken raubt aber dem Lehrer die von der Kirche getrennte Schule. Der Lehrer, der kein Religionslehrer mehr ist, der sich und

1) Joh. 17, 19.
2) Ezechiel 24, 10.
3) „Christkatholisches Religionshandbuch" von Overberg, S. 6.

seine Kinder nicht mehr im Lichte des Glaubens ansieht und von seinen Kindern nicht mehr im Lichte des Glaubens angesehen und geehrt wird, verliert daher unaussprechlich viel. Er verliert die ihm von Gott gewordene höhere Mission; er verliert jene höhere Autorität, nach welcher er am Kinde die Stelle Gottes, die Stelle des christlichen Vaters, der christlichen Mutter vertritt; er verliert zugleich alle die Gnaden, welche ihm als einem Mitarbeiter im Weinberge des Herrn durch die Kirche zufließen. So sinkt er herunter zu einem bloßen Stundengeber, einem gewöhnlichen Geschäftsmanne, der ein recht mühevolles und vielfach undankbares Geschäft treibt, einzig um des irdischen Lohnes willen und einzig um einen irdischen Zweck.

6. Diese Trennung der Schule von der Kirche ist endlich das größte Unrecht gegen die bürgerliche Gesellschaft selbst.

Sie wird dadurch entchristlicht. Das Christentum ist auch die Pflanzschule der wahren bürgerlichen Tugenden. Überall, wo der Einfluß des Christentums gemindert wird, da werden auch die bürgerlichen Tugenden abnehmen. Die Früchte der Entchristlichung der höheren, mittleren und unteren Schulen liegen überall in dem Maße vor Augen, als die Entchristlichung der Schulen voranschreitet.

VI. Wer fordert nun die Trennung der Schule von der Kirche? Wer allein kann sie fordern?

1. Das katholische Volk fordert sie nicht. Wenn dieses seine Stimme abzugeben hätte, würden nur wenige für konfessionslose Schulen sich erheben. Nach einer allgemeinen Erfahrung steht es fest, daß, wo immer katholische Eltern freie Wahl haben über die Schule, welche ihre Kinder besuchen sollen, sie stets den Schulen den

Vorzug geben, welche auf das innigste mit der Religion verbunden sind. Die Liebe zu dem Kinde zeigt ihnen, was demselben wahrhaft nützlich und schädlich ist. Sie sind deshalb in den Anliegen, von denen das Wohl ihrer Kinder nahe berührt wird, weniger von dem Treiben der Parteien und den Tagesmeinungen beeinflußt. Aus der täglichen Erfahrung des eigentlichen Familienlebens lernen sie den Segen der Religion und ihren Einfluß auf das Kind ebenso kennen wie das Verderben, welches über dasselbe kommt, wenn es sich von der Religion entfernt. Daher schätzen sich die Eltern glücklich, wenn sie ihr Kind einer Schule anvertrauen können, welche mit der Kirche innig verbunden ist. Selbst in den kleinen katholischen Gemeinden der Pfalz bringen daher viele Eltern freudig die größten und schwersten Opfer, um ihren Kindern diese Wohltat zuzuwenden. Das katholische Volk fordert keine Trennung der Schule von der Kirche.

2. Daß auch die Kirche keine konfessionslose Schule fordert, sondern sie vielmehr als das größte Verderben verabscheut und verwirft, bedarf keines Beweises. Wo immer die Kirche ihre Stimme erhoben hat, wo immer Päpste, Bischöfe und Priester Eltern auf ihre Pflichten hingewiesen, haben sie dieselben ermahnt, ihre Kinder nur solchen Schulen anzuvertrauen, in denen Unterricht und Erziehung auf den ewigen Grundlagen der Offenbarung ruht.

3. Auch gläubige Protestanten und gläubige Juden wollen keine konfessionslose Schulen. Das liegt im Wesen des Glaubens an eine göttliche Offenbarung. Wo der lebendige Glaube besteht, daß Gott selbst die Grundlagen der Wahrheit und des wahrhaft menschlichen Lebens den Menschen kund gegeben hat, ergibt sich die Forderung von selbst, daß die Jugend in dem Alter, wo sie ihre

Bildung empfängt, wo ihr die rechten Wege für das spätere Leben gezeigt werden sollen, unmöglich von diesen göttlichen Lehren und Vorschriften ausgeschlossen werden darf.

4. Selbst die Regierungen haben bis vor kurzem die konfessionslosen Schulen für verderblich gehalten und mit ihnen vereinigt die große Zahl der angesehensten Schulmänner aller Konfessionen. Wenn die Regierungen in neuerer Zeit den konfessionslosen Schulen sich geneigter zeigen, so kann man wohl sagen, daß dies nicht so sehr aus der Überzeugung von den Vorzügen dieser Schulen entsprungen ist, als vielmehr aus einer unseligen Nachgiebigkeit gegen das Treiben einflußreicher Parteien.

5. Nur zwei Klassen von Menschen sind es, die konfessionslose Schulen fordern und fordern können.

Es sind erstens jene glaubenslosen Menschen, welche das Licht der göttlichen Offenbarung selbst verloren haben. Alle gläubigen Christen fordern die innigste Verbindung zwischen Schule und Kirche, weil sie an die Göttlichkeit des Christentums glauben. Wer daran glaubt, muß fordern, daß Christus mit seiner Lehre und mit seinen Gnaden auch in der Schule herrsche. Und das bestreiten, heißt eigentlich uns die Berechtigung, an die Gottheit J e s u C h r i s t i und an die Göttlichkeit seiner Kirche zu glauben, bestreiten. Wer dagegen den Glauben an Christus verloren hat, kann natürlich auch den Wert dieser Verbindung nicht anerkennen. Daher entspringt die Forderung der Trennung der Schule von der Kirche aus dem Unglauben, aus dem Abfall von Christus. Das ist der eigentliche und wahre Grund dieser Richtung. Jene beklagenswerten Menschen in unserer Mitte, welche selbst das Licht des Christentums verloren haben und in die Finsternisse und Todesschatten des Heidentums zurückgefallen sind, können selbstverständlich den Wert desselben für die Schule und für das Kind nicht verstehen. Sie wollen die Schule von der Kirche trennen, um auch den Kindern dieses Licht, welches sie nicht mehr kennen, zu rauben, um auch sie wieder der Finsternis des Heidentums zu überliefern.

Zur zweiten Klasse der Menschen, welche konfessionslose Schulen fordern, gehören dann jene unselbständigen, urteilslosen Leute, die zwar selbst den Glauben nicht ganz verloren haben, sich aber, teils aus Eitelkeit, teils aus Charakterlosigkeit, teils aus schmählichem Eigennutz, der Stelle wegen, die sie bekleiden, oder einer Protektion, eines Gewinnes wegen, auf den sie rechnen, in den Fragen des öffentlichen Lebens nicht von ihrem Glauben, nicht einmal von ihrer Überzeugung leiten lassen, sondern von leeren Phrasen über Aufklärung und Fortschritt oder von platten Scheingründen, daß Lesen und Rechnen nichts Konfessionelles sei, oder endlich von direkten Anweisungen, welche sie von denen erhalten, von welchen sie in ihren Interessen abhängig sind. Leider gibt es fast in jeder Gemeinde solche abhängige Menschen. Ihr Herr ist nicht Gott und Christus, sondern die Gunst der Welt, die Protektion, welche sie genießen, das eigennützige Interesse, welches sie im Auge haben. Von dem Abfall dieser Gunst der Welt leben sie, und für den Verrat an ihrem Glauben und an ihrem Gewissen finden sie darin eine Entschädigung, daß sie in gewissen Kreisen als die Gebildeten, als die Aufgeklärten, als die Fortgeschrittenen gepriesen werden, während sie nur die blinden Werkzeuge derselben sind. Diese eitlen, abhängigen, selbstsüchtigen Menschen sind das Ärgernis und das Verderben unserer Gemeinden und die besoldeten Sendlinge des Unglaubens.

VII. Pflicht der christlichen Eltern in bezug auf die Schulfrage.

Wir haben nun, geliebte Eltern, gesehen, was die mit der Kirche verbundene und die von der Kirche getrennte Schule ist, was unsere Voreltern von ihnen hielten, was wir von der konfessionslosen Schule zu denken haben, ein wie vielfaches Unrechtes sie birgt, und daß nur Menschen sie fordern können, welche von dem Glauben an Christus abgefallen sind.

Daraus ergibt sich nun für euch, vielgeliebte Eltern, die Pflicht, mit vereinten Kräften jeden Versuch, die konfessionslosen Schulen bei uns einzuführen, abzuweisen. Dazu habt ihr das heiligste Recht, weil die Kinder euch gehören, weil ihr die Mittel aufbringt, um die Schule zu erhalten, weil auch der Staat bisher dieses Recht durch seine Gesetze anerkannt hat. Dazu seid ihr aber auch im Gewissen verpflichtet, weil das zeitliche und das ewige Wohl eurer Kinder davon abhängt, weil Gott die Seelen eurer Kinder einst im Gerichte von euch fordern wird. Wenn jemand eure Felder verwüsten und das Brot vergiften würde, das ihr selbst genießt und euren Kindern reicht, so würdet ihr euch mit allen Mitteln dagegen zur Wehr setzen. Der Versuch aber, eure Schulen, wo euren Kindern die geistige Nahrung täglich gereicht wird, von der göttlichen Quelle aller Wahrheit und Tugend zu trennen, ist wahrlich nicht minder verderblich. Eltern, welche dabei gleichgültig zusehen, sind entweder gewissenlose Eltern oder von ihrem Glauben abgefallene Menschen.

Dieser Widerstand aller Eltern ist darum um so notwendiger, je gewalttätiger die Partei der Ungläubigen darnach strebt, die Schulen an sich zu reißen, um sie im Kampfe gegen das Christentum zu gebrauchen. Daß diese den Wert konfessioneller Schulen nicht erkennen können, ist, wie wir sahen, eine notwendige Folge des Unglaubens. Wenn sie daher für sich und ihre Kinder Schulen, welche von der Religion getrennt sind, den Vorzug geben, so kann uns das nicht befremden, wenn wir auch ihre verderblichen Verirrungen für sie selbst beklagen. Das genügt ihnen aber nicht. Sie wollen ihren Unglauben und dessen Folgerungen zugleich zum Gesetz für das ganze christliche Volk machen. Darin liegt das unerhörte Unrecht, welches diese Partei am deutschen Volke begehen will. Weil sie Christus leugnen, sollen auch die Schulen unseres christlichen Volkes so eingerichtet werden, als ob unser ganzes Volk vom Christentum abgefallen wäre. Bei ihren Plänen handelt es sich nicht, wie sie sagen, um Fortschritt und Aufklärung, sondern um Verwirklichung ihrer feindseligen Bestrebungen gegen die Religion.

Um aber unsere Schulen entchristlichen zu können, kehrt man auch zu dem andern heidnischen Grundsatz zurück, daß die Kinder nicht zuerst den Eltern, sondern dem Staate gehören, und daß daher nicht der Wille der Eltern, sondern der Staat, d. h. die Partei, welche augenblicklich den Staat zu beherrschen sucht, über die ganze Bildung und Erziehung der Kinder zu entscheiden habe. Alle diese verderblichen Bestrebungen aber haben ihren eigentlichen Sitz in jenen geheimen Gesellschaften, namentlich in dem Freimaurerbund, welche ihren Einfluß überallhin ausdehnen, ohne von ihrem Treiben das Volk etwas merken zu lassen, und welche beinahe in jeder Gemeinde, aber auch wieder, ohne daß ihr es ahnet, ihre abhängigen Kreaturen haben, um ihnen als Werkzeuge für ihre Pläne zu dienen.

Habt daher acht, geliebte Eltern, auf eure Schulen, und verfolget mit der größten Aufmerksamkeit in dieser

Zeit alles, was auf dem Gebiete des Schulwesens vorgeht. Vor allem aber sorget mit allen Kräften dafür, daß eure Schulen wie bisher innig mit der Kirche verbunden bleiben, und daß sie dadurch imstande sind, das wahre zeitliche und ewige Wohl eurer geliebten Kinder zu befördern.

Zu diesen Bestrebungen, geliebte Eltern, spende ich euch und allen euren lieben Kindern den bischöflichen Segen im Namen des Vaters und des Sohnes und des Heiligen Geistes. Amen.

Kirchenpolitische Strömungen und Kämpfe.

Brief an seine Schwester Sophie.

München, im März 1843.

Gestern, geliebte Sophie, hatten wir die unaussprechliche Freude, die Schrift unsers Erzbischofs[1]) zu erhalten, die Mütterchen so liebevoll gewesen war uns sofort zu überschicken. Ich kenne das Urteil meiner Umgebung darüber noch nicht; es sind aber alle zu katholische Männer, als daß es ein sehr verschiedenes sein könnte. Richard[2]) und ich haben das Buch mit wahrem Heißhunger verschlungen, und wenn es erst seinen schnellen Verlauf durch die Reihen der Bekannten gemacht hat, so will ich es mir noch tief und tiefer einprägen. Das Buch scheint mir von höchster Bedeutung zu sein und tausend Werke der Gelehrten aufzuwiegen. Ich kann nicht beschreiben, welche Freude ich in mir empfinde, solche Grundsätze wieder einmal von einem Kirchen-

---

1) Droste-Vischering, „Über den Frieden unter der Kirche und den Staaten". Münster 1843.

2) Kettelers Bruder. D. H.

Fürsten ausgesprochen zu sehen und dazu von einem solchen. Neues hat der Erzbischof zwar nicht gesagt, aber sein unendliches Verdienst ist es eben, daß er das Alte nicht länger mehr verschwiegen hat. Erst wenn die Kirche ihre Grundsätze wieder so offen und klar mit allen ihren Konsequenzen der Welt vor Augen legt, kann sie werden, was sie sein soll, wenn auch vielleicht zunächst ein Kampf auf Leben und Tod entsteht. Aber der Tod kann ja nie das Los der Kirche sein, und so braucht sie einen solchen Kampf nicht zu fürchten. Ich habe immer die unerschütterliche Überzeugung gehabt, daß es ein Verrat an Christus sei, wenn so viele Kirchenobern einen Teil des ihnen von Christus übergebenen Auftrages, wegen irgend einer Rücksicht auf Erden, unerfüllt lassen. Zu dieser Ansicht tritt nun die Autorität eines Mannes, den der Heilige Geist nicht nur zu einer der höchsten Stellen seines Reiches auf Erden berufen, sondern den er zugleich zu dem auserlesensten Werkzeuge seiner Lenkung und Leitung der Kirche in dieser Zeit gemacht hat. Warum sollte uns, wenn unser Glaube wahr ist, daß die Kirche und der Geist, der sie lenkt, ewig ist, diese Stimme weniger Gewicht haben als die der alten Kirchenlehrer? In der Tat, mir ist dieses Urteil über das so unendlich schwer zu besprechende Verhältnis der Kirche in den Staaten nicht das eines bloßen Menschen, sondern das eines auserlesenen Werkzeuges des Heiligen Geistes, und mit unendlichem Jubel erfüllt mich der Gedanke, daß meine eigenen Grundsätze in diesem Punkte jetzt bestätigt und bekräftigt sind durch die Autorität der Kirche. Was aber aus diesem Lebensfunken werden wird, weiß Gott, der ihn durch den Erzbischof in die Welt hinein gelegt hat. Wie das einzige wahre, unerschütterliche Fundament der Staaten, so enthält die Kirche, wenn sie bekämpft wird, auch die Zerstörung der Staaten. Jedenfalls kann es nicht fehlen, daß der Ausspruch des Erzbischofs Widerhall finde in Millionen Menschenherzen, und was dieser Keim dort erzeugen werde, muß die Zukunft lehren. Möchten doch die Welt und ihre Lenker an diesem ihrem Tage noch erkennen, was ihnen allein zum Heile gereichen kann!

Was die katholischen Mächte zu diesem Worte sagen werden, soll mich wundern. Jedenfalls enthält es über sie einen tausendfach strengeren Richterspruch wie gegen akatholische Regierungen, die ja eigentlich nur nachmachen, was die eigenen Söhne der Kirche begonnen haben. Gar leicht können wir den Skandal erleben, daß das Buch in Österreich polizeilich verboten wird, wo es ja überhaupt die tollste Inkonsequent ist, daß die Heilige Schrift selbst nicht schon lange verboten worden ist.

Brief an den Justiz-Kommissär Thüssing zu Warendorf.

Frankfurt, 19. August 1848.

Wir stehen nunmehr in der Beratung der Grundrechte beim Artikel III und IV, und ich kann hoffen, daß in 14 Tagen bis 3 Wochen die Fragen, die ein religiöses Interesse berühren, hier abgehandelt sein werden. Zwar werden bei der vorbehaltenen zweiten und definitiven Beratung der Grundrechte diese Artikel noch einmal zur Sprache kommen; ich darf aber gewiß hoffen, daß Sie den drei obersten Grundsätzen, von welchen die hiesige katholische Versammlung bei ihren Anträgen ausgegangen ist: Unabhängigkeit der Glaubensgesellschaften vom Staate, Lehr- und Lernfreiheit, Recht der Selbstregierung der Gemeinde in Bezug auf die Volksschulen, auch beipflichten werden, so daß, wenn es uns gelingen sollte, in diesem Sinne unsere Anträge durchzusetzen, Sie bei der zweiten Beratung doch nicht abweichend stimmen würden. Ist diese Voraussetzung richtig, so ist mein längeres Hiersein ganz ohne Zweck. Nur ein kirchliches Interesse konnte mich bestimmen, die Wahl anzunehmen und auf einige Zeit aus meinem geistlichen Berufe herauszutreten. Ein politisches Interesse kenne ich für mich nicht mehr. Ich wünsche deshalb sofort nach Beendigung der ersten Beratung der Artikel III und IV mein Mandat hier niederzulegen und bitte Sie mich zu benachrichtigen, ob Sie imstande sind, in der angedeuteten Frist hier einzutreten; den nähern Zeitpunkt würde ich dann nicht verfehlen, Ihnen mitzuteilen. Sollten jedoch die oben angedeuteten Grundsätze, die ich als Lebensfragen der Kirche und der Gewissensfreiheit betrachte, nicht die Ihrigen sein, so bitte ich, es mir auszusprechen.

[Antwort Thüssings an Ketteler.[1])

Warendorf, 2. September 1848.

Sie verlangen in Ihrem Schreiben vom 19. August cr. meine Ansicht über das Verhältnis von Kirche, Schule und Staat zu hören, um darnach zu ermessen, ob es Ihnen zweckmäßig erscheint, ferner in Frankfurt zu bleiben oder Ihr Mandat niederzulegen. Ich erlaube mir zunächst die Bemerkung, daß es nicht meine Aufgabe ist, als Stellvertreter einzutreten, wenn der Deputierte sein Mandat niederlegt. Denn der Stellvertreter hat nur die Bestimmung, einzutreten, wenn der Deputierte behindert ist, seinen Posten wahrzunehmen, nicht

1) Dieser Brief wird zum Verständnis der ganzen Kontroverse ebnfalls mitgeteilt, obwohl er natürlich nicht von Ketteler herrührt. D. H.

aber, wenn der Deputierte sein Mandat niederlegt. Durch die Niederlegung Ihres Mandats würde die Wahl eines andern Deputierten notwendig.

Abgesehen hiervon würde ich Ihrer Ansicht in Betreff des angeregten Punktes nicht beipflichten. Zuvörderst bin ich völlig damit einverstanden, daß Kirche und Staat getrennt, und nicht allein die Kirche vom Staat, sondern auch der Staat von der Kirche unabhängig sein muß; ich habe dies bereits früher ausgesprochen und sehe darin nicht allein eine Lebensfrage der Kirche und der Gewissensfreiheit, sondern auch eine Lebensfrage für das große Ziel der Einheit der deutschen Völker. Soll die Einheit Deutschlands möglich werden — und das wird sie —, so kann diese große Vereinigung nicht auf dem kirchlichen Gebiete bewerkstelligt werden. Die Einheit der deutschen Völkerstämme muß trotz der Verschiedenheit des Glaubensbekenntnisses hergestellt werden. Das ist nur möglich, wenn die Kirche sich vom Staate trennt, und der Staat allen Konfessionen eine Gleichheit in staatsrechtlicher Hinsicht angedeihen läßt, welche er überhaupt zu verweigern nicht berechtigt ist, da die Kirche keine Polizeianstalt des Staates ist. — Deßungeachtet vindiziere ich der Gemeinde nicht das Recht der Selbstregierung in Ansehung der Volksschule. Die Gemeinde ist lediglich ein Institut, welches seine Existenz durch den Staat hat und ohne den Staat nicht gedacht werden kann. Die Selbstregierung der Gemeinde beruht auf einer Verleihung des Staats, nicht aber umgekehrt der Staat auf einer Entäußerung von Rechten, welcher die Gemeinde sich zum Vorteil des Staats hätte begeben wollen. Der Staat allein ist das einzige Rechtssubjekt, welches seine rechtliche Existenz aus sich selbst, aus dem Gesamtwillen des ganzen Volkes hat, nicht aber die Gemeinde. Diese kann willkürlich ganz aufgehoben, ihrer rechtlichen Leitung nach modifiziert, in ihren geographischen Grenzen, wie solches häufig genug geschieht, umgestaltet werden. Die Rechte der Selbstregierung, welche die Gemeinde ausübt, haben zunächst nur die lokalen Interessen zum Gegenstand. Die Zwecke des Unterrichts sind aber lediglich allgemeine Staatszwecke, welche durch die Grenzen und sonstige Verhältnisse der Gemeinden nicht wie andere Gemeindeanstalten bedingt sind. Darum läßt sich dem Prinzip nach das Recht der Selbstregierung der Gemeinden in bezug auf die Volksschule nicht anerkennen. Es ist auch nicht abzusehen, warum Ihr Projekt sich lediglich auf die Volksschule beschränken sollte; wenn es ausgeführt würde, warum sollte denn nur etwa gerade die Volksschule der Gemeinde selbständig verbleiben und nicht die Schule überhaupt, nicht die Gymnasien und sonstige gelehrte Anstalten?

Die Ansicht der dortigen katholischen Versammlung weicht übrigens wesentlich ab von der Ansicht, welche gerade jetzt von einer Partei hier geltend gemacht wird, welche nur der Kirche die Volksschule übertragen wissen will und der politischen Gemeinde nur insofern einen Anteil an der Schule gestattet, als die politische Gemeinde verpflichtet erachtet wird, für die Herbeischaffung der Geldmittel Sorge zu tragen. Daß ich dieser Ansicht ebenfalls nicht beipflichte, brauche ich wohl kaum bemerklich zu machen. Die Partei, welche diese Ansicht vertritt, kann offenbar nur bezwecken, dem Staat selbst das Recht auf die Schule streitig zu machen, — wenn sie sich auf irgend ein Prinzip stützen will und nicht etwa bloß von dem praktischen Gesichtspunkte der Nützlichkeit ausgeht.

So wie dem Prinzipe nach weder die eine noch die andere Ansicht haltbar ist, so würden auch in den Folgen beide darin zusammen kommen, daß beide zu einer Gleichstellung der verschiedenen Glaubensgenossen keineswegs führen.

Den Inhalt Ihrer Mitteilung betrachte ich bei der Stellung eines Deputierten als eine Sache, welche lediglich ein öffentliches Interesse zum Gegenstand und nicht den Zweck hat, an meine Person gerichtet zu sein. Da den Wählern und deren Kommittenten ohne Zweifel viel daran liegt, die politische Ansicht ihrer Vertreter zu kennen, habe ich geglaubt, daß ich Ihr Schreiben und meine Antwort denselben bekannt machen dürfe. Wir haben ein wesentliches Interesse dabei, und es kann nur zum Guten führen, daß zwischen Kommittenten und ihrem Deputierten ein Austausch ihrer Ansichten stattfindet, einesteils um das Interesse für die großen Ideen, von deren Realisierung die Zukunft unseres Vaterlandes abhängt, rege zu erhalten; anderenteils glaube ich auch, daß die Wähler die Ansichten ihrer Vertreter zu kennen durchaus notwendig haben, um darnach zu ermessen, ob sie von dem Deputierten erwarten dürfen, daß ihre eigenen Überzeugungen vertreten werden.]

Offenes Schreiben Kettelers als Deputierten der deutschen Nationalversammlung an seine Wähler.

Frankfurt, 17. September 1848.

Der Herr Justiz-Kommissär Thüssing in Warendorf, den Sie zu meinem Stellvertreter erwählt haben, hat ein Privatschreiben, das ich am 19. August an ihn gerichtet, zugleich mit seiner Antwort vom 2. l. Mts. in Nr. 72 des Warendorfer Wochenblattes zur öffentlichen Kenntnis gebracht und Ihnen ein Exemplar desselben mitgeteilt. Ich finde mich dadurch veranlaßt, einige berichtigende und erläuternde Bemerkungen über diese beiden Schreiben an Sie, meine geehrten Herren, die Sie mich mit dem Mandate, das ich hier ausübe, betraut haben, zu richten.

Zunächst wende ich mich zu dem Schreiben des Herrn Thüssing. Er beginnt dasselbe mit einer Belehrung über die Stellung des Stellvertreters zum Deputierten und behauptet: „Der Stellvertreter hat nur die Bestimmung einzutreten, wenn der Deputierte behindert ist seinen Posten wahrzunehmen, nicht aber, wenn der Deputierte sein Mandat niederlegt." Herr Thüssing hat versäumt, sich selbst zu unterrichten, bevor er es unternahm, andern seinen Unterricht zu erteilen. Die stenographischen Berichte über die Verhandlungen der Nationalversammlung hätten ihm dazu die beste Gelegenheit geboten. Er scheint sie und den Geschäftsgang der Nationalversammlung nicht zu kennen und zu glauben, daß das bei der Berliner Landesversammlung übliche Verfahren für alle Versammlungen der Welt maßgebend sein müsse. Sie, meine Herren, werden dagegen ohne meine Erinnerung wissen, daß die Ansicht des Herrn Thüssing vollständig unrichtig ist, und daß die Nationalversammlung erst dann den Stellvertreter einberuft, wenn der Deputierte sein Mandat definitiv niedergelegt hat.

Über die Kirchenfrage ist Herr Thüssing mit mir einverstanden, und ich gehe daher sofort zu unserer Differenz in Betreff der Volksschule über.

Ich freue mich, meine Herren, dieser Gelegenheit, um Ihnen meine Ansicht über diesen hochwichtigen Gegenstand, der so tief in das Leben der Familie eingreift, vorzutragen.

Mein oberster Grundsatz ist es hier, daß Sie selbst, meine Herren Familienväter, nach göttlichem und natürlichem Rechte auch die Herren Ihrer Kinder sind, und daß Sie, die Eltern, das heilige und unverletzte Recht haben, zu entscheiden, wie Ihre Kinder erzogen und gebildet werden sollen. Diesen Grundsatz verfolge ich bis zu seiner äußersten Konsequenz und ich fordere daher ebenso für den Katholiken und gläubigen Protestanten das Recht, seine Kinder im katholischen und protestantischen Glauben zu erziehen, wie ich dem Ungläubigen das furchtbare Recht vindiziere, seine armen Kinder im Unglauben auszubilden.

Der Staat, der volle Gewissens- und Glaubensfreiheit anerkennt, hat den Eltern gegenüber durchaus kein anderes Recht, als daß er von jedem seiner Angehörigen eine bestimmte Stufe formaler Geistesbildung fordern und daß er die säumigen Eltern anhalten kann, ihren Kindern diese Bildungsstufe zu verschaffen.

Sie sehen hier, meine Herren, den vollendeten Gegensatz zwischen Ihrem Deputierten und dessen Stellvertreter. Ich behaupte, daß Sie die Herren Ihrer Kinder sind, daß Sie das heilige Recht und die heilige Pflicht haben, nicht bloß die Ausbildung des Leibes, sondern auch die Ausbildung der Seele zu leiten; Herr Thüssing überläßt Ihnen den Leib und gibt dem Staate die Seele Ihrer Kinder, um diese nach seinem Wohlgefallen auszubilden. Ihm sind „die Zwecke des Unterrichts lediglich allgemeine Staatszwecke!"

Aus meinem obigen Grundsatze folgere ich nun weiter. Der Staat muß also allgemeine Lehr- und Lernfreiheit anerkennen, um es den Eltern möglich zu machen, ihre Kinder nach ihren Grundsätzen erziehen zu lassen. Dadurch ist das Recht der wohlhabenden Eltern an der Erziehung ihrer Kinder vollkommen gesichert, nicht aber das der ärmeren Eltern. Sie sind nicht imstande, für ihre Kinder Privatlehrer zu halten oder sie an anderen Orten erziehen zu lassen. Ihre Vermögensverhältnisse zwingen sie, die Kinder in die Volksschule des Orts zu schicken, wo sie wohnen. Die Rechte der armen Eltern an der Erziehung ihrer Kinder sind aber ebenso heilig und unverletzlich wie die Rechte der reichen Eltern. Auch die ärmeren und ärmsten Eltern haben das Recht, selbst zu entscheiden, ob ihre Kinder christlich oder unchristlich erzogen werden sollen, sie und nicht der Staat haften Gott für die Bildung der Kinder; Gott hat auch die ärmsten Kinder den Eltern und nicht dem Staate überwiesen, und soweit ich den Willen namentlich des Bauernstandes kenne, und soweit er sich in unzähligen Petitionen von der Nord- bis zur Südgrenze Deutschlands ausgesprochen, ist er entschlossen, sich dieses heilige Recht nicht vom Staate entreißen zu lassen. Der Staat muß es also auch den weniger wohlhabenden und den armen Eltern ermöglichen, ihre Rechte an der Erziehung ihrer Kinder geltend zu machen, und das tut er nur dann, wenn er die wichtigste Bildungsanstalt, die Gemeindeschule der Gemeinde übergibt. Die Majorität der Familienväter einer Gemeinde entscheidet dann über den Geist der Schule, in der ihre Kinder gebildet werden sollen. Ist die Gemeinde dann eine gläubige christliche, so wird sie die Schule in das Verhältnis zur Kirche setzen, wie ihre Konfession es fordert; ist sie eine unchristliche Gemeinde, so mag sie die Schule von der Kirche trennen; ist endlich die Minorität der Eltern mit der Majorität nicht einverstanden, so gründe sie ihre eigene Schule.

Aber auch der Staat hat der Volksschule gegenüber ein Recht, das ich ihm nicht verkümmern will. Er kann die Gemeinden anhalten, Volksschulen in gehöriger Zahl zu errichten, und er kann verlangen, daß eine bestimmte Stufe formaler Geistesbildung in der Volksschule erreicht werde; dadurch greift er nicht in das Recht der Eltern ein und sichert die Erreichung seiner Zwecke.

Zu derselben Forderung, daß die Volksschule der Gemeinde überwiesen werde, gelange ich durch eine andere Reihenfolge von Gedanken, die mich zunächst zu dem Schreiben des Herrn Thüssing zurückführen.

Herr Thüssing sagt: „Die Gemeinde ist lediglich ein Institut, welches seine Existenz durch den Staat hat und ohne den Staat nicht gedacht werden kann." Dagegen behaupte ich, der Staat ist lediglich ein Institut, welches seine Existenz durch die Gemeinde hat und ohne die Gemeinde nicht gedacht werden kann. Ich bitte Herrn Thüssing, mir gütigst die Staaten zu benennen, die vor allen Gemeinden vorhanden gewesen und aus denen die Gemeinden hervorgegangen sind; ich bitte insbesondere um Benennung des Staates, der durch seine gnädige Beihilfe und seine Gesetze die Gemeinden des Münsterlandes hervorgerufen, und ohne welchen diese Gemeinden, um mit Herrn Thüssing zu sprechen, „nicht einmal gedacht werden können." Herr Thüssing sagt ferner: „Diese — die Gemeinde — kann willkürlich ganz aufgehoben, ihrer rechtlichen Leitung nach modifiziert, in ihrer geographischen Grenze, wie solches häufig genug geschieht, umgestaltet werden." Ich dagegen behaupte, die Staaten sind vielfachen Veränderungen unterworfen gewesen, die Staatsgebiete und Verfassungen sind zusammengestürzt, der Gemeindeverband ist aber bestehen geblieben und reicht hinauf bis zu den Uranfängen der Geschichte unseres Volkes. Kein Institut hat eine solche Stetigkeit und Zähigkeit wie der Gemeindeverband. Endlich sagt Herr Thüssing — und dies führt uns unmittelbar auf das Prinzip —: „Der Staat allein ist das einzige Rechtssubjekt, welches seine rechtliche Existenz aus sich selbst, aus dem Gesamtwillen des ganzen Volkes hat, nicht aber die Gemeinde." Ich bitte Sie, meine

Herren, diesen Satz genau zu prüfen. Das Wort „Staat“ wird hier im Gegensatze zu der Gemeinde und zu dem Individuum gebraucht und kann also nur die gesetzgebende und vollziehende Zentralgewalt im Staate bedeuten. Von dieser sagt nun Herr Thüssing mit einem Atemzuge, sie habe ihre rechtliche Existenz aus sich selbst, und zweitens sie habe sie aus dem Gesamtwillen des Volkes.

Mir scheint, wenn die Zentralgewalt — Parlament, Regierung — ihre rechtliche Existenz aus sich selbst hat, so hat sie sie nicht aus dem Volke, und wenn sie dieselbe aus dem Gesamtwillen des Volkes hat, so hat sie sie nicht aus sich selbst, sondern nur durch Übertragung von dem Volke. Das Subjekt des menschlichen Willens ist doch das Individuum, der Mensch selbst, und die Subjekte des Volkswillens sind eben diese Individuen, die Menschen, aus denen das Volk besteht. Wenn also der Staat, d. i. die gesetzgebende und ausübende Zentralgewalt im Staate, ihre Rechte aus dem Gesamtwillen des Volkes hat, so hat sie ihre rechtliche Existenz nicht aus sich selbst, sondern von den einzelnen Individuen, die selbst die Träger ihres Willens sind und die ihren Willen ganz oder teilweise wohl durch andere ausüben lassen können, die aber nie und nimmer darauf verzichten können, selbst die Subjekte ihres Willens zu sein. Ich sage, sie können es nicht, selbst wenn sie wollten, weil sie ihre Individualitäten nicht veräußern können. Das Volk, die Individuen im Volke, sind das Rechtssubjekt, das seine rechtliche Existenz aus sich selber hat, der Staat aber, die legislative und exekutive Gewalt im Staate, ist nur sein Bevollmächtigter! 1) Wenn das aber

1) Hier argumentiert Ketteler selbstverständlich aus der Unterstellung seines Gegners heraus, daß die Staatsgewalt auf dem Volkswillen beruhe. D. H.

wahr ist, warum soll dann das Volk nur eine absolute und nicht auch eine beschränkte Vollmacht ausstellen dürfen, warum soll es seine eigenen Angelegenheiten nicht selbst besorgen, warum soll es im eigenen Hause, in der Gemeinde, nicht nach eigener, freier Selbstbestimmung seinen Haushalt leiten und ordnen? Wie kann es davon abgehalten, wie gezwungen werden, sich den Befehlen seines Bevollmächtigten in Berlin und Frankfurt in den Angelegenheiten zu unterwerfen, die es selbst besorgen kann und will? Die große Masse des Volkes, die durch Bildung und Arbeit nicht imstande ist, im Parlament zu sitzen oder an der Regierung teilzunehmen, wäre dann in der schmachvollsten Weise von jeder freien Selbstbestimmung, selbst in den Gemeindeangelegenheiten, ausgeschlossen, denn Herr Thüssing sagt uns: „Die Selbstregierung der Gemeinde beruht auf einer Verleihung des Staates." Sie kann ihr also nach Belieben vom Staate genommen werden. Der Staat, d. h. die Nationalversammlung, wo die gelehrten Herren sitzen, würde dann dem gesamten Bauernstande und dem ärmeren Bürgerstande sagen: „Ihr seid zwar die Quelle aller Gewalt, alles Rechtes, aller Regierung im Staate, euer Wille ist der Volkswille, und der Volkswille muß alles lenken und leiten, ihr dürft aber eueren souveränen Volkswillen nur dazu gebrauchen, um zu erklären, daß ihr gar keinen Willen mehr haben, daß ihr gänzlich willenlos sein wollt. Ihr dürft beileibe nicht daran denken, eure Macht selbst anzuwenden; wir — die Gelehrten — werden in eurem Namen euch schon die Gesetze fertig ins Haus schicken und euch auch sagen, wie ihr eure Kinder von nun an zu erziehen habt. Vielleicht schaffen wir nächstens das Christentum ab und erziehen eure Kinder als bare Heiden, aber das muß euch nicht irre machen, wir tun das ja in eurem Namen.

Auch das Nachdenken über unsere Handlungen könnt ihr nur daran geben, wir denken ja für euch, und euer Gewissen braucht euch nicht mehr zu drücken, der Staat, d. h. wir Herren in der Nationalversammlung, haben allein den wahren Willen, die höchste Einsicht, das ausschließliche Gewissen." . . .

Das ist die Quintessenz der Staatsweisheit des Herrn Thüssing, dies das Ideal seiner Freiheitsgedanken. Mir ist es dagegen das System der entwürdigendsten Knechtschaft, des schmachvollsten Absolutismus, der nur den Namen verändert und sich statt von Gottes Gnaden — von des Volkes Gnaden nennt. —

Meine Ansicht geht dagegen von dem einfachen Satze aus, daß jedes Individuum seine Rechte, die es selbst ausüben kann, auch selbst ausüben darf. Der Staat ist mir keine Maschine, sondern ein lebendiger Organismus mit lebendigen Gliedern, in dem jedes Glied sein eigenes Recht, seine eigene Funktion hat, sein eigenes freies Leben gestaltet. Solche Glieder sind mir das Individuum, die Familie, die Gemeinde usw. Jedes niedere Glied bewegt sich frei in seiner Sphäre und genießt das Recht der freiesten Selbstbestimmung und Selbstregierung. Erst wo das niedere Glied dieses Organismus nicht mehr imstande ist, seine Zwecke selbst zu erreichen, oder die seiner Entwicklung drohende Gefahr selbst abzuwenden, tritt das höhere Glied für es in Wirksamkeit, dem es dann von seiner Freiheit und Selbstbestimmung das abgeben muß, was dieses, das höhere Glied, zur Erreichung seines Zweckes bedarf. Was daher die Familie, die Gemeinde zur Erreichung ihres natürlichen Zweckes sich selbst gewähren kann, muß ihr zur freien Selbstregierung überlassen bleiben. Dadurch nehmen alle, nicht bloß die Gelehrten, sondern das gesamte Volk an der Regierung teil. Letzteres regiert sich selbst in seinen Angelegenheiten, es macht in seinen Gemeindeangelegenheiten eine praktische politische Schule durch, wo sich im Kleinen die Fragen wiederholen, die in dem Parlamente im Großen verhandelt werden; so gewinnt das Volk eine politische Bildung und die Tüchtigkeit, die dem Manne das Gefühl der Selbständigkeit gewährt.

Ich kann hier die Bemerkung nicht unterdrücken, wie wünschenswert es erscheint, daß sich der weniger gebildete Teil des Bürger- und Bauernstandes, der oft in demselben Maße an Tüchtigkeit der Gesinnung und Gesundheit des Urteils hervorragt, als er an Gewandtheit der Form zurücksteht, sich die Anmaßung so vieler aufgeblasenen Halbwisser nicht gefallen lasse, die so gerne durch Witze und Spötteleien das Regiment an sich zu reißen und den Kern des Bürger- und Bauernstandes aus den Gemeindeangelegenheiten zu verdrängen suchen.

Von diesem Standpunkte aus fordere ich also gleichfalls die Volksschule für die Gemeinde, weil es eine Angelegenheit ist, die sie selbst besorgen kann, weil die Gemeinde ihre Schule bezahlen muß, weil *ihre* Kinder in der Volksschule unterrichtet werden sollen, und ich überlasse Ihnen nunmehr, meine Herren, die Beurteilung der Worte des Herrn *Thüssing*: „Darum läßt sich dem Prinzip nach das Recht der Selbstregierung der Gemeinde in bezug auf die Schule nicht rechtfertigen."

Es sind zwei Grundgedanken, aus denen ich meine Ansicht entwickelt habe: erstens das heilige Recht der Eltern, über die Erziehung ihrer Kinder zu entscheiden, ein Recht, über dessen Gebrauch sie und nicht der Staat einst Gott Rechenschaft ablegen müssen; zweitens das Recht der Gemeinde, in den eigenen Angelegenheiten sich selbst zu bestimmen. Wer in diesen Gedanken keine Prinzipien findet, der mag Herrn *Thüssing* beistimmen.

Ich habe Ihnen, meine Herren, nur noch einige Worte über die Veröffentlichung meines Briefes und über den Brief selbst zu sagen.

Ich gestehe, daß ich es bisher stets als eine Pflicht, ich sage nicht des gewöhnlichen Anstandes, sondern der beim Verkehr mit andern notwendigen Treue, als eine Pflicht des zum Privatverkehr erforderlichen guten Glaubens angesehen habe, Privatmitteilungen als solche zu behandeln und zu achten. Diese Ansicht habe ich bei allen angetroffen, mit denen ich bisher im brieflichen Verkehr gestanden habe, und ich setzte sie auch bei Herrn Thüssing voraus. Die natürliche Folge davon war, daß ich bei dem Briefe, den ich mitten im Drange der Geschäfte verfaßte, an nichts weniger dachte als an eine sorgfältige Wortstellung, wie sie bei öffentlichen Bekanntmachungen zur Vermeidung aller Mißdeutung erforderlich ist. Denn in der Tat fürchte ich nur Mißdeutungen meiner Ansichten, während diese selbst, ob ich sie im geheimsten oder öffentlichsten Verkehr ausspreche, meinethalben zu jeder Zeit zur öffentlichsten Kunde gebracht werden mögen. Ich habe keinen Gedanken in mir, der die Öffentlichkeit zu scheuen braucht.

Mit dieser Vorbemerkung gehe ich zu meinem Schreiben über, das Ihnen Herr Thüssing mitgeteilt hat. Es heißt darin: „Nur ein kirchliches Interesse konnte mich bestimmen, die Wahl anzunehmen und auf einige Zeit aus meinem geistlichen Berufe herauszutreten." Sie, meine Herren, können in diesen Worten unmöglich ein selbstsüchtiges Streben oder gar die Andeutung finden, daß ich nur hierher gegangen sei, um die materiellen Rechte der Kirche, die zunächst dem Priesterstande zu Nutzen kommen, zu sichern.

Ich berufe mich kühn auf mein bisheriges Leben, und wer nur den entferntesten Schein eines selbstsüchtigen Strebens oder eines materiellen Interesses in der Verwendung meiner Geistes- und Leibeskräfte oder meines Vermögens wir nachweisen kann, der mag es aussprechen. Bei der Kirche gedenke ich nur der Anstalt zur Erlösung und Beseligung der Menschen, und das kirchliche Interesse, das ich hier verfolgen wollte, ist die Freiheit der Kirche, um ihr die Mitteilung der ihr anvertrauten geistlichen Güter möglich zu machen. Nicht für mich wollte ich diese Freiheit der Kirche, sondern für das Volk, das seinen Glauben behalten will.

Ich konnte in dieser Absicht um so unbedenklicher das Mandat annehmen, weil ich dieselbe Freiheit für alle Konfessionen fordern wollte. Nur dies allein konnte mich bewegen, Ihre Mission anzunehmen, da ich der Kirche und nicht der Politik mein Leben gewidmet habe, und da es, abgesehen von dieser religiösen Seite meiner Mission, mein Beruf sein würde, in der Kirche und in den Hütten der Armen und Kranken, nicht aber im Parlamente für das Wohl der Menschen zu wirken.

Mein Brief sagt ferner: „Ein politisches Interesse kenne ich für mich nicht mehr“, und ich wiederhole es hier aus ganzer Seele. Wer diese Worte als eine Unzufriedenheit mit der politischen Gestaltung der Gegenwart, als eine blasierte Gleichgültigkeit gegen das zeitliche Wohl und Wehe des Volkes deuten will, der zeigt nur, daß er sich auf den Standpunkt eines katholischen Priesters nicht zu versetzen vermag. Nicht erst seit gestern oder seit den Märztagen, sondern von dem Augenblicke an, wo ich in den geistlichen Stand eingetreten bin, habe ich mir gesagt: Von nun an darfst du auf Erden kein anderes Interesse mehr haben als das Seelenheil der Menschen und die Linderung ihrer Not. Was der Apostel sagt: „Niemand, der Gott dienen will, mengt sich in weltliche Geschäfte“ (2. Tim. 2, 4); was die Kirchengesetze vorschreiben: wie beim Gottesdienste die Kleriker durch die Gitter des Chors von den Laien getrennt sein sollen, so müsse auch ihr Leben ein von dem Treiben der Welt abgesondertes sein (Cap. Ut laici X. de vita et honestate III, 1), das glaube ich befolgen zu müssen. Deshalb habe ich mich von allem, was mir in der Welt lieb und teuer war, und auch von allen politischen Parteiungen und Bestrebungen getrennt, um ausschließlich meinem Berufe leben zu können. Nur in diesem Sinne und nicht in dem eines teilnahmslosen Indifferentismus will ich meine Worte verstanden wissen. Wenn ich befürchten müßte, daß das absolute Zentralisationssystem des Herrn Thüssing zum Siege auf deutschem Boden gelangen könnte, so würde ich allerdings die Bewegung der Zeit beklagen; das befürchte ich aber nicht. Ich erwarte die Wiederbelebung des alten germanischen Gedankens eines freien Staates mit dem ausgedehntesten Rechte der Selbstregierung, ich erwarte unter dem Schutze der Freiheit die Erhebung und den Sieg des Reiches der Wahrheit, und deshalb begrüße ich den Sturz und Tod des jammervollen Polizeistaates mit der rückhaltlosesten Freude.

Zum Schluß, meine Herren, brauche ich Ihnen nicht zu sagen, daß, wenn auch lediglich ein religiöses Interesse mich bewegen konnte, Ihr Mandat anzunehmen, ich dennoch den ganzen Umfang desselben mit gleicher Gewissenhaftigkeit wahrnehme, so gut es in meinen Kräften und meiner Einsicht liegt.

An Graf Bismarck in Versailles.

Mainz, 1. Oktober 1870.

Obwohl ich fast fürchten muß, Ew. Exzellenz dadurch unbescheiden zu erscheinen, so kann ich es doch nicht unterlassen, Ihnen den Gegenstand dieses Schreibens zu unterbreiten. Ich habe dafür keine andere Entschuldigung, als meine aufrichtige Teilnahme an der festen und bleibenden Gestaltung der deutschen Verhältnisse, und mein Vertrauen zu Ew. Exzellenz hoher Einsicht und billige Gesinnung, welche nicht verschmäht, die verschiedensten Ansichten zu prüfen.

Wie die Zeitungen melden, ist die definitive Verfassung Deutschlands bereits Gegenstand der Verhandlungen der beteiligten hohen Staatsregierungen. Dabei wird notwendig wieder zur Sprache kommen, ob das Verhältnis zwischen Kirche und Staat wenigstens in seinen Grundzügen in der allgemeinen Verfassung einen Platz finden, oder ob dasselbe den einzelnen Staaten ganz und gar überlassen bleiben soll, woraus sich dann die verschiedensten Zustände und Verhältnisse in dieser Hinsicht in Deutschland entwickeln würden. Ich glaube nun, daß Letzteres für die Zukunft Deutschlands höchst verderblich werden könnte; daß dagegen die Begründung eines wahren Friedensstandes zwischen Kirche und Staat durch Feststellung der Grundlagen desselben in der deutschen Verfassung mehr wie vieles andere dazu beitragen würde, die Einheit Deutschlands für die Zukunft zu sichern; und daß endlich die Grundlagen eines solchen bleibenden Friedensstandes sich in der preußischen Verfassung bereits vorfinden und durch die Erfahrung bewährt haben. Ich würde es daher für ein wahres Unterpfand des Friedens und des Gedeihens halten, wenn diese Verfassungsbestimmungen für ganz Deutschland proklamiert würden. Erlauben mir Ew. Exzellenz die Gründe kurz aufzuführen, welche es mir so dringend notwendig erscheinen lassen, daß in der allgemeinen Verfassung Deutschlands das Verhältnis zwischen Kirche und Staat nach allgemeinen Grundsätzen geregelt werde.

Schon im allgemeinen scheint es mir dringend notwendig, daß alle gläubigen Christen, daß alle, welchen die Religion immer die Hauptsache ist und bleiben wird, Gewißheit darüber erlangen, was sie von diesem neu zu gestaltenden Deutschland bezüglich ihrer religiösen Überzeugung zu erwarten haben: ob es ihnen die Garantie bietet, daß sie frei und ungestört dort nach ihrem Glauben leben können. Vielfach sind die Ereignisse der Gegenwart als ein Sieg des Protestantismus über den Katholizismus dargestellt worden. So unwahr das ist, so geben sich doch Herzenswünsche in solchen Äußerungen zu erkennen. Es sind Hoffnungen in dieser Richtung auf einer Seite. Ganz kann man es auch uns Katholiken nicht verübeln, wenn uns bei aller Freude über den Sieg der deutschen Waffen zuweilen die Furcht beschleicht, ob nicht einst, wenn der König und seine Ratgeber, in deren Persönlichkeit eine Garantie gegen jede Gewissensverletzung liegt, einmal nicht mehr da sind, doch diese ganze Bewegung zum Nachteil der Katholiken ausgebeutet werden wird. Man kann uns diese Furcht um so weniger verargen, wenn man gewisse Zeitrichtungen ins Auge faßt, welche immer bemüht sind, sich der Staatsgewalt zu bemächtigen, um religiöse Propaganda zu machen. Die Gewißheit, daß das neue Deutschland, über dessen Größe und Macht wir uns aus ganzer Seele freuen, den gläubigen Katholiken und Protestanten die volle Freiheit, nach ihrem Glauben zu leben, gewähre, würde daher die Gemüter tief innerlich beruhigen und jede Furcht, die die Freude mindert, beseitigen.

Eine solche Beruhigung scheint aber um so notwendiger, wenn es gelingt, Deutschland seine alten Grenzen wieder zu geben und das deutsche Elsaß und Lothringen wieder mit dem alten Mutterlande zu vereinigen. Es wird lange währen, bis diese Länder wieder ganz deutsch werden. Bis dahin werden sie auch eine Gefahr bleiben, und von Frankreich würden alle Mittel aufgesucht werden, um die völlige Verschmelzung dieser Länder mit Deutschland zu verhindern. Man hat aber diesen Bestrebungen den Kopf abgehauen, wenn man der Bevölkerung die volle Sicherheit bietet, daß die Vereinigung mit Deutschland nicht für sie der Beginn einer Epoche religiöser Benachteiligung, eines gewissen Bestrebens ist, sie nach und nach zu protestantisieren. Einzelne Verheißungen bei der Besitznahme werden wenig in dieser Hinsicht nützen; Grundbestimmungen dagegen in der allgemeinen deutschen Verfassung werden jeden vernünftigen Zweifel aufheben.

Ich erlaube mir Ew. Exzellenz einen dritten Grund vorzulegen. Se. Majestät der König ist mit Gott in den Krieg gezogen, und jedes Wort, das Allerhöchst derselbe seitdem zur Öffentlichkeit gebracht, redet von Gott. Auch die Regierungsorgane verkündigen dem deutschen Volke, daß das große neue Deutschland unter Preußens Führung ein Land werden soll, welches auf die Grundlagen der Gottesfurcht, ernster strenger Sitte und treuer Pflichterfüllung auferbaut werden soll. Das sind Worte, die tief wiederhallen in zahllosen Herzen, und wenn das zur Ausführung kommt, dann wird das neue Deutschland ein Felsenbau, welcher den Jahrhunderten widerstehen kann. Aber schon einmal hat man Ähnliches gehört, ohne daß es gehalten worden wäre. Es war nach der Leipziger Völkerschlacht, als die Fürsten sich verbanden, um Gott die Ehre zu geben in der neuen Gestaltung der damaligen Zeit. Soll daher dieser ernste fromme Zug, der die Geister vom Throne bis zum letzten Soldaten in diesem furchtbaren Kampfe ergriffen hat, Bestand haben, dann muß diese Gesinnung festgehalten werden. Das kann aber nur geschehen, wenn in der neuen Grundverfassung die Garantie ihrer Ausführung gewährleistet ist. Ohne eine solche Garantie wird der gottesfürchtige König und sein gottesfürchtiges Heldenheer vorübergehen, und nach ihnen werden vielleicht oberflächliche oder selbst religionsfeindliche Staatsmänner kommen, welche sich bemühen, die Früchte dieses Blutes zur Verwirklichung ihrer falschen und verderblichen Theorien einzuernten.

Es scheint mir auch eine solche Garantie eine Pflicht gegen unser gutes deutsches Heer zu sein. Neben vielen andern Gründen kann doch niemand verkennen, daß die Pflichttreue des deutschen Heeres ein Hauptfaktor bei diesen wunderbaren Siegen ist. Man sagt, die Schule sei der Grund dieser Siege. Das könnte aber höchstens von der konfessionellen Schule gesagt werden und wäre auch dann nur zu einem kleinen Teile wahr. Die volle Wahrheit aber ist, daß das deutsche Heer seine Pflichttreue aus seiner Religion, aus seinem Glauben geschöpft hat. Die Religion hat die Soldaten begleitet zum Kampfe, hat ihnen Mut und Kraft gegeben bei allen Entbehrungen, hat sie mit Treue erfüllt gegen ihren König, hat sie auf dem Krankenbette unter schweren Wunden getröstet. Die Religion war ihr letzter und einziger Trost, wenn sie auf Schlachtfeldern in fremdem Lande ihren Geist aushauchten. Ein solches Heer hat auch das Recht, zu verlangen, daß das Staatswesen, welches es mit seinem Blute mitauferbaut hat, in seiner Verfassung die Religion ehre.

Ich erlaube mir noch einen letzten Grund beizufügen. Wenn die Waffen ruhen, werden die innern Kämpfe, welche unser Jahrhundert bewegen, sich wieder regen und die Zukunft Deutschlands bedrohen. Niemand weiß besser als Ew. Exzellenz, wie gefährlich dieselben auch dem monarchischen Prinzip werden können. Wenn auch der gewaltige Erfolg sie auf einige Jahre niederhält, sie werden wieder hervorbrechen. Alle diese negativen

Bestrebungen haben aber keinen fruchtbareren Boden als auf dem religiösen Gebiete. Wenn dieses den einzelnen Staaten ganz überlassen bleibt, so wird die Zeit nicht ausbleiben, wo man bald hier, bald dort durch religiöse Kämpfe die Gemüter aufs höchste erbittern wird, um dann die dadurch hervorgerufene Unzufriedenheit für schlechte politische Bestrebungen auszubeuten. Wer die Zukunft Deutschlands vor diesen gefährlichen Experimenten bewahrt, der benimmt allen Richtungen, welche den Bestand Deutschlands im Innern gefährden wollen, ihre Hauptkraft. Auch in dieser Hinsicht halte ich daher die Aufnahme der Bestimmungen der preußischen Verfassung in die deutsche Reichsverfassung für den höchsten Akt politischer Klugheit. Ohne religiösen Frieden wird die Zukunft Deutschlands nie gesichert sein.

Ich betrachte es deshalb als eine ganz besondere Fügung der göttlichen Vorsehung, daß zur selben Zeit, wo Preußen so immense Erfolge erkämpfen sollte, die Weisheit seiner Könige und Staatsmänner in den betreffenden Verfassungsbestimmungen ein so überaus glückliches Mittel gefunden hat, um die tiefste Wunde Deutschlands, seine religiöse Spaltung, so viel wie möglich zu heilen. Je länger ich alle Verhältnisse der Gegenwart und der verschiedenen Staaten beobachte, desto mehr überzeuge ich mich davon, daß diese Verfassungsbestimmungen das einzige Mittel zum religiösen Frieden sind.

Es erübrigt mir nur noch, zum Schlusse Ew. Exzellenz für diese lange vertrauungsvolle Auseinandersetzung um Verzeihung zu bitten. Möge Gott, der Ihnen eine so hervorragende und einflußreiche Stellung unter Ihren Mitmenschen gegeben, Ihre bezüglichen Entschließungen leiten. Da Se. Majestät der König von Gerechtigkeit erfüllt ist gegen seine katholischen Untertanen, so wird es namentlich von Ew. Exzellenz Entschließungen abhängen, ob die Freiheit der christlichen Kirchen auch in der deutschen Verfassung eine Anerkennung finden wird. Wenn Ew. Exzellenz das bewirken, so werden Sie für die Zukunft Deutschlands etwas tun, worauf die kommenden Generationen gewiß mit dem tiefsten Danke zurückblicken werden.

Genehmigen 2c.

Erklärung Kettelers gegen Bismarck.

(Germania, 1873, Nr. 65.)

Mainz, 16. März 1873.

In der Sitzung des Herrenhauses vom 10. März hat der Fürst Bismarck meine Bestrebungen bezüglich der Stellung der Kirche zum Staate in einer Weise dargestellt, welche mit den Tatsachen in Widerspruch steht, so daß ich dagegen offene Verwahrung einlegen muß.

Der Fürst behauptet nämlich erstens, daß das von mir in mehreren Druckschriften aufgestellte Programm dahin gehe: „in dem preußischen Staate einen staatlichen Dualismus durch Errichtung eines Staates im Staate einzuführen". Es handle sich hier „um Herstellung zweier konfessioneller Staaten, die in einem dualistischen Kampfe zueinander zu stehen haben würden, von denen der höchste Souverän des einen ein ausländischer Kirchenfürst, der durch die neuesten Änderungen in der Verfassung der katholischen Kirche mächtiger geworden sei, als er früher war". Wenn dieses Programm sich verwirkliche, so habe man „anstatt des bisherigen geschlossenen preußischen Staats, anstatt des zu verwirklichenden Deutschen Reichs zwei parallel nebeneinander laufende staatliche Organismen: der eine mit seinem Generalstabe in der Zentrumsfraktion und der andere mit seinem Generalstabe in dem leitenden weltlichen Prinzip und in der Regierung und der Person Sr. Majestät des Kaisers." Die letzte Gegenüberstellung hat nach meinem Dafürhalten gar keinen logisch haltbaren Sinn, da ja die Stellung und der Einfluß der Zentrumsfraktion ganz auf demselben gesetzlichen Boden beruht und sich bewegt, wie jeder anderen Fraktion im Landtage und im Reichstage. Wie unrichtig und willkürlich alles ist, was Fürst Bismarck über die Bedeutung meines Programms und über den angeblich darin liegenden Dualismus sagt, erhellt offenbar daraus, daß ich vom Jahre 1848 bis jetzt nie eine andere Stellung für die Kirche in Deutschland in Anspruch genommen habe, als wie sie in der Frankfurter Reichsverfassung und in der preußischen Verfassung den christlichen Konfessionen gewährt worden ist. Es wird nie gelingen, auch nur ein Wort von mir anzuführen, mit welchem ich über diese Linie hinausgegangen wäre. Es ist mir demnach völlig unbegreiflich, wie Fürst Bismarck diesen Vorwurf gegen mich erheben konnte. Wenn er meine Schriften nicht selbst gelesen hat, sondern sie nur aus Referaten kennt, so hätte er sie auch nicht anführen dürfen; wenn er sie aber gelesen hat, so hat er das Gegenteil von dem herausgelesen, was in ihnen steht. Das geschieht jetzt freilich nur zu oft. Wenn in meinem Programme der vom Fürsten geschilderte Dualismus läge, so hätte er, um gerecht und wahr zu sein, nicht mich dafür verantwortlich machen dürfen, sondern vielmehr, da ich es ja ausschließlich und ganz der preußischen Verfassung entnommen habe, jene preußischen Minister, welche diese Verfassung seinerzeit den preußischen Kammern vorgelegt, und jene preußischen Kammermitglieder, welche sie votiert und angenommen haben. Daher hat es auch ebenso wenig einen faßbaren Sinn, wenn Fürst Bismarck sagt, daß mein System dahin führe, „anstatt des bisherigen geschlossenen preußischen Staats zwei parallel nebeneinander laufende staatliche Organismen" zu schaffen, da ich dasselbe ja der Verfassung „des bisherigen geschlossenen preußischen Staats" entlehnt habe. Wenn der preußische Staat mit diesen Verfassungsbestimmungen ein einheitliches Staatswesen war, so ist wahrlich nicht abzusehen, wie er durch dieselben Bestimmungen in Zukunft in zwei staatliche Organismen aufgelöst werden könnte.

Ebenso ist es zweitens durchaus unrichtig, wenn Fürst Bismarck behauptet, daß das Programm der Zentrumsfraktion von mir ausgegangen sei. Wenn er versichert, dies gewußt zu haben, so hat er sich vollständig geirrt. Ich bin weder direkt noch indirekt, weder schriftlich noch mündlich bei der ursprünglichen Bildung und dem ursprünglichen Programm der Zentrumsfraktion zu Rate gezogen worden. Ich habe mich ihr lediglich später angeschlossen, da ich als Reichstagsmitglied nach Berlin kam. Mein vor einigen Monaten bekannt gemachtes Programm[1]) ist bis zur Veröffentlichung desselben durch die Presse den Mitgliedern der Zentrumsfraktion gänzlich unbekannt geblieben. Wenn ich daher mit den Führern der Zentrumsfraktion in dem Bestreben, die Aufnahme der preußischen Verfassungsbestimmungen in die Reichsverfassung zu erwirken, ganz übereinstimmte, so war das nicht eine Folge vorhergegangener Verständigung. Selbst von meinem Schreiben an den Fürsten Bismarck in derselben Angelegenheit nach Versailles vom 1. Oktober 1870[2]) hatten die Herren der Zentrumsfraktion keine Kenntnis, bis ich dasselbe veröffentlicht hatte. Dieses Schreiben selbst aber ist ge-

1) Die Katholiken im Deutschen Reiche. Entwurf zu einem politischen Programm. Mainz 1873.
2) Siehe S. 407 ff.

wiß der beste Beweis, wie fern mir der Gedanke lag, daß man diese Bemühungen später als staatsfeindlich und staatsgefährlich, als ein Bestreben, einen feindlichen Dualismus ins Leben zu rufen, auffassen werde. Ich hatte damals vielmehr allen Grund, zu glauben, daß dieses mein angebliches Programm durchaus den Absichten der preußischen Regierung entspreche. Aus diesem Grunde habe ich mein sogenanntes Programm auf keinem anderen Wege zu verwirklichen gesucht als lediglich dadurch, daß ich in meinem Briefe meine innigsten Überzeugungen dem Fürsten Bismarck vertrauensvoll vorgetragen habe. Ganz in derselben Weise handelte ich, als ich später als Abgeordneter nach Berlin kam. Ich erbat mir eine Audienz beim Fürsten Bismarck lediglich und allein in der Absicht, um ihm die Gründe, welche ich für die Aufnahme der preußischen Verfassungsbestimmungen in die Reichsverfassung in meinem Schreiben entwickelt hatte, eingehender zu motivieren. Es steht mir nun nicht zu, mich über die hierüber gepflogene Unterredung mit dem Fürsten des näheren auszusprechen. Ich habe aber den Fürsten damals mit der Überzeugung verlassen, daß ein bezüglicher Antrag der Zentrumsfraktion zwar zur Zeit und aus politischen Gründen seitens der Reichsregierung keine Unterstützung finden werde, daß derselbe aber ebenso wenig als ein oppositioneller, als ein regierungsfeindlicher würde angesehen werden. Ich hätte eher geglaubt, daß der Fürst einem solchen Antrage persönlich wohlwollend gegenüberstehe. Ich hoffe, daß diese Mitteilung keine Indiskretion enthält, da sie mir durch die Äußerung des Fürsten Bismarck im Herrenhause abgenötigt ist. Nach diesen Vorgängen konnte ich fürwahr nicht erwarten, daß der Fürst mein Programm, welches — um es nochmals zu wiederholen — mit den preußischen Verfassungsbestimmungen identisch ist, später als staatsgefährlich, als einen Versuch, die Einheit des preußischen Staatswesens dualistisch auseinander zu reißen, bezeichnen werde.

Wenn Fürst Bismarck endlich drittens von mir sagt, es sei meine Aufgabe, für die „päpstliche Politik“ zu tun, was ich könne, und eben dafür erfülle ich meine Aufgabe, so ist das nur ein Beweis, wie gänzlich unbekannt er mit den wirklichen Verhältnissen in der katholischen Kirche ist. Meine ganze Tätigkeit hat mit der „päpstlichen Politik“ absolut nichts zu schaffen. Nie ist mir von Rom eine ähnliche Zumutung gemacht worden. Ich schreibe alle fünf Jahre den von den Kirchengesetzen vorgeschriebenen Bericht über die religiösen Verhältnisse meiner Diözese nach Rom und erhalte darauf eine kurze amtliche Antwort von dort; darauf beschränkt sich so ziemlich meine ganze Korrespondenz mit Rom. Was ich als Bischof zu tun habe, weiß ich aus dem Kirchenrecht und dem katholischen Katechismus. Dazu bedarf ich keiner Instruktion. Es scheint, daß Fürst Bismarck von dieser Stellung und von der Tätigkeit eines katholischen Bischofs gar keine Ahnung hat. Er liefert bei seiner hohen Begabung und Welterfahrung dadurch nur einen neuen Beweis, wie schwer es vielen fällt, sich von den beschränktesten konfessionellen Vorurteilen freizumachen.

Daraus allein erklärt es sich auch, daß man in so hohen Kreisen glauben und in den wichtigsten Staatshandlungen berücksichtigen kann, was von gehässigen und kleinlichen Gegnern der katholischen Kirche behauptet wird, während die einmütigen Versicherungen und Erklärungen nicht bloß der Bischöfe und des gesamten Klerus, sondern auch der besonnensten, urteilsfähigsten und treuesten gläubigen Männer aus dem Laienstande keine Beachtung finden.

Brief an Baron v. L.

Gundheim, 28. September 1875.

Ew. Hochwohlgeboren wünschen meine Ansicht darüber kennen zu lernen, wie, ohne die jetzigen Kirchengesetze förmlich aufzuheben, der Frieden zwischen Staat und Kirche hergestellt werden könne.

Das ist freilich eine schwere Aufgabe, da ja die Kirchengesetze, wie sie nacheinander erlassen sind, ganz genau dem System von Gesetzen entsprechen, welches Dr. Friedberg schon im Jahre 1871 zur vollständigen Lahmlegung der Kirche aufgestellt hat. Dennoch will ich den Versuch machen, Ihre Frage zu beantworten.

Vor allem bemerke ich aber, daß ich mich auf einer Firmungsreise befinde, von der ich erst Ende dieses Monats zurückkehre. Es fehlt mir daher alles Material, sowie auch die notwendige Zeit zur Prüfung dieser so wichtigen und schwierigen Frage.

Sodann bemerke ich, daß mir zur Beantwortung dieser Frage jedes Mandat fehlt, und daß ich deshalb nur eine ganz unmaßgebliche Privatmeinung aussprechen kann. Dieses um so mehr, da ich selbst nie wagen würde, über diese Sache einen definitiven Entschluß anders als im Einvernehmen mit den übrigen Bischöfen und mit dem Apostolischen Stuhle zu fassen.

Endlich bemerke ich, daß die preußischen Kirchengesetze, wie vorher gesagt, so tief in die Verfassung der Kirche einschneiden und das gesamte Leben der Kirche so wesentlich beschädigen, daß, so lange sie bestehen, selbst bei der mildesten Praxis ein wahrer und voller Friede nicht denkbar ist.

Ich fasse daher obige Frage in dem Sinne auf, ob es möglich sei, durch gegenseitige Nachgiebigkeit in gewissen Punkten wenigstens den brennenden Konflikt zu beseitigen und einen erträglichen modus vivendi herzustellen.

Hierüber bemerke ich nun folgendes:

Die Bestimmung der Maigesetze, welche augenblicklich die heftigsten Konflikte hervorgerufen hat, ist die, daß vor Besetzung jeder Kirchenstelle der betreffende Geistliche der Staatsbehörde angezeigt werden soll.

Die Kirche kann und wird nun niemals zugeben, daß der Staat aus sich das Recht habe, eine solche Bestimmung zu treffen. Dagegen kann die Kirche dem Staate eine solche Konzession machen und hat wirklich wiederholt gestattet, diese Anzeige bei Besetzung von Pfarreien zu machen, um zu erfahren, ob gegen die betreffende Person in bürgerlicher und politischer Beziehung keine begründeten Bedenken vorliegen. Sie konnte dieses um so mehr, da es nie in ihrer Absicht liegt, einem Geistlichen eine Seelsorge zu übertragen, gegen dessen Anstellung der Staat begründete Einwendungen zu erheben hat. Ich glaube daher, daß in diesem brennendsten Punkte des gegenwärtigen Konflikts vom Papste wenigstens bezüglich der Pfarrstellen — auch bezüglich der, stets nur vorübergehend an einer Stelle angestellten Hilfsgeistlichen eine solche Anzeige zu verlangen, widerstreitet allen bisherigen Übungen, der Natur der Sache und kann ein reales Interesse für den Staat nicht haben, der ja im Falle einer Beschwerde stets an die kirchliche Behörde sich wenden kann, die jeder begründeten Beschwerde Abhilfe schaffen wird — eine ähnliche Konzession zu erlangen ist, wenn auf der andern Seite auch der Staat zu solchen Konzessionen sich versteht, welche einen modus vivendi ermöglichen.

Zu diesen Konzessionen, welche der Staat einer so wesentlichen Nachgiebigkeit der Kirche gegenüber machen müßte, rechne ich namentlich:

1. Die Kirche kann und darf niemals auf die Erziehung ihres Klerus verzichten; sie kann und darf auch ihre Theologen einem einseitig vom Staate angeordneten Examen nicht unterwerfen.

Hier müßte also der Staat durch eine allgemeine Dispense von diesem Examen Abhilfe schaffen. Desgleichen müßten die geschlossenen Seminarien und Lehranstalten wieder eröffnet und deren Besuch wie früher gestattet und für die Kandidaten des geistlichen Standes eine billige Rücksichtnahme bezüglich des Militärdienstes zugesagt werden.

2. Ein zweiter Punkt, der sofortige Abhilfe erheischt, wenn nicht der unselige Konflikt immer heilloser in seinen Wirkungen werden und nicht immer tiefer in das Volk eindringen soll, betrifft den Religionsunterricht und überhaupt die religiöse Erziehung in der Schule. Daß diese an vielen Orten den Geistlichen entzogen und auf die Lehrer übertragen wurde, steht fast einer förmlichen Unterdrückung der katholischen Religion gleich, und muß diese Maßregel in Kürze zu den verhängnisvollsten Konsequenzen führen. Hier müßte die Regierung den alten Zustand herstellen, der auch heute noch der gesetzliche ist.

3. Bezüglich der religiösen Genossenschaften müßte eine wesentlich mildere Praxis den Beweis liefern, daß die Regierung diese wesentliche und allen gläubigen Katholiken teure Blüte der Frömmigkeit und christlichen Nächstenliebe nicht proskribiert.

Die Herstellung eines solchen modus vivendi müßte, wenn er überhaupt ermöglicht werden und eine friedliche Entwicklung vorbereiten soll, dadurch eingeleitet werden, daß die abgesetzten und verbannten Bischöfe und Priester auf ihre Sitze und Stellen zurückkehren könnten, alle gegen Geistliche ausgesprochenen Gefängnis-, Geld- und Verbannungsstrafen aber nachgelassen und die beschlagnahmten Kirchengüter restituiert würden.

Wenn man vielleicht von einigen Exzessen, wodurch die Preßgesetze von einzelnen verletzt wurden, absieht, so haben alle andern von Strafen und schweren Nachteilen betroffenen Priester und Bischöfe lediglich aus Gewissenspflicht den fraglichen Strafen sich unterworfen. Jeder nicht innerlich abgefallene katholische Geistliche und Laie muß und wird in gleichem Falle ebenso wie sie handeln. Soll daher irgendwelcher Frieden uns zurückgegeben, soll gegen die katholische Kirche und das katholische Gewissen nicht ein Vernichtungskampf geführt werden, soll nicht eine fast unheilbare Wunde im Bewußtsein des katholischen Volkes zurückbleiben, dann ist eine solche Amnestie resp. Restitution unerläßlich.

5. Ich muß endlich noch zwei wesentliche Grundbedingungen der Wiederherstellung eines friedlichen Zustandes für die Katholiken und ihre Kirche ausdrücklich aussprechen. Es darf unsere erprobte und durch nichts getrübte Loyalität, Untertanentreue und Vaterlandsliebe durch den Vorwurf der Staatsgefährlichkeit oder Reichsfeindlichkeit fürderhin nicht mehr in Frage gestellt, und es darf der innere Friede unserer Kirche und die Freiheit und Sicherheit unseres Glaubens nicht von seiten des Staates durch Unterstützung von Bestrebungen erschüttert werden, welche auf eine Losreißung der Katholiken Deutschlands von dem Apostolischen Stuhle und dadurch von der katholischen Kirche, auf eine Umwandlung ihres Glaubens und ihrer kirchlichen Verfassung gerichtet sind.

Solange wir als Reichsfeinde behandelt worden, und solange eine von der Kirche abgefallene und ausgeschlossene Sekte nicht als solche, sondern als ein gleichberechtigter Teil der katholischen Kirche angesehen wird, ist ein Friede unmöglich.

Das sind so einige Lineamente, um einen leidlichen modus vivendi herzustellen, den brennenden Konflikt zu beseitigen und einen vollen Frieden zwischen Kirche und Staat zum Heile des deutschen Vaterlandes vorzubereiten. Es sind nur flüchtige Andeutungen, wie die vielen Arbeiten auf einer Firmungsreise sie mir gestatteten. Ich wiederhole auch noch einmal, daß sie lediglich meine Privatansichten ohne alle höhere Autorität aussprechen. Ich wollte aber Ihren Wünschen nach Kraft und Umständen entsprechen.

(Aus Kettelers Briefen.)